Günter Schneidewind
Der Große Schneidewind
Rock- und Popgeschichten

KLÖPFER&MEYER | TASCHENBUCH

Günter Schneidewind
Der Große Schneidewind
Rock- und Popgeschichten

KLÖPFER&MEYER | TASCHENBUCH

Günter Schneidewind 1953 in der damaligen DDR geboren. Studium der Anglistik und Germanistik an der Berliner Humboldt-Universität. Staatsexamina, Gymnasiallehrer für Englisch und Deutsch in Hennigsdorf (Brandenburg). »Nebenbei«, zum Ausgleich: Moderator beim Ost-Berliner Jugendsender DT64, erste »Manuskripte über Phänomene der internationalen Rock- und Popszene«. Einige Monate nach der Wende, im Sommer 1990, war Günter Schneidewind Gastmoderator der ersten »deutsch-deutschen Hitparade« beim SDR in Stuttgart. Danach nahm er das Angebot des Senders, nämlich zu bleiben und als ständiger freier Mitarbeiter anzuheuern, mit Freude an. In den gut 20 Jahren seither traf und sprach er für den SDR und den jetzigen SWR unzählige Musiker der Pop- und Rockszene aus aller Welt. Günter Schneidewind gilt unter Kollegen und Hörern als wandelndes »Lexikon« der Pop- und Rockgeschichte.

Hardcover-Originalausgabe Klöpfer & Meyer, Tübingen 2012.

© 2013 Klöpfer und Meyer, Tübingen.
Alle Rechte vorbehalten.
ISBN 978-3-86351-108-1

Umschlaggestaltung:
Christiane Hemmerich Konzeption und Gestaltung, Tübingen.
Herstellung: Horst Schmid, Mössingen.
Satz: Alexander Frank, Ammerbuch.
Druck und Einband: Pustet, Regensburg.

Mehr über das Verlagsprogramm von Klöpfer & Meyer
finden Sie unter *www.kloepfer-meyer.de*.

Für meine Frau Sabine

Inhalt

11 »Der Große Schneidewind«: The Story behind
    Ein Vorwort

13 Wie es zum »Großen Schneidewind« kam

17 »New York, London, Paris, Munich.
    Everybody talk about pop muzik«
    M – Pop Muzik – 1979

23 Wie wird man eigentlich Moderator?

29 Beim Radio für den Wilden Süden

31 Ian Anderson, Jethro Tull – der *Pied Piper*
    des Rock'n'Roll
    Stuttgart 1993/2005

53 Joan Baez – die Ikone der Folk- und
    Protestsongbewegung
    Coventry, England 2007

70 David Bowie – der Mann, der vom Himmel fiel
    Stuttgart 1991

76 David Clayton-Thomas – die berühmteste Stimme
    bei Blood, Sweat & Tears
    Stuttgart 1994

87 The Original Comets – Rock Around The Clock
    Stuttgart 2004

90 Donovan – vom Schmalspur-Dylan zum Musiker mit eigenem Profil
Stuttgart 2001

102 Marianne Faithfull – bei einer Ikone im heimischen Wohnzimmer
Paris 2009

114 Bob Geldof – der Erfinder von Live Aid
Stuttgart, Hamburg 2001

128 Robin Gibb – eine Weltkarriere mit den Bee Gees
Stuttgart 2008

142 Ian Gillan – die Stimme von Deep Purple
Stuttgart 1991

147 Ken Hensley - schrieb »Lady In Black« und die größten Hits für Uriah Heep
Stuttgart 2008

165 Jon Lord – der ehemalige Spiritus Rector und Keyboarder bei Deep Purple
Stuttgart 2005

168 Manfred Mann – von Beat-Schlagern der Sixties zur progressiven Earth Band
Stuttgart 2004

175 Brian May – Gitarrist und Verwalter des Erbes von Queen
Stuttgart 1998, Frankfurt 2008

193 John Mayall – Vater des Weißen Blues
Stuttgart 2005

207 Paul McCartney – erfolgreichster lebender Popmusiker aller Zeiten
Berlin 2001, Köln 2003

229 Meat Loaf – ein wahres Schwergewicht
aus Dallas
Stuttgart 1995

247 Mike Oldfield – Klangzauberer und
Multiinstrumentalist
Köln 2006

262 Robert Plant – mit dem Led Zeppelin-Sänger
im Englischen Garten
München 1993

285 Suzi Quatro – Bandchefin mit Bassgitarre und
Leder-Outfit
Stuttgart 2010

302 Cliff Richard – vom Rock'n'Roller der ersten
Stunde zum Popstar auf Lebenszeit
Frankfurt/Main 2010

318 Rolling Stones – die größte Rockband der Welt
Stuttgart 1999

347 Francis Rossi, Rick Parfitt – Status Quo auf der
Suche nach dem vierten Akkord
Nürnberg 2001

359 Carlos Santana – Woodstock-Veteran und
innovativer Ausnahmegitarrist
London 2010

372 Bonnie Tyler – die Rockröhre aus Wales
ohne Verfallsdatum
Stuttgart 2003

391 Nachwort

393 Band- und Musikerregister

»Der Große Schneidewind«:
The Story behind
Ein Vorwort

Es war wieder einer dieser aufgekratzten SWR 1-»Hitparaden«-Tage im Spätherbst vor einigen Jahren. Mein Kollege Patrick Neelmeier und ich moderierten die Nachmittagsschicht und wir hatten neben Hitparadenplatzierungen, Hörermails, Interviews und Reportereinblendungen auch kleine fachkundige Beiträge unseres Musikexperten Günter S. im Programm. Im Überschwang dieser launigen Sendung kam uns die Idee: Der Kerl weiß so viel, das muss man eigentlich als Buch rausbringen.

Wir stellten uns das Ganze so vor: Wir suchen einen Verlag, machen einen fetten Vertrag, sperren Günter in ein karges, fensterloses Büro mit nackter Glühbirne ein und lassen ihn erst wieder raus, wenn er das Buchmanuskript fertig hat. Es wird ein Bestseller, Patrick und ich würden steinreich und zur Belohnung würden wir Günter mal ein Essen in der SWR-Kantine spendieren.

Was uns so sicher machte: Dieser Mann ist ein wandelndes Lexikon, den Spitznamen der ›große‹ Schneidewind hatte ich ihm schon vor langer Zeit verpasst. Denn wann immer man in Günters Gegenwart beiläufig den Namen einer Gruppe oder eines Interpreten fallen lässt, sollte man gleich etwas mehr Zeit einplanen. Dann sprudelt es nur so aus ihm heraus. Zu allem und jedem fällt ihm was ein. Keine drögen Fakten etwa, sondern lebendige, unterhaltsame Geschichten eines wirklichen Musikliebhabers.

Geschichten, die er selbst mit den Künstlern erlebt hat. Aufregende, interessante, schöne Geschichten. Man erfährt immer etwas über die Musiker und wie sie sich abseits des Rampenlichts benehmen.

Kurz und gut, wir hatten unseren Spaß bei der Vorstellung, den »Großen Schneidewind« als Buch herauszubringen und ... vergaßen das Vorhaben wieder. Um heute festzustellen: es ist auch ohne unser Zutun wahr geworden. Es ist genau so gekommen, wie wir uns das ausgemalt hatten. Also jedenfalls fast. Günter hat selbst seinen Verlag gefunden. Er konnte das Buch ohne Verstoß gegen die Menschenrechtskonvention schreiben. Und natürlich wird »Der Große Schneidewind« ein Bestseller und Günter womöglich jetzt steinreich ...
Aber ich durfte das Vorwort schreiben!

Thomas Schmidt, im August 2011

Wie es zum
»Großen Schneidewind« kam

Wie kann sich da einer der ›große‹ Schneidewind nennen? Bescheidenheit ist offenbar nicht seine Zier. Ganz abgesehen von der vordergründigen Großmäuligkeit, verpflichtet so ein selbstauferlegter Beiname. Ständig muss man alles besser wissen und auch auf die kniffligste Frage eine erschöpfende Antwort parat haben. Das kann doch eigentlich niemand. Nein, das kann wirklich niemand, und ich kann es auch nicht.

Mag sein, dass ich durch die Art und Weise der Aneignung meines Wissens über die Rock- und Pophistorie über die Jahrzehnte ein wenig mehr abrufbares Wissen angehäuft habe als andere. Als Ursache hierfür sehe ich zum einen meinen frühen Einstieg in die Materie mit gerade mal 12 Jahren. Das Thema Rock und Pop befeuerte mein Interesse über das Ende der Studienzeit hinaus. Ich wusste aus eigener Erfahrung, dass Schüler einen großen Teil ihrer Freizeit mit Popmusik verbringen. Das war ein wichtiges emotionales Feld für meine künftige pädagogische Arbeit. Ich blieb also dran im Gegensatz zu vielen Altersgefährten, die mit dem Berufseinstieg und der Gründung einer Familie andere Prioritäten setzten.

Dann kam das Radio als Job. Das Hobby wurde zur Profession. Und so ist es bis heute, ohne dass ich die Pflicht, mich auf dem Laufenden zu halten, als eine solche empfinde. Ich staune meinerseits über Kollegen und Freunde, die alle

Trainer ihres Fußballvereins der Nachkriegszeit aufsagen können oder Spielergebnisse einer Saison der siebziger Jahre ohne nachzuschlagen sicher in die Diskussion werfen.

So ähnlich ist es bei mir mit der Popgeschichte. Und wenn dann der Moderator Thomas Schmidt während der SWR 1-»Hitparade« den Eindruck erweckt, er würde jetzt einen gewaltigen Folianten von Nachschlagewerk auf den Tisch legen mit dem Titel »Der Große Schneidewind«, dann ist es nur eine Frage der Zeit, bis der Spitzname gebräuchlich oder gar zur Marke wird. Es entstand tatsächlich die Nachfrage zu einem Buch, das es gar nicht gab. »Mach' das doch«, rieten die Kollegen. »Schreib' doch auf, was du da immer im Radio erzählst, all diese Geschichten.«

Mehrere Verlage machten SWR 1 und mir ihre Angebote. Klöpfer & Meyer ist Premium, so wurde uns gesagt, und so entschieden wir uns für die Zusammenarbeit mit Hubert Klöpfer.

»Der Große Schneidewind« würde kein Rocklexikon oder Nachschlagewerk werden. Davon gibt es schon viele und so gute, dass ich es nicht besser machen könnte. Es ist eine Sammlung von Geschichten und Anekdoten aus zwanzig Jahren, die ich für den SDR und den SWR unterwegs war. Kernstücke sind die Gespräche mit den Stars, die fast jeder kennt. Aus Interviews von 20 oder 40 Minuten Länge werden aber oft nur Beiträge von wenig mehr als zwei Minuten oder eine SWR 1-»Leute«-Sendung, die mit Musik und Nachrichten zwei Stunden umfasst. Aber auch hier lernt der Hörer die Persönlichkeit des Interviewten nur sehr oberflächlich kennen. Nichts erfährt er von den Umständen der ersten Begegnung, die der Sendung vorausgeht oder den Feinheiten in Mimik und Gestik des Stars oder seiner Launen.

Gerne würde ich meine Hörer dabeihaben, wenn die Tür aufgeht und Paul McCartney tritt ein. Ich konnte auch niemanden mitnehmen in die Privatwohnung von Marianne Faithfull. Um das Stück Kuchen mit Manfred Mann in der Funk-Kantine stritt ich mich ohne weitere Zeugen, und Brian May hätte mir auch kaum verraten, dass die junge Frau, die ihn zum Interview begleitete, nicht seine Assistentin, sondern seine damalige Geliebte war, wenn ich meinerseits in Begleitung gewesen wäre. Was Joan Baez mit ihren Eltern verband und wie ihre Kinder sie sehen, habe ich bisher noch nirgendwo gelesen oder dass Suzi Quatro Weihnachten gemeinsam mit ihrem Ehemann und ihrem Ex verbringt, der allen das Essen kocht. Diese und viele weitere Geschichten, die man in keinem anderen Buch oder Presseerzeugnis findet, sollen den »Großen Schneidewind« lesenswert machen. In der gebundenen Ausgabe des Buches (ISBN 978-3-86351-018-3) kommen auf einer CD meine Gesprächspartner auch noch selbst zu Wort. Hier eröffnet sich eine weitere Dimension, die dem Leser nur über das gesprochene Wort und über sein Gehör vermittelt werden kann, wie das diebische Lachen Mick Jaggers, wenn er mir versichert, dass seine Bandkollegen bei den Rolling Stones bei der Auswahl der Titel für ein Stones-Konzert eigentlich kein Mitspracherecht haben oder das Donnern in der Stimme von Meat Loaf, wenn er eine Frage beantwortet, als sei er in einem Shakespeare-Drama. Da kommt die heisere Stimme von Marianne Faithfull rüber, als wären Sie mit ihr in ihrer Pariser Wohnung oder die sanfte Stimme von Donovan, als würde er uns ein Mantra vermitteln.

Begleiten Sie mich mit Led Zeppelin-Sänger Robert Plant durch den Englischen Garten in München. Kommen Sie mit mir nach Paris zur Ex-Geliebten von Mick Jagger ins Wohnzimmer, seien Sie mit dabei, wenn mir David Bowie in einer Live-Sendung aus der Patsche hilft, weil gar keine Platte auf dem Plattenspieler liegt und beinahe keine Musik aus dem Radio gekommen wäre. Oder lassen Sie sich von Paul McCartney erzählen, wie er zum letzten Mal vor dem Tode George Harrisons bei ihm zuhause im Garten dessen Lied »Something« auf der Ukulele spielte.

Günter Schneidewind, im Dezember 2012

»New York, London, Paris, Munich. Everybody talk about pop muzik«
M – Pop Muzik – 1979

»Warum immer diese Popmusik? Kannst du dich nicht mit etwas Ernsterem beschäftigen, etwas, womit man seinen Lebensunterhalt verdienen kann?« Das fragte mich meine Mutter Anfang der siebziger Jahre. Da war ich schon kein Teenager mehr, studierte mehr oder weniger fleißig Englisch und Deutsch auf Lehramt, wie man heute sagt, und las immer noch mit Begeisterung Rocklexika, Almanache über Popmusik und Musikerbiografien, als wären es die neuesten Bestseller.

Popmusik hat die Jugend spätestens mit dem Aufkommen des Rock'n'Roll immer wieder in ihren Bann gezogen. Daran hat sich bis heute nicht viel geändert. Glanz und Glamour mögen die meisten Mädchen; ein bewundertes Idol auf der Bühne zu sein und ein unstetes Leben in einer Rockband zu führen, bedient die abenteuerlichen bis romantischen Ambitionen vieler Jungen. Das Ganze erweckt noch heißere Begehrlichkeiten, wenn das Objekt der Begierde durch den Staat und ein politisches System als das Böse und Verwerfliche schlechthin gebrandmarkt wird. So geschehen in der ehemaligen DDR und nicht ganz so konsequent auch in den sozialistischen Bruderstaaten. Doch im Gegensatz zu letzteren waren Fernseh- und Radiosender aus dem Westen im größten Teil des Landes zwischen Elbe und Oder frei empfangbar.

Für mich als Bewohner des Harzvorlandes gehörten »Bonanza«, »Fury« oder »Rauchende Colts« genauso zum TV-Erlebnis meiner Kindheit wie für die Kids im gerade mal 100 Kilometer entfernten Braunschweig. Und den Soundtrack der Jugendjahre lieferten UKW-Sender wie NDR 2, BFBS und auf Kurz- oder Mittelwelle auch Radio Luxemburg und Europawelle Saar. Am Montagabend gab es vom Deutschlandfunk das »Schlagerderby«, ein etwas bieder klingender Sendungstitel für eine Hitparade, in der sich in den sechziger Jahren die Rolling Stones, Jimi Hendrix oder die Bee Gees mit Roy Black, Heintje und Peter Alexander spannende Rennen lieferten, die am Morgen auf dem Schulhof entsprechend ausgewertet wurden. »Von zwanzig Titeln sechzehn mal Beat«, hieß es da anerkennend.

Zu späterer Stunde gab es dann Spezialsendungen mit Berichten, Features und Interviews mit den Bands und Stars. Das wurde unter der Bettdecke gehört, wo Kinder unter 14 Jahren um diese Zeit in den allermeisten Familien auch hingehörten. Schallplatten, Popkonzerte, *Bravo* oder andere Musikmagazine: Fehlanzeige.

In diesem Mangel liegt vielleicht die Wurzel für die andere Art des Zugangs zum Genre Popmusik begründet. Es gab kaum etwas Greifbares zum Nachlesen oder Konsumieren nach Bedarf. Die Beatles gab es nur, wenn sie zufällig im Radio kamen.

Diese Not wurde durch den Erwerb eines Tonbandgerätes gelindert, das gern als Erlös für das erhaltene Jugendweihegeld (Jugendweihe entsprach in ihrem Stellenwert der Konfirmation im Westen) angeschafft wurde und bald zum

Standard des jugendlichen Musikfans in der DDR gehörte. Mitgeschnitten wurden die Hits aus den schon erwähnten Sendungen, oft auch in Mittelwellenqualität. Hauptsache, es gab »Satisfaction«.

Die Aufnahmen wurden allein, in der Clique oder auf Feten immer wieder abgespielt, bis die elektromagnetische Schicht auf den ORWO-Bändern abgerieben war. Das peinlich genau geführte Archivheft zu meiner Bändersammlung besitze ich heute noch.

Es ist ein altbekanntes Phänomen, dass ich noch genau weiß, welcher Song auf Band 34 folgt, wenn die letzten Klänge von »Light My Fire« der Doors im Radio durch sind. »All Right Now« von Free wäre jetzt dran. Leider kommt im formatierten Radioprogramm nun ein Hit von Madonna, schade eigentlich.

Rare Mitschnitte wie komplette Langspielplatten wurden von Freunden kopiert. Manch einer hatte dank seiner Westverwandtschaft die LP sogar daheim. Oft tat es aber auch die Kopie der Kopie – und wir sprechen hier von der damals üblichen analogen Technik.

Das Studium in Berlin, der Hauptstadt der DDR, brachte ganz neue Möglichkeiten. Das Wichtigste: noch mehr Westsender. Auf keinem Flecken der Erde, außer in New York, gab es eine solche Anhäufung von Musiksendern auf UKW mit Popmusik. Klassenkampf im Äther, an der Nahtstelle der politischen Systeme in Berlin. Vor allem die Amis und die Briten machten tolle Programme.

Auch der Osten ließ sich nicht lumpen und machte mit DT 64 streckenweise recht attraktive Sachen mit Musik und Information im (str)engen Rahmen der politischen Spielregeln. 60 Prozent der gesendeten Titel mussten aus der DDR oder dem sozialistischen Ausland sein, 40 Prozent durften aus dem Westen kommen, wenn diese nicht gegen die Grundsätze von Moral und Ethik verstießen. Diese Regel galt auch für die DJs – die Schallplattenunterhalter in den Tanztempeln und Kellerklubs zwischen Rügen und Zittauer Gebirge.

In solch einem Disco-Keller legte auch ich auf, aber nur Bänder, keine Platten. Es war auch ›nur‹ die Kellerdisco im Studentenheim Berlin-Biesdorf, kein offizieller Laden, der ständig kontrolliert wurde. Da gab es dann meist 100 Prozent West bis weit nach Mitternacht. Platten hätten wir auch gerne gehabt. Aber selbst die Puhdys mussten Jahre warten, bis 1973 dann ihr Debütalbum erschien, da gab es die Band schon vier Jahre. Die Platte war gar nicht schlecht, weil sie einige Songs aus dem Kultfilm »Die Legende von Paul und Paula« enthielt. Ein für damalige Verhältnisse nicht nur in erotischer Hinsicht recht freizügiger Film. Die ›richtigen‹ Schallplatten von Santana, Jethro Tull oder Pink Floyd gab es nur wenige Kilometer entfernt, hinter der Mauer. Von dort kamen die Dealer, wie im Film »Sonnenallee« gezeigt. 250 Mark für eine LP von Uriah Heep. Das entsprach exakt meinem monatlichen Stipendium, Leistungsstipendium inklusive.

Einer unserer Studienkameraden kam aus dem fernen Ljubljana (heute Slowenien). Sein Land, Jugoslawien, erlaubte ihm nicht nur das Studium in der DDR, sondern auch den freien Zugang nach Westberlin. Adam brachte Taschen voller Platten mit und kassierte entsprechend bei uns ab. Einmal hatte man ihm alle Platten an der Grenze abgenommen und ihm klar gemacht, dass er nur wertvolles Kulturgut, gemeint war ernste Musik, einführen dürfe. Adam stellte sich auf diese Einfuhrbeschränkungen ein. So bekam ich zur Hälfte des üblichen Marktpreises meine »Abraxas« von Santana in der Hülle von Ravels »Bolero« und Pink Floyds »Dark Side Of

The Moon« im Cover der 9. Sinfonie von Beethoven. Beide besitze ich in dieser Form bis heute.

Es ist symptomatisch für das Lebensgefühl jener Jahre, dass wir nicht nur in einem halben Land und einer halben Stadt lebten, sondern von den heiß begehrten Kulturgütern mitunter auch nur die Hälfte und selten mal das Ganze bekamen. Über diesen Zustand hat die Band City (größter Hit: »Am Fenster«) einen interessanten Text geschrieben, der sogar durch die Zensur gerutscht war:

Halb und Halb

An manchen Tagen sage ich mir:
Die Hälfte ist rum und du bist immer noch hier
und nicht auf 'm Mond und nicht unterm Gras,
noch immer halbvoll vor dem halbleeren Glas.
An solchen Tagen kommt es hoch:
Die Hälfte ist rum, worauf wartest du noch?
Halb und halb.

Manchmal ist gar nichts mehr komplett:
Nur noch halbsoviel Haare, eine Hälfte vom Bett
und halblaut kommts aus dem Radio:
Die halbe Menschheit krepiert irgendwo.
Halbgötter tanzen ums goldene Kalb,
so ist die Halbwelt – halb und halb.
Halb und halb.

Im halben Land und der zerschnittenen Stadt,
halbwegs zufrieden mit dem, was man hat.
Halb und halb.

(Original-Edition auf Amiga LP »Casablanca«, 1987)

Und wenn man wieder mal so eine halbe Sache (Platte mit falschem Cover) erwischt hatte, dann zu einem mehr als doppelt so hohen Preis. Auch das machte die Sache »Popmusik« für mich so wertvoll.

Und wenn Adam aus Ljubljana laut darüber nachdachte, ob er am Wochenende in Westberlin lieber das Konzert von Santana oder das von Jethro Tull besuchen sollte, die dort am selben Abend auftraten, war meine Stimmung auf dem Nullpunkt. Er hätte ebenso über einen Ausflug zum Mond reden können, so weit war das für uns weg.

Aber Konzerte gab es ja auch östlich des Eisernen Vorhangs. Nicht mit Black Sabbath, den Stones oder Deep Purple, aber mit Karat, der Stern Combo Meißen, Pankow, natürlich den Puhdys, Silly oder City. Das Gemeinschaftserlebnis Rockkonzert war durch keine noch so teure Hi-Fi-Anlage zu ersetzen, auch wenn Stadionhymnen wie »Smoke On The Water« fehlten. Dennoch kann ich mich an frühe Karat-Konzerte erinnern mit einer tollen Interpretation des Deep Purple-Songs »Lazy«. Die Puhdys spielten Uriah Heep-Stücke, die als Blaupause für die frühen eigenen Titel herhielten. Die vielen nur regional berühmten Rockbands und Tanzkapellen hatten das komplette Hitrepertoire der Saison drauf. Doch auch für die galt die berüchtigte Regel 40:60. Wer dagegen verstieß und erwischt wurde, büßte seine Spielgenehmigung, die Lizenz, auch Pappe genannt, ein. Das führte schon in den frühen Jahren der DDR-Rockmusik zu viel Unmut und dem Drang der Künstler, ihr Glück besser im Westen zu versuchen. Der Musiker Klaus Renft verlor seine Zulassung 1975 und verließ ein Jahr später das Land. Er kam erst nach der Wende 1990 wieder zurück.

Wie wird man eigentlich Moderator?

Das ist die meistgestellte Frage beim Zusammentreffen mit jüngeren Hörern. Jede meiner Kolleginnen und jeder meiner Kollegen hat da eine eigene Geschichte. Meine geht so:

Rundfunkjournalismus war schon in der DDR mein Berufswunsch. Bewerbung und Aufnahmeprüfung in Leipzig brachten aber nicht den gewünschten Erfolg. Ob ich nun nicht die richtige Biografie hatte (kein Arbeiterkind, Vater nicht in der SED) oder die anderen Bewerber einfach besser waren, vermag ich heute nicht mehr zu sagen. Nach dem Studium der Anglistik und Germanistik in Berlin verschwand ich als Lehrer in der brandenburgischen Provinz. Doch beim Berliner Rundfunk erinnerte sich ein Studienkollege meiner recht passablen Englischkenntnisse und holte mich für Interviews und Übersetzungen von Texten als sehr freien Mitarbeiter zu DT 64, dem Jugendprogramm.

In kleinen Gesprächen mit Chris Norman von Smokie, dem Popsternchen Samantha Fox und schließlich Depeche Mode bekam ich einen ersten Zugang zur wirklichen Welt des Pop. Martin Gore von Depeche Mode war witzig und sprach mir eine persönliche Botschaft für meine Schüler aufs Band, sie sollten fleißig Englisch lernen, dann könnten sie ihn und seine Band noch besser verstehen. In einer Welt, in der man solche ›Götter‹ allenfalls im Fernsehen bewundern konnte, war das eine greifbare Botschaft, die nicht unbeträchtlich auf meinen Nimbus abfärbte. Am Abend noch mit Depeche Mode im Radio und am Morgen wieder vor der Schulklasse. Jedes Detail von Martin Gores Erscheinungsbild und seiner Art sich zu geben musste ich vor allem der Mädchenschar im Alter von 14 bis 16 berichten.

Zu den kleinen Aufträgen kam dann bald die Moderation einer Stammsendung im zweiwöchigen Rhythmus hinzu: »Mobil Popradio« am Freitagabend, alle 14 Tage einmal.

Am Nachmittag lief bei DT 64 »Duett – Musik für den Rekorder«. Eine halbe Stunde lang wurde neues Material einer DDR-Band vorgestellt, die andere halbe Stunde gehörte einer Band aus dem Westen. Das konnte Bruce Springsteen sein oder auch die Kinks als Klassiker. Die hatten spritzige, sozialkritische Texte, an denen sich die Sorgen der einfachen Menschen im Kapitalismus gut nachvollziehen ließen.

Meine Aufgabe war es, die Bedeutung der Bands und ihrer Songs zu erläutern und damit auch den eigenen Chefs bei DT 64 zu versichern, dass diese Art westlicher Popmusik ganz im Sinne unserer Rolle als Aufklärer für die sozialistische Jugend war und dem zu vermittelnden Bild des Alltags im Westen entsprach.

Fast 20 Jahre später versicherte mir ein Heizungsmonteur mit Berliner Akzent, der zu Servicezwecken in meiner Stuttgarter Wohnung zugange war, dass er »Duett für den Rekorder« nie verpasst habe und einen Großteil seiner Sammlung an Songs auf Bändern dieser Sendung verdanke. Ein Feedback der besonderen Art und ohne Verfallsdatum.

Der Fall der Mauer eröffnete vielen Menschen in der DDR ganz neue Perspektiven. Man musste das Gespür für den rechten Moment haben und den Mut zuzugreifen. Das Angebot von SDR 3 aus Stuttgart war so ein Moment.

Die »Top 2000 D« wurde die erste deutsch-deutsche Hitparade im Sommer 1990. Die Stationen SDR 3 in Baden-Württemberg und DT 64 in Berlin, noch immer Hauptstadt der DDR, wollten sich für zwei Wochen im August zusammenschließen. Eine technische und mediale Leistung unter Bedingungen, wie sie das 20. Jahrhundert den Menschen nur ein einziges Mal bot. Ich bekam das Angebot, als einer von zwei Moderatoren nach Stuttgart zu fahren. Das erste Mal in meinem nunmehr 37 Jahre währenden Leben durfte ich mein Land in westlicher Richtung verlassen. Es hatte zuvor nach Lesart der Machthaber für mich »kein Reisebedarf bestanden«.

Neun Stunden Zugfahrt Berlin – Nürnberg – Stuttgart. Empfang am Hauptbahnhof nach Sonnenuntergang. »Holt uns jemand ab? Wie sehen sie aus?«, fragte mich mein Kollege Wassermann, als ich schon mal aus dem Zugfenster spähte.

»Es sind keine Aliens, man trägt Jeans und Turnschuhe«, war meine mit Erleichterung zur Kenntnis genommene Antwort. Ich hatte keine Ahnung, dass mit Stefan Siller und Jürgen Rathfelder zwei Männer im Empfangskomitee waren, die für die nächsten Jahrzehnte zu meinen engsten Kollegen zählen würden. Am Abend des 17. August 1990 lernte ich Matthias Holtmann kennen, meinen Moderationspartner für die nächsten Tage und Nächte. Doch noch ein Alien.

Anzug, gegeltes Haar, an den Seiten abrasiert. Laut, sehr präsent und sehr originell.

Zur Eröffnung des gesamtdeutschen Events waren zunächst alle vier Moderatorenpaare in Berlin und Stuttgart auf Sendung. Die Berliner hatten die Idee, Städte in Ost und West zu grüßen: Hallo Karlsruhe, hallo Leipzig, hallo Tübingen, hallo Dresden.

Matthias Holtmann, bei dem man vergessen hatte, das Mikrofon aufzumachen, erhob sich von seinem Platz, kletterte über den Moderationstisch, schob einen Regler hoch und rief: »Hallo Königsberg! Oh, ist vielleicht etwas weit im Osten, was?«

Ich schlug die Hände vor das Gesicht, stellte mir schon jetzt die Standpauke bei der Rückkehr nach Berlin vor und sagte zu meinem Kollegen Wassermann: »Ich fürchte, wir sind hier gestrandet.«

Plötzlich saßen die Kinder zweier ideologisch verfeindeter Systeme in einem Boot und machten gemeinsame Sache. Bis auf wenige Ausnahmen kannte ich alle Songs und Interpreten der 2000 Titel umfassenden deutsch-deutschen Hitparade. Nur bei regionalen Bands wie Anyone's Daughter, die sich offensichtlich nach einem Deep Purple-Song benannt hatten, musste ich nachfragen. Umgekehrt waren die Lücken natürlich größer, denn woher sollte jemand, der fern vom Ost-Rundfunk aufgewachsen war, Bands wie Sandow oder Pankow kennen. Bei Songs wie »Radar Love« von Golden Earring oder »Hier kommt Alex« von den Toten Hosen sangen alle mit, egal ob sie am Neckar oder an der Spree zuhause waren.

Ein Quell an Informationen über das alltägliche Leben hüben und drüben boten die Small Talks der Moderatorenpaare, bei denen ja immer einer aus dem Osten und einer aus dem Westen kam. Ob Autos, Urlaub, Job, Familie, Einkaufen oder Mode, alles wurde einem vergleichenden Austausch unterzogen, gern auch mit Satire und Humor. Seitenweise vorgetragenem Verkehrsservice über Staus auf den Straßen Baden-Württembergs zum Feierabend folgte die Meldung aus Berlin: »Keine Meldungen über Verkehrsstörungen«.

»Sag mal, habt ihr da keinen Verkehr in der DDR?«, fragte mich dann Matthias Holtmann mit breitem Grinsen, das die Doppeldeutigkeit seiner Frage noch unterstrich. Den Verkehrsservice in der dem Bundesbürger längst bekannten Form hatte es in der DDR nicht gegeben. Auch nicht so viele Autos, die Staus hätten bilden können. Klar gab es auch mal Staus in der DDR, aber eben nicht im Radio. Das war auch noch im Sommer 1990 so.

Auffällig beim Aufeinanderprallen zweier deutscher Welten war auch das Preisgefüge im alltäglichen Leben. Der Einzelfahrschein für eine Fahrt mit der Stadtbahn in Stuttgart kostete 1990 etwas über 2 D-Mark. Beim Kurs von 1 zu 10 gegenüber der Ostmark, der immer noch im Hinterkopf steckte, waren das über 20 Mark für eine Fahrt. Zurück musste man ja auch wieder. Da waren über 40 Mark weg. In Berlin hatten wir 20 Pfennige für eine Fahrt mit der Straßenbahn bezahlt. Also liefen wir ins Stadtzentrum, mehrere Kilometer. Einmal hatte mir Matthias nach unserer gemeinsamen Schicht ein Weizenbier spendiert, in einem Lokal auf der Königstraße. Zwei Bier, das machte etwas über 8 D-Mark. Matthias gab 10. Mir blieb der Mund offen stehen. Hundert Mark (umgerechnet in Mark der DDR) für zwei Bier. Wie erwähnt, hatten wir ja schon die Gemeinschaftswährung West in der Tasche. Aber bei den zuvor üblichen Kursen wurde die gehütet wie Feingold.

Meine Frau hatte Geburtstag. Für eine Glückwunschkarte war es zu spät, das Telefonieren noch immer ein Abenteuer. Also zur Post und ein Telegramm geschickt. Das hatten wir in der DDR oft so gemacht. »Dann bekomme ich 24 Mark von Ihnen«, vernahm ich die Stimme jenseits des Schalters. Für einen Rückzieher war ich zu stolz. Also musste ich löhnen. Telegramme waren offenbar Luxus, die ins Ausland sowieso.

Es war ein Stück gelebter Geschichte, die Tage und Nächte im August 1990 bei der ersten deutsch-deutschen Hitparade. Ein Erlebnis zwischen den Welten. Einer vergehenden und einer kommenden. Diese Phase des Übergangs kannte keine Vorbilder, und niemand wusste so genau, wie die Zukunft aussehen würde. Weder die des vereinten Deutschland, noch die des eigenen, ganz persönlichen Lebens. Blühende Landschaften waren versprochen, und ganz viele Menschen glaubten auch daran. Solchen gesellschaftlichen und politischen Umwälzungen, wie wir sie damals erlebten, waren sonst oft Kriege vorangegangen, die viele Tote und rauchende Trümmer hinterlassen hatten. Da waren blühende Landschaften die viel bessere Alternative, auch wenn das mit dem Aufblühen nicht immer gleich und überall so geklappt hat.

Am Ende der »Top 2000 D« stand dann jedenfalls das eindeutige Angebot, hier und sofort als Mitarbeiter einzusteigen. Nach kurzer, reiflicher Überlegung und der Beratung mit Frau und elfjähriger Tochter beschlossen wir, unsere Zelte an der Havel bei Berlin abzubrechen und am Neckar wieder aufzuschlagen. Leicht war das nicht, aber bis heute glaube ich, dass es die richtige Entscheidung zur rechten Zeit war.

Beim Radio für den Wilden Süden

Jeder, der einmal einen Umzug von einer Stadt zur anderen mitgemacht hat, kennt die Mühen und Nervereien, die so etwas mit sich bringt. Auch der Neuanfang in einem neuen Job mit neuen Kollegen ist gerade heutzutage vielen Menschen vertraut. Vor dem Hintergrund der geschichtlichen Ereignisse war es jedoch mehr als ein Umzug in eine andere Stadt. Es war der Aufbruch in eine neue Welt mit anderen Spielregeln.

Wir betraten Neuland, Ausland in gewisser Weise, brauchten aber keine Fremdsprache zu lernen außer Schwäbisch. Meine künftigen Kollegen im Funkhaus kannte ich ja schon, wenn auch unter den besonderen Bedingungen der Hitparade, die so etwas wie Ferienstimmung verbreitet hatte. Nun begann der Alltag, besonders auch für meine Frau und meine kleine Tochter, die sich gleichfalls in einer neuen Welt zurechtfinden mussten, und zwar uneingeladen in einem neuen Job und in der Schule. Sie hatten beide das sehr viel schwerere Los gezogen. Vor allem am Anfang.

Ich hatte endlich mein Hobby zum Beruf gemacht. Die Liebe zur Popmusik wurde zum Broterwerb als freier Mitarbeiter auf Honorarbasis. So war es vereinbart mit dem Versprechen, dass es reichen würde, um die Familie zu ernähren. Es gab einen Moderationsplan, der eine gewisse Grundsicherung bot, und die Möglichkeit, durch eigene

Initiative diese Basis aufzustocken. Das hörte sich gut an. Ich selbst hatte als Lehrer in der DDR immer über jene gewettert, die sich fernab von den Mühen der Ebene ein gemütliches Plätzchen verschafft hatten und mit wenig Aufwand ihre Bezüge kassierten. Nun war sie da, die Leistungsgesellschaft, die ich immer gewollt hatte, in der die Tüchtigen ihren Lohn bekommen und die Drückeberger leer ausgehen. So wie ich hatten damals viele zur Wendezeit gedacht. Doch nicht jedem wurde eine so günstige Chance geboten, diese Herausforderung auch anzunehmen.

Ich moderierte Gruß- und Wunschsendungen wie schon bei DT 64, reine Musiksendungen, später eine Ratesendung, die im Sendegebiet von SDR 3 als »Dr. Music« sehr beliebt war, und »Espresso«. Hier waren Schulklassen und Jugendgruppen eine Stunde am Mikrofon und erzählten von ihrem Alltag, begleitet von ihren Lieblingshits. Als ehemaligen Lehrer fand man mich hier richtig platziert.

Ian Anderson, Jethro Tull – der *Pied Piper* des Rock'n'Roll
Stuttgart 1993/2005

Der Übergang von den vom Mersey-Beat geprägten sechziger Jahren zur Progressive-Rock-Ära der frühen Siebziger geht einher mit Namen wie Pink Floyd, Genesis, Emerson, Lake & Palmer, Yes oder Jethro Tull. Neue Technik (Mellotron, Moog-Synthesizer), Spieltechniken, Instrumente und Konzepte wurden entwickelt und in den besten Fällen auch erfolgreich umgesetzt. Was die Beatles 1967 mit ihrem epochalen Album »Sgt. Pepper's Lonely Hearts Club Band« begonnen hatten, fiel vor allem bei britischen Bands auf fruchtbaren Boden: weg von der Zweieinhalb-Minuten-Single hin zu komplexen Werken, die nicht selten eine LP-Seite lang waren oder auch eine ganze Langspielplatte in Anspruch nahmen wie Jethro Tulls »Thick As A Brick« von 1972.

Angefangen hatte die Band um den Flötisten, Sänger und Songschreiber Ian Anderson als bluesorientierte Formation im englischen Blackpool. Schon das Plattendebüt verstieß gegen alle Marketingregeln. Auf dem Cover stand weder der Name einer Band noch ein Titel, lediglich kauzig anmutende ältere Herren in Kleidern der Landleute des 19. Jahrhunderts schauten verdrießlich aus dem Coverfoto heraus, umgeben von Hunden mitten im Wald.

Der Jugendwahn ist keine Erfindung des 21. Jahrhunderts. Bill Wyman von den Rolling Stones musste sein Alter um fünf Jahre herabsetzen, weil er zur Zeit des medienwirksamen Durchbruchs der Band schon 27 Jahre alt war. Die Musiker von Jethro Tull machten sich auf dem Cover ihrer ersten LP zu alten Männern und verzichteten auf jegliche Etikettierung und das schon 1968.

»Das«, sagte Ian Anderson, »konnten wir uns damals leisten. Heute würde keine Plattenfirma der Welt ihren Künstlern gestatten, ein Debütalbum ohne Titel und Namen auf dem Cover zu veröffentlichen.«

Auch der Titel »This Was« signalisierte nicht zwingend den Aufbruch zu neuen Ufern. »Das war's.« Ja, was denn? Ian Anderson erklärte mir in unserem ersten Gespräch 1993, dass er sich wohl bewusst gewesen sei, dass Jethro Tull nicht die Blues-Band bleiben würde, die sie auf dem ersten Album noch war. Man solle den Titel also in der Art interpretieren: Wir machen hier ein Blues-Album, aber das war es dann auch. Danach geht es in eine ganz andere Richtung weiter. Das begriff auch die Band und zog entsprechende Konsequenzen. Der Gitarrist Mick Abrahams, der auf »This Was« als Songschreiber fast den gleichen Anteil hatte wie Ian Anderson und sehr bluesorientiert war, verließ die Gruppe und machte eine eigene auf: Blodwyn Pig.

Es blieb nicht die einzige Ausnahme von der Regel, die Ian Anderson und Band an den Tag legten. Sie erfanden buchstäblich ihre eigene Legende, angefangen vom Bandnamen, der angeblich von einem Landwirt stammt, der im 18. Jahrhundert ein Buch darüber verfasst hatte, wie man Pferde beschlägt, bis hin zum Geniestreich »Thick As A Brick«, dessen Song-Lyrik angeblich einem 12-jährigen

Jungen namens Gerald Bostock eingefallen war. Um diese Legende zu unterstreichen, wurde die Platte in ein Cover verpackt, das wie eine Tageszeitung anmutete. Außer der Titel-Story gab es da auch lokale Nachrichten, einen Sportteil und Kreuzworträtsel, natürlich auch den Text des 44 Minuten langen Song-Epos. Die Auflösung solcher gezielt verbreiteten Legenden bereitete dem Bandchef Ian Anderson stets diebisches Vergnügen, wovon ich mich gleich bei unserer ersten Begegnung 1993 überzeugen konnte. Als Student der Jahre 1971 bis 1975 war ich buchstäblich mit der Musik von Jethro Tull aufgewachsen. Schon in meiner Schulzeit waren mir Songs wie »Sweet Dream« oder »Witch's Promise« aufgefallen. In der Keller-Disco des Biesdorfer Studentenwohnheims konnte ich mit einer vollen Tanzfläche rechnen, wenn ich »Living In The Past« auflegte. Gemeinsam lauschten wir verzückt der kompletten LP »Thick As A Brick« oder deren Nachfolger »A Passion Play«, beides Werke ohne Leerrillen. Alles wie aus einem Guss. Heute verkündet Ian Anderson voller Selbstironie von der Bühne herab, dass man sich damals als Trendsetter gebärdet habe und Konzeptalben erfand, die aber gar kein Konzept hatten, um dann eine Kurzfassung von »Thick As A Brick« zu spielen. Mich hat immer beeindruckt, wie hartnäckig Chronisten bis heute falsche Fakten über Jethro Tull voneinander abschreiben und mit welcher Lust der Schöpfer dieser Fakten, Ian Anderson, sein eigenes Denkmal demontiert. Was würde in einem längeren Gespräch, wie es für SWR 1-»Leute« geführt wird, von diesem Mann zu erwarten sein, dem *Pied Piper* (Rattenfänger) der Rockmusik?

1993 waren Jethro Tull mal wieder auf Welt-Tournee und kamen im Frühjahr auch durch deutsche Städte. Ich darf vorwegnehmen, dass ich kaum einen Rockmusiker öfter getroffen oder gesprochen habe als Ian Anderson, denn wir haben auch wiederholt Telefonate geführt, wobei er mich sogar zuhause anrief. Aber damals war er für mich noch ein rätselhaftes Wesen, das sich mir erst nach und nach erschloss, weil ich nie wusste, ob er etwas ernst meinte oder wieder Legendenbildung betrieb. Wir zeichneten das Gespräch in einem Studio des Stuttgarter Funkhauses damals für SDR 3 auf. Anderson hatte seine berühmte Querflöte dabei und spielte mir vor unserem Gespräch zwei Lieder vor, darunter das von mir sehr geschätzte »Living In The Past«. Wo waren meine Studienkameraden von vor 20 Jahren? Wenn sie mich doch jetzt sehen könnten mit dem großen Meister allein in einem Studio, und er spielte ausgerechnet diesen Hit unserer gemeinsamen wilden Jahre. Im Vorgeplänkel hatte ich ihm erzählt, dass mich seine Musik begleitet hätte als Schüler eines Gymnasiums im Harz, als Student in Berlin und dann als Lehrer im brandenburgischen Hennigsdorf, wo ich mich mit Schülern traf, um u.a. auch Jethro Tull-Platten zu überspielen. Meine Begeisterung darüber verfing sich bei ihm nicht so recht. Er hörte sich das gelassen an und verzog leicht die Mundwinkel seines bärtigen Gesichts. Die einst langen wirren Haare waren etwas dünner geworden. Wohl darum trug er sie jetzt kürzer. Sein markantes Profil mit den stechenden Augen und der kraftvollen Stimme verlieh Ian Anderson etwas, das an einen Magier erinnerte. Er sprach ein sehr gepflegtes Oxford-Englisch und wusste akzentuiert zu formulieren. Allerdings begannen am Anfang unseres Gespräches fast alle seine Antworten mit einem kategorischen Nein. Er sei ja unbestritten eine Ausnahme unter den Rockmusikern mit seinem Instrument, der Querflöte, leitete ich unsere Unterhaltung ein. Nein, das hätten die Moody Blues und eine holländische Band namens Focus auch schon praktiziert, war seine Antwort. Auch Chris Wood von Traffic setzte die Flöte ein. Das stimmte zwar, aber keiner der Genannten konnte mit seinen Flötentönen auch nur annähernd das Niveau von Anderson erreichen. Sein Vorbild als Musiker sei immer Eric Clapton gewesen. Er, Ian Anderson, habe lediglich die Gitarrenlinien, wie Clapton sie führte, in Flötenlinien übertragen.

»Wenn man genau hinhört, wird man bemerken, dass meine Songs von der Anmutung her eher Gitarrenstücke sind als Lieder für Flöte«, sagte Anderson.

»Zur Verkleidung der Musiker auf dem Plattencover der Debüt-LP ›This Was‹ passt ja der Name Jethro Tull ganz gut, der auf eine reale Person aus dem 18. Jahrhundert verweist«, fuhr ich fort.

Nein, das sei eher Zufall, entgegnete Anderson. Ihr Manager habe sich damals im Jahre 1967 fast jede Woche einen neuen Bandnamen ausgedacht, um die Gruppe interessanter erscheinen zu lassen. Er, Anderson, und die anderen Musiker hätten oft gar nicht gewusst, wer oder was sich hinter Namen wie Jethro Toe, wie sie zunächst hießen, verbirgt. Aufschlussreicher waren da schon The Four Fingers. Als die Band im Februar 1968 ein festes Engagement im angesagten Londoner Marquee Club bekam, hießen sie gerade Jethro Tull. Und dabei ist es dann geblieben.

Wir befassten uns zunächst mit der Gegenwart des Jahres 1993, das im Zeichen der angelaufenen Welt-Tour stand und dem 25-jährigen Jubiläum der Band, das mit einer 4-CD-Box gefeiert wurde, die alle großen Hits von Tull und einen

Mitschnitt eines Konzertes in der New Yorker Carnegie Hall von 1970 enthielt. Die Band war in jenen Jahren öfter in den USA zu erleben als in Europa, was ihr seitens der Fans daheim nicht nur Lob einbrachte. Die Kritiker feierten Tull und sehen in ihnen bis heute »eine der besten Formationen der Welt, eben wegen Anderson und seinem beinahe schon unermesslich schöpferischen Geist«, wie das Musikmagazin *Melody Maker* schrieb (zitiert im Rockmusik-Lexikon, Christian Graf, Taurus Press, 1989).

Anderson zählte die wichtigsten Stationen der Tour auf, zu denen 20 Termine in Deutschland gehörten, viele europäische Städte, dann Asien mit Indien, Neuseeland, Australien, Nord- und Südamerika, Mexiko, also einmal um die Welt bis zum März 1995. Ein stolzes Programm.

Offenbar hat der Rattenfänger auch ein Vierteljahrhundert nach Gründung seiner Band eine weltweite treue Anhängerschaft. Ich sprach ihn auf seinen Spitznamen an und ob er von der Sage des Rattenfängers von Hameln gehört hätte. Ja, davon hatte er gehört, auch dass es sich dabei um die Metapher eines Verführers handele. Er habe dazu weder eine positive noch eine ablehnende Haltung. Wichtig sei, dass man ihn mit einer sehr populären Figur assoziiere und das schade schließlich nicht in diesem Geschäft.

Ich hatte in einem abgedruckten Interview mit Anderson gelesen, dass er sich wünschte, im Mittelalter gelebt zu haben. Nun wollte ich von ihm wissen, ob das denn seiner wirklichen Meinung entspreche oder ob das eine seiner taktischen Antworten war, die der Legendenbildung dienten.

»Das war mehr unserer Kostümierung geschuldet«, lachte er, »weil wir doch damals im Stil der Mode der Charles Dickens-Ära auftraten«.

Anderson pflegte sich in einen Frack mit abgeschnittenem Rockschwanz zu zwängen und einbeinig Flöte zu spielen wie ein Schrat. Das verlieh ihm etwas Gespenstisches wie aus einer Geistererzählung von E.T.A Hoffmann oder eben Charles Dickens.

»Kann man euch denn heute noch in dieser Kostümierung bewundern?«, wollte ich von ihm wissen.

»Nein, das war unser Markenzeichen in den siebziger Jahren. Das ist so als würde man David Bowie bitten, heute als Ziggy Stardust aufzutreten. Die theatralischen Elemente auf der Bühne waren typisch für die Siebziger. Aber du hast das Mittelalter erwähnt. Also wenn ich in jener Zeit gelebt hätte, dann wahrscheinlich nicht für lange, denn damals war das Penicillin noch nicht erfunden. Das Mittelalter ist aber auch berüchtigt für seine Geschlechtskrankheiten. Und da ich eine Schwäche für die Mädchen habe, hätte ich es dort wohl nicht lange gemacht.«

Vor uns auf dem Tisch lag nicht nur die CD-Box zum 25-jährigen Bandjubiläum von Jethro Tull, sondern auch ein 500 Seiten starkes Buch mit allen Songtexten der Band, die bis zu diesem Zeitpunkt erschienen waren: »The Jethro Tull Songbook«. Ein beeindruckender Wälzer mit stabilen Buchdeckeln und feiner Titelgestaltung. Alle Texte stammen von Ian Anderson. Ob er denn nach all den Jahren einige dieser Stücke zu seinen Lieblingen zähle, wollte ich von ihm wissen.

»Unter den insgesamt 230 Liedern, die in diesem Buch erfasst sind, befinden sich etwa 50 bis 60, mit denen ich recht zufrieden bin«, antwortete er. »Ich bin aber weit davon entfernt zu glauben, dass alles, was ich geschrieben habe, gut ist. Manches ist akzeptabel, einige Songs sind miserabel. Das treibt mich aber an, es besser zu machen. Mein Ziel ist es, in der Zukunft bessere Lieder zu schreiben als in der Vergangenheit.«

»Dennoch lieben die Menschen in aller Welt die Jethro Tull-Songs der vergangenen Jahre, besonders die der Siebziger wie ›Locomotive Breath‹, ›Aqualung‹, ›Heavy Horses‹, ›Too Old To Rock'n'Roll Too Young Too Die‹ oder ›Bungle In The Jungle‹. Das sind doch geniale Songs«, wandte ich ein.

»Vielleicht«, gab Ian Anderson zurück. »Aber ich hätte lieber solche Lieder geschrieben wie ›A Whiter Shade Of Pale‹, ›Purple Haze‹ oder ›Stairway To Heaven‹. Es gibt so viele klassische Rock-Songs, von denen ich gern der Autor wäre. Ich bin aber nur der Typ, dem ›Aqualung‹, ›Locomotive Breath‹ und ein paar andere eingefallen sind. Die teile ich auch gerne weiterhin mit den Fans im Konzert. Aber das Lied, das mir jetzt am wichtigsten ist, ist das, welches ich vorhin im Flugzeug geschrieben habe.«

»Du arbeitest also gerade an neuen Liedern. Wann wird es das nächste Album geben?«

»Ich sitze das ganze Jahr über an neuen Ideen. Manchmal dauert es einen ganzen Monat, bis so ein Lied seine finale Gestalt annimmt. Kurz vor Weihnachten habe ich dann etwa 30 Songs zusammen, die meisten als Demos. Die stelle ich den anderen Musikern in der Band vor. Davon kommen dann etwa zehn aufs neue Album.«

Ich hielt das dicke Buch mit den mehr als 200 Jethro Tull-Songs hoch und fragte ihn, was das für ein Gefühl sei, sein gesamtes Schaffen als Songschreiber in einem solchen Werk versammelt zu sehen. Die Antwort konnte typischer nicht sein: »Na ja, das sieht größer aus als es im Original ist, weil zu jedem Lied noch die deutsche Übersetzung hinzukommt. Die englische Ausgabe ist nur halb so dick. Aber nun habe ich einen handfesten Beleg für all mein Schaffen, und ich danke dem Verlag für die harte Arbeit, all meine Lieder in einem Buch zusammenzustellen.«

»Werden denn die Lieder in den vielen Ländern, in denen ihr spielt, unterschiedlich aufgenommen? Ich kann mir vorstellen, dass die Reaktionen in englischsprachigen Ländern anders sind als in solchen, wo Englisch eine Fremdsprache ist.«

»Das Rock'n'Roll-Englisch wird eigentlich auf der ganzen Welt gut verstanden«, behauptete Ian Anderson. »Natürlich ist es etwas anderes, wenn wir beispielsweise in Tschechien spielen oder in der Türkei, wo Englisch nicht von so vielen Menschen gesprochen wird. Es gibt da Niveauunterschiede. Die Kommunikation funktioniert in England und den USA auf gleichem Niveau am besten. Gut läuft es auch in Deutschland und den skandinavischen Ländern. Dann gibt es die Exoten wie Mexiko, Tschechien, die Türkei oder Ungarn, wo man bei der Kommunikation etwas aufpassen muss, damit es nicht zu Missverständnissen kommt.«

Man spricht immer wieder von den märchenhaften Umsätzen und Einnahmen, die mit Rock-Konzerten und Tourneen erzielt werden, besonders wenn von Bands mit Superstar-Status wie Led Zeppelin, Deep Purple oder eben Jethro Tull die Rede ist. Ich frage Ian Anderson, wie er und die Musiker seiner Band mit dem finanziellen Segen zurechtgekommen sind.

»Ganz normal«, wiegelte Anderson ab. »Wir haben ja nur in Hotels gelebt oder angemieteten Quartieren. So viel Geld haben wir übrigens gar nicht verdient. Ich nicht und auch nicht die anderen in der Band. Die haben ihr Geld allerdings ziemlich schnell durchgebracht. Ich für meinen Teil habe mein

Geld in Schottland in Firmen und Fischfarmen gesteckt. Ich habe in Menschen und ihre Zukunft investiert auch dadurch, dass ich immer pünktlich und reichlich Steuern zahle.«

Verglichen mit den Anfangsjahren von Jethro Tull hatte sich das Musikbusiness im Laufe der Jahrzehnte doch sehr verändert, und das lag nicht nur an den technischen Fortschritten und Neuerungen. Angesichts dieser Entwicklung glaubte ich Ian Anderson ein wenig Enttäuschung anzumerken.

»Enttäuschend nicht für uns«, entgegnete Anderson auf meine Nachfrage, »aber für die jungen Bands, die heutzutage an den Start gehen. Sie müssen sich viel mehr den Erfordernissen des Marktes anpassen, wenn sie einen Vertrag erhalten wollen. Wenn sie der Firma nicht ins Konzept passen, bleiben sie außen vor. Musik ist heute eine global industrialisierte Angelegenheit mit knallharten Marketinggesetzen, die vom Konkurrenzdenken bestimmt sind. Jethro Tull trifft das nicht mehr, aber die Jungen müssen sich angepasster verhalten als wir damals, wenn sie ihre Musik vertreiben oder verkaufen wollen.«

Ian Anderson ist nicht nur der Chef, Songschreiber und Frontmann bei Jethro Tull, er hat auch bereits in den achtziger Jahren parallel zur erfolgreichen Band eine Solo-Karriere in Angriff genommen mit dem Album »Walk Into Light«. Hier passierte etwas völlig anderes als bei Jethro Tull. Synthesizer-Klänge dominierten diese Platte von 1983. »War das der Schritt aus dem Dunkel ins Licht?«, wollte ich von Anderson wissen.

»Das war eben die Zeit, als die Elektronik der populären Musik einen mächtigen Schub gab«, antwortete er. »Es war das Jahr der Sequenzer, der Synthesizer, der Computer und all der ausgeklügelten elektronischen Spielzeuge, wie sie heute Standard sind. Aber all diese Dinge wurden 1982/83 entwickelt und waren da noch etwas ganz Neues. Ich als Musiker und Songschreiber wollte herausfinden, welche Möglichkeiten mir diese neue Technik bot. Ich glaube auch, dass ich im Laufe der Jahre eine Antwort gefunden habe. Die heißt ja, aber nicht uneingeschränkt.«

»Beeinflusst es das Klima in der Band, wenn sich einer der Musiker und ganz besonders der Bandleader auf Solo-Pfade begibt?«

»Nein, überhaupt nicht. Unser Gitarrist Martin Barre ist gerade dabei, sein Solo-Album zu vollenden. Unser Bassist spielt seit 26 Jahren mit einer Band namens Fairport Convention, also sogar ein Jahr länger als mit Jethro Tull. Und so sind auch alle anderen Musiker noch außerhalb der Band Jethro Tull unterwegs. Da ist es nur normal, dass auch ich gelegentlich was Eigenes mache. Würde ich heute ein Solo-Album aufnehmen, wäre es eines mit akustischen Sounds, also genau das Gegenteil von dem, was ich vor zehn Jahren gemacht habe. Und wieder würden sich einige wundern, dass einer, der mit einer Rockband spielt, plötzlich Musik ausschließlich mit akustischen Instrumenten macht. Aber wir sind jetzt in den Neunzigern, und da beginnt man gerade, die natürlichen Musikinstrumente wiederzuentdecken.«

Ian Anderson spielte hier auf eine Entwicklung an, die vom amerikanischen Musiksender MTV eingeleitet bzw. bedient wurde, die Unplugged-Konzerte. 1989 hatten Bon Jovi als erste Rockband ein Konzert mitschneiden lassen, auf dem die bekannten Songs der Band in abgespeckter Form, ohne elektrische Verstärkung, lediglich auf akustischen Instrumenten gespielt wurden. Eric Clapton löste mit seiner Unplugged-Session 1992 einen regelrechten Trend aus. Die akustische Version seines Songs »Layla« ist bis heute populärer als die Rockversion von 1970, die er mit Derek & The Dominos einspielte. Nicht zu vergessen »Tears In Heaven«, das Lied für seinen tödlich verunglückten kleinen Sohn Conor, der zwei Jahre zuvor aus Claptons New Yorker Apartment im 53. Stock gefallen war. Die Tatsache, dass diese *unplugged* (ohne Stecker) gespielten Lieder akustisch genannt werden, provoziert immer wieder Hörer, sich bei ihrem Sender zu beschweren, dass schließlich jede Art Musik akustisch sei, die von AC/DC genau wie die von Clapton auf seinem Unplugged-Album. Dennoch hat sich der Begriff von der akustisch gespielten Musik durchgesetzt und wird auch auf der ganzen Welt so verwendet und verstanden. Und diese Art von Musik war es, die Ian Anderson 1993 für sich entdeckt hatte. Später, als er mit einem Orchester unterwegs war, sollte er die Worte sagen: »Ich bin eigentlich der ›unplugged guy‹ in der Band und gehe nun mit großem Orchester auf Tour.«

Unterm Strich ist die Musik von Jethro Tull allerdings eine sehr natürliche, handgemachte mit traditionellen Instrumenten wie Gitarre, Bass, Schlagzeug, Keyboard und natürlich Ian Andersons Querflöte. Auf Alben wie »Songs From The Wood« von 1977 scheinen sie sogar dem Grundsatz ›Zurück zur Natur‹ zu folgen. »War das schon eine frühe ökologische Tendenz oder ein Bekenntnis zum Leben auf dem Land mit leicht konservativem Touch?«, frage ich ihn.

»Die Hälfte meines Lebens verbringe ich in Hotelzimmern«, erklärte Ian Anderson. »Aber wenn ich dann heim nach England komme, um im Studio zu arbeiten, lebe ich tatsächlich in einem großen Haus auf dem Land unter zum größten Teil sehr konservativ denkenden Menschen. Ich lebe aber vor allem deshalb dort, weil ich die Ruhe schätze.«

Wie nebenbei hatte er in seinen laut geäußerten Gedanken immer wieder die Wendung untergebracht »die Zeit, die mir für weitere Aufnahmen bleibt«. Dachte er im Alter von Mitte 40 ans Aufhören? Wollte er was Neues beginnen, oder plagten ihn irgendwelche Ängste?

Auf meine direkte Nachfrage meinte er: »Ich weiß gar nicht, ob es da ein Limit gibt. Wahrscheinlich werde ich sogar noch eine ganze Weile neue Songs und Alben aufnehmen. Allerdings nicht mehr, wenn ich merke, dass es keinen Sinn macht, diese neuen Songs auch draußen auf der Bühne zu präsentieren, weil die Leute sie nicht hören wollen. Diese beiden Prozesse bedingen einander. Neuaufnahmen im Studio machen nur Sinn, wenn ich sie auch live spielen kann. Das setzt die Akzeptanz des neuen Materials durch die Konzertbesucher voraus. Wenn das nicht mehr funktioniert, ist Schluss. Auf jeden Fall aber werde ich weiter Songs schreiben, vielleicht für andere Leute.«

Ian Anderson ging schon auf die 60 zu, als ich ihn wiederum für SWR 1-»Leute« traf. Diesmal war er mit dem schon erwähnten Orchesterprogramm unterwegs: »Ian Anderson Plays The Orchestral Jethro Tull«. Dieses Projekt lief parallel zu den Aktivitäten der Band Jethro Tull, die noch im Vorjahr auf Welt-Tour war. Mit der Neuen Philharmonie Frankfurt und einer jungen Band präsentierte Anderson Jethro Tull-Klassiker in opulent arrangierter Form für großes Orchester. Da wir uns in den letzten Jahren immer mal wieder persönlich oder per Telefon unterhalten hatten, kamen wir ohne großes Geplänkel zur Sache. Ich sagte ihm gleich zu Beginn, dass ich den Eindruck hatte, er könne wirklich tun, was er wolle und versuche wohl auszuloten, das, was er bisher noch nicht gewagt habe, nun endlich zu realisieren.

»Das ist wohl so«, lachte er. »Aber nach nunmehr 36 Jahren als Rockmusiker habe ich mir das ja auch verdient. Es geht mir darum, ursprünglich elektrisch verstärkt konzipierte Rocksongs auf akustische Lieder zu reduzieren und diese dann zu orchestrieren. Es gibt also keine klassische Musik, aber neu arrangierte Jethro Tull-Songs zu hören. Klassische Musik hat feste Regeln. Ich mache keine klassische Musik, ich bin ein akustischer Musiker in einer Rockband. Mir ging es darum, akustische Musik und Rockmusik mit einem Orchester zu präsentieren, das den zeitgenössischen Anforderungen klassischer Musik genügt.«

»Dein wichtigstes Instrument, die Flöte, ist ja eigentlich auch ein klassisches Instrument. Hat das den Ausschlag für die Idee mit dem Orchester gegeben, nur dass der Frontmann einer Rockband jetzt der Frontmann für ein Orchester ist?«

»So groß ist der Unterschied gar nicht. Alle akustischen Musiker haben den Hang zur stilistischen Gratwanderung. In den letzten 45 Jahren ist die Rockmusik einfach zu sehr definiert worden. Alles wurde schon probiert, und jede neue Generation bediente sich bei der vorigen. Da gibt es kaum noch eine Entwicklungsmöglichkeit und wenn, dann ist es keine Rockmusik mehr. Wenn eine Band heute wie Led Zeppelin oder Queen spielt, sagt das nur, dass es auch heute gute Rockmusiker gibt. Aber sie hat sich nicht sehr vom Stand von vor 30 Jahren weiterentwickelt. Mehr kann man wohl auch nicht erwarten, weil Rockmusik eine definierte Form ist.«

Die Regeln für Orchestermusik, von denen Ian Anderson sprach, brachten einen Nachteil mit. Die einmal getroffene Songauswahl musste Abend für Abend eingehalten werden. Spontane Änderungen wie bei der Tour einer Rockband waren wegen der aufwändigen Arrangements für Orchester nicht möglich. In fast jedem Gespräch legte Anderson Wert auf die Tatsache, dass er akribisch Buch darüber führe, welches Programm er mit Tull in welcher Stadt gespielt habe. Bis auf zwei Songs, »Locomotive Breath« und »Aqualung«, würde sich die Band niemals wiederholen. Ich konnte mich an ein Gespräch zweier Jethro Tull-Fans bei einem Konzert erinnern, wo der eine zum anderen sagte, das ist jetzt mein zehntes Tull-Konzert, aber den »Fat Man« habe ich noch nie zuvor live gehört. Auf dieses selbst gewählte Privileg musste der Meister nun verzichten. Mich interessierte, ob ihm die gewohnte Rolle des Bandleaders bei der Arbeit mit dem Orchester nicht manchmal im Wege stand, denn die Musiker folgen doch in der Regel einem dafür qualifizierten Dirigenten. Den habe er ja gleich mitgebracht, konterte Anderson, der Keyboarder seiner Begleitband dirigiere sonst das Orchester in einem Theater. Da gab es keine Berührungsängste, wie das in der Vergangenheit bei solchen Projekten vorgekommen war. Jon Lord von Deep Purple hatte mir erzählt, dass es bei den Aufnahmen bei Deep Purples »Concerto For Group And Orchestra« 1969 mit dem Royal Philharmonic Orchestra in London zu erheblichen Spannungen zwischen der Band und den Orchestermusikern gekommen war. Das Projekt war nur durch die Präsenz des namhaften Dirigenten Malcolm Arnold zu realisieren gewesen. Inzwischen waren einige Jahrzehnte ins Land gegangen, und Anderson hatte mit seiner Wahl des Dirigenten offenbar ein glückliches

Händchen gehabt. Er sah sich bei dem Projekt auch nur als Gastmusiker, der seinen Teil zum Gelingen beitrug. Es war ein Geben und ein Nehmen.

»Denn wenn sie das, was sie tun, nicht mögen, dann sind sie auch nicht für mich da. Musikmachen ist immer auch ein bisschen Psychologie«, lachte er. »Schon bei den Proben sollten sie den Eindruck gewinnen, dass sie am richtigen Ort mit den richtigen Leuten arbeiten. Es ist wie Sex ohne Kondom, aber trotzdem eine sichere Sache.« Da war er wieder, der alte Fahrensmann, der *Pied Piper* der Rockmusik, der Vertreter eines Genres, das für Sex, Drugs und Rock'n'Roll stand. Doch Anderson trank fast nie Alkohol, nachdem er einmal bei der Arbeit an einem Song fast eine Flasche Rotwein allein konsumiert hatte. Davon war ihm so schlecht geworden, dass er Alkohol kaum noch anrührte. Auch war er seit fast 30 Jahren verheiratet. Das habe seinem Nimbus als einem der prominentesten Rockstars offenbar keinen Abbruch getan, wagte ich laut zu vermuten. Er grinste und begann einen Exkurs in die frühen Jahre seines Rockerlebens:

»Lass uns mal ins Jahr 1969 zurückgehen. Wir waren auf unserer ersten Amerika-Tour im Vorprogramm von Led Zeppelin. Es war auch deren erste große Stadien-Tour. Wir mussten den Abend eröffnen, spielten etwa 35 Minuten und sammelten unsere Erfahrungen vor großem Publikum und verrückten Amerikanern. Was wir von Led Zeppelin lernten, hatte weniger mit Musik zu tun, sondern mit dem, was nach der Show passierte, wenn es zurück ins Hotel ging. Led Zeppelin waren eine richtig Partyband und bekannt für ihre Groupies, eben eine richtige Sex, Drugs und Rock'n'Roll-Band. Allerdings lag die Betonung hier mehr auf Sex als auf Drogen. Es war interessant, wie sexorientiert das Leben in der Freizeit ablief, aber auch die erotische Wirkung der Musik von Led Zeppelin war ganz erstaunlich. Die haben praktisch ihre Musik zum Lebensstil erhoben. Mir war dieses ganze Sex, Drugs und Rock'n'Roll-Ding ehrlich gesagt ein bisschen unheimlich. Darüber auch noch Lieder zu singen, schien mir nicht der richtige Weg zu sein. Ich wollte mehr der Beobachter sein. Nicht, um mich vor dem Thema zu drücken, aber ich wollte mich auf gar keinen Fall darauf beschränken. So gesehen bin ich Led Zeppelin dankbar für die Erkenntnis, dass dieser Lifestyle nichts für mich war. Dadurch fand ich zu alternativen Formen der lyrischen und musikalischen Inspiration.« Ich musste grinsen.

»Sind das jetzt zu starke Worte?«, setzte Ian Anderson nach. »Das heißt nicht, dass ich gegen diesen Lifestyle bin. Das ist kein moralisierender Standpunkt. Aber jede Nacht ein anderes Mädchen oder gleich mehrere war einfach nicht mein Ding. Unter Beziehung verstehe ich etwas anderes. Damals war das meine Einstellung, aber ich bin ja noch jung und vielleicht finde ich ja in der Zukunft meine Erfüllung bei Sex, Drugs und Rock'n'Roll. Nach nunmehr 36 Jahren als Rockmusiker ist diese Einsicht jedenfalls noch nicht gekommen. Aber was nicht ist, kann ja noch werden.«

Das hörte sich alles sehr edel und vernünftig an, was dieser Rockstar da erzählte. Dennoch war er Teil einer gewaltigen Maschinerie, die für nicht wenige Menschen des Teufels ist und auf Generationen die Jugend verdirbt. Immerhin hatte ich davon gehört, dass Ian Anderson bestrebt war, seine Kinder von den Jethro Tull-Konzerten fernzuhalten, damit diese nicht mitkriegten, was ihr Daddy da auf der Bühne so treibt. Die Zeitungen schrieben ja gern vom Verführer der Jugend und vom Teufelsflötisten.

»Ich habe einen Sohn und eine Tochter«, wandte Anderson ein, »und beide haben frühzeitig akzeptiert, dass sie einen Vater haben, der anders ist als die Väter ihrer Kameraden. Das ist ihnen auch nicht schwerer gefallen als zu sagen, mein Vater ist Börsenmakler, Banker, Lehrer oder Zahnarzt. James fand es anfangs etwas schwierig zu erklären, dass sein Vater auf der Bühne rumspringt, Flöte spielt und Rock-Songs singt. Diese andere Art zu leben ist ja auch nicht mit wenigen Worten zu erklären. Damals, als er sechs Jahre alt war und zur Schule kam, hatte ich mir ein mobiles Tonstudio zugelegt. Das war ein gewaltiger Truck. Da konnte er dann sagen, sein Vater ist mit einem großen LKW unterwegs. Das irritierte die Lehrer der teuren Privatschule, weil sie glaubten, ich sei LKW-Fahrer und würde nicht genug Geld verdienen, um die Schule bezahlen zu können. Damit hatte James einen sozialen Affront produziert, denn die Väter der anderen Kinder waren Anwälte und Ärzte. Meinen Ruf, ein LKW-Fahrer zu sein, verdankte ich also der Tatsache, dass ich ein Tonstudio auf Rädern hatte. Generell haben meine Kinder aber nie viel über mich und meine Arbeit erzählt und sind inzwischen selbst in der Welt des Entertainments angekommen. Wenn meine Tochter mit dem Studium fertig ist, wird sie als Fernsehproduzentin arbeiten. Mein Sohn hat den Job des Produktionsmanagers für Jethro Tull übernommen. Da er mit der Musik aufgewachsen ist, ein nur logischer Schritt.«

Wir kamen auch in diesem Gespräch noch einmal auf die Anfänge der Bandkarriere zurück, auf das Debüt-Album »This Was« mit den alten Männern auf dem Cover, das aber ohne Titelaufdruck auskam. »Es hat ein bisschen gedauert mit dem Erfolg«, sagte Ian Anderson nachdenklich. »Unser zweites Album war schon viel gefragter und auch besser. Da waren Folk- und Jazzelemente mit eingeflossen. Es ging langsam aufwärts mit Jethro Tull, was ich im Nachhinein als Vorteil werte. Denn als wir auf dem Gipfel angekommen waren, hatte ich das Gefühl, dass wir so schnell auf der anderen Seite nicht wieder runterfallen würden.«

»Was war denn deiner Meinung nach der Gipfel?«, wollte ich wissen. »›Aqualung‹ oder ›Thick As A Brick‹ von 1971/72?«

»Das war schon diese Zeit. ›Aqualung‹ war ein Album, das die Band international etablierte, obwohl es die ersten Wochen nach der Veröffentlichung nicht sonderlich gut lief. Aber durch den langfristigen Verkauf über Jahre wurde es schließlich ein Topseller. Gemessen an den Verkaufszahlen ist es bis heute unser bestes Album. Für ein amerikanisches Satellitenprogramm haben wir es noch einmal komplett live gespielt, und dabei ist mir klar geworden, dass es wirklich ein sehr gutes Album ist.«

Nur wenige Tage vor unserem Gespräch war im deutschen Fernsehen (ZDF, 17.4.2004) eine dreistündige Sendung mit dem Titel »50 Jahre Rock And Roll« gesendet worden. Thomas Gottschalk hatte sehr viel Prominenz aus Rock und Pop live auf der Bühne präsentiert: Greg Lake (Emerson, Lake & Palmer), Jack Bruce (Cream), Bonnie Tyler, Bill Wyman (Rolling Stones), Scorpions, Peter Kraus, Steppenwolf, BAP, Status Quo, Joe Cocker, Eric Burdon und eben auch Ian Anderson von Jethro Tull.

Die Kritiken (*Der Spiegel*) waren trotz des großen Auftriebs von Rock- und Pop-Prominenz fürchterlich. Besonders die selbsternannten Rockspezialisten unterstellten den Machern einen fahrlässigen Umgang mit der Rockgeschichte und rückten die Sendung in die Nähe von Volksmusikabenden mit

Karl Moik, die ähnlich konzipiert seien, und das alles trotz oder wegen Gottschalk. Ich fragte Ian Anderson nach seinen Beweggründen, weshalb er an der Sendung teilgenommen habe. Ob es eine Art Klassentreffen mit geschätzten Kollegen oder auch eine Gelegenheit, »Hallo, ich bin auch noch da« zu sagen, gewesen sei.

»Es ist vor allem deshalb interessant, weil man erfährt, dass die Leute sich an Kapitel einer großen Geschichte erinnern, von der man ein kleiner Teil ist. Es ist wie du sagst tatsächlich eine Art Klassentreffen. Manche trifft man immer mal wieder, andere hat man nie zuvor persönlich kennengelernt. Das macht schon Spaß. Und wenn ich dann denke, 50 Jahre Rock'n'Roll, mein Gott, was für eine lange Zeit. Und wenn ich dann das Alter aller Leute auf der Bühne addiere, komme ich locker auf 5 000 Jahre. Die Jahre und die Geschichten dazu treiben manchmal seltsame Blüten. Jack Bruce zum Beispiel, der auch dabei war, hatte noch wenige Wochen vor dieser Sendung lange im Koma gelegen. Nach einer Lebertransplantation waren Probleme aufgetreten. Er verlor das Bewusstsein und musste künstlich ernährt werden. Die Ärzte hatten jede Hoffnung aufgegeben, dass er wieder zu Bewusstsein kommen würde. Am Krankenbett einigten sich Ärzte und Angehörige darauf, die Geräte abzuschalten und Jack Bruce friedlich entschlafen zu lassen. Was sie nicht wussten: Jack war die ganze Zeit bei Bewusstsein, aber ein Gefangener in seinem sonst reglosen Körper. Er bekam jedes Detail, das sich in seiner Umgebung ereignete, mit, auch, dass nun die lebenserhaltenden Maschinen abgeschaltet werden sollten. In diesem Moment wurde er so wütend und verzweifelt, dass der Energieschub reichte, ihn wieder ins volle Leben zurückzubringen. Das wunderte niemanden mehr als die

Ärzte, die nun von ihm verlangten, dass er jedes Detail seiner Gefangenschaft im eigenen Körper aufschreiben sollte. Denn von so einer Reise waren noch nicht viele zurückgekehrt und wenn, dann ohne das geringste Erinnerungsvermögen. Jacks Erinnerungen waren alle da, und er stellte vor allem seine Verwandtschaft zur Rede, die ihn schon abgeschrieben hatte. Vier Monate danach stand er mit uns allen auf der Bühne, live im deutschen Fernsehen. Das sind solche Momente, die unvergesslich sind. Für Jack war es die Rückkehr in sein altes Leben und etwas ganz Besonderes, an diesem Abend ein Lied zu spielen und zu singen, das er bestimmt schon tausendmal gesungen hat. Vielleicht ist ihm da vor sechs Millionen Fernsehzuschauern der Gedanke gekommen: ›Junge, du bist noch am Leben‹. Keiner der Zuschauer hat davon etwas gemerkt, von seiner Angst, seiner Nervosität, der Dankbarkeit oder was auch immer durch Jacks Kopf ging.«

Zum Schluss unseres Gespräches knüpfte ich an ein Thema an, das wir vor rund 15 Jahren schon einmal erörtert hatten, der Geschäftsmann Ian Anderson, der sein verdientes Geld in schottische Lachsfarmen investierte. »Vor etwa 20 Jahren habe ich mich noch sehr intensiv mit Landwirtschaft befasst«, sagte er. »Ich hatte diese Lachsfarm und einen Pflanzenzuchtbetrieb mit 400 Leuten im Nordwesten von Schottland. Aber von all dem habe ich mich im Laufe der Jahre verabschiedet. Ich werde ja auch immer älter und konzentriere mich ganz auf die Musik. Immerhin bin ich noch jung genug, um Musik zu machen. Also habe ich meine Fischfarm und all das verkauft oder verpachtet. Jetzt bin ich nur noch Musiker. Es gibt auch genug zu tun. Wir hatten nie einen Manager. Das habe immer ich gemacht. Wir hatten nie einen Produzenten bei Jethro

Tull. Ich bin nicht unbedingt der Beste meines Faches, aber ich habe den Überblick und weiß mit den modernen technischen Instrumenten umzugehen. Aber das Wichtigste ist, dass mir alles immer noch sehr viel Freude macht.«

»Dann verkneife ich mir mal die Frage, wie lange du noch aktiv als Musiker die Bühnen der Welt beackern wirst. Ich denke, solange Ian Anderson seine Flöte zu spielen vermag, bleibt er uns erhalten.«

»Ich habe als Teenager immer Muddy Waters, John Lee Hooker, Howlin' Wolf oder Bo Diddley gehört. Schwarze amerikanische Musiker, die älter waren als mein Vater. Das habe ich nie als unnormal empfunden, weil ich einfach die Musik mochte, die diese Männer machten. Diese Musik hat mich mein Leben lang begleitet. Nun bin ich so alt wie die damals waren. Bei unseren Konzerten, gerade bei den Open Airs im Sommer, sehe ich viele junge Leute so um die 20 im Publikum. Das finde ich dann ganz normal, weil ich als Teenager Blues und Jazz gehört habe von Leuten, die im Alter meiner Eltern waren. Ich bin mit der Vorstellung groß geworden, dass das Alter so lange keine Rolle spielt, bis es dich zwingt, den Job aufzugeben. Wir Musiker sind in der glücklichen Lage, bis ins Alter von über 50 oder 60 Jahren aktiv bleiben zu können. Gott sei Dank bin ich kein Tennisspieler oder Formel-Eins-Fahrer. Musiker, Schriftsteller oder Schauspieler dürfen fast unbegrenzt weitermachen, und das wird von denen auch erwartet.«

Joan Baez – die Ikone der Folk- und Protestsongbewegung
Coventry, England 2007

Es ist wohl vor allem ihrem Vater zu verdanken, dass Joan Baez schon als Kind dazu neigte, alles in Frage zu stellen. Albert Vinicio Baez war ein bekannter Physiker mexikanischer Abstammung und hatte sich geweigert, in einem lukrativen Job für die Rüstungsindustrie zu arbeiten. Als einer der Erfinder des Röntgenmikroskops (1948) zur Untersuchung lebender Zellen hatte es Baez zu einigem Ansehen in der Wissenschaft gebracht, was auch das Interesse des Militärs wachrief. Aber auf Grund seiner pazifistischen Gesinnung, die in der Familie Tradition hatte, lehnte er solche Angebote kategorisch ab.

Tochter Joan, die am 9. Januar 1941 in Brooklyn zur Welt kam, ließ sich schon früh vom Vater erklären, welche verheerenden Auswirkungen der Einsatz von Nuklearwaffen in einem eventuellen dritten Weltkrieg hätte.

Schon zu Beginn der sechziger Jahre nahm Joan Baez Platten auf. Die amerikanische Folk-Szene hatte ihren Höhepunkt mit Pete Seeger, Peter, Paul & Mary oder Earl Scruggs zwar schon überschritten, aber die Proteste in den USA gegen Rassendiskriminierung und das atomare Wettrüsten nahmen zu. Auf den schon bald traditionellen

Ostermärschen wurde durch Joan Baez das Lied »We Shall Overcome« weltweit bekannt. Ihr couragiertes Auftreten brachte ihr im Jahre 1967 eine Haftstrafe von hundert Tagen ein. Platten der schönen Sängerin mit der engelsgleichen Stimme gab es auch in der DDR und der Sowjetunion zu kaufen. Joan Baez war es, die Bob Dylan einem größeren Publikum vorstellte und damals auch mit ihm liiert war. Als die Folksong-Bewegung abebbte, geriet Joan Baez ein wenig aus dem Fokus der internationalen Musikszene, war aber auf dem größten Open-Air-Spektakel der Rockgeschichte 1969 in Woodstock mit dabei. Zu Beginn der siebziger Jahre wurden ihre Lieder pop-orientierter. Mit »The Night They Drove Old Dixie Down« kam sie 1971 in die Charts. Die Beziehung zu Bob Dylan war längst Geschichte, aber gemeinsam gingen die beiden Ikonen der amerikanischen Folk-Bewegung immer wieder auf Tour. 1985 war Joan Baez beim gewaltigen Live Aid-Spektakel dabei und eröffnete das Konzert im JFK-Stadion von Philadelphia.

Die Ziele ihrer Protestaktionen hatten sich inzwischen verändert. Ging es früher um die Gleichberechtigung der Afroamerikaner und gegen den Vietnamkrieg, trat sie nun für die Rechte der Frauen, von Schwulen und Lesben, aber auch zur Rettung des Weltklimas auf.

Im neuen Jahrtausend ist sie auf beiden Seiten des Atlantiks unermüdlich unterwegs und macht auch immer wieder in Deutschland Station. Anlässlich einer kleinen Serie von Konzerten in Baden-Württemberg im Jahre 2007 bot sich ein Interview für eine zweistündige SWR 1-»Leute«-Sendung an. Wir kamen überein, dass ich ihr in ihrem Tour-Kalender entgegenfahren würde, bevor sie in Mannheim und Karlsruhe ihre Konzerte gab. Eine der ersten Stationen ihrer

Tour diesseits des Atlantiks war die englische Stadt Coventry. Dort fanden wir am frühen Nachmittag des 3. März 2007 auf dem Campus der Universität zueinander. Joan war mit den Vorbereitungen ihres Auftrittes im Warwick Arts Centre befasst. Ich sprach zunächst mit ihrem Tour-Manager, der mir unmissverständlich klar machte, dass ich zehn Minuten für das Gespräch hätte. Das müsse ein Irrtum sein, gab ich zu Bedenken. Verabredet war eine halbe Stunde, und für zehn Minuten hätte ich mich nicht auf den Weg von Deutschland hierher gemacht. Das war schon zu viel für den Guten. »Und wir müssen hier eine Show vorbereiten«, blaffte er zurück. Joan Baez hatte inzwischen Notiz von uns Kampfhähnen genommen und bedeutete mir, doch erstmal mein Aufnahmegerät aufzubauen, mich hinzusetzen, und dann werde man ja sehen. Der Manager schnaubte wütend und stapfte davon. Wir hatten uns in einem kleinen Raum hinter der Bühne niedergelassen. Da herrscht in Theatern meist ein heilloses Durcheinander: Staub der Jahrzehnte, ausgediente Requisiten, verschlissene Sitzgelegenheiten und hier dann auch noch eine ungemütliche Kälte. Ich saß mit Joan Baez auf einem fleckigen, abgewetzten Sofa. Einen Tisch gab es gar nicht. Ich stöpselte also mein Mikrofon ins Aufnahmegerät, stellte die mitgebrachte Tasche beiseite und wandte mich meiner berühmten Gesprächspartnerin zu, die geduldig gewartet hatte und sehr aufmerksam verfolgte, was ich tat. Ich schaute in ein hellwaches Gesicht, aus dem mir dunkle Augen entgegenblickten. Die angegrauten Haare trug sie kurz, und sie sprach mit dunkler, klarer Stimme. Erst nach diesem Gespräch fiel mir ein, an welche Schauspielerin sie mich mit ihrem ausdrucksstarken Blick erinnerte, an die reifere Lily Palmer. Aber der Eindruck von Ähnlichkeiten ist natürlich Geschmackssache. Es waren auch nur bestimmte Momente in der Mimik und Gestik von Joan Baez, die diesen Vergleich zuließen. Zum Beispiel, wenn sie etwas verneinte, und das tat sie zu Beginn des Gespräches oft. Als ich erwähnte, dass sie in den letzten Jahren wieder mehr unterwegs sei als früher, auch bei uns in Deutschland, merkte sie an, dass sie gerade im vorigen Jahr sieben Monate Urlaub gemacht hätte, aber wohl mehr Lärm um ihre Konzerte mache als früher. Vielleicht sei es ja auch eine Art Sucht, immer wieder auf Tour gehen zu müssen, meinte ich. Nein, aber sie spüre, wie sich ihre Stimme immer mehr verändere, und da sei es schwer, einfach aufzuhören. Manche ihrer Lieder, die sie diesmal im Programm habe, seien ja lange nicht im Konzert zu hören gewesen, stellte ich fest, ob es dafür konkrete Gründe gäbe.

»Die Zeiten haben sich verändert«, sagte Joan Baez. »Ein Lied wie ›With God On Our Side‹ wäre vor ein paar Jahren nur nostalgisch gewesen. Aber jetzt, in einer Welt voller Depression und Krieg, hat der Song wieder eine ganz neue Aktualität.« Das Lied ist von Bob Dylans 1964er-Album »The Times They Are A-Changin'« und beschäftigt sich mit der Problematik, dass gegnerische Kriegsparteien oft denselben Gott anflehen, er möge ihnen den Sieg schenken. Auf welcher Seite Gott wohl am Ende ist? Dylan bringt als Beispiele den Krieg der weißen Siedler gegen die nordamerikanischen Indianer, den Krieg der spanischen Conquistadoren gegen Eingeborene, den amerikanischen Bürgerkrieg, beide Weltkriege und vor allem den Mord an sechs Millionen Juden durch die Deutschen.

When the Second World War
Came to an end
We forgave the Germans
And we were friends
Though they murdered six million
In the ovens they fried
The Germans now too
Have God on their side.

Deutsche Übersetzung von Günter Schneidewind:

Als der Zweite Weltkrieg zu Ende war,
haben wir den Deutschen vergeben.
Sie wurden unsere Freunde,
obwohl sie sechs Millionen umbrachten
und in ihren Öfen verheizten.
Jetzt haben auch die Deutschen
Gott auf ihrer Seite.

An dieser Stelle erinnerte ich Joan Baez daran, dass wir uns an einem historischen Ort befänden, denn Coventry war das ausgesuchte Ziel der Nazi-Luftwaffe gewesen, um zu demonstrieren, dass man technisch in der Lage war, eine ganze Stadt dem Erdboden gleichzumachen. Goebbels und Luftwaffenchef Göring nannten das eine Stadt ›coventrieren‹. »They really were a lovely bunch, weren't they«, schüttelte Joan Baez nur den Kopf. Ich fügte noch an, dass vereinte britische und amerikanische Luftverbände wenig später diese Leistung an der Stadt Dresden bei weitem überboten hätten. Aber die Opfer seien in beiden Fällen meist Zivilisten und im Falle Dresden Flüchtlinge gewesen. Da erinnerte sich Joan Baez an ihren Schulunterricht und wie sie als Kinder gedrillt wurden, im Falle eines Raketenangriffs durch die Russen unter den Schulbänken in Deckung zu gehen. In einem Buch ihres Vaters hatte sie aber gelesen, wie schnell so eine russische Interkontinentalrakete an Amerikas Ostküste sein konnte und welche Wirkung sie mit einem nuklearen Sprengkopf haben würde. Da erschien ihr das Versteck unter der Schulbank so lächerlich, dass sie sich weigerte, an diesen Übungen teilzunehmen. Das gab richtig Ärger für Joan und ihre Familie. Im Gegenzug erzählte ich von der zunehmenden Militarisierung der Schule im sozialistischen System während der achtziger Jahre. Als Lehrer musste auch ich einige Lektionen Wehrunterricht und Erste-Hilfe-Kurse abhalten. Dabei wurden Plastiktüten mit Atmungsfiltern aus Papiertaschentüchern gebastelt. Eine bestimmte Menge an Schichten war vorgeschriebenes Minimum zur Vorbeugung gegen nukleare Verstrahlung. Mein Einwand, wir würden hier den jungen Menschen die unsinnige Vorstellung vermitteln, ein nuklearer Krieg sei zu gewinnen, brachte mir eine scharfe Zurechtweisung ein. Nun saßen wir beide, die Kinder zweier ehemals verfeindeter Systeme, auf einem schmutzigen Sofa in Coventry und tauschten unsere Erinnerungen an die Zeit des Kalten Krieges aus.

»Aber die Zeiten sind ja nicht wirklich besser geworden«, wandte Joan Baez ein. »Angefangen mit den Vereinigten Staaten von Amerika. Bei meiner vorigen Europa-Tour habe ich mich in verschiedenen Sprachen dafür entschuldigt, was unsere Regierung (George W. Bush) zurzeit der Welt alles antut. Da gab es zuweilen offenen Beifall für meine Worte, die anderswo als Verrat am eigenen Land hätten verstanden werden können. Aber selbst Medien wie CNN fangen ja langsam an, sich an der öffentlichen Meinung auszurichten.«

»Harry Belafonte hat kürzlich den US-Präsidenten George W. Bush als den größten Terroristen der Welt bezeichnet. Darf ein Künstler so etwas sagen?«

»Im Moment ist Bush der größte Terrorist der Welt, das darf man so sagen. Er mag nicht der Bösewicht in Person sein, aber er hat nun mal die Macht und die Verantwortung, und es ist viel Böses um ihn. Das macht ihn zum Terroristen. Aber man darf nicht die ganze Wut auf diesen einen Mann richten. Wir alle als Einzelne oder als Gruppe sind gefordert, dem eine vernünftige Alternative entgegenzusetzen. Das ist keine leichte Aufgabe.«

»Ist es für Sie nicht enttäuschend, nach jahrzehntelangem Kampf für fortschrittliche Ideale mit ansehen zu müssen, wie die Welt eigentlich immer schlimmer geworden ist? Oder ist sie doch nur anders geworden?«

»Nun, wenn man sich die Entwicklung des Klimas anschaut, ist sie sogar gefährlich schlimm geworden. Ich werde oft gefragt, ob ich nicht manchmal den Mut verlieren würde. Mein Glück ist, dass ich nie große Erwartungen gehegt habe. Wenn man große Erwartungen hat und die erfüllen sich nicht, neigt man dazu, verbittert und enttäuscht zu sein. Man darf aber auch nicht ungeduldig werden. Die weltweiten Proteste gegen den Vietnamkrieg haben 15 Jahre gedauert.«

Und nicht wenige, auch Prominente, sind dafür ins Gefängnis gekommen. Selbst Joan Baez hat ihre Popularität nicht vor einer Haftstrafe von hundert Tagen geschützt. Man kennt US-amerikanische Gefängnisse hierzulande nur aus Hollywood-Filmen und gewinnt dabei den Eindruck, dass es dort deutlich härter zugeht als in deutschen Vollzugsanstalten.

Aber wer von uns kann das tatsächlich beurteilen? Deshalb meine Frage an Joan Baez, wie gefährlich es eigentlich sei, in den USA im Gefängnis zu sitzen.

»Verglichen mit Diktaturen wie Argentinien in den siebziger Jahren war es nicht so gefährlich. Ich selbst wurde zweimal eingesperrt. Beim zweiten Mal waren wir 60 Leute, die gegen die Einberufung zum Militär protestiert hatten. Für mich war das wie Urlaub. Ich hatte dabei acht Pfund zugenommen und zu der Zeit auch nichts Wichtiges zu tun. Das wäre in einem Land, das unter Kriegsrecht steht, natürlich anders gelaufen.«

Damals war das Ziel des Protestes der Krieg in Vietnam, später Afghanistan oder der Irak; Protest gegen Länder wie die USA oder auch Russland, die ihre Interessen mit militärischer Gewalt durchsetzten. Der Feind hatte einen Namen oder ein Gesicht. Die vornehmliche Aufgabe unserer Tage sehen viele engagierte Menschen in der Bekämpfung der globalen Klimaveränderung. Hier ist ein Schuldiger aber schwer zu benennen. Umso schwieriger ist es, gezielte Protestaktionen durchzuführen, mit denen sich die Teilnehmer identifizieren können. »Was also«, fragte ich Joan Baez, »kann eine Künstlerin wie Sie zur Rettung des Klimas beitragen?«

»Zunächst müsste jeder schauen, was er bei sich tun kann«, antwortete Joan nach kurzem Nachdenken. »Darüber hinaus kann man Rat suchen bei Leuten wie Al Gore, der diesen bedeutenden Umweltfilm gemacht hat«. (Gemeint ist »Die unbequeme Wahrheit«, ein Dokumentarfilm des ehemaligen US-Vizepräsidenten, in dem er an die Verantwortung jedes Einzelnen zur Rettung des Klimas appelliert.) »Ich glaube jedoch, dass er mit seiner Grundaussage, es gäbe schon jetzt für die Welt keine Hoffnung mehr, etwas daneben liegt.

Einige Länder haben doch schon ganz gute Ansätze. Allerdings produziert gerade mein Land den höchsten Anteil an Schadstoffen in der Welt und tut sich sehr schwer damit, daran etwas zu ändern.«

»Al Gore versucht nach dem Vorbild von Bob Geldofs Live Aid ein weltweites Konzert für den Klimaschutz zu organisieren. Würden Sie da mitmachen?«

»Ja, auf jeden Fall. Aber ich weiß nicht, ob es helfen würde. Bei Live Aid gab es nur ein Risiko: nicht gefragt zu werden, ob man dabei sein würde. Ansonsten war das keine riskante Angelegenheit. Das Ende der Welt wäre allerdings eine riskante Sache, und die Menschen möchten da schon mitteilen, was sie bewegt. Man möchte sich austauschen und informieren, was kann ich tun, wo kann ich helfen? Allein das wäre es doch wert. Ja, auf jeden Fall würde ich da mitmachen.«

Plötzlich steckte der Manager seinen Kopf zur Tür herein und fragte Joan Baez, ob sie Hilfe brauche. Dabei schaute er demonstrativ auf seine Uhr. Sie machte eine abwehrende Handbewegung und bedeutete ihm, sich zurückzuziehen und die Tür wieder zu schließen. Natürlich hätte sie diese Störung auch nutzen können, um das Interview an dieser Stelle abzubrechen. Zu meiner Freude tat sie das jedoch nicht.

Ich kam auf ihre Protestaktionen in den sechziger Jahren zurück und zog einen Vergleich zu heute. Nicht nur die Welt hatte sich sehr verändert, auch wir Menschen. Nicht zuletzt sie selbst. Sie hatte geheiratet, Kinder bekommen, Enkelkinder. Da entstehen völlig neue Formen der Verantwortung. »Sieht man die Welt da nicht auch mit anderen Augen?«

»Absolut, ich habe ja vorhin schon von meinen sieben Monaten Auszeit gesprochen, die ich mir gegönnt habe. Diese Zeit war sehr wichtig für mich. Ich habe eine 93-jährige Mutter, mein Vater ist 94. Meine Mutter ist zwar eine gute Köchin, aber sie braucht auch Fürsorge.

Gott sei Dank habe ich das Geld dafür. Sie könnte auch bei mir wohnen, aber ihren gewohnten Lebensstil könnte sie schon rein wirtschaftlich nicht halten. Manchmal ist sie auch sehr schwierig. Aber ich konnte miterleben, wie sie altert, und ich kann hoffentlich auch bei ihr sein, wenn sie eines Tages stirbt. Das gilt auch für meinen Vater, der viel gebrechlicher ist.

Welche Probleme es immer auch gegeben haben mag, sie sind meine Eltern. Dann ist da noch mein Sohn, der einen großen Teil seiner Kindheit ohne mich verbracht hat, weil ich immer unterwegs war. Inzwischen ist auch die Enkeltochter schon drei Jahre alt. Ich möchte nicht, dass von mir ein Image entsteht, ich würde immer nur singend und kämpfend unterwegs sein, obwohl ich das ja einen Großteil meines Lebens gemacht habe, in den sechziger und siebziger Jahren.«

»Das hört sich für mich so an, als ob Ihnen die Familie jetzt wichtiger ist als früher.«

»Genau so ist es. Viele Menschen haben Probleme mit ihren Eltern und bekommen die nie in den Griff, weil sie nicht vergeben können. Ich hatte auch Ärger mit meinen Eltern über viele Jahre. Vergebung ist eine interessante Erfahrung. Und nun möchte ich einiges zurückgeben, was sie mir gegeben haben. Und so hoffe ich auch, dass mein Sohn mir vergeben wird, was immer ich ihm auch angetan habe. (lacht) Wir haben darüber auch gesprochen. Er ist ein intelligenter Bursche und kommt leichter zu Einsichten als ich.«

Bei diesen Worten musste ich unwillkürlich an meine eigenen Eltern denken. Schon als Teenager hatte ich mit meiner Mutter einmal über die Schuld gesprochen, die man doch ein Leben lang bei seinen Eltern hat für die Gestaltung eines geborgenen Zuhauses, eine glückliche Kindheit, die Sorgen und Probleme, die Kinder ihren Eltern nun mal in ihrer Jugend durch Schule, Ausbildung oder pubertäre Rebellion machen. Ein Leben reicht da nicht, um das zurückzugeben. »Das musst du dann an deine Kinder weitergeben«, hatte meine Mutter damals gesagt, ganz wie Joan Baez eben. Wenn zwei so respektable Frauen wie meine Mutter und Joan Baez zum selben Ergebnis kamen, musste es wohl richtig sein.

Frauenrechte war das nächste Thema. Es war geplant, dass diese Sendung mit Joan Baez am 8. März laufen würde. Es bot sich also an, sie nach der Bedeutung des Internationalen Frauentages zu fragen und ob ein solcher Ehrentag in der modernen demokratischen westlichen Welt überhaupt noch Sinn mache.

»Aber ja«, entgegnete sie lebhaft. »Ich selbst habe unter der Benachteiligung der Frauen nicht viel gelitten, weil ich ja schon in jungen Jahren zum Star wurde. Das ist was ganz anderes als einen Job bei RCA (Radio Corporation Of America, heute ein Großkonzern und Handelsmarke) oder NBC (National Broadcasting Company, ein US-amerikanisches Hörfunk- und Fernsehnetzwerk) als Frau zu machen. Da ist man unterbezahlt und ein Bürger zweiter Klasse. Per Gesetz sind diese Unterschiede zwar abgeschafft worden, aber der Kampf geht weiter. Als nächstes wird die Frage nach Hillary Clinton kommen. Na ja, die würde einen guten Mann abgeben«, meinte Joan Baez lachend.

»Es gibt da auch noch andere Frauen in der ersten Liga der US-Politik wie Madeleine Albright oder Condoleeza Rice«, wagte ich einzuwerfen. (Beide waren Außenministerinnen der USA, letztere unter George W. Bush.)

Joan Baez zog die Augenbrauen hoch, grinste spöttisch und rief: »Na großartig, was für ein Alptraum. Meistens sind diese Frauen ja sehr stark maskulin wirkende Figuren, Golda Meir möge mir verzeihen. Die haben wenig damit zu tun, warum wir meinen, Frauen wären gut in einem Regierungsamt. Frauen werden immer noch auf ihre Rolle als Gebärende reduziert, die diese spezielle Last tragen und auch eine besondere Rücksicht erfahren müssen. Männer haben ein Raubtiergehirn. Es gibt also Unterschiede, die die Frauen nicht unbedingt als potenzielle Wahlsieger erscheinen lassen.«

Mein Gespräch mit Joan Baez fiel in eine Phase, als die Demokraten in Amerika entscheiden mussten, ob sie mit Hillary Clinton die erste Frau als Präsidentschaftskandidatin ins Rennen schickten oder mit Barack Obama den ersten Afroamerikaner. Welche Wahl würde eigentlich Joan Baez treffen?

»Ich wähle den Afroamerikaner, denn er ist wundervoll. Ich habe viel von ihm gelesen. Große Chancen werden ihm allerdings nicht eingeräumt. Nicht etwa weil er schwarz ist, sondern weil er jung ist. Sie sagen, er habe nicht genug Erfahrung und weiß zu wenig über Außenpolitik. Aber Entschuldigung, Bush weiß doch gar nichts über all das. Viele unserer Präsidenten hatten keine Ahnung von Außenpolitik. Der schwarze Kandidat Obama hat immerhin einen Harvard-Abschluss, die beste geistige Qualifikation für Menschen.

Er ist frisch, und alle anderen wirken dagegen alt, langweilig und uninteressant. Na ja, er sagt, er habe Kokain genommen, als er jung war. Aber was sagt das schon. Dafür war er in keiner Verbindung und hat alles alleine geschafft. Er fasziniert mich, und ich wähle lieber den schwarzen Mann als die Frau.«

Es war Zeit, wieder auf die Sängerin und Songschreiberin Joan Baez zurückzukommen. Immerhin hatte sie gerade einen Grammy für ihre Lebensleistung erhalten. Die Grammys werden seit 1959 alljährlich in Los Angeles von der National Academy of Recording Arts and Sciences verliehen. Wie wichtig ist so ein Preis für Joan Baez?

»Das ist ja alles ganz nett, aber mit der Verleihung von Preisen und Auszeichnungen habe ich mich immer ein bisschen schwer getan. Ich könnte mein ganzes Haus damit dekorieren, aber meistens bekommt diese Sachen meine Mutter. Natürlich sind einige dieser Auszeichnungen wichtiger als andere, wie zum Beispiel der Steinbeck Award.«

Er wird in den USA an Künstler oder andere Personen verliehen, die im Sinne John Steinbecks für die Bewahrung demokratischer Rechte eingetreten sind. Joan Baez bekam diesen Preis 2003.

»Mit dem Grammy war es ja so, dass ich mich nicht in einem direkten Wettbewerb mit anderen befunden habe, wo es dann immer heißt: ›And the winner is …‹ Ich freue mich aber über die Anerkennung als Sängerin durch die Unterhaltungsindustrie. Der Grammy bringt mich in einen Kontext mit der Musikindustrie. Das ist schon wichtig. Viele definieren mich lediglich über meine Rolle als politische Aktivistin und nicht als Sängerin. Aber meine Stimme ist nun mal meine größte Gabe.«

»Welche Anerkennung ist Ihnen denn wichtiger, die als Sängerin oder die als politische Kämpferin? Vielleicht auch gerne beides?«

Sie schaute mich einen kurzen Moment an, biss sich auf die Unterlippe und sagte dann:

»Die als Kämpferin. Vor zwanzig Jahren, als ich nicht mehr im Mittelpunkt des öffentlichen Interesses stand, sagte man, sie ist eine Legende. Ich wies das zurück, denn ich war ja nicht tot oder ein Stück Vergangenheit. Aber wenn man mich jetzt, da ich mich erfolgreich als Sängerin zurückgemeldet habe, eine Legende nennt, dann ist dies das Sahnehäubchen auf der Torte.«

»Wenn ich mit Leuten spreche, die Ihre Konzerte besuchen, sagen die mir oft, mich hat Joan Baez inspiriert, mich mehr mit Politik zu beschäftigen. Andere haben den Mut gefasst, selbst zur Gitarre zu greifen.«

»Das höre ich auch oft so oder so ähnlich, wenn mich die Leute auf der Straße ansprechen. Es ist beides, und es hat die Leute bewogen, auch ihre Meinung zu sagen.«

»Gilt das auch für die heutigen Konzertbesucher oder mischt sich da inzwischen ein bisschen Nostalgie hinzu in der Art, dass man die Ikone der Folksongbewegung mal wieder live erleben will, aber auch ein wenig Trost braucht bei der Bewältigung der Dinge, die unser Leben heute belasten?«

»Sie haben wahrscheinlich schon alle Gründe genannt. Jeder Einzelne hat seine eigenen Gründe, warum er kommt, und jeder nimmt auch seine Erfahrung aus dem Konzert mit nach Hause. Es ist erstaunlich, an was sich die Leute so manchmal erinnern. Da werde ich auf Lieder und Statements angesprochen, die ich selbst fast vergessen habe.«

»Wenn Sie, wie jetzt, die ganze Welt bereisen und der Tour-Plan sagt: nächste Station Deutschland. Was geht Ihnen da durch den Sinn?«

»Das ist, und das sage ich immer wieder, ein sehr intelligentes Volk. Vielleicht sage ich das auch, weil mir die Deutschen immer sehr treu geblieben sind. Was mir auch sehr gefällt, ist, dass ich in Deutschland Englisch sprechen kann und verstanden werde. In vielen Ländern spricht die Mehrheit kein Englisch, und da ist es schwerer, sich mitzuteilen. Ich versuche es manchmal mit der jeweiligen Landessprache, aber viel wird das nicht.«

»Aber Sie sprechen doch ganz gut Spanisch. Es gab doch mal ein spanisches Album.«

»Ich spreche kein Spanisch, leider. Nur ein paar Brocken Französisch.«

»Wir führen unser Gespräch auf dem Campus einer Universität. Kommen denn heute Abend auch Studenten zum Konzert?«

»Ich weiß, dass sie da sind, aber ich kann sie meistens nicht sehen, weil die Studenten für gewöhnlich auf den hinteren, billigen Plätzen sitzen. Ich weiß aber auch, dass der größte Teil meines Publikums aus Leuten besteht, die schon seit vielen Jahren zu meinen Konzerten kommen. Erst in den letzten Jahren sind auch wieder Jüngere dazu gekommen. Leider haben sie nicht das Geld für die vorderen Plätze, wo ich sie gerne sehen würde.«

Zum Schluss des Interviews fragte ich noch nach ihrem aktuellen Programm und was wir in Karlsruhe und Mannheim erwarten könnten, worüber sie bereitwillig Auskunft gab. Mit zwei Gitarristen an ihrer Seite war dies fast ein Unplugged-Konzert, rein akustisch, Joan Baez mit sparsamer Begleitung. Das hat immer etwas sehr Persönliches. Oftmals werden bei sehr gutem Kartenverkauf die Konzerte in eine größere Halle verlegt, worunter dann das eigentliche Anliegen eines solchen Konzertes, möglichst dicht bei den Leuten zu sein, leidet.

Ich hatte das in Stuttgart selbst erlebt, hatte aber doch noch einen so guten Platz, dass ich jede Bewegung im Gesicht von Joan Baez sehen konnte und natürlich auch die Handarbeit der Gitarristen. Was mich erstaunte, war, dass sie das Konzert mit einem ihrer bekanntesten Songs eröffnete: »The Night They Drove Old Dixie Down«. Meist heben sich die Künstler ihre populärsten Songs für den Schluss oder die Zugabe auf.

»Ich finde, dass dies ein gutes Lied für den Auftakt eines Konzertes ist«, antwortete Joan Baez. »In manchen Ländern kann ich das nicht machen, weil das Lied dort nicht bekannt ist.«

Joan Baez war zum Zeitpunkt unseres Treffens 66 Jahre alt. Bei meiner Frage nach ihren weiteren Plänen rechnete sie mir vor, dass sie im nächsten Jahr das 50. Jubiläum ihrer Karriere als Sängerin zu feiern gedenke und lachte dabei.

»Dieses Jahr gehört ganz und gar Europa. Danach werde ich vielleicht mit John Mellencamp touren. Ich habe ein Lied für sein neues Album geschrieben, und da hat er mich eingeladen, mit auf Tour zu gehen. Dann soll es ein Judy-Collins-Tribute-Album geben. Leonard Cohen steuert ein Lied bei, und von mir möchte sie, dass ich ihren allerersten selbst geschriebenen Song singe. Leider weiß ich jetzt gar nicht, wie der heißt.«

Entwaffnende Offenheit am Ende des Gespräches. Nachdem der Manager erneut interveniert hatte, gab ich nach und räumte das Feld, weil ich glaubte, genug Material beisammen zu haben. Die zweistündige SWR 1-»Leute«-Sendung lief dann wie geplant am 8. März 2007 im Vorfeld der Konzerte von Joan Baez in Karlsruhe und Mannheim. Beide und weitere Konzerte der Tour waren nahezu ausverkauft. Die Besucher zeigten sich begeistert und die Kritiker geizten nicht mit Lob für ihre Auftritte.

David Bowie – der Mann, der vom Himmel fiel
Stuttgart 1991

In der Nachmittagssendung »Treff« waren bei SDR 3 oft Künstler live zu Gast, auch aus der internationalen Rock-Szene. Es ergab sich, dass der Musikchef Matthias Holtmann kurzfristig eine seiner Sendungen abgeben musste. Diese sollte um 14 Uhr beginnen. Ich war für die 13-Uhr-Sendung (»Espresso«) eingeteilt und unterhielt mich gerade mit meinen Gästen, einer Gruppe von Azubis, um sie auf die Livesituation einzustimmen.

Es war etwa 12.30 Uhr. Da kam Matthias dazu und erklärte mir kurz die Situation: »Ich muss dringend weg. Du musst den ›Treff‹ übernehmen. Ach ja, da kommt so eine Nachwuchsband aus England, da ist auch David Bowie dabei. Du machst das schon.« Sprach's und verschwand.

Er hatte wirklich David Bowie gesagt. Ziggy Stardust und Major Tom sind Figuren, die jeder Rockmusik-Fan kennt. Bowie hat sie erschaffen mit Songs wie »Space Oddity«, Alben wie »The Rise And Fall Of Ziggy Stardust And The Spiders From Mars«. Der Erfinder des Glamrock, der Sänger von »Heroes«, »Let's Dance«, »Starman«, »China Girl« oder »Absolute Beginners«, der Schauspieler aus dem Film »Der Mann, der vom Himmel fiel«. Gleich würde er da sein mit seiner neuen Band Tin Machine, von der ich so gut wie nichts wusste oder kannte und mit denen ich live ein Gespräch in englischer Sprache im Radio führen sollte. Lange konnte ich darüber nicht nachdenken, denn schon kam die Promoterin der Plattenfirma, die mir noch schnell das neue Album in die Hand drückte. Dazu eine Mappe mit den wichtigsten Daten zur Band. Wir schrieben das Jahr 1991 und das Internet als Quelle allen Wissens war noch kein Standard.

Es gab ein Archiv mit prall gefüllten Aktenordnern über Leben und Wirken der großen und der längst vergessenen Stars der Rock- und Popszene. Doch jetzt war kaum Zeit, das Material herauszusuchen und zu sichten. Also schnell die eigene Datenbank im Kopf abfragen. Bowie würde kaum über seine Zeit als Superstar in den Neunzigern reden wollen, wenn er mit einer neuen Band antrat. Oder sollte ich ihn nach den Jahren fragen, als er in Berlin wohnte, 1976 bis 1978, nur ein paar Kilometer Luftlinie von meiner damaligen Junggesellenbude entfernt, lediglich durch eine Mauer von seiner Welt getrennt? Es hieß, er habe sich für Diktaturen interessiert und wollte die Stadt kennenlernen, in der Hitler geherrscht hatte. Dass Bowie Hitler als ersten Popstar bezeichnet hatte, mag aus dem Zusammenhang gerissen sein, taugt aber weder im Ost- noch im Westradio als Zitat im Interview mit dem Künstler. (Oder vielleicht doch?)

Bowie war damals schwer auf Heroin und musste seine Scheidung von Angie Bowie verwinden. War das die Angie, von der Mick Jagger in einem der größten Stones-Songs sang, der ja auch kurz vor der Scheidung entstanden war? Und hatte selbige Angie nicht Jagger und Bowie im Bett erwischt, als die ihre sexuellen Grenzen austesten und überschreiten wollten?

Der Rolling Stones-Song vom 1973er-Album »Goats Head Soup« stammt in seiner Urform von Keith Richards. Er fand die Melodie als Patient auf Drogenentzug in einer schweizerischen Klinik in Vevey, während seine Frau Anita Pallenberg ein paar Häuser weiter Tochter Angela zur Welt brachte. Keith sang immer den Namen »Angie« zu den ersten improvisierten Akkorden, obwohl ihm das Geschlecht und der Name des Kindes zu dem Zeitpunkt noch nicht bekannt waren. Den Rest des Liedes besorgte Mick Jagger, der ebenfalls darauf besteht, dass das Lied Keiths Tochter Angela gewidmet sei, wenngleich Zeilen wie »Baby dry your eyes … ain't it good to be alive they can't say we never tried« einen Rückschluss auf die Liebe Mick Jaggers zu Marianne Faithfull zulässt, die nur wenige Jahre zuvor im Drogenkollaps und Selbstmordversuch von Marianne zerronnen war.

Das wären spannende Fragen. Aber Bowie war hier, um ein neues Produkt zu bewerben, und ich wollte nicht gleich mein erstes Live-Interview mit einem der ganz Großen fahrlässig in den Sand setzen.

Tin Machine gab es seit 1989. Bowie hatte genug vom Leben als Superstar und wollte einfach wieder in einer Band aufgehen. Mit ihrem Debütalbum waren sie auch recht erfolgreich, immerhin Platz 3 in England. Nun wollten sie den Nachfolger bewerben, durch ein Interview im Radio und am Abend mit einem Konzert in einem Club in Ludwigsburg.

Beim Durchhören des Albums »Tin Machine II« fragte ich mich, wohin David Bowie mit dieser Musik eigentlich wollte. Für die Hitparaden war das kein Material. Gutes solides Handwerk einer zweifellos professionellen Rockband, nicht mehr und nicht weniger. Wir standen ja noch am Beginn des Jahrzehnts. Wie das klingen würde, wusste da noch keiner. Vielleicht wie Tin Machine?

Die Sendung begann um 14 Uhr, die Band sollte kurz nach 14.30 Uhr das Studio betreten. Kein Vorgespräch, kein Beschnuppern, der berühmte Sprung ins kalte Wasser.

Kurz nach halb drei ging dann tatsächlich die Tür auf, und die vier Musiker kamen herein. David Bowie betrat als Dritter den Raum, trug eine Leinenhose, Turnschuhe, ein Muskelshirt, lächelte freundlich, streckte die Hand aus und sagte: »Hello, I'm David«.

Auf dem Plattenteller drehte sich noch eine Single aus dem Hitprogramm, die neue von Tin Machine hatte ich schon bereitgelegt. Wir arbeiteten damals mit Plattenspielern, Bandgeräten und CD-Playern. Die Singles wurden vom Moderator selbst aufgelegt und sorgfältig eingerichtet, damit sie beim Reglerstart nicht ›jaulten‹. Automatisiertes Prozedere wie beim Autofahren mit Getriebeschaltung. Jeder Handgriff sitzt und ist abgespeichert im Unterbewusstsein. Irgendwie war ich angesichts des lächelnden Pophelden dann aber aus dem Tritt gekommen. Mit der Ankündigung, dass wir nun die neue Single von Tin Machine hören würden, schob ich den Regler hoch, der Plattenteller begann sich zu drehen, aber es lag keine Platte darauf. Ich hatte in der Aufregung einfach vergessen, die schwarze Scheibe aus der Hülle zu nehmen und sie aufzulegen. David Bowie erkannte die Brisanz der Situation sofort, begann über das neue Album zu reden und bedeutete mir durch Gesten, dass er dies so lange tun würde, bis ich die Platte aufgelegt hätte.

Bei meinem ersten Live-Interview mit einem wirklich großen Popstar half mir dieser aus der Klemme, in die ich durch einen Anfängerfehler geraten war. Dieser Vorfall war die Blaupause für viele künftige Begegnungen mit den Großen und nicht so Großen des Musikbusiness. Die wahren Profis geben sich meist natürlich, sind kooperativ, freundlich und professionell. Dazu gehört auch, dass sie gar nicht erst erscheinen, wenn sie keine Lust auf ein Interview haben. Schlimm sind jene, die keine Lust haben, trotzdem erscheinen und dem Interviewer das Leben schwer machen. Diese Erlebnisse verblassen meist wieder, aber einige sind so nachhaltig wie meine Begegnung mit dem Zickentrio Tic Tac Toe, dass sich die Erinnerung nicht ganz löschen lässt.

Im Laufe des Interviews mit Tin Machine, bei dem sich Bowie zunächst zurückhielt und seinen Bandkollegen das Reden überließ, verstiegen wir uns zu der These, dass die Zeit der Superstars, wie wir sie in den achtziger Jahren mit Madonna, Prince oder Michael Jackson erlebt hätten, nun vorbei sei und die Rückkehr zu ehrlicher handgemachter Musik ohne Starallüren heraufdämmere. Da hielt es Bowie nicht mehr ruhig auf seinem Stuhl, er meldete seine Bedenken an, dass gerade Michael Jackson in den Neunzigern trotz nachlassender Popularität weiter wie ein Idol gefeiert würde wie auch Sternchen von offenbar begrenzter Haltbarkeitsdauer. Hier nannte er Paula Abdul, Marky Mark oder Mariah Carey, die ihre Charts-Erfolge vor allem einem entsprechenden Hype der Medien verdankten. Dies sei aber Teil des Pop-Business, ergänzte Bowie. So war es immer, und so werde es auch künftig immer bleiben. Wer wollte dem widersprechen.

Er sei nur Sänger und Gitarrist einer Band, betonte Bowie immer wieder, und versuche sich gelegentlich im Saxophonspiel. Eigentlich hatte er im Interview anonym bleiben wollen, aber aus Ludwigsburg war durchgesickert, dass bisher nur wenige Karten für den Auftritt von Tin Machine verkauft worden waren. Ich gab David Bowie zu verstehen, dass die Band zu gut für einen halb leeren Saal sei und eine solche Pleite nicht verdient hätte. Er murrte zunächst nur und mischte sich dann wie eben beschrieben vehement ins Gespräch, und ich ließ, wie aus Versehen, den Namen David Bowie fallen. Es gab keinen Protest seitens des Meisters.

Leider konnte ich an diesem Abend nicht zu Tin Machine gehen, weil ich in die ausverkaufte Stuttgarter Hanns-Martin-Schleyer-Halle musste, um einen Bericht vom Auftritt der Gypsy Kings zu machen, die ich in der Konzertpause auch kurz kennenlernte.

Ein Freund, der Tin Machine in Ludwigsburg gesehen hatte, sagte mir später, es wäre ein Konzert einer Rockband gewesen, deren Identität eigentlich egal gewesen sei. Aber er habe in der zweiten Reihe vor der Bühne gestanden mit dem Bewusstsein, da oben, der Typ, nur drei Meter weg von mir, das ist der Bowie. Und deshalb sei es doch ein ganz besonderer Abend gewesen.

Ich habe David Bowie in den folgenden Jahren noch öfter getroffen, zuletzt in Paris bei einem Round-Table-Gespräch, bei dem jeweils vier bis sechs Journalisten in einer Gesprächsrunde zum Zuge kommen. Er war genauso freundlich und aufgeräumt wie bei unserem ersten Zusammentreffen in Stuttgart, obwohl es diesmal um ihn als Rockstar mit einem neuen Album ging, den großen David Bowie eben. Ein absoluter Profi, der mit einem geschätzten Vermögen von 900 Millionen Euro zu den reichsten Künstlern der Welt gehört.

David Clayton-Thomas – die berühmteste Stimme bei Blood, Sweat & Tears

Stuttgart 1994

»Sie sind wie ein großartiges Baseball-Team, wechseln laufend ihre Mitglieder, doch ihre Seele lebt weiter. Obwohl brillante Musiker bei Blood, Sweat & Tears gekommen und gegangen sind, bleibt die Musikalität der Band die Beste ihrer Zeit.« So konnte man es im Jahre 2011 auf der Homepage dieser phantastischen Jazz-Rockband lesen, die zeitgleich mit Chicago zum Wegbereiter dieses Genres gehört, das den Sound einer Ära prägte. Jazz gehört zur Ursuppe des Rock. Neben dem Blues ist er eine der Quellen, aus der die Rockmusik ihre Energie und Spielfreude zieht. Kommen die Rolling Stones vom Blues, hat deren Schlagzeuger Charlie Watts aber doch immer einer Jazzband angehört. Die größten Schlagwerker im Rock-Universum haben fast alle eine direkte Beziehung zum Jazz. (Ginger Baker, Simon Phillips, John Hiseman, Levon Helm, Bertram Engel, Bill Bruford, die Reihe ist willkürlich und subjektiv, ein Aufreger für den Stammtisch.)

Der gemeine Rockfan der frühen siebziger Jahre hat mit Jazz in der Regel nicht viel anfangen können. Am ehesten noch jene, die selbst Musik machten. Als aber die Jazz-Rockbands in der Szene erschienen, wurde das allgemein als eine große Bereicherung empfunden. Chicago Transit Authority mit ihrem Debüt-Album und einer spektakulären Version von »I'm A Man«. Blood, Sweat & Tears mit tanzbaren Krachern wie »Spinning Wheel«, »Hi-De-Ho«, oder »When I Die«, Colosseum mit »Walking In The Park« und der »Valentyne Suite«, The Ides Of March mit »Vehicle«, das man glatt als Blood, Sweat & Tears-Nummer hätte durchgehen lassen können. Sie stammten wie die berühmten Chicago aus Chicago.

Blood, Sweat & Tears wurden 1967 in New York gegründet. Der Bandname geht auf die Blut-Schweiß-und-Tränen-Rede des britischen Premiers Winston Churchill zurück, der damit zu Beginn des Zweiten Weltkrieges die Bevölkerung auf schwere Zeiten im Kampf gegen Hitler-Deutschland einschwor. Schon das zweite Album der Band von 1969 bekam einen Grammy und wurde als Platte des Jahres ausgezeichnet. Die Bläserarrangements wurden zum Vorbild für viele Nachahmer. Ebenso die kreative Bearbeitung klassischer Themen.

Ab 1968 wurde der kanadische Gitarrist und Sänger David Clayton-Thomas zur Stimme von Blood, Sweat & Tears. Fast alle großen Hits wurden von ihm gesungen. Zunächst blieb er bis 1972, ging für zwei Jahre andere Wege und kam 1974 zurück, um diesmal bis 1981 zu bleiben. Bis in die jüngste Gegenwart sind Blood, Sweat & Tears in immer neuer Besetzung live zu erleben. Mit David Clayton-Thomas auch im Jahre 1994. Kurz vor einem Stuttgarter Konzert kam der stämmige Kanadier für die Aufzeichnung einer »Leute«-Sendung ins Funkhaus am Neckar. Wir nahmen noch eine Tasse Kaffee in der Kantine zum »Vorwärmen«, wobei er seine Blicke aufmerksam schweifen ließ und schnell erkannte, dass es hier deutlich mehr attraktive Frauen gäbe als in anderen

Funkhäusern. Ich werde mich hüten, ein derart kompetentes Urteil zu kommentieren oder gar anzuzweifeln. Alles, was David Clayton-Thomas sagt, trägt er mit einer markanten, energischen Stimme vor, die den Eindruck vermittelt: Widerspruch zwecklos.

»Blood, Sweat & Tears waren nie eine Band«, vernahm die Hörerschaft gleich zu Beginn unseres Gespräches, »denn die Mitglieder wechselten ständig. Bei jedem neuen Album war die Besetzung wieder eine andere. Das geht jetzt schon 25 Jahre so. Andererseits sind auch Musiker schon seit 10 oder 12 Jahren an meiner Seite. Wer also die Band über die Jahre immer mal wieder in Deutschland erlebt hat, wird den Eindruck gewinnen, da stehen überwiegend dieselben Musiker auf der Bühne. Aber es hat nie eine sogenannte Original- oder Stammbesetzung gegeben, und die wird es bei Blood, Sweat & Tears auch nie geben.

Ich selbst kam ja auch erst ein Jahr nach der Bandgründung dazu. Man muss sich das so vorstellen wie bei der Count Basie-Band oder der Duke Ellington-Band. Die größten Musiker der aktuellen Jazz-Szene New Yorks haben bei uns mitgespielt wie Lew Soloff, Joe Henderson, Jaco Pastorius, Michael Stern und viele andere. Einige von denen sind immer mal wieder gekommen und gegangen. Aber wir sehen uns nicht als Gruppe im klassischen Sinne.«

Damit spielte David Clayton-Thomas vor allem auf Rockbands an, die für viele Jahre einen festen Stamm an Musikern haben wie etwa die Rolling Stones. Personelle Wechsel gehören indessen bei vielen Rockformationen zum Alltag, wenngleich meist die Frontmänner bleiben wie bei Status Quo oder Jethro Tull.

Aus den Urtagen der Rockmusik weiß man um die scheinbare Unvereinbarkeit von Stilen. Gerade Jazz-Puristen wollten eine Vermischung oder »Aufweichung« des Genres nicht dulden. Der Bassist Hellmut Hattler, bekannt durch die Deutschrock-Gruppe Kraan aus Ulm, hatte mir einmal nach einem Auftritt mit dem Duo Tab Two (Hattler und Trompeter Joo Kraus) erzählt, dass hinten im Saal die Jazz-Polizei mit verschränkten Armen stehe und darauf achte, ob die Blue Notes auch richtig kommen.

In den Londoner Clubs der frühen sechziger Jahre wurde eine Blues-Band ausgepfiffen, wenn sie auf Bühnen spielte, die eigentlich den Jazzern vorbehalten war. So zumindest war es den Rolling Stones in ihren Anfangsjahren passiert, obwohl sie mit ihrem Drummer Charlie einen Protagonisten des Jazz an Bord hatten.

Angesprochen auf solche Konflikte zu Beginn der Blood, Sweat & Tears-Karriere schüttelte David Clayton-Thomas nur den Kopf und sagte: »Es gibt nur schlechte und gute Musik. Es ist doch klar, dass junge Musiker, die mit den Beatles, den Rolling Stones, Ray Charles oder Aretha Franklin aufgewachsen sind, ihren Einfluss auch auf einem Musik-Konservatorium geltend machen. Wer eine klassische Ausbildung erfahren hat, aber auch die Musik von Chuck Berry liebt, wird irgendwann beide Stile zu verbinden suchen.«

Ich sprach David auf die Musik von Blood, Sweat & Tears vor dem aktuellen Hintergrund der neunziger Jahre an. Viele Bands aus den Siebzigern, die sich teilweise zur selben Zeit wie Blood, Sweat & Tears gegründet hatten, feierten ihre Comebacks oder neue Erfolge wie Emerson, Lake & Palmer, Deep Purple, Yes oder Jethro Tull. »Trifft die Musik von

Blood, Sweat & Tears auf neuen, fruchtbaren Boden?«, wollte ich von ihm wissen.

»Nein!«, war seine kategorische Antwort. »Es gibt im Leben immer nur das eine Mal, wo man der Erste ist, bei dem, was man tut. Dieser Moment kehrt nicht wieder zurück. Es gelingt auch nur einmal im Leben, die größte Band der Welt zu sein. Wenn man den Rest seines Lebens damit verbringt, diesen Moment zurückholen zu wollen, wird man schon bald ziemlich frustriert sein. Ich für meinen Teil bin sehr dankbar dafür, dass wir mit Blood, Sweat & Tears unseren Augenblick in der Sonne hatten. Jetzt sind wir eine arbeitende aktive Band mit etwa 200 Konzerten im Jahr. Darüber hinaus verfolge ich eigene Projekte in New York oder bin im Aufnahmestudio. Ab und zu gibt es von mir ein Solo-Album, wie jetzt im Februar wieder.

Es gab damals eine Menge Leute, die glaubten, sie seien die Größten im Jahre 1973. Schon ein Jahr später fragte keiner mehr danach. Das ist ein sehr schnelles Geschäft, und das Interesse der Öffentlichkeit ist sehr flüchtig. Das gilt im Übrigen auch für die Medien. Wenn man allerdings daran glaubt, die Popularität eines Jahres auf lange Zeit halten zu können, wird man schnell ein sehr trauriger Mensch sein.«

Es liegt in der Natur der Sache, dass die Fans aus den frühen Jahren ihren Idolen, den Bands und Stars aus der eigenen Jugendzeit, meist treu bleiben und begeistert zu den Konzerten der inzwischen gealterten und gereiften Helden ziehen. Die beherrschen wie im Falle von Blood, Sweat & Tears ihr Handwerk so gut wie damals und sind trotz schwindender Popularität oft noch besser geworden. Ganz sicher verbessert hat sich die Bühnentechnik, die für einen qualitativ befriedigenden Sound sorgt, wobei es da auch immer Ausnahmen von der Regel gibt und Enttäuschungen nicht ausbleiben. Im Publikum sieht man neben den Köpfen mit schütter gewordenen oder ergrauten Haaren auch immer junge Leute, die zur Zeit der Blüte der aufspielenden Band noch gar nicht auf der Welt waren. Dieses Phänomen registrierte auch David Clayton-Thomas mit Freude.

»Da bringen die Fans der frühen Jahre oft ihre 15- oder 16-jährigen Kinder mit zum Konzert und erklären ihnen voller Stolz, schaut mal, das ist wahre Musik. Und für gewöhnlich mögen die Kids das, was sie da zu hören bekommen. Andererseits war das, was wir machen, nie auf eine spezielle Altersgruppe ausgerichtet. Schon damals, in den Siebzigern, kamen Jazzfans zu unseren Konzerten, die über 40 oder 50 Jahre alt waren, zusammen mit Rockfans im Teenageralter. Da hat es also nie ein bestimmtes Alterssegment gegeben. Daran hat sich im Laufe der Jahre auch nichts geändert. Wir spielen ja auch nicht nur die alten Hits, mit denen wir damals bekannt geworden sind. In unseren Konzerten gibt es immer wieder neue Songs und Stücke von den einzelnen Bandmitgliedern, auch neue Solo-Songs von mir. Dazu kommen Klassiker unserer Vorbilder wie Sonny Rollins oder Stücke, die es von uns gar nicht auf Platten gibt. Natürlich spielen wir auch ›You've Made Me So Very Happy‹, ›God Bless The Child‹ oder ›Hi-De-Ho‹ und ›Spinning Wheel‹. Die Leute kommen ja, weil sie das von uns erwarten. Andererseits sind wir auch bekannt für unsere Stärken bei der Improvisation. Da wäre es doch enttäuschend, eine Aneinanderreihung von Hits abzuspielen und schließlich eine Gute Nacht zu wünschen. Die Leute kommen, weil sie um den hohen Standard unserer Musikalität wissen. Sie kommen, um die Solisten zu hören und sie kommen, um Musik zu hören. Ich glaube, unsere Fans wären sehr enttäuscht, wenn wir nicht immer auch etwas Neues dabei hätten.«

»Nun hat sich aber im Laufe der Jahre die Technik für die Produktion von Musik auf der Bühne und im Studio sehr entwickelt. Inwiefern hat diese Entwicklung Spuren bei Blood, Sweat & Tears hinterlassen?«

»Ich sprach vorhin von Duke Ellington und Count Basie. Die brauchten fünfzehn Bläser, um den Sound zu erzeugen, für den sie so berühmt sind. Wir sind auf dieser Tour mit neun Musikern auf der Bühne, davon vier Bläser und ein großes Soundsystem.«

»Dahinter steht ohne Zweifel großes musikalisches Können, auch Virtuosität einzelner Musiker und die für immer festgeschriebene Geschichte von Blood, Sweat & Tears. Als ihr damals an eurem berühmten zweiten Album gearbeitet habt, wofür es ja den Grammy für das Album des Jahres gab, und das bis heute als eines der großen Momente der modernen Popmusik gilt, wart ihr euch da bewusst, woran ihr da arbeitet? Die Beatles hatten bekanntlich nie an einen Erfolg von ›Yesterday‹ geglaubt.«

»Das mag jetzt etwas überheblich klingen, aber meine Antwort ist ›ja‹. Vom ersten Moment an, als ich diese Band spielen hörte, wusste ich, das ist was ganz Besonderes. Damals waren im New Yorker Künstlerviertel Greenwich Village viele Bands und Musiker zugange, die etwas Ähnliches versuchten, junge Jazzmusiker, Sinfoniker, ambitionierte Songschreiber, die nach einer neuen stilistischen Identität für eine Rockband jenseits der drei Akkorde und dem üblichen deng, deng, deng suchten. Als ich damals zur allerersten Probe von Toronto aus einflog und die Band spielen hörte, stornierte ich umgehend mein Rückflugticket. Ich spürte sofort, das ist es, das sind die Sieger.«

»Die Band bestand aus Musikern sehr unterschiedlicher stilistischer Herkunft. Da gab es Leute, die vom Jazz kamen, andere vom Blues, Country oder aus der Klassik. Wie konnte man da einen gemeinsamen Nenner finden, der schließlich zu dem führte, was wir heute als den typischen Sound von Blood, Sweat & Tears kennen?«

»Wir waren ja alle mit derselben Musik, denselben Einflüssen aufgewachsen. Und wir gehörten alle zur selben Generation. Nenne sie die Woodstock-Generation oder wie auch immer. Egal ob einer zur Musikschule ging und Bartok oder Beethoven studierte oder in Brooklyn John Coltrane und Charlie Parker erlebte oder vom Rhythm and Blues kam oder wie ich Ray Charles, Bobby Bland, Aretha Franklin und Motown liebt. Wir alle wuchsen mit derselben Art von Musik auf. Uns allen gemeinsam war das gleiche Verständnis für Begriffe wie Popmusik oder Rock'n'Roll.«

»Wenn man dann seinen eigenen Namen auf den erfolgreichen Alben und schließlich in den Almanachen und Nachschlagewerken der Rock-Historie verewigt sieht, fühlt man sich da irgendwann als ein Teil dieser Geschichte und als lebende Legende?«, wollte ich von David Clayton-Thomas wissen. Der winkte nur ab und lachte.

»An so etwas habe ich in Bezug auf meine Person nie gedacht. Ich bin froh, dass ich hier sitzen und über mich als Musiker reden darf und hätte gerne noch ein paar Platten mehr verkauft. Zu meinen Lieblingsalben der Band gehört übrigens ›Blood, Sweat & Tears Live In Concert‹. Da sind alle großen Hits drauf, und die Band tut das, wofür man sie liebt, diese Stücke live zelebrieren mit Improvisationen, spontanen

Soli und einer unverwechselbaren Bühnenpräsenz. Das sind die wirklich starken Momente der Band. Deshalb würde ich gar keine weiteren Blood, Sweat & Tears-Alben aufnehmen wollen. Hier ist die Band in Bestform. So kann man sie lassen oder eben im Konzert live erleben. Eine Steigerung halte ich persönlich kaum noch für möglich. Klar gibt es da die sehr guten Studio-Alben. Aber das war das Abbild einer Band in der Vergangenheit. Ich bin jetzt mehr an meiner eigenen künstlerischen Entwicklung interessiert. Mit Blood, Sweat & Tears wurde ein Monster geschaffen, mit dem wir neun Monate im Jahr unterwegs sind. Es gibt ja auch einige Mäuler zu füttern.«

Zu den großen persönlichen Momenten seiner Karriere zählt David Clayton-Thomas die Verleihung des Grammys für seinen Song »Spinning Wheel« durch den Laudator Louis Armstrong im New Yorker Lincoln Center 1970. Als beide die Bühne verließen, spielte das Orchester hinter dem Vorhang das 60 Jahre alte Bebop-Thema, dem David Clayton-Thomas »Spinning Wheel« entlehnt hatte. Armstrong sang das Thema mit und rief David ins Ohr, man könne einem Orchester einfach nicht vorschreiben, was es zu spielen habe.

»Das ist tatsächlich ein Bebop-Standard, der schon aus den dreißiger Jahren stammt«, erläuterte David. »Eine Abfolge von Harmonien, die schon viele Komponisten vor mir verwendeten. Bei ›Spinning Wheel‹ werden noch andere Themen zitiert, wie am Schluss ›Oh, du lieber Augustin‹, nach einem alten Wiener Volkslied.«

David Clayton-Thomas wurde 1941 in Surrey, England, geboren. Sein Vater war kanadischer Soldat, der jene englische

Pianistin heiratete, die in den Kriegstagen in einem Hospital die Patienten mit ihrem Klavierspiel unterhielt. In einer Bombennacht kam David Clayton-Thomas zur Welt. Als Familie zogen sie dann ins kanadische Toronto, eine Stadt mit musikalischen Traditionen, wie David betonte.

»Neil Young und Joni Mitchell kommen von dort«, sagte er. »John Kay von Steppenwolf lebt da oder Bryan Adams. Die Reihe lässt sich beliebig fortsetzen. Von musikalischer Provinz kann man da nicht sprechen, es ist eine musikalische Metropole und in jeder Hinsicht eine moderne Stadt.«

Der Hintergrund für diese unaufgefordert gehaltene Lobrede auf Toronto war ein Artikel in einem US-Magazin zu Beginn der Karriere von Blood, Sweat & Tears. Die neue Band aus New York City habe da einen sehr interessanten Sänger, einen kanadischen Hinterwäldler namens David Clayton-Thomas. Und das wollte der Mann aus Toronto schon im Keim ersticken, dass seine Heimat musikalische Provinz sei.

»Nie in meinem Leben habe ich einen Baum gefällt. Ich bin ein Stadtjunge, der mit der R & B-Musik von Detroit im Ohr aufgewachsen ist. Detroit ist ja nur 200 Meilen von Toronto entfernt, und Buffalo ist nur 70 Meilen weg. In den Late Night-Radioprogrammen haben wir die Musik der Temptations gehört, die Four Tops und Diana Ross, Blues aus Chicago von B.B. King bis Bo Diddley. Sie alle haben in Toronto gespielt, und wir haben sie dort live erlebt. Und ich bin weder ein Hinterwäldler noch ein *Lumberjack* (Holzfäller). Schon vor meiner Zeit bei Blood, Sweat & Tears hatte ich drei Nummer-1-Singles in Kanada und hatte nie vor, Sänger einer Band zu werden. Als ich nach New York kam, war ich dort kein Unbekannter. New York und Toronto sind lediglich 400 Meilen voneinander entfernt. Ständig treten New Yorker

Musiker in Toronto auf oder umgekehrt. Da kennt man sich untereinander. Und auch während meiner Zeit bei Blood, Sweat & Tears habe ich sieben Solo-Alben aufgenommen.«

»Ich weiß nicht, was David Clayton-Thomas bereit ist, aus seinem Privatleben preiszugeben, falls er so etwas überhaupt hat. Es gibt Leute, die sagen, er komme schon wegen seiner Leidenschaft für Sportwagen gerne nach Stuttgart.«

»Wegen der Porsches«, lachte David. »Im Übrigen habe ich ein Privatleben. Ein großer Teil meines Lebens ist privat. Der Anteil des Privaten ist größer als der meines Lebens für die Öffentlichkeit, glücklicherweise.«

»Sind Sie nicht sogar Rennen gefahren?«

»Oh, das ist viele Jahre her. Jürgen Barth, ein mit mir befreundeter erfolgreicher deutscher Rennfahrer hat mich mal mit nach Zuffenhausen (er sagt *Suffenhausen*) genommen, wo ich mir die Porschefertigung angesehen habe und das Museum. Das hat mich sehr beeindruckt, aber Rennen fahre ich schon lange nicht mehr. Ich habe mit einem Porscheteam in Toronto zusammengearbeitet, einige Jahre lang. Aber das kostete mich zu viel Zeit und zu viel Geld und hielt mich viel zu lange von meiner Musik ab.

Ich wohne oben in den Bergen im Ski-Country, nördlich von New York City. Da habe ich mein Haus, meine 12-jährige Tochter, ich habe meine Hunde, meine Autos und ein Aufnahmestudio mit all der Midi-Technik und den Macintosh-Computern, die man dafür so braucht. Da verbringe ich den größten Teil meiner Zeit. Die Öffentlichkeit sieht uns meistens auf Tour und gewinnt so den Eindruck, das wäre unser eigentliches Leben. Eine öffentliche Person bin ich für rund 150 Tage im Jahr.«

The Original Comets – Rock Around The Clock

Stuttgart 2004

Die älteste Band, die ich je interviewt habe, sind die Comets, die Band von Bill Haley. Inzwischen haben die Musiker fast alle die 80 überschritten. Ich traf sie 2004, als sich die Welt anschickte, den 50. Geburtstag des Rock'n'Roll zu feiern. Und da sind wir schon beim Problem. Wann ist das eigentlich? Seit wann ist der Rock'n'Roll in der Welt? Gab es einen Urknall mit einem Lied, einer Platte oder einem Konzert?

Wie so oft hatte sich auch dieses Phänomen allmählich entwickelt mit dem Blues, Country-Musik und Jazz als Keimzellen. Chuck Berry wäre der King of Rock'n'Roll geworden, hätte er eine weiße Hautfarbe gehabt. So bekam Elvis die Krone. Und die Chronisten suchten sich ein Datum aus, mit dem alles begann. Man kam auf den 12. April 1954, weil an diesem Tage in einem Studio in New York »Rock Around The Clock« von Bill Haley und seiner Band, den Comets, aufgenommen wurde. Über hundert Musiker haben unter dem Namen Comets gespielt. Doch bei mir im SWR-Studio waren *die* Männer versammelt, die alle dabei waren, am 12. April 1954. Nur Bill Haley fehlte, denn der war schon 1981 an einem Gehirntumor gestorben.

Ein Bus fuhr auf den Parkplatz des SWR-Gebäudes, dem

eine Gruppe alter Herren entstieg. Gebeugt gingen sie, teilweise mit Strickjacken. Eine Rentnergruppe, die das Funkhaus besucht, hätte man denken können. Doch zu ihrer Musik wurde das Mobiliar des Berliner Sportpalastes zertrümmert und viele andere Säle, auch in Stuttgart und Karlsruhe. 1958 war das. Als die Herren im Studio rund um einen Tisch Platz genommen hatten und das Rotlicht zum Zeichen für die offenen Mikrofone aufleuchtete, verwandelte sich die Rentnergruppe in eine Rockband. Ich spürte regelrecht, wie die Energie hochfuhr.

Da saßen der Bassist Marshall Lytle (geb. 1933), den die Band zum Wortführer gemacht hatte. Der Gitarrist Franny Beecher (geb. 1921), der schon mit Benny Goodman gespielt hatte, ein Jahrhundertzeuge. Schlagzeuger Dick Richards (geb. 1924), Saxophonist Joey D'Ambrosio, Johnny Grande, der Pianist, und der Engländer Jacko Buddin, der auf der Bühne die Rolle Bill Haleys übernahm.

Im Decca-Studio des Pythian-Temple, ein bekanntes Gebäude, das 1927 in Manhatten errichtet worden war, machte die Band damals ihre Aufnahmen, darunter »Rock Around The Clock«, das aber zunächst als Füller für die B-Seite einer Single gedacht war mit »Thirteen Women (And Only One Man In Town)« als A-Seite. Darauf seien mehr als zwei Stunden verwendet worden, erzählte Marshall Lytle.

»Dann könnt ihr noch diese Rocknummer machen, sagte uns der Toningenieur. Dafür hatten wir noch 35 Minuten. Gott sei Dank hatten wir ›Rock Around The Clock‹ in Bills Studio in Pennsylvania die letzten Tage immer wieder geprobt, und so glückte uns in der kurzen Zeit schon beim zweiten Take das Meisterstück, das noch heute in den Radioprogrammen der ganzen Welt läuft.« »Und das feiern wir in diesen Tagen als die Geburtsstunde des Rock'n'Roll«, fügte ich hinzu.

»Eigentlich war das schon viel früher, im Jahre 1952«, belehrte mich Marshall Lytle. »Da waren wir in einer Live-Sendung des DJs Alan Freed in Cleveland, Ohio, und er spielte unseren Song ›Rock This Joint Tonight‹. Während die Platte lief, hatte er das Mikrofon offen gelassen und rief ›Rock'n'Roll everybody, Rock'n'Roll‹. Danach riefen immer wieder Leute an und verlangten, er solle noch einmal diese Rock'n'Roll-Nummer spielen. Und das war der Tag, als der Rock'n'Roll seinen Namen bekam.«

Die Comets wiesen jedoch darauf hin, dass die Ursprünge des Rock'n'Roll im Rhythm & Blues liegen und eigentlich die Afroamerikaner die Erfinder dieser Musik sind, die wir heute einfach Rock nennen. Die Plattenfirma Atlantic hatte schon 1949 Aufnahmen veröffentlicht wie »Drinkin' Wine Spo-Dee-O-Dee« von Stick McGhee & His Buddies, die schon alle Kriterien eines Rock'n'Roll-Songs erfüllten.

»Rock Around The Clock« wurde 1954 noch kein Hit, eben weil es nur die B-Seite war und allenfalls aus Versehen im Radio gespielt wurde, wenn der DJ die Seite verwechselte. Auf diese Weise sollten in den folgenden Jahrzehnten immer wieder Songs zum Hit werden, die eigentlich nur als *Flip Side* oder *Throw Away* gedacht waren, wie die B-Seiten auch genannt wurden. (Beispiele: »The Witch« von den Rattles, »Kung Fu Fighting« von Carl Douglas).

Erst durch die Verwendung von »Rock Around The Clock« in dem Film »Saat der Gewalt« von 1955 wurde das Interesse an diesem Song geweckt. Die Verkäufe schossen in die Höhe und brachten die Nummer im Mai 1955 für acht Wochen an die Spitze der US-Charts. Es war die erste Rock'n'Roll-Single auf der Spitzenposition. Ein neues Zeitalter hatte begonnen.

Donovan – vom Schmalspur-Dylan zum Musiker mit eigenem Profil

Stuttgart 2001

Zu den populären Folk-Ikonen der sechziger Jahre gehört neben Bob Dylan und Joan Baez der in Schottland geborene Donovan Phillips Leitch, kurz Donovan genannt. Die Kritiker und Pophistoriker gingen nicht immer zimperlich mit ihm um und erfanden Synonyme wie ›Schmalspur-Dylan‹ oder ›europäisches Äquivalent‹ zu Bob Dylan, wohl, weil auch Donovan zunächst Protest- und Antikriegslieder sang wie den »Universal Soldier«. Der stammte aber eigentlich aus der Feder der kanadischen Sängerin Buffy Sainte-Marie.

Mit seinen frühen eigenen Folksongs orientierte sich Donovan am gleichen amerikanischen Vorbild wie Bob Dylan, Woody Guthrie. In seiner britischen Heimat und auch bald in Europa avancierte Donovan zu einer der poetischen Leitfiguren der sechziger Jahre. Nicht so wortgewaltig wie Dylan, doch mit einer metaphorischen Song-Lyrik und einer starken Bühnenpräsenz, verstand es Donovan, auch sein Konzertpublikum zu fesseln. Den Friedensbotschaften folgten die Pop-Hits, die die Charts eroberten: »Sunshine Superman«, »Mellow Yellow«, »Hurdy Gurdy Man«, »Atlantis« oder »Jennifer Juniper«. Mit Donovan im Studio waren die späteren

Led Zeppelin-Musiker Jimmy Page und John Paul Jones. Sein »Seasons Of The Witch« diente Led Zeppelin später als Aufwärmsong in Jamsessions und fand eine spektakuläre psychedelische Umsetzung durch Brian Auger, Julie Driscoll & The Trinity und viele andere Interpreten. Deep Purple coverten Donovans »Lalena« auf ihrem selbstbetitelten Album von 1969. Diese Serie ließe sich leicht fortsetzen und zeigt, wie anerkannt der schottische Sänger mit seinen Songs auch genreübergreifend war. Sogar die Beatles lernten von dem Pop-Poeten, als sie mit ihm gemeinsam bei ihrem Guru, dem Maharishi Mahesh Yogi, in Indien weilten, um dort Meditationskurse zu besuchen.

War es in den achtziger Jahren etwas ruhiger um Donovan geworden, meldete er sich 1996 mit seinem Solo-Album »Sutras« zurück, das bei den alten Fans gut ankam und dem Sänger eine neue Generation von Zuhörern erschloss. Produziert hatte Rick Rubin, der vor allem durch seine Arbeiten mit dem Spätwerk von Johnny Cash, Rappern wie Public Enemy und Hard-Rockern wie AC/DC bekannt geworden war.

2001 hörte man Donovans »Atlantis« in einer Version der deutschen Mädchenformation No Angels, mit denen er sogar im Deutschen Fernsehen, in »Wetten dass?« am 17. November 2001 in Böblingen, auftrat. Der Disney-Film »Das Geheimnis der verlorenen Stadt« lief in der Vorweihnachtszeit im Kino und der dazugehörige Soundtrack kam in den Verkauf. Donovan-Fans freuten sich über ein Lebenszeichen des Sängers, fanden für dessen Zusammenarbeit mit den No Angels aber keine lobenden Worte. Zu lieblos war diese »Atlantis«-Version zusammengebastelt worden. Nach dem Auftritt an jenem Samstag in Böblingen blieb Donovan noch für Interviews in Stuttgart und kam am folgenden Montag für ein Gespräch im SWR 1-Studio vorbei. Ich gebe zu, dass ich mich sehr auf diese Begegnung gefreut habe. Donovans Lieder waren, wie bei so vielen Altersgefährten, ein Teil des Soundtracks meiner eigenen frühen Jugendjahre. Sein *Bravo*-Poster hatte auch in meinem Zimmer gehangen, mit dem Wuschelkopf und dem verträumten Blick: »Hey Atlantis«.

Und mit diesem Blick stand er wartend am Empfang des Stuttgarter SWR-Funkhauses. Er streckte mir lächelnd die Hand entgegen, als hätten wir uns lange nicht gesehen, und nach einigen Worten waren wir auch schon im Studio auf Sendung und noch einmal beim Thema der Samstagabendshow zwei Tage zuvor. Die Quoten lagen inzwischen vor. 48 Prozent für »Wetten dass?« waren auch 2001 immer noch eine stattliche Zahl. Donovan war nicht zum ersten Mal Gast in Thomas Gottschalks Fernsehshow, aber ihm war nicht mehr bewusst gewesen, was für eine Dimension diese inzwischen hatte. Nicht wenigen Stars war ein Auftritt dort ein Katalysator für ihr Comeback oder den Verkauf ihrer aktuellen Platte gewesen. Es ist bekannt, dass Gottschalk bei der Auswahl der Stars ein Wörtchen mitredet. Donovan gehört zweifellos auch zu seinen Jugendidolen. Primär war aber der Kinostart des Disney-Films für diesen Auftritt ausschlaggebend und der dazugehörige Soundtrack auf CD. Donovan gab zunächst seiner Freude darüber Ausdruck, dass sein Song von 1968 in diesem Animationsfilm Verwendung fand, der ihn auch einem jungen Publikum vorstellte. Er hatte die No Angels zuvor nicht gekannt und war ihnen bei den Aufnahmen in einem Münchner Studio für die neue »Atlantis«-Version zum ersten Mal begegnet. Darüber sprach er mit einer so wohltuend beruhigenden Stimme, dass sich meine anfängliche Nervosität, die sich bis heute bei Begegnungen dieser Art meiner bemächtigt, sofort legte. Sie hätten sich auf Anhieb gut verstanden, die No Angels und er, erläuterte Donovan. Die Neuaufnahme von »Atlantis« fiele zusammen mit den Aufnahmen für sein neues Album, das er im nächsten Jahr auch in Deutschland auf einer Tour vorzustellen hoffe. So füge sich alles wunderbar zusammen. In der Musikbranche nenne man das »N'Sync«. (Alles ist in Harmonie und geht zum Nutzen aller Beteiligten auf. Eine US-Boygroup entlehnte daraus ihren Bandnamen.)

»Das hat ja auch seine Vorteile, wenn diese neue Version eines bekannten Songs von dir eine Zielgruppe anspricht, die jünger ist als deine eigenen Kinder«, wagte ich zu behaupten.

Donovan grinste und antwortete: »In der Tat sind meine zwei englischen Töchter Astrella und Oriole und meine amerikanische Tochter Ione älter als die No Angels und ihr Publikum. Schau mal, Günter, als meine Musik damals herauskam, war das eine sehr ungewöhnliche Sache. Die Beatles und die Stones hatten 1963 begonnen, ich kam 1965. In unserem Publikum waren damals Menschen mit großen Altersunterschieden. Da kamen die Jungen und Mädchen gemeinsam mit ihren Eltern. Vielleicht, weil sie in mir einen Fernsehstar sahen und weniger den Musiker. Ähnlich wie am Samstag bei ›Wetten dass?‹ gab es schon in den sechziger Jahren immer am Freitag bei uns die Fernsehshow ›Ready Steady Go‹ mit den aktuellen Hits der Woche. Da traten neben den neuen Popstars auch die Sängerinnen und Sänger für die Elterngeneration auf. Manchmal war ich drei Wochen nacheinander im Fernsehen. In fast jedem Haushalt gab es Kinder, Teenager, Väter und Mütter. Auf diese Weise lernten alle Altersgruppen meine Musik kennen. Ich empfinde es bis heute als ganz natürlich, dass die Jugend leicht Zugang zu meiner Musik findet. Es passierte erst im vorigen Jahr, dass mein Lied ›Mellow Yellow‹ in einem Werbeclip verwendet wurde. Das läuft dann überall auf der Welt. Da ging vor mir auf der Straße ein vielleicht 13-jähriges Mädchen und pfiff ›Mellow Yellow‹«. Donovan pfiff im Studio den bekannten Refrain zu »Mellow Yellow« und lachte: »Dabei hat sie wahrscheinlich noch nie von mir gehört und kennt nicht einmal meinen Namen, ha, ha.«

Ich erinnerte Donovan daran, dass in den frühen Neunzigern eine neue englische Musikströmung, die Rave Bands, aufkamen, wie die Stone Roses, The Farm oder die Happy Mondays. Mit denen war er sogar auf Tour gewesen.

»Ach ja, die Happy Mondays«, sinnierte Donovan. »Die kamen aus Manchester, wie viele dieser neuen Bands Ende der achtziger, Anfang der neunziger Jahre. Und weil die so verrückt waren, nannte man sie Madchester Bands.« (*mad* engl. für wahnsinnig, verrückt) »Was die an meiner Musik gereizt hatte, war der Sound bei meinem Lied ›Sunshine Superman‹. Sie verwendeten Ideen aus diesem Song in ihren eigenen. Heute nennt man das Sampling. Das passiert mir öfter, dass Elemente meiner alten Songs von jungen Musikern gesampelt werden. Ich fasse das als Kompliment auf.«

Ich wollte noch einmal auf Donovans Aussage zurückkommen, dass es ein Phänomen der sechziger Jahre gewesen sei, Popmusik generationenübergreifend zu erleben. Meine Erinnerung war da eine ganz andere. Sowohl ich als auch meine Klassenkameraden konnten sich die einzige Musiksendung des Deutschen Fernsehens in jener Zeit, den »Beat-Club«, nicht mit ihren Eltern ansehen, ohne bissige Kommentare wie: »Schalt doch diese Negermusik aus« zu erdulden. Lief in einem anderen Programm etwas von Interesse für die Elterngeneration, war ohnehin Schluss mit dem »Beat-Club«. Auch Donovan war damals in den Studios von Radio Bremen mit »Atlantis« aufgetreten.

»Musik im Fernsehen wurde immer mehr toleriert als im Radio«, widersprach Donovan. »Fernsehen war damals ein Medium für die ganze Familie mit nur zwei oder drei Programmen. In meiner Jugend, also Anfang der sechziger Jahre, gab es im Radio fast überhaupt keine Popmusik. Wenn ich das heute jungen Leuten erzähle, fragen die ungläubig, ja warum denn nicht? Die Antwort ist gar nicht so einfach. Ich sage dann immer, dass die BBC und andere Radiostationen ständig kontrollierten, was die Leute hörten. Das war so ein Überbleibsel aus den Kriegsjahren und der Propaganda dieser Zeit. Platten mit Popmusik wurden also nicht gespielt. Da mussten wir mit unseren neuen Liedern schon live im Fernsehen oder in einer Radioshow auftreten. So war das damals. Deshalb sind die sechziger Jahre ja auch als das Jahrzehnt der Veränderungen und des Aufbruchs in die Popgeschichte eingegangen. Wenn wir Popmusik im Radio hören wollten, mussten wir Radio Luxemburg hören. Das war zunächst die einzige Station, die unsere Musik spielte, bis dann die Piratensender aufkamen, die von Schiffen in der Nordsee sendeten. Da kam dann wirklich unsere Musik im Radio. Ich bemühte mich um Fernsehauftritte, weil das Radio meine Songs nicht spielte. Ich erinnere mich auch noch an den ›Beat-Club‹, der so ähnlich funktionierte wie ›Ready Steady Go‹ bei uns in London.«

»Wie kam es eigentlich dazu, dass du immer wieder mit Bob Dylan verglichen wurdest?«

Für einen kurzen Moment zog Donovan ein gequältes Gesicht, setzte dann aber wieder seine freundliche Miene auf und erzählte in entspanntem Plauderton: »Als in Amerika das Folk-Revival zur Blüte gelangte (gemeint sind die Jahre von 1940 bis 1970) mit Pete Seeger oder Peter, Paul & Mary, mit Joan Baez als Königin und Bob Dylan als König, da lernten wir in Großbritannien diese Musik erst kennen und kopierten den Stil der Amerikaner. Da habe ich in den Ohren der Leute für fünf Minuten wie Bob Dylan geklungen und wurde so zu seinem europäischen Äquivalent. Es stimmte ja auch, weil ich genau wie Bob von Woody Guthrie fasziniert war. Ich war damals ein Teil der Jugend- und Protestbewegung, die neue Ideale an die Generation der Nachkriegsjugend weitergeben und auch ein Teil von ihr sein wollte. Insofern war ich eine Weile die Stimme der Bewegung in Europa, die Bob Dylan für Amerika war.«

»Ihr seid euch auch persönlich begegnet, wie man in dem Pennebaker-Film ›Don't Look Back‹ von 1967 sehen kann.«

»Das hat aber alles schon 1965 stattgefunden. Es fing damit an, dass ich die Sängerin Buffy Sainte-Marie traf, die mich Joan Baez vorstellte. Die war damals mit Bob Dylan befreundet. Ich sagte zu Joan, ich muss Bob kennenlernen. Im Mai 1965 war Bob auf Tour mit seiner ersten Single in den britischen Charts: ›The Times They Are A-Changin'‹. Ich war gleichfalls auf Tour wie Bob und Joan. Sie stellte mich schließlich Bob Dylan in dessen Suite vor, am letzten Drehtag von diesem Pennebaker-Film, der auch der letzte Konzerttag seiner Großbritannien-Tour war. Er wirkte auf mich sehr ruhig, ja introvertiert. Das Zimmer war spärlich beleuchtet. Ich setzte mich also hin und bemerkte weitere vier Personen im Raum. Es war alles sehr still. Dann kam Bob Dylan auf mich zu und fragte, ob ich diese Jungs schon kennen würde. Es waren alle vier Beatles. Im zarten Alter von

19 Jahren machte ich an einem Abend die Bekanntschaft von Bob Dylan und den Beatles. Da hatte ich das Gefühl, jetzt bist du angekommen.«

Donovan schwieg und schaute mich grinsend an. Diesen Moment ließ ich drei Sekunden auch für uns noch einmal stehen.

»Die Beatles und Donovan«, nahm ich den Faden wieder auf, »bringen uns zur transzendentalen Meditation mit dem Maharishi Mahesh Yogi. Das war damals sehr in Mode. Du und die Beatles, ihr wart 1968 beim Maharishi in Indien. Da entstanden viele Beatles-Songs, die wir dann auf dem ›Weißen Album‹ hören konnten.«

»Das war die Zeit, als sich nicht nur die britische und amerikanische Popkultur verbanden, es gab auch die Verbindung der Literatur beider Kulturen. John Lennon las gerade im tibetanischen Totenbuch, ich las das Diamant-Sutra des Buddhismus, George Harrison las Hindu-Klassiker und Werke der indischen Yogis, Pete Townshend (The Who) las Sufi-Texte. All diese philosophischen Quellen hatten schon Eingang in unsere Musik gefunden, bevor wir den Maharishi trafen. Aber als wir ihm dann persönlich begegneten, spürten wir, dass er uns Mantras lehren könnte. Nach all den Pillen und Drogen der Mods, nach all dem Marihuana der Bohemians, nach dem Meskalin und dem LSD der psychedelischen Ära waren wir bereit herauszufinden, was es mit dem Meditieren auf sich hat. Hier hatten wir offensichtlich das Wahre gefunden, von dem wir alle profitieren konnten, nicht zuletzt unsere Musik. Ich habe den ›Hurdy Gurdy Man‹ in Indien geschrieben und die Beatles das ›Weiße Album‹. Da hört man die Einflüsse unserer Zeit in Indien ganz deutlich.«

»Die Beatles brachten aber noch eine andere Erfahrung aus Indien mit. Von Donovan haben sie das Fingerpicking gelernt, eine besondere Technik des Gitarrespielens.«

»Stimmt«, lachte Donovan. »George kannte schon diesen Chet-Atkins-Stil, den viele Country-Musiker in Amerika spielen. Paul schaute mir über die Schulter und versuchte so, mir diese Technik abzuschauen. John war der Einzige, der mich geradeheraus fragte, wie man diese Technik hinbekommt. Ich erklärte ihm, dass dies eine bestimmte Fingertechnik ist, die man auch Clawhammer nennt. Er sagte: Brings mir bei. Ich kannte diese Technik von einem Typen namens Dirty Hue aus England. Ich war damals 16, und ich brauchte drei Tage, um diese Technik hinzukriegen. John Lennon schaffte es in zwei Tagen in Indien. Mit diesem Stil hat er dort zwei sehr schöne Stücke für das ›Weiße Album‹ geschaffen: ›Dear Prudence‹ über Mia Farrows Schwester, die auch dort war, und eines über seine eigene Mutter: ›Julia‹. Man kann diese neuen Ideen und Einflüsse also wirklich hören. George brachte die Sitar aus den umliegenden Dörfern in Indien mit und brachte mir einige Griffe auf diesem komplizierten Saiteninstrument bei. Im Gegenzug lernte er von mir einiges über Folk, was wiederum dem ›Weißen Album‹ zugute kam.«

»Was ist für dich der bleibende Wert jener Tage in Indien? Waren es die Lehren und Lektionen des Maharishi? War es das Gemeinschaftserlebnis mit den anderen Musikern und Freunden oder war es der kreative Einfluss auf eure Musik?«

»Damals schaute die ganze Welt auf eine kleine Schar von Musikern, die daran glaubte, im fernen Osten Inspiration zu finden, die uns allen nützen würde. Wir wollten der Welt nichts anderes mitteilen als die Botschaft von Frieden und

Brüderlichkeit unter den Nationen. Als wir nach Indien aufbrachen, folgte uns ein riesiger Medientross aus der ganzen Welt. Wir fanden dort die Erkenntnis, die schon die Astronauten gewonnen hatten: es gibt nur diese eine Atmosphäre, nur einen Wald, einen Ozean und nur eine Erde. Ich habe erkannt, dass diese Botschaft auch Eingang in unsere Songs gefunden hat. Diese Reise nach Indien hat Millionen Menschen inspiriert, selbst zu meditieren. Das sind die bleibenden Werte unserer Indienerfahrung.«

»Sind diese Erfahrungen über die Jahre eine Quelle deines Schaffens als Musiker und Songschreiber geblieben? Ich denke da an dein Album ›Sutras‹ von 1996.« Donovan merkte bei der Nennung dieses Titels lebhaft auf.

»Ja, das war 1996 in Amerika. Der Produzent Rick Rubin gab mir die Möglichkeit, all diese Ideen, die wir eben gerade besprochen haben, einer neuen Generation seiner und meiner Fans vorzustellen: Selbstachtung, innere Einkehr, die Welt als Einheit, das ist es, wovon Sutras handelt. Vor dem Hintergrund ist es auch interessant, wie ›Atlantis‹ jetzt wieder auftaucht. Die Ideen des Songs ›Atlantis‹ von 1968 sind ja relativ klar umrissen in den Schlusszeilen des Liedes: (rezitiert): »And as the elders of our time choose to remain blind / Let us rejoice and let us sing and dance and ring in the new age and hail Atlantis!« (Übers.: Und während es unsere Vorfahren vorziehen, blind zu bleiben, wollen wir jubeln, singen, tanzen und eine neue Zeit einläuten, gepriesen sei Atlantis.)

»Meine Neuaufnahme von ›Atlantis‹ mit den No Angels für eine ganz neue Generation fällt in eine Zeit, da die Welt in eine weitere dunkle Phase von Gewalt und Chaos zu stürzen droht. (Der 11. September war erst wenige Monate her.) Mein Song ›Atlantis‹ symbolisiert das Licht und die Weisheit als den Ausweg aus der Dunkelheit, ebenso wie der Animationsfilm über Atlantis nur ein Kristall ist. Hinter diesem Symbol aber stecken als Lösung unserer Konflikte die Brüderlichkeit und die Verständigung zwischen den Völkern und den Religionen der Erde. Wenn ihr diesen Film anseht, werdet ihr das begreifen.«

»Damals in den Sechzigern war die Welt vielleicht einfacher zu begreifen. Freund und Feind waren erkennbar. Die Völker waren in verfeindete Systeme eingebunden. Der Vietnamkrieg war schlecht, der Frieden gut, und manchmal sah es so aus, als würde alles bald besser werden. Heute unterstützen Rockmusiker den Krieg in Afghanistan. Das ist schwer zu verstehen.«

»Aus philosophischer Sicht werden Konflikte aus Ignoranz und Missverständnissen geboren. Eines dieser Missverständnisse ist die Existenz verschiedener Nationen. John Lennons Lied ›Imagine‹, ich weiß nicht, ob du das weißt, wird zur Zeit in Amerika von einigen Radiostationen nicht gespielt, weil darin nicht die Rede davon ist, dass eine Nation die andere bekämpft, oder deutlicher gesagt, dass kein Krieg stattfinden kann, wenn es keine Länder mehr gibt. Der Frieden, den John Lennon, George Harrison oder auch ich in den Liedern Ende der sechziger Jahre besangen, war ein Frieden der Zukunft. Erst wenn die Widersprüche zwischen den Völkern, Religionen und gesellschaftlichen Klassen beseitigt sind, kann es Frieden geben. Oder wie es der Dalai Lama formuliert, all diese Konflikte sind von Menschen gemacht und können auch nur von Menschen gelöst werden. Das klingt wie eine Utopie oder ein Klischee. Aber es gibt nur eine Welt und nur ein Volk. Wenn du heute Nachrichten hörst, ist das alles eine große Traurigkeit.«

Wieder folgte ein kurzes Schweigen, denn ich musste Donovans philosophischen Exkurs erst einmal verdauen. Bei allem, was er sagte, behielt er seine völlig entspannte und ruhige Erzählweise bei. Keine emotionale Aufwallung war erkennbar. Ob das auch Teil seiner meditativen Erfahrungen sei, wollte ich von ihm wissen. Zu meiner Überraschung begann er mit folgenden Worten:

»Als ich meine ersten Songs einspielte, waren mit mir die Jungs im Studio, die später als Led Zeppelin auch den amerikanischen Markt erobern sollten. Das taten sie aber nicht nur mit harten Rock-Songs, die ihre stilistischen Quellen in Amerika haben, sondern auch mit Liedern voller keltischer und angelsächsischer Folklore. Die Dichter und Poeten jener Epoche vertreten die Ansicht, dass nicht nur in der Musik eine große emotionale Kraft steckt, sondern auch in der Stimme des Vortragenden. Nach dem Glauben der keltischen Vorfahren ist die Stimme in der Lage, den Zuhörer in einen Zustand der Meditation oder Trance zu versetzen, der ihn zur Ruhe kommen lässt. Das ermöglicht besseres Selbstverständnis und natürlich auch Verständnis für die Dinge dieser Welt. Da ist auch Magie mit im Spiel bei dem, was ich tue.«

»Und mir hilft es, meinen Job zu machen«, warf ich ein. Wie bei kaum einem anderen Interview zuvor hatte ich das Gefühl für die Zeit fast völlig verloren. Sonst schaute ich immer mal wieder auf die Uhr, um zu sehen, wie viel Zeit mir noch blieb, das vorgenommene Pensum zu beackern. Das hatte ich im Gespräch mit Donovan kein einziges Mal getan.

Marianne Faithfull – bei einer Ikone im heimischen Wohnzimmer
Paris 2009

Zum Starensemble der sechziger Jahre, hoher Glamourfaktor inklusive, gehört zweifellos die britische Sängerin Marianne Faithfull. Zu Unrecht reduziert sie mancher Chronist auf ihre Rolle als Dauergeliebte von Stones-Boss Mick Jagger. In dem Zusammenhang wird auch oft ihr Satz zitiert, geschlafen habe sie mit allen Stones (außer Charlie), aber geliebt habe sie nur Mick. Davon mag sie heute nicht mehr viel erzählen, weil sie meint, das alles mit ihrer Autobiografie »Marianne Faithfull« abgeschlossen zu haben.

Bekannt sind ihre frühen Erfolge, beginnend mit dem von Mick Jagger und Keith Richards geschriebenen »As Tears Go By«. Es folgten der Totalabsturz am Ende der sechziger Jahre, die Wiederauferstehung mit »The Ballad Of Lucy Jordan« von ihrem großartigen Album »Broken English«, auch das Comeback als Schauspielerin in Filmen wie »Intimacy«, »Marie Antoinette« oder »Irina Palm« und schließlich die Live-Präsenz der großen kleinen Dame auf den Konzertbühnen, wie 2009 bei den Stuttgarter Jazz Open.

Dieses Konzert zu unterstützen war die Aufgabe von SWR 1, am besten mit einer »Leute«-Sendung im Vorfeld des

Termins. Der war im Frühjahr 2009 schwer zu finden, erst war ich im Urlaub und dann Marianne. Aus ihrer französischen Residenz ließ sie verlauten, sie könne ein längeres Interview in ihrer Privatwohnung in Paris anbieten. Bei einem Star dieser Größenordnung war es für mich ein Novum, dass da jemand zum Gespräch in sein Allerheiligstes bat. Natürlich gab es gleich das obligatorische »Oho!« von den Kollegen. Interviews finden gerne auch auf Hotelzimmern statt, aber da ist dann extra ein Zimmer für diesen Zweck angemietet oder ein Konferenzraum gebucht. Selbst in Privathäusern oder Villen der Plattenfirmen trifft man sich meist in einem Geschäftsraum, Büro oder der Lobby. So in der Art erwartete ich auch den Rahmen meines Zusammentreffens mit Marianne Faithfull.

Sie hat eine Wohnung im Pariser Theaterviertel. Von der Plattenfirma hatte ich eine vierstellige Pin mitbekommen, die ich unten an der Haustür eingeben konnte, um sie zu öffnen. Am Ende brauchte ich sie gar nicht, weil just in dem Moment, als ich ins Haus wollte, auch eine Mutter mit Kindern vor der Tür eintraf und diese öffnete. Zuvor hatte ich noch im Café gegenüber eine Pause gemacht, weil ich früher als verabredet eingetroffen war. Erstaunt bemerkte ich eine Vielzahl von Gendarmen an der Straßenecke. Beim Verlassen des Cafés wurde mir dann auch der Grund für die Polizeipräsenz klar. Im Nachbarhaus der Faithfull befand sich die britische Botschaft. Ob das Zufall war?

Selbstverständlich stand nicht ihr Name an der Tür, sondern der ihres Mitbewohners, eines Pariser Fotografen. Der öffnete mir auch die Tür im 3. Stock des alten Mietshauses aus der Gründerzeit. Ich trat in einen Flur, von dem aus auf einer Seite alle Zimmer der Wohnung abgingen. Die andere Seite war eine glatte weiße Wand. »Marianne wird gleich hier sein«, sagte der Mann in englischer Sprache mit französischem Akzent und führte mich in einen Raum, der sowohl als Wohn- wie auch als Arbeitszimmer hätte durchgehen können. Wie bei Künstlern zu erwarten, herrschte nicht die gewohnte bürgerliche Ordnung. Die Bücher im Regal waren nicht geordnet, bildeten keine einheitliche Reihe. Das galt auch für die CDs und Platten. Auf den Tischen lagen aufgeschlagene Bücher. Einen Tisch räumte mir mein Gastgeber frei, so dass ich mein Aufnahmeequipment aufbauen konnte. Auch schloss er die Fenster, damit der Lärm von der Straße nicht störte. Dann ging er und ließ mich allein und so hatte ich Zeit, mich ein wenig umzusehen. Auf dem CD-Player lag eine CD von Tiny Tim.

Ein seltsamer Typ aus den sechziger Jahren, der mit überlangen Haaren, weiß geschminktem Gesicht und einer Ukulele auftrat, wozu er mit sehr heller Stimme sang. »Tiptoe Through The Tulips« war sein einziger Hit.

Auf einem Tisch unterm Fenster war ein Fotoband aufgeschlagen. Offenbar ein Buch des hier mit Marianne wohnenden Fotografen. Ein Schwarz-Weiß-Porträt von Marianne Faithfull. Sie im reifen Alter mit wallenden Kleidern an einen Baum gelehnt. Ich blätterte um. Wieder eine Person mit Baum: Helmut Kohl. Ich pfiff leise anerkennend vor mich hin. Der Altkanzler war bekanntlich in der Wahl der Journalisten und Reporter, die er an sich heranließ, sehr wählerisch. Mein Gastgeber musste in seiner Branche eine richtig gute Nummer sein.

Es wurde lebendig auf dem Flur. Eine Tür ging, ich vernahm Schritte, und da kam sie herein, die berühmte Marianne Faithfull, leicht gebeugt, im langen Kleid, lächelte sie mich an und sagte: »Hello, Günter«. Dann hustete sie leicht, ging zum

Fenster und öffnete es. Ich sah es mit enttäuschtem Blick, denn der Straßenverkehr war nicht zu überhören. Aber das konnte ich ja in der Sendung erklären, ein Vormittag in Paris bei Marianne Faithfull. Die lebt eben nicht am Stadtrand, sondern in der City, da wo das Leben brummt und die Theater sind.

Da hatte ich auch gleich mein Thema. Wie lange sie denn schon hier wohne, wollte ich von ihr wissen. Marianne hatte mir einen Stuhl angeboten und nahm mir gegenüber am Tisch Platz. Ihre klaren Augen wurden von einem Gesicht gefasst, das eine gewisse Müdigkeit ausstrahlte. Dazu passte die kratzige Stimme, eine Folge jahrelangen Konsums von Alkohol und Zigaretten. Aber sie blickte freundlich drein und ich hatte das Gefühl, ich wäre zu Besuch bei meiner Tante, die viel aus ihrem 62-jährigen Leben erzählen konnte.

»Ich wohne seit sechs Jahren in Paris«, begann Marianne. »Aber ich lebe auch viel in Irland und zahle meine Steuern dort. Ich wohne gerne in Paris und habe hier auch das gefunden, was ich gesucht habe. Ich wollte Anonymität und Privatsphäre, und beides habe ich hier bekommen.«

»Sie wohnen hier ja auch sehr zentral, Oper, Theater, Verkehrsanbindung, Shopping usw.«

»Ich liebe all das. Ich gehe oft ins Ballett und in die Oper oder ins Theater. Ich lebe eben mein Leben.«

»Darum beneide ich Sie, leider spreche ich kein Französisch und ohne das geht es schwer in Paris, oder?«

»Die meisten, die ich kenne, sprechen Englisch. Manch einer mag nicht Englisch sprechen, aber dann reicht auch mein Französisch.«

»Ist es ein Zufall, dass Sie neben der britischen Botschaft wohnen?«

»Absoluter Zufall.«

»Sie sprachen von Irland als Ihrem Hauptwohnsitz. Welche Funktion hat Ihre Pariser Residenz?«

»Im Moment ist es meine Basis für die Tour. Ich genieße die letzten freien Tage. Die Tour beginnt am 3. Juli.«

Das war der Moment, auch ihr aktuelles Album ins Spiel zu bringen, denn ich wusste, dass dies neben dem Stuttgarter Konzert einer der wichtigsten Gründe war, weshalb sie mich zu sich eingeladen hatte. Die CD hatte den Titel »Easy Come Easy Go. 18 Songs For Music Lovers«. Lieder von Duke Ellington, Dolly Parton und anderen Größen. In einem Lied ist dann sogar der alte Kumpel Keith Richards mit dabei: »Sing Me Back Home«.

»Ich mochte dieses Lied schon in den Sechzigern, als Keith und Gram Parsons den Song gemeinsam sangen«, erklärte mir Marianne. »Das Original kannte ich gar nicht. Außerdem liebe ich solche Gefängnislieder. Davon gibt es gleich zwei auf meinem Album ›Sing Me Back Home‹ und ›Kimbie‹.«

»Wie sind Sie zu diesem Song gekommen?«

»Ich war damals dabei, als Keith und Gram Parsons das Lied sangen. Ich weiß nicht, ob Sie wissen, wer Gram Parsons ist. Da habe ich das Lied aufgeschnappt. Man kann nicht sagen, die hätten es mir beigebracht. Die sangen das eben. Und ich fand es wunderbar.«

Gram Parsons war ein Musiker aus Florida, der vor allem in der Country-Szene einen guten Namen hatte. Als die Byrds ihr »Sweetheart Of The Rodeo« aufnahmen, galt dieses Album als bahnbrechend für den Country-Rock. Es war vor allem durch Gram Parsons' Keyboard- und Gitarrenspiel geprägt. Er war mit Keith Richards befreundet, der viel von ihm über Country-Musik und Drogen lernte. Parsons verstarb unter nie ganz geklärten Umständen, sehr wahrscheinlich waren Drogen im Spiel, 1973, im Alter von 26 Jahren.

»War die Begegnung mit Keith Richards wie ein Klassentreffen?«, wollte ich von Marianne Faithfull wissen.

»Nein. Wir sehen uns öfter, so von Zeit zu Zeit. Wir haben uns nie aus den Augen verloren. Aber es ist schon immer ein emotionaler Kick, wenn wir uns treffen.«

»Für die Aufnahmen haben Sie sich für ein ganz bestimmtes Studio in New York entschieden.«

»Ja, Sear Sound. Das ist ein Studio für Handarbeit. Da haben schon John Lennon und Yoko Ono aufgenommen. Da gibt es nur analoge Technik, nichts Digitales. Ich mag das, weil ich so mein Handwerk gelernt habe. Das lief alles ganz wunderbar, ich weiß selbst nicht warum. Einer dieser wunderbaren Momente, die gelegentlich passieren.«

»Unter den Studiomusikern sind viele Koryphäen und ein prominenter Name: Sean Ono Lennon, der Sohn von John und Yoko.«

»Ich finde, er ist ein sehr guter Musiker. Eben deshalb ist er dabei. Der Produzent Hal empfahl ihn, weil unser eigentlicher Gitarrist nicht da war. Ich kenne Sean sehr gut. Er ist wirklich ein brillanter Musiker.«

Im weiteren Verlauf des Gespräches kamen wir auf die Anfänge von Mariannes Karriere als Sängerin. Sie sei auch jetzt noch froh über die Entscheidung, die Schule abgebrochen zu haben und Künstlerin zu werden. Sie habe von Schauspiel bis Gesang eine Bandbreite bedienen können, die ein Leben von der Kunst im Swinging London der sechziger Jahre möglich machte.

Es ist bekannt, dass Mick Jagger 1964 einen ersten plumpen Annäherungsversuch bei Marianne machte, der mit einer Ohrfeige endete. Jagger änderte seine Taktik und bot ihr einen Song an, von dem er meinte, dass er gut zu ihrer engelsgleichen Art passte: »As Tears Go By«.

Das war eine der ersten Jagger/Richards-Kompositionen, die entstanden war, nachdem Stones-Manager Oldham Mick und Keith in der Küche eingeschlossen hatte und sie erst wieder rauslassen wollte, wenn sie ihm einen eigenen Song brächten. Doch das war dann eine Ballade und gar nicht Stones-typisch. Die Band nahm »As Tears Go By« erst 1965 auf, längst nachdem Marianne Faithfull mit ihrer Version schon in den Top 10 gewesen war. Da allerdings mussten sich die Stones den Vorwurf anhören, sie hätten versucht, mit einer Ballade den Beatles nachzueifern, deren »Yesterday« gleichfalls mit Streichern unterlegt war.

Beide Stücke waren 1964 unabhängig voneinander entstanden. Doch die Erstveröffentlichung von »As Tears Go By« passierte auf einer Single mit der Stimme von Marianne Faithfull. Auch später sollte sie noch musikalisch mit den Stones verbunden sein.

»Es heißt, dass Sie bei dem Song ›Sister Morphine‹ für das Stones-Album ›Sticky Fingers‹ mitgeschrieben haben?«, fragte ich nach.

»Das ist nicht bloß so ein Gerücht. Ich habe den Text geschrieben und kriege auch meine Tantiemen dafür.«

»Ich frage nur, weil auf meiner Ausgabe von ›Sticky Fingers‹ nur Jagger/Richards steht.«

»Und auf meiner steht Jagger/Richards – Faithfull«, fauchte sie zurück und ich bemerkte, wie die Stimmung zu kippen begann.

»Haben Sie bei ›Sister Morphine‹ Ihre eigenen Erfahrungen verarbeitet?«

In dem Song geht es um einen Junkie, der auf der Straße liegend den Ambulanzwagen kommen hört und nach einer Morphiumspritze verlangt. Ursprünglich wurden tatsächlich nur Jagger und Richards als Komponisten angegeben.

»Ich weiß nicht, ob das meine eigenen Erfahrungen sind. Es geht um einen Mann, der einen Autounfall hatte auf dem Weg ins Krankenhaus. Das habe nicht ich erlebt.«

»Viele glauben, das ist ein Drogensong, wegen *morphine*.«

»Ich fand, die Worte *sister* und *morphine* klingen gut zusammen und schaffen ein kraftvolles Bild. Ich habe die Nonnen meiner Klosterschule immer Schwester genannt. Das klingt gut, finde ich.«

»Auf demselben Album befindet sich der Song ›Wild Horses‹. Der wurde für Sie geschrieben?«

Marianne machte eine abwehrende Handbewegung. »Ich spreche nicht gern darüber. Da geht es um meinen Selbstmordversuch in Australien. Mick schrieb das Stück, als ich im Koma lag. Es sollte mich zurückbringen. Und das tat es ja auch.«

Verständlich, dass Menschen über die schlimmsten Phasen ihres Lebens nicht reden wollen. Dennoch wurde ich den Eindruck nicht los, dass Marianne das Kapitel Mick Jagger und die Rolling Stones keinesfalls aus ihrem Leben verbannt hatte. Denn genau über ihr hing eine Auszeichnung der Musikindustrie für den erfolgreichen Verkauf der CD, Videokassette und DVD vom »Rolling Stones Rock And Roll Circus«. Diese Show mit den Stones und vielen anderen Künstlern war als Fernsehsendung konzipiert und im Jahre 1968 aufgezeichnet worden.

In einem Zirkuszelt mit Mick Jagger als Direktor traten neben Jongleuren, Clowns und Feuerschluckern einige der angesagtesten Bands jener Zeit auf. The Who in Höchstform, Jethro Tull, noch ganz frisch, Taj Mahal und The Dirty Mac, eine Band, nur für diese Show zusammengestellt, mit Eric Clapton, Keith Richards, John Lennon, Yoko Ono und am Schlagzeug Mitch Mitchell von der Jimi Hendrix Experience. Marianne Faithfull hatte ihren Auftritt und sang »Something Better«, angesagt von Charlie Watts. Mick Jagger hatte seinerzeit nur ins Schlafzimmer rufen müssen, um sie für seine Show zu engagieren. Marianne, noch nicht ganz 22 Jahre alt, sitzt mit langem blondem Haar und einem festlichen roten Kleid einsam mitten in der Manege und singt mit traurigem Blick. Eine Augen- und Ohrenweide. Zum Schluss dann die Rolling Stones mit vier Songs. »Salt Of The Earth« ist das große Finale. Aber Mick Jagger war unzufrieden mit dem Auftritt der Band, die gegen The Who und Jethro Tull recht müde wirkte.

Die Bänder blieben bis 1995 unter Verschluss. Erst dann kam die Show als CD bzw. Video auf den Markt. Marianne hat die Auszeichnung, eine Art Goldene Schallplatte in Form eines Zirkuszeltes mit ihr und den Stones auf dem Coverfoto, gut sichtbar ins Regal gestellt. So viel zum Thema: »Ich habe mit diesem Kapitel abgeschlossen.«

Marianne Faithfull hatte während ihrer schweren Drogenabhängigkeit zeitweise auf der Straße gelebt. 1979 kam sie als Sängerin und Schauspielerin zurück. Tatsächlich 33 Jahre alt, schien sie doch um einiges mehr gealtert zu sein. Die dunkle Stimme wurde ihr neues Markenzeichen und duch das Album »Broken English« hervorragend eingeführt. Konzept und Soundvorstellungen dieses Albums kamen von Marianne, ein guter Produzent und erstklassige Musiker rundeten die Produktion ab.

»Worum geht es in ›Broken English‹?«

»Ich habe da nur ein paar Fakten aus der Zeitung verwendet und was ich in einem Buch gelesen hatte, ›Hitlers Kinder‹ hieß das. Sehr sensationsgeil geschrieben, aber interessant. Und dann habe ich noch mit Leuten gesprochen. In dem Lied geht es speziell um Ulrike Meinhof. Eine außergewöhnliche Figur. So bedrückend in ihrem deutschen Protestantismus.«

»Protestiert haben Sie ja damals auch.«

»Aber nur ein bisschen. Ich erinnere mich auch kaum noch daran. Vom Establishment war ich enttäuscht. Ich dachte, die wären zuständig für Freiheit und Gerechtigkeit, aber das war ein Irrtum. Ich glaube diese Erkenntnis gehört zum Erwachsenwerden.«

»Die Elterngeneration war ja auch sehr konservativ damals.«

»Meine Eltern nicht. Die waren in gewisser Weise sogar progressiv, aber das war wohl die Ausnahme.«

»Ist England eigentlich noch ihr Heimatland?«

»Schon, aber ich lebe seit 25 Jahren nicht mehr dort. Ich lebe in Irland und hier in Paris. Ich fahre aber oft nach England, weil ich meine Familie und Freunde dort habe, die ich sehr liebe. Aber ich möchte dort nicht wohnen.«

»Warum nicht?«

»Weil es besser für mich ist. Das ist eben eine Frage des Geschmacks.«

»Beobachten Sie das politische Leben in England?«

»Ich lese den *Guardian*. Mich überrascht es nicht, was dort gerade passiert. Es ist ja allgemein bekannt, dass die Politiker in England korrupt sind.«

»Gefallen Ihnen Nicolas Sarkozy und Carla Bruni besser?«

»Die finde ich wunderbar, einfach großartig.«

»Der französische Premier und die italienische Künstlerin.«

»Ich weiß, dass sie Italienerin ist, sie wirkt aber sehr französisch.«

»Wenn Sie auf Ihr Leben als Künstlerin zurückblicken und das Business von jetzt mit dem der sechziger Jahre vergleichen, welche Unterschiede sehen Sie da?«

»Für mich persönlich ist es mit den Jahren immer besser geworden. Die Sechziger waren für mich eine eher primitive Phase, weil ich über meine Arbeit als Künstlerin keine Entscheidungsgewalt hatte. Die habe ich jetzt, und das ist viel besser als damals.«

»Wir freuen uns jedenfalls, dass Sie wieder zu uns nach Deutschland kommen. Geht es Ihnen denn umgekehrt genau so?«

»Seit ich Teenager war, bin ich immer wieder gern nach Deutschland gekommen. Ich mag das Publikum. Hier weiß man viel über Musik. Und das weiß ich zu schätzen.«

»Haben Sie besondere Vorlieben was die deutsche Küche angeht?«

»Meine Mutter kochte gerne deutsche Gerichte wie Knödel, und ich mochte das sehr.«

»Wie viel von einer Österreicherin ist denn in Ihnen?« (Mariannes Mutter hatte berühmte österreichische Vorfahren, wie Leopold von Sacher-Masoch, einen in seiner Zeit sehr populären Schriftsteller.)

»So viel ist das nicht. Aber ich fühle mich immer sehr wohl in Wien und Österreich.«

»Warum sind Sie dann nicht nach Wien gezogen?«

»Das wäre mir ein bisschen zu klein. In einer richtigen großen Metropole bin ich glücklicher.«

Zum Schluss des Gespräches, das nun wieder sehr harmonisch verlief, fragte ich Marianne Faithfull, wie sie ihre Krebserkrankung bewältigt habe. Nicht zuletzt deshalb, weil wir in wenigen Tagen bei SWR 1 einen Gesundheitstag zum Thema Krebs machen wollten. Der zuständigen Redaktion war auch an prominenten Stimmen gelegen, die sich aus eigener Erfahrung zum Thema äußerten. Ich sagte ihr auch, dass ich verstehen würde, wenn sie nicht darüber sprechen wolle. Doch sie fand es ganz natürlich, dass man sich bei ihr danach erkundigte.

»Ich hatte Glück, dass der Brustkrebs bei mir sehr früh entdeckt wurde. Es kam zur Operation, die verlief gut, und nun bin ich wieder gesund. Ich muß einmal im Jahr zur Kontrolle und damit hat es sich.«

»Und es gibt auch keine Ängste mehr?«

»Wo ist das Problem? Wenn der Krebs zurückkommt, dann kommt er. Aber ich glaube, das passiert nicht.«

»Glauben Sie an Gott?«

»Ich glaube nicht an Gott. Ich glaube an die Allmacht des Lebens, das schließt Menschlichkeit und Gesundheit mit ein, die Liebe, die Wahrheit und die Schönheit im Leben.«

Ich fand, das war ein gutes Schlusswort und bedankte mich bei Marianne Faithfull für ihre Gastfreundschaft und ihre Geduld. Sie lächelte, wünschte mir eine gute Heimreise und ging. Wieder war ich allein im Allerheiligsten der Faithfull. Ich packte also meinen Kram zusammen und suchte den Ausgang. In der Küche stand der Mitbewohner und telefonierte. Durch Handzeichen, Mimik und Gestik gab ich ihm zu verstehen, dass ich jetzt gehen und den Ausgang auch selbst finden würde. Er winkte kurz zurück, unterbrach sein Gespräch aber keine Sekunde. Wenige Augenblicke später stand ich auf der Straße. Ich beschloss, nicht gleich den nächsten Zug zu nehmen und stattdessen noch ein bisschen Pariser Luft zu atmen.

Bob Geldof – der Erfinder von Live Aid

Stuttgart, Hamburg 2001

Es passiert im Hörfunk immer mal wieder, dass man seinem Interviewpartner nicht persönlich gegenübersitzt. Vielleicht unterscheidet man im englischsprachigen Raum ausdrücklich *interviews face to face* von anderen Situationen, z.B. Telefonaten. Es hat sich ergeben, dass ich mit Bob Geldof zweimal ein längeres Gespräch führte und zwar beide Male über eine Funkleitung von Studio zu Studio. Ich bin ihm auch persönlich begegnet, auf der Bühne, unmittelbar vor Beginn eines Konzertes von ihm und seiner Band, das ich anzusagen hatte. Aber die intensivste Form des Dialogs ließ mich nicht in die Augen meines Gegenübers blicken. Da fehlt wirklich eine Dimension, wenngleich der Radiohörer nichts davon bemerkt. Selbst im Fernsehen spürt man die Entfernung von tausenden Kilometern zwischen den Gesprächspartnern nicht wirklich. Aber dort können sie einander wenigstens sehen.

Wie dem auch sei, es ergab sich im Vorfeld eines Konzerts von Bob Geldof und seiner Band die Voraufnahme einer SWR 1-»Leute«-Sendung via Hörfunkleitung vom NDR-Studio in Hamburg, wo er dort Platz genommen hatte, zu meiner Heimatbasis, einem SWR-Studio in Stuttgart. Bob Geldof muss der Allgemeinheit nicht vorgestellt werden.

Mit seiner Band, den Boomtown Rats, hatte er 1979 einen weltweiten Hit: »I Don't Like Mondays«. Vor allem ist Bob aber als der Initiator des gewaltigen Live Aid-Spektakels von 1985 in die Popgeschichte eingegangen. 1,5 Milliarden Menschen hatten an diesem 13. Juli einen Konzertmarathon verfolgt, der über 16 Stunden dauerte und der etwa zeitgleich in London und Philadelphia stattfand. Alles, was damals in der Rock- und Popszene Rang und Namen hatte, war dabei: Queen, U2, Bob Dylan, Sting oder Phil Collins, der sogar an beiden Austragungsorten auftrat. Mit der Überschallmaschine Concorde flog er von London nach Philadelphia. Led Zeppelin und The Who vereinigten sich wieder, Madonna war da und die Rolling Stones, Paul McCartney und die Beach Boys, Sade und die Simple Minds, Bryan Adams, Eric Clapton, Elton John, Stevie Wonder und natürlich Bob Geldof.

»Nein, über diese Sachen wird Bob nicht sprechen«, ließ das Management mitteilen. »Nur über die anstehende Tour und das neue Album.« Ach ja, diese Nummer wieder. Aber versuchen sollte man es doch wenigstens. Schade, dass er nicht hier bei mir im Studio saß, da ließe sich über die emotionale Schiene mehr machen, außerdem ist es bei einer ›Schalte‹ leichter, einfach aufzustehen und zu gehen, wenn einem keiner hinterherlaufen kann. Ich sagte also nach einer kurzen Begrüßung meinen einführenden Spruch auf und erklärte Bob, dass wir hier schon gerne das Gesamtkunstwerk Geldof vorstellen würden. »Na fein, dann sind wir ja in 10 Minuten fertig«, hörte ich ihn sagen. Oh Mann, der schien es wirklich ernst zu meinen und nur über seine gegenwärtigen Projekte reden zu wollen. Ich befragte ihn denn auch nach seiner aktuellen Band und dem letzten Album »Sex, Age & Death«. Ein düsteres Werk, das ganz im Zeichen der damals aktuellen tragischen Ereignisse in Bobs Leben entstanden war. 1995 hatte sich seine Frau, Paula Yates, von Bob getrennt und war mit den Kindern und dem Sänger der australischen Band INXS, Michael Hutchence, in dessen australische Heimat gegangen. Hutchence nahm sich zwei Jahre später das Leben. Nur drei Jahre später starb auch Paula Yates an einer Überdosis Heroin. Auf diese Weise bekam Bob Geldof seine eigenen Töchter zurück und das gemeinsame Kind der Ex-Frau und ihres Lovers dazu. Er adoptierte die zur Vollwaise gewordene Tochter Tiger Lily. Nicht wirklich ein Triumph.

»Deshalb ist meine Band auch ganz gewiss nicht der Happy Club«, erläuterte mir Bob seine jetzige Gruppe unter Anspielung auf seine frühere Band, die tatsächlich The Happy Club geheißen hatte. Obwohl mir bedeutet worden war, dieses Thema nicht anzusprechen, schilderte mir Bob ganz selbstverständlich, wie er mit dieser Situation umgegangen war. Da war so viel Schmerz gewesen, durch die Umstände, wie diese Beziehung zerbrochen war. Die geliebte Frau weg, mit einem Musiker, den Bob auch schätzte. Auch die Kinder weg. Nun waren sie wieder da, aber die Frau und der Nebenbuhler tot.

»Da sitzt du nur stumm da und fasst es nicht. Aber mit mir saßen meine Freunde in einer Runde, und gemeinsam schweigen über das Unfassbare ist ungleich besser, als allein zu sein«, gab mir Bob Geldof zu verstehen. Es folgte eine längere Pause, denn so eine Geschichte hatte ich noch von keinem Menschen aus eigenem Erleben erzählt bekommen.

Wir kamen auf die Anfänge von Bob Geldof als Musiker zurück und wie er mit seinen 1975 gegründeten Boomtown Rats durch die Clubs seiner irischen Heimat zog. (Bob Geldof wurde 1951 in Dublin geboren.) »Bei einem dieser ersten Konzerte, vor allenfalls bis zu 30 Leuten, in kleinen

Clubs, kam eines Abends ein Mädchen hinter die Bühne und erklärte, dass sie mit mir schlafen wolle. Da wusste ich, dass dies der richtige Job für mich war«, lachte Bob. Später zogen er und die Rats nach London und schafften auch den Sprung nach Amerika.

»Da passierte es eines Tages, Ende der siebziger Jahre. Wir waren bei einem lokalen US-Sender zu einem Interview geladen, wie wir es hier auch führen«, erzählte Bob. »Ich war das erste Mal in meinem Leben in Kalifornien. Im Radio lief gerade ein Song von uns, da kam ein Telex, dass nur ein paar Blöcke weiter von dort, wo wir uns befanden, ein Schulmädchen seine Kameraden tötete. Sie schoss aus dem Fenster ihres Zimmers, von wo sie gute Sicht auf den Schulhof hatte, mit einem Gewehr, das sie von ihrem Vater zu Weihnachten bekommen hatte. Es war das erste Mal, dass ich von einem solchen Vorfall hörte, der ja inzwischen leider zum Alltag dieser Welt gehört, weil es immer wieder passiert. Ein Reporter rief sie daheim an und fragte, warum tust du das? Und sie sagte nur, ›ich mag eben keine Montage‹.«

Der Song »I Don't Like Mondays« wird bis auf den heutigen Tag immer wieder von Leuten im Radio als Wunsch aufgegeben, weil viele glauben, es sei ein Lied über den ungeliebten Montag, der den Anfang der Arbeitswoche symbolisiert und ein Gefühl vermittelt, wie weit das nächste Wochenende noch entfernt ist.

Es war an der Zeit, die Geschichte zum Musikereignis Live Aid zu erzählen, was aber nicht möglich ist ohne die Vorgeschichte von Band Aid, aus der sich die Idee zum großen Festival entwickelte. Band Aid war eine All Star Band der britischen Pop-Szene der achtziger Jahre mit Leuten wie

George Michael, Sting, Phil Collins, David Bowie, Bananarama, Midge Ure, Paul Young, Bob Geldof u.v.a., die gemeinsam das Weihnachtslied »Do They Know It's Christmas« für einen guten Zweck sangen. Die Idee kam Bob Geldof an einem Oktoberabend des Jahres 1984, als er im Fernsehen einen Bericht der BBC über die Hungersnot in Äthiopien sah. »Der Bericht war mit zehn Minuten außergewöhnlich lang für die 6 Uhr-Nachrichten«, erinnerte sich Bob Geldof. »Meine Tochter war damals gerade ein Jahr alt. Vielleicht war ich deshalb für dieses Thema so empfänglich. Dieser Beitrag hat später diverse Preise gewonnen. Die Kamera zeigte die Not der Menschen in sehr emotionaler Weise. Der Ton des Reporters war aufwühlend, fast zornig. Denn der Anblick der hungernden Menschen wirkte grotesk in einer Welt, die im Überfluss lebt. Ich empfand Wut und Scham, zwei gute Motoren, wenn man etwas bewegen möchte. Ich wollte spontan Geld geben, aber das erschien mir nicht genug. Alles, was ich konnte, war Songs zu schreiben. Also nutzte ich die zehn Jahre Erfahrung im Pop-Business und rief alle meine Bekannten und Kollegen an. Viele von denen waren ganz oben und würden mühelos das Geld einspielen können. Wir dachten, dass eine Platte, kurz vor Weihnachten, genau das Richtige wäre. Einige Monate später war ich als Berater bei dem Projekt USA For Africa dabei, die mit dem Song ›We Are The World‹ ebenfalls eine sehr erfolgreiche Benefizplatte gemacht hatten.«

Ich wusste, dass die amerikanische Auflage dieser Idee solche Weltstars wie Ray Charles, Paul Simon, Bob Dylan, Bruce Springsteen, Michael Jackson, Harry Belafonte, Cyndi Lauper, Diana Ross oder Lionel Richie im Aufnahmestudio versammelt hatte. Und da war auch Bob Geldof dabei.

»Quincy Jones rief mich an, teilte mir mit, welche Künstler er schon hatte und fragte, ob ich rüberkommen und bei den Aufnahmen dabei sein wollte«, erzählte Bob. Quincy Jones galt als Übervater unter den Musikproduzenten, auf den die Elite der Stars auch hören würde. Denn es musste einen geben, der den Respekt aller Künstler genoss und dieser Mann war Quincy Jones. Er empfing jeden Einzelnen mit persönlichen Worten und appellierte dann an alle, ihr Ego mit der Garderobe abzugeben. »Die beste Erinnerung für mich an USA For Africa ist Bob Dylan«, fuhr Bob Geldof fort. »Der war etwas irritiert oder ratlos, weil er nicht wusste, wie er seinen Part singen sollte. Er ging zum Flügel, an dem Stevie Wonder saß und bat diesen um Rat. Ich habe sogar ein Foto von dieser Situation gemacht. Stevie Wonder sagte, das sei doch ganz einfach, er solle einfach singen wie Bob Dylan, weil das doch jeder könnte. Stevie brachte sich hinter seinem Klavier in Stellung und lieferte eine Kopie oder besser Parodie von dem ab, wie er sich Bob Dylan vorstellte, wenn der sang: ›We are the world, we are the people …‹. Und dann sang Dylan bei der Aufnahme genau so, wie es ihm Stevie Wonder gezeigt hatte. Er kopierte Stevie Wonders Kopie von Bob Dylan.«

»We Are The World« von USA For Africa wurde ein gewaltiger Erfolg und gilt bis heute als einer der größten Hits aller Zeiten. Wenn ich das Lied allerdings heute höre und Bob Dylan ist dran, muss ich unweigerlich an Bob Geldofs Schilderung mit Stevie Wonder denken. Beide Songs »Do They Know It's Christmas« von Band Aid und »We Are The World« von USA For Africa waren so etwas wie die Ankündigung für das, was im Sommer 1985 folgen sollte: Live Aid.

Ich fragte Bob Geldof also, wie er dieses gewaltige Projekt angepackt hatte und ob er nicht gewisse Zweifel gehegt habe, dass ein Konzertevent dieser Größenordnung überhaupt zu realisieren wäre.

»Wegen der Konzerte hatte ich keine Zweifel. Live Aid kam zustande, nachdem ich im Sudan gewesen war und erkannte, dass wir noch viel mehr Geld brauchen würden. Vom Geld der verkauften Eintrittskarten konnten wir eine LKW-Flotte finanzieren, die benötigte Lebensmittel in den Westen des Sudan brachte, wo die Not am schlimmsten war. Live Aid sollte die Idee von Band Aid und USA For Africa fortsetzen. Die Besten der Rock-Szene sollten auf der Bühne stehen. Ein Konzert auf zwei Kontinenten zur gleichen Zeit. Mit der Satellitentechnik musste es möglich sein, jeden Fernseher auf diesem Planeten zu erreichen. Die Beatles hatten das doch schon 1967 vermocht mit ›All You Need Is Love‹.«

Bob Geldof spielte hier auf die Fernsehsendung »Our World« vom 25. Juni 1967 an. Es war die erste weltweit ausgestrahlte Sendung, an der unter Federführung der BBC 19 Länder teilnahmen. Das Programm konnte in 31 Ländern gesehen werden und hatte damals geschätzte 400 bis 500 Millionen Zuschauer. Jedes Land war mit einem eigenen Beitrag dabei. Für Großbritannien sangen die Beatles live aus den Londoner Abbey Road Studios die für diesen Zweck produzierte aktuelle Single »All You Need Is Love«.

Bob hatte damals die Sendung als junger Bursche verfolgt und fand das sehr romantisch. Er erinnerte sich auch an die Bilder von der ersten Mondlandung und wie sein Vater ihm 1957 die Signale von Sputnik 1 aus dem Radio vorspielte. Der erste künstliche Satellit der Menschheit machte »beep, beep«.

»Ich wollte aber, dass die Satelliten mehr für uns taten, als beep, beep zu machen«, nahm Bob seine Erinnerungen an

Live Aid wieder auf. »Es war nicht immer leicht, die Künstler zu kriegen. Einige waren sofort bereit, wie Led Zeppelin und The Who, die sich extra für Live Aid wieder zusammenfanden, oder Eric Clapton, der sagte Las Vegas ab und kam nach Philadelphia. Mick Jagger und David Bowie nahmen den Motown Klassiker ›Dancing In The Street‹ auf und machten dazu ein tolles Video. Ich versuchte, Queen zu kriegen, die gerade von einer Australien-Tour zurückkamen. Die wollten erst nicht. Ich sagte Freddie, dass sie Queen Of the World für eine Nacht wären, und da konnte er nicht widerstehen. Zwei Milliarden Fernsehzuschauer, und Queen waren wirklich gut an dem Tag. Viele andere natürlich auch und nicht nur die Künstler. Als Organisator musste ich an so viele Dinge denken. Das war wirklich sehr anstrengend.«

Benefizkonzerte von Rockmusikern hatte es auch schon lange vor Live Aid gegeben. George Harrisons »Concert For Bangladesh« fand am 1. August 1971 im New Yorker Madison Square Garden statt. Zu beiden Konzerten am Nachmittag und am Abend kamen insgesamt 40 000 Besucher. Neben Harrison war auch Ringo Starr auf der Bühne, Eric Clapton, Bob Dylan, Billy Preston u.v.a. Das eingespielte Geld, hieß es, sei vor allem der Musikindustrie zugutegekommen, die dieses Ereignis auf diversen Ton- und Bildträgern massenhaft vermarktete. Ich sprach Bob Geldof auf dieses Thema an und fragte, ob er die Kontrolle über die Gelder behalten hatte.

»Wir waren durch die Erfahrungen der Vergangenheit vorgewarnt. Man darf nicht vergessen, dass die Beatles die Musikindustrie mit erfunden haben. Als ich mit meiner Band anfing, gab es schon keine Gruppe mehr ohne ihren

Anwalt. Ich habe mit George Harrison über das Bangladesh Konzert gesprochen. Zur Geschichte der Beatles und der Stones gehören auch ihre Knebelverträge.«

Beide Bands erhielten von den verkauften Platten und Konzerteinnahmen nur einen lächerlichen Prozentsatz im Vergleich zum Management, das zeitweise bis zu 40 Prozent und mehr für sich beanspruchte. Dazu kamen Steuern bis zu 90 Prozent der Einnahmen.

»Die wurden ganz schön ausgenommen und hatten sich nie um Steuergesetze im Ausland gekümmert. Meine Generation war da schon sensibilisierter und achtete auf bestimmte Klauseln in den Verträgen. Der Band Aid Trust bestand aus Anwälten, Managern und Machern aus dem Rock-Business. Und das sind die härtesten Manager, die man sich vorstellen kann, denn im Musikgeschäft geht es immer ans Limit, was Soll und Haben betrifft. Von den Künstlern bekam übrigens niemand Geld für Live Aid, auch niemand vom Band Aid Trust. Und wir hatten große Büros in den USA und England sowie in weiteren sieben Ländern. Niemand bekam Geld für seine Arbeit, kein Geld für Mitarbeiter, Telefon oder Computer, denn hundert Prozent des eingespielten Geldes sollte den Bedürftigen zugutekommen. Und so geschah es. Das Geld ging auf extra eingerichtete Konten und stand ausschließlich Projekten in Afrika zur Verfügung, die zuvor von Experten geprüft wurden. Das war das genaue Gegenteil von dem, was George Harrison erlebt hatte. Das Geld ging an die afrikanische Bevölkerung und nicht an die Regierungen.«

Durch Live Aid waren insgesamt etwa 100 Millionen Euro an Spendengeldern geflossen, auch durch den Verkauf eines DVD-Paketes, das erst im Jahre 2004 zustandekam. Im Juli 2005, also fast genau 20 Jahre später, veranstaltete Bob

Geldof anlässlich des G8-Gipfels in Edinburgh eine Fortsetzung der Live Aid-Konzerte unter dem Namen Live 8. Statt Spenden wurden diesmal Unterschriften gesammelt, die Druck auf die Regierungen der wichtigsten Industriestaaten ausüben sollten, die Entwicklungshilfe für die afrikanischen Länder zu erhöhen und einen Schuldenerlass zu realisieren.

Zurück zum Musiker Bob Geldof, dessen Songs immer etwas mehr Tiefgang haben, als man angesichts ihres scheinbar harmlosen Titels (»I Don't Like Mondays«) oder ihres leichten poppigen Arrangements (»Room 19«) vermuten würde. »Room 19« von seinem 1992er-Album »Happy Club« könnte auch ein Schlager von Tony Christie sein. Das habe ich ihm auch so gesagt, worüber Bob laut lachen musste. Dennoch erklärte er mir geduldig, was für eine Geschichte er hier in einem lockeren Popsong abgebildet hatte.

»Na ja, der Song ist okay, aber nichts Besonderes. Der Text ist ganz lustig«, begann Bob zu erzählen. »Nachdem die Sowjetunion untergegangen war, fand man in einem Wissenschaftsministerium einen seltsamen Raum mit der Nummer 19. In diesem Raum befanden sich die konservierten Gehirne großer Männer der russischen Geschichte wie Tschaikowski, Pasternak, Stalin oder Lenin. Wissenschaftler hatten Proben dieser Hirne entnommen, um herauszufinden, warum beispielsweise Stalin so ein Genie war. Eigentlich hätten sie dabei entdecken müssen, warum er ein solcher Verbrecher (Geldof original: ›Fucking idiot‹) war. Natürlich hatten sie nichts gefunden. Eine typische Idee der Sowjets. Ich hatte mir nun gedacht, wie es sein würde, wenn mein Gehirn in diesem Raum aufbewahrt würde und zum Leben erwachte, neben sich die Hirne von Stalin, Lenin und Sacharow. Und sie diskutieren mit mir bis in alle Ewigkeit.«

Room 19

When I woke up I was freezing
Shaking like a leaf
I was stuck up on a shelf
With the other guys in Room 19

Then the brain here right beside me
Speaking telepathically
Said »Hi, my name is Stalin
Glad to see you here in Room 19«

Yeah Tchaikovsky played the music
While Pasternak wrote poetry

As they sliced our brains to study
Why we ended up in Room 19

Well 'ol Sakharov was outraged
And said »Exactly what you mean?«
And Lenin said »There is no Heaven
So I can't believe in Room 19«

Set me free, free, free, etc.

(Room 19 von Bob Geldof, Album »Happy Club«, 1992, Label Vertigo, Vertrieb Phonogram)

Als ich erwachte war mir kalt,
und ich zitterte wie Espenlaub.

Ich war in ein Regal gestellt
mit anderen Typen in Zimmer 19.

Das Hirn gleich rechts von mir
sprach mich telepathisch an:
»Hi, mein Name ist Stalin,
schön dich hier zu sehn in Zimmer 19.«

Ja, und Tschaikowski machte die Musik dazu
und Pasternak die Poesie,
als sie unsere Hirne zwecks Studium in Scheiben schnitten.
Warum nur landeten wir in Zimmer 19?

Der alte Sacharow rief wütend:
»Es ist genau das, was du denkst.«
Und Lenin sprach: »Es gibt keinen Himmel,
also kann ich auch nicht an Zimmer 19 glauben.«

Lasst mich raus, lasst mich raus ...
freie deutsche Übersetzung, G. Schneidewind

Einen Abend später lernte ich Bob Geldof persönlich kennen, bei seinem SWR 1-Konzert in der Stuttgarter Villa Berg, die damals noch dem SWR gehörte. Die Band und einige Roadies waren noch mit dem Aufbau und dem Soundcheck beschäftigt. Bob saß in einem der Hinterzimmer, das als Garderobe für alle Musiker diente, gemütlich in einem Sessel. Als ich auf ihn zuging, streckte er seine Hand aus und sagte: »Du musst der sein, mit dem ich gestern das Interview gemacht habe.« Ich tat verwundert, woher er das wissen wollte. Aber er verriet nicht, wie er zu dieser erstaunlichen Annahme kam. Zwar hatte nicht jeder Zugang zur Band und Bob Geldof, aber ich war bei weitem nicht der einzige Fremde, der hier ein- und ausging. Bob war neugierig und ließ sich von mir einiges über den schönen Spielort, die Villa Berg, erzählen. So etwas sah auch er nicht alle Tage. Ein holzgetäfelter Konzertsaal mit toller Akustik und angeschlossenem Aufnahmestudio. Ich erzählte ihm von unseren Konzerten hier mit Andreas Vollenweider oder Bruce Hornsby.

Nach dem Architekten gefragt, konnte ich ihm sagen, dass die Villa Berg in den Jahren 1845 bis 1853 für den württembergischen Kronprinzen Karl und seine Gattin Olga nach Plänen von Christian Friedrich Leins gebaut wurde. Im Krieg brannte die Villa fast vollständig aus. 1951 ging sie von der Stadt Stuttgart an den damaligen Süddeutschen Rundfunk. Der richtete den von Bob Geldof bewunderten Sendesaal ein.

Die schönsten SWR 1-Konzerte, an die ich mich erinnere, waren neben Bob Geldofs Auftritt die von BAP, Steve Hackett (früher Genesis), Dave Davies (früher Kinks), Mother's Finest, die schon genannten von Bruce Hornsby und Andreas Vollenweider und ganz besonders Procol Harum. Das war im Sommer 2003. Leider nur kurzzeitig war der Original-Keyboarder und Gegenspieler von Bandchef Gary Brooker wieder mit dabei: Matthew Fisher. Er spielt das einer Bachkantate nachempfundene Thema bei »A Whiter Shade Of Pale« auf seiner Hammond-Orgel. Mir wurde einmal mehr die Ehre zuteil, diese tolle Band, die nicht nur meine Jugendjahre mit ihren Hits und Alben begleitet hatte, auf der Bühne der Villa Berg anzusagen. Diesem 20. Juli 2003 war eine rauschende Partynacht in und um die Villa vorausgegangen. Elf Damen und Herren unseres SWR 1-Teams, mich mit eingeschlossen, sind vom Jahrgang 1953. In der Mitte des Jahres 2003 begingen wir gemeinsam unser halbes Jahrhundert bis in die frühen Morgenstunden des 20. Juli. Es folgten die Aufräumarbeiten und zugleich die Vorbereitungen des abendlichen Konzerts. Wir alle waren voller Vorfreude auf diese Band, die ihre große Zeit hatte, als wir im Teenageralter waren. Es war ein Gefühl wie vor einem Kindergeburtstag. Wir waren zwar 50 geworden, begegneten aber nun mit Procol Harum unserer Jugendzeit. Waren wir doch alle im Jahre von »A Whiter Shade Of Pale« (1967) etwa 14 Jahre alt gewesen. Ein würdiger Abschluss dieses Wochenendes für uns, ein großartiges Konzert für alle Gäste. Von der Senderegie aus, die rechts über der Bühne untergebracht war, konnte ich durch das große Fenster Matthew Fisher über die Schulter und direkt auf die Finger sehen, als er die Akkorde zu »A Whiter Shade Of Pale« anschlug. In seiner unglaublich minimalistischen Spielweise zauberte er den Teppich für diesen Jahrhunderthit. Mir und dem Techniker Wolle, gleichfalls ein glühender Procol Harum-Fan, lief ein Schauer über den Rücken. Das Wunderbare für uns: es war unsere Arbeit, die wir hier machten. Was für ein schöner Job das doch zuweilen ist …

Robin Gibb – eine Weltkarriere mit den Bee Gees
Stuttgart 2008

Die Bee Gees gehören zu den Stehaufmännchen der Popszene. Mit jedem Jahrzehnt vollzogen sie einen lukrativen Stilwechsel. Am spektakulärsten gelang ihnen das in den siebziger Jahren mit »Saturday Night Fever« auf dem Höhepunkt der Disco-Welle, die sie selbst mit ihren funkigen Nummern »Jive Talkin'« oder »Nights On Broadway« befeuert hatten.

Bedienten die Brüder Barry, Robin und Maurice Gibb in den sechziger Jahren Flower-Power- und Hippie-Romantik mit Mini-Opern wie »World«, »Words« oder dem Album »Odessa«, wechselten sie bei nachlassendem Erfolg zunächst den Kontinent – sie gingen nach Amerika – und dann den Stil. Eric Clapton, der im selben Stall des gewaltigen Produzenten und Moguls Robert Stigwood arbeitete, hatte sie zu diesem Schritt ermutigt. Auch ihm war der Ortswechsel beim Comeback seiner Karriere gut bekommen. Als Kinder waren die Brüder Gibb von der Isle of Man zunächst mit den Eltern nach Manchester und dann 1958 aus wirtschaftlichen Gründen nach Australien gezogen. Sowohl in England als auch im australischen Brisbane sangen Barry, Robin und Maurice als Kindertrio auf der Straße, auf Rennbahnen und irgendwann auch in einem Funkstudio. Barry, der Älteste, war Sprecher und Leiter der kleinen Truppe mit den Zwillingen Robin und Maurice. Von einer gewissen lokalen Berühmtheit stiegen die Brothers Gibb bald als Bee Gees zu einer nationalen Größe in Down Under auf. Doch Mitte der sechziger Jahre war das Zentrum von Beat- und Popmusik in London beheimatet. Selbst die Beatles hatten ihre Liverpooler Provinz verlassen, um dichter an der Basis zu sein. Als sich die Brüder Gibb 1966 auf dem Schiff nach England befanden, erreichte sie die Nachricht, dass ihre aktuelle Single »Spicks And Specks« Nummer 1 der australischen Charts sei und sie sofort umkehren sollten. Doch das Ziel mit diesem Erfolg im Rücken lag auf der nördlichen Halbkugel. Die richtige Entscheidung. Schon bald führten die Bee Gees die Charts in Europa an mit »New York Mining Desaster 1941«, »To Love Somebody«, »Massachussetts« oder »I've Gotta Get A Message To You«. Im deutschen Fernsehen waren sie Stammgäste, ganz besonders im »Beat-Club« von Radio Bremen. Einmal im Monat, an einem Samstagnachmittag, gab es ab 1965 eine Sendung nur für die Jugend. Der spätere Tagesschausprecher Wilhelm Wieben warb vor der Erstsendung am 25. September 1965 vorsichtshalber um Verständnis mit den salbungsvollen Worten:

»Guten Tag, liebe Beatfreunde! Nun ist es endlich soweit. In wenigen Sekunden beginnt die erste Show im Deutschen Fernsehen, die nur für euch gemacht ist. Sie aber, meine Damen und Herren, die Sie Beatmusik nicht mögen, bitten wir um Ihr Verständnis: Es ist eine Live-Sendung mit jungen Leuten für junge Leute. Und jetzt geht's los!«

Es gab damals noch keine Videorecorder, und keine Wiederholung der Sendung. Wer den »Beat-Club« verpasst hatte, war für immer um eine Erfahrung ärmer. Selbst Bands wie die deutschen Lords oder Rattles schilderten mir später, dass sie oft auf dem Weg zu einem ihrer Konzerte samstagnachmittags an einem Gasthof anhielten, wo sie einen Fernseher vermuteten, um dort ihren eigenen Auftritt im »Beat-Club« oder den von Konkurrenz und Kollegen zu verfolgen.

Neben Manfred Mann, den Small Faces, Tremeloes, Hollies, Dave Dee, Dozy, Beaky, Mick & Tich, The Who, Equals, Troggs und Walker Brothers waren auch immer wieder die Bee Gees zu sehen. Sie gehörten zu den Top-Idolen der späten sechziger Jahre, Trendsetter in Musik und Mode. Hautenge Hosen, großkragige Hemden, abenteuerliche Hüte und wallende Mähnen. Wie aus einer anderen Welt, ganz besonders dann, wenn man von der Welt östlich der deutsch-deutschen Grenze zuschaute.

Die Mähnen wurden noch gewaltiger in den siebziger Jahren: Die weißen Hemden aufgeknöpft, die Brust behaart, die Haut gebräunt, kamen Barry, Robin und Maurice Gibb in ihren Videos von »Stayin' Alive« oder »Night Fever« daher. Dieser Höhenflug nahm in den Achtzigern deutlich ab, doch mit Alben wie »E.S.P.« oder »One« blieben sie weiter im Gespräch und präsent. Mit dem Tode von Maurice Gibb im Jahre 2003 (er verstarb nach einer Darmoperation) war das Popmärchen Bee Gees zu Ende. Die vertragliche Auflösung folgte drei Jahre später.

Barry Gibb (geb. 1946) lebt mit seiner Familie in Florida. Er leidet unter schwerer Arthritis. Robin Gibb beschloss, als Solokünstler weiterzumachen. Schon einmal hatte er sich 1969 von den Bee Gees gelöst im Glauben, es auch als Solist zu schaffen. Nach nicht einmal einem Jahr kehrte er wieder in den Schoß der Gemeinschaft zurück. Der Erfolg war ihm zwar in Deutschland treu geblieben, aber mit dem der Bee

Gees nicht zu vergleichen. Nach dem Tode von Maurice und der Erkrankung von Barry lag der Fall nun anders. Robin glaubte wohl, vom Ruhm der gemeinsamen Zeit und einem riesigen Song-Katalog zehren zu können. Barry soll diesem Vorhaben gegenüber mehr als skeptisch gewesen sein. Man munkelte sogar von einem Streit der Brüder in dieser Sache. Ich erinnere mich an Konzerte mit Robin Gibb und einem Orchester als Verstärkung, die die stimmlichen Schwächen Robins offenbarten, der aber im Verbund mit den Brüdern oder auch als Lead-Sänger großer Bee Gees-Hits wie »Massachusetts« oder »I Started A Joke« zu überzeugen wusste.

Im Jahre 2008 war Robin Gibb der Stargast der Night Of The Proms neben Kim Wilde, Ten CC, Tears For Fears und Dennis DeYoung von Styx (»Boat On the River«).

Am Abend des Stuttgarter Konzertes sollte ich Robin Gibb vor seinem Auftritt in der Hanns-Martin-Schleyer-Halle für eine SWR 1-»Leute«-Sendung im Funkhaus in der Neckarstraße treffen. Wir waren für 19 Uhr verabredet. Der Auftritt von Robin sollte kurz nach 21 Uhr sein. Er erschien mit seinem Tross (Tour-Manager, Assistenten des Managers, Lebensgefährtin) gegen 20 Uhr. Vereinbarte Gesprächszeit 40 Minuten. Eine knappe Sache.

Während sein Gefolge in der Regie beim Techniker Platz nahm, setzte sich Robin Gibb nach kurzer, kühler Begrüßung zu mir ins knapp beleuchtete Aufnahmestudio. Ich bemerkte einige Veränderungen an seinem Äußeren. Die Haare waren neu und bedeckten nun die sich in den letzten Jahren anbahnende hohe Stirn. Er schien mir noch magerer als früher und sprach zu Beginn des Interviews in kurzen, abgehackt wirkenden Sätzen. Doch im Laufe des Gespräches wurde das besser. Vielleicht, weil er bemerkte, dass es mir mehr um die Sache als um spektakuläre Enthüllungen ging, die ja immer nur eine sehr kurzzeitige Wirkung haben. Der Hörer sollte sich ein Bild über die behandelten Themen machen und natürlich auch die Art kennenlernen, wie sich Robin Gibb als Popstar und Persönlichkeit gab.

Dennoch war gleich meine Frage zu Beginn, ob er denn gar nicht aufgeregt sei, so kurz vor dem Auftritt noch mal schnell ein längeres Interview zu geben?

»Wenn man so lange in diesem Geschäft ist, verliert man die Angst vor der Bühne«, antwortete Robin Gibb. »Vielleicht ist da ein bisschen Nervosität unmittelbar vor dem Auftritt. Aber so richtig weiß ich auf diese Frage gar nicht zu antworten. Ich versuche, nicht daran zu denken. Ich weiß, dass viele Leute Lampenfieber haben, ich aber nicht.«

»Wie kamen Sie im Ensemble der Night Of The Proms zurecht?«

»Das ist eine interessante Erfahrung. Mir gefällt besonders die Arbeit mit dem Orchester.

Vor kurzem habe ich das bei der BBC Electric Proms in England mitgemacht. Da tritt man eine Stunde lang mit Orchester auf, und das wird dann von der BBC übertragen. Das ist immer eine dankbare Aufgabe, die Arbeit mit einem Orchester.«

»Aber die gewohnten Songs und Hits klingen dann doch etwas anders.«

»Das kommt auch immer ein bisschen auf die Art des Orchesters an und auf die Größe. Da gibt es ja die verschiedensten Arrangements wie bei den Bee Gees-Songs ›Tragedy‹ oder ›How Deep Is Your Love‹, wo wir sowieso große Orchester hatten. Oder bei Liedern, die wir für andere Leute machten wie Barbra Streisands ›Guilty‹-Album, da waren überall große Orchester dabei. Wir haben also eine gewisse Erfahrung bei der Arbeit mit Orchestern.«

»Ein anderes Problem scheint mir die Qual der Wahl bei den Songs zu sein. Sie dürfen ja nur drei oder vier Stücke aufführen.«

»Es ist grundsätzlich schwer, alle Songs zu bringen, die die Leute hören wollen. Es sind einfach zu viele. Allein die, die wir für andere Leute geschrieben haben wie ›Chain Reaction‹ oder ›Islands In The Stream‹, dann ›Words‹, ›You Should Be Dancing‹, ›Jive Talkin'‹ oder ›Night Fever‹. Es gibt so viele Lieder, die von mir gesungen wurden, da kann man unmöglich allen alles recht machen.«

Die Wiege der Bee Gees war und ist die Isle Of Man in der Irischen See. »Sie waren kürzlich erst wieder dort zum Geburtstag Ihrer Mutter?«, war meine Frage an Robin Gibb, die sein persönlichstes Umfeld ansprach.

»Ja, sie feierte ihren 88. Geburtstag. Das war sehr festlich, sogar ein Minister war da und der Generalgouverneur der Isle Of Man. Das hatte richtig offiziellen Charakter.«

»Sehen Sie die Isle Of Man als Ihre Heimat an oder was ist für Sie die Heimat?«

»Das ist schon unsere Heimat, denn wenn wir nicht dort zur Welt gekommen wären, gäbe es keine Bee Gees-Songs. Die Isle Of Man ist übrigens ein sehr schöner Ort. Es ist auch eine gute Sache von dort zu stammen, und wir sind stolz auf unsere Herkunft und die Sprache Manx.«

»Zu welchem Teil der Welt haben Sie die persönlichste Beziehung?«

»In kultureller Hinsicht und was unsere Auffassung von Humor betrifft, sind wir sehr britisch. Wir haben ja lange in Amerika gelebt und gearbeitet. Aber in der europäischen Lebensart und Kultur sind wir am meisten verwurzelt.«

»Wie hat denn eigentlich alles angefangen mit den Bee Gees? Ich hörte, das wäre in Manchester gewesen.«

»Meine Brüder Barry, Maurice und ich waren auf dem Wege zu einem Auftritt in einem Kino in Manchester. Wir wollten dort auf der Bühne singen. Mein Zwillingsbruder Maurice und ich waren damals acht Jahre alt. Der Auftritt war als Playback gedacht zur Musik einer Schallplatte. Aber die ging auf dem Weg dorthin kaputt. Jetzt mussten wir uns entscheiden, ob wir das Lied ›Lollipop‹ live singen sollten. Es handelte sich um eine Matinee für Kinder als Vorprogramm zum Film. Wir machten das also, sangen live, und zufällig war ein Fotoreporter da von den *Manchester Evening News*. Am nächsten Tag war ein Bild von uns in der Zeitung. Wir wussten das, aber unsere Mutter war sehr überrascht und wollte wissen, wie wir denn in die Zeitung gekommen wären.«

»Es heißt, die Bee Gees seien damals Mitglieder einer berüchtigten Straßengang gewesen, weshalb der Entschluss, nach Australien zu gehen, sehr zur rechten Zeit kam, um nicht in ein Erziehungsheim eingewiesen zu werden.«

»Straßengang würde ich nicht sagen. Mein Vater hatte keine Arbeit, wir hatten kein Geld und die wirtschaftliche Lage im Land war ziemlich schlecht. Da beschloss die Familie, nach Australien auszuwandern. Es sollte nur für ein paar Jahre sein. Aber dort entwickelten wir unsere Fähigkeiten, Songs zu schreiben, weiter und nahmen auch bald Platten auf.«

»Dann habt ihr ja eher ein Plattenstudio von innen gesehen als die Beatles.«

»Der Mann, der uns den Namen Bee Gees gab, war ein Disc-Jockey namens Bill Gates. Nein, nicht der von Microsoft. Unser Bill Gates war Disc-Jockey in Brisbane und hatte eine Feierabendshow im Radio. Aus seinen Initialen hatte er den Namen B.G. Quickly abgeleitet. Wir hatten als die Brüder Gibb die gleichen Initialen und so verpasste er uns den Namen Bee Gees. Das ging damals alles ganz schnell.«

»Und als ihr den ersten Nummer-1-Hit hattet, ging es zurück nach England. War das die richtige Entscheidung?«

»Ja, uns reichte das nicht. Wir wollten die Welt. Und dafür war London der beste Ort. Alle waren sich des Risikos bewusst. Aber das größte Risiko war es, das Risiko nicht zu wagen.«

»1967 haben euch viele deutsche Fernsehzuschauer zum ersten Mal in der Sendung ›Beat-Club‹ erlebt mit dem Song ›New York Mining Desaster 1941‹. Sie spielten eine Violine und sangen das Lied auch. War das eigentlich die ursprüngliche Version des Liedes? Denn die Instrumentierung war für diese Zeit recht ungewöhnlich.«

»Es gab zwei Versionen, eine davon mit großem Orchester. Aber unser Manager Robert Stigwood wollte die sparsame Version, nur mit einem Cello, und das wurde dann auch die Single. Wir hatten ihm dieses Lied in seinem Büro vorgespielt, nur mit einer Gitarre als Begleitung. In diese Version muss er sich verliebt haben. Als wir ihm dann mit der im Studio produzierten Fassung mit Streichern kamen, wurde er richtig böse und forderte für unsere erste Single in England die abgespeckte einfache Fassung, wie wir sie ihm in seinem Büro vorgespielt hatten. Und so wurde es dann auch gemacht.«

Die ursprüngliche Version von »New York Mining Desaster 1941« mit Streichern und Bläsern wurde 2006 mit einem Box-Set der ersten drei Bee Gees-Alben von Rhino (Warner) auf CD veröffentlicht.

»Dann kam eine Serie von Hits, die Sie aber auch für andere

Künstler schrieben. Ein Song sollte für Otis Redding sein«, setzte ich mein Fragen nach der Bee Gees-Story fort.

»Das war ›To Love Somebody‹. Aber Otis Redding kam dann bei einem Flugzeugunglück ums Leben. So behielten wir das Lied für uns.«

»Sie haben so viele Songs für andere geschrieben. Hätten Sie einige davon nicht lieber für sich behalten?«

»Ich habe erst neulich in einem Film wieder mal ›Only One Woman‹ mit den Marbles gehört. Und ›Morning Of My Life‹ haben wir mit Esther und Abi Ofarim in München aufgenommen, als wir das erste Mal in Deutschland waren. Davon gibt es auch eine Aufnahme mit den Bee Gees. Wir hätten nie alle diese Songs als unsere eigenen Hit-Singles herausbringen können. Dafür gab es ja dann die Alben.«

»Wie waren denn die Anteile beim Songschreiben innerhalb der Bee Gees verteilt? Und wovon hing es ab, wer welches Lied sang?«

»Das hing meist vom Arrangement ab und davon, wessen Stimme am besten zur Anmutung des jeweiligen Songs passte. Manchmal wechselten wir uns auch innerhalb eines Liedes ab. Dann sang Barry die erste Strophe und ich die zweite wie bei ›I've Gotta Get A Message To You‹.«

»Ähnlich wie bei den Beatles gab es doch auch einen Wettstreit, wessen Song zur A-Seite einer Single wird, und wem die B-Seite vorbehalten bleibt. Oft war Barry der Gewinner. Sein ›Jumbo‹ war die A-Seite und Sie hatten mit ›The Singer Sang His Song‹ das Nachsehen. Der Streit spitzte sich zu, als Barrys ›First Of May‹ 1969 zur A-Seite wurde und Robins ›Lamplight‹ nur B-Seite. Einer meiner Favoriten der Bee Gees in jener Zeit«, merkte ich noch aus ehrlicher Überzeugung an.

»Das war natürlich auch mein Favorit. Da gab es immer

ein bisschen Hickhack, welcher Song nun auf die A-Seite einer Single kommt und welcher zur B-Seite wird. Das ging ja weiter mit meinem Lied ›Saved By The Bell‹ und Barrys ›Don't Forget To Remember‹. Da kam es dann wirklich zum Bruch. Aber nicht in der Form, dass die Aufnahmen abgebrochen wurden. Es war ein sauberer Schnitt. Ich verließ die Bee Gees. Aber nur für 18 Monate, dann kamen wir wieder zusammen und schrieben gleich zwei Nummer-1-Hits: ›Never Mend A Broken Heart‹ und ›Lonely days‹ an einem einzigen Nachmittag. Und während unsere Anwälte noch miteinander stritten, hatten wir uns längst wieder vertragen.«

»War da schon klar, dass die Bee Gees nach Amerika gehen würden?« »Nein, wir schrieben die Songs in Kensington, in England, und nahmen sie in Dean Street, Soho, auf. Sie wurden eine Nr. 1 in den Staaten. Dann trafen wir den Produzenten Arif Mardin, der uns für schwarze amerikanische Musik interessierte. Das Ergebnis war das Album ›Main Course‹ mit Songs wie ›Jive Talking‹ und ›Nights On Broadway‹. Arif wusste genau, welche Musikfarbe in den USA gerade angesagt war.«

»Dennoch ist in der Zeit für Sie ein sehr erfolgreiches Solo-Album entstanden: ›Robin's Reign‹ mit Hits wie ›Saved By The Bell‹ oder ›August October‹.«

»Ja, das hat sich über die Jahre zu einem gesuchten Sammlerobjekt entwickelt, und es hat Spaß gemacht, an diesem Album zu arbeiten. Den größten Teil davon habe ich nämlich zuhause aufgenommen.«

»Auf dem Album ›Main Course‹ singt ihr in sehr hoher Stimmlage, dem Falsetto. Das war für europäische Ohren sehr ungewöhnlich, war aber bald typisch für euren Sound in der Disco-Ära der siebziger Jahre. Wie habt ihr das entwickelt, gezielt oder per Zufall?«

»Popmusik war damals nicht so konservativ wie heute. Das war ein großer Schmelztiegel, und man musste nur herausfinden, was geht und was nicht. Nur ein paar Jahre später hat Prince sein ›Most Beautiful Girl‹ auch in hoher Stimmlage gesungen, selbst Paul McCartney und Mick Jagger taten das. Irgendwann war das völlig normal. Genau wie das Vermischen von klassischer Musik und Folkmusik mit Jazz. Popmusik wurde zu einem Gebräu aus allen nur möglichen Stilen. Heute wagt man Experimente in der Musik kaum noch.«

»Der ganz große Wurf gelang euch dann mit der Musik zum Film ›Saturday Night Fever‹ mit John Travolta. Filmmusik war für die Bee Gees ein neues Kapitel?«

»Musik von uns gab es auch schon früher in Filmen, aber das wurde ein globaler Erfolg und ist bis heute der kommerziell erfolgreichste Soundtrack überhaupt. Im Laufe der Jahre hat dieses Album ein Dasein losgelöst vom Film geführt und stand dann irgendwann ganz für sich. So etwas hat es meines Wissens nach nicht noch einmal gegeben.«

»Stimmt es eigentlich, dass keiner der Bee Gees diesen Film jemals in ganzer Länge gesehen hat?«

»Genau so ist es«, bestätigte Robin mit spitzbübischem Grinsen.

»Aber John Travolta kannten Sie?«

»Oh, ja. Den kannten wir schon vorher durch die Fernsehserie ›Welcome Back, Kotter‹, die in den Staaten sehr populär war. Die Musik zu ›Nightfever‹ schrieben wir auf einer Farm in Frankreich, in Albertville. Alle Songs waren fertig, noch bevor wir auch nur eine Szene von dem Film gesehen hatten.«

Wir waren jetzt so richtig in Fahrt gekommen bei der Aufarbeitung der Geschichte der Bee Gees. Freilich ist diese in mehr oder weniger gut recherchierten Büchern nachzulesen, aber ich muss zugeben, dass ich es genoss, all diese Stories und Anekdötchen noch einmal aus berufenstem Munde zu hören. Das musste auch den Hörern so gehen, die diese Zeit als Teenager miterlebt hatten. Der eine oder andere hatte die Bee Gees vielleicht damals in den sechziger oder siebziger Jahren live gesehen. Mir selbst war das erstmalig Anfang der Neunziger vergönnt, und da waren sie noch alle drei, Barry, Robin und Maurice, von unglaublicher Präsenz, wenn auch schon mit schütteren bzw. angegrauten Haaren. Im Jahre 1968 wurde im Internat im heutigen Sachsen-Anhalt mein Kofferradio beschlagnahmt, als gerade »Massachusetts« von den Bee Gees erklang; natürlich gespielt von einem Westsender. Jetzt saß mir der Sänger Robin Gibb gegenüber. Was aus dem Internatsleiter wurde, weiß ich nicht.

Einige Wochen vor unserem Interview, Ende 2008, war Robin Gibb bei einer Zeremonie in London zugegen, bei der eine Grüne Plakette zu Ehren der Bee Gees enthüllt wurde. In London gibt es Grüne und Blaue Plaketten, die an Gebäuden angebracht werden, in denen bedeutende Persönlichkeiten Großes für die Kultur des Landes oder für Politik und Wissenschaft geleistet haben. Im Eifer hatte ich die Farben verwechselt und Robin nach der Blauen Plakette für die Bee Gees gefragt.

»Die Blaue Plakette wird nicht an Personen vergeben, die noch leben«, korrigierte mich Robin mit nachsichtigem Lächeln. »Wir bekamen die Grüne Plakette von der City Of Westminster in der Brook Street 67, wo wir von 1968 an bis in die achtziger Jahre hinein viele unserer Lieder geschrieben hatten. Auch solche für andere Stars wie ›Chain Reaction‹ für Diana Ross oder Dionne Warwicks ›Heartbreaker‹. In diesem Haus hatte Robert Stigwood seinen Firmensitz. Wir schrieben und probten unsere Songs dort, und es war der Ort unseres ersten Zusammentreffens mit John Travolta, bevor es an die Arbeit für die Musik zu ›Saturday Night Fever‹ ging.

Am Haus gegenüber kann man die Blaue Plakette für Georg Friedrich Händel sehen.«

Was nicht viele Menschen wissen: Robin Gibb ist der Inhaber eines nicht unbedeutenden Amtes in der Musikindustrie. Die CISAC vertritt seit 1926 weltweit die Rechte von Autoren und Komponisten. CISAC steht für *Confédération Internationale des Sociétés d'Auteurs et Compositeurs*. Robin Gibb ist der Präsident dieser Gesellschaft.

»Worum geht es dieser Organisation?«

»Es geht um die Wahrung der Urheberrechte von Autoren weltweit unter besonderer Berücksichtigung der neuen Technologien und Medien, die sich immer schneller entwickeln.

Es geht uns auch um die Rechte der Autoren und Künstler in Russland und China, die nicht in dem Maße gewährleistet sind wie im Rest der Welt. Die rechtliche Situation verändert sich ständig, wie beispielsweise die Bezahlung von Komponisten und Autoren durch die Plattenfirmen. Dabei geht es nicht nur um die Musik, das betrifft auch Designer und Architekten, das ist ein großes Arbeitsfeld.«

»Die digitale Welt stellt da völlig neue Anforderungen.«

»Da geht es um Legalität und Produktpiraterie. Die Politik ist gefordert, und da werde ich sowohl bei der Europäischen Kommission als auch im Weißen Haus vorstellig, das wird im Juni sein. Das Geschäft hat sich sehr gewandelt und da heißt es, mit diesen Veränderungen Schritt zu halten.«

»Welche Pläne haben Sie in den nächsten Monaten?«

»Es soll ein Bee Gees-Musical für Londons West End und für den New Yorker Broadway geben, das unsere Geschichte mit der Musik der Bee Gees nacherzählt. Wir kommen darin, dargestellt von Schauspielern, als die Jersey Boys vor. Aber es ist unsere Biografie. Das ist das nächste große Projekt, an dem wir beteiligt sind.«

»Schreiben Sie selbst an der Story oder machen das andere Autoren?«

»Das besorgen Autoren, aber wir liefern Ideen und machen Vorschläge, auf welche Weise die biografischen Fakten dann künstlerisch umgesetzt werden könnten.«

Die für das Gespräch vereinbarten 40 Minuten waren um, und für Robin Gibb wurde es auch Zeit, sich in die Schleyer-Halle zu begeben, in der in etwa einer halben Stunde sein Auftritt erwartet wurde. Im Gegensatz zu seinen Solo-Konzerten kam er mit dem Chor Fine Fleur und dem Orchester Il Novecento im Rücken bei der Night Of The Proms besser an, wohl weil ihm hier die fehlenden Parts der übrigen Bee Gees besser ersetzt werden konnten. Die Leute bejubelten »Massachusetts«, »Staying Alive«, »How Deep Is Your Love« und seinen Solo-Hit aus den Achtzigern »Juliet«.

Im August 2010 musste sich Robin Gibb einer Operation wegen Darmverschlusses unterziehen. Nach einem ähnlichen Eingriff war sein Zwillingsbruder Maurice am 12. Januar 2003 verstorben. Robin überstand die Operation, erkrankte dann aber an Darm- und Leberkrebs. Kurz vor seinem Tode am 20. Mai 2012 wurde sein letztes Werk in London uraufgeführt: das Titanic Requiem, das er gemeinsam mit seinem Sohn Robin-John komponiert hatte. Wegen seines schlechten Gesundheitszustandes konnte Robin Gibb der Premiere des Requiems am 10. April 2012 in der Londoner Westminster Central Hall nicht mehr beiwohnen.

Ian Gillan – die Stimme von Deep Purple
Stuttgart 1991

Nur vier Wochen nach meinen Zusammentreffen mit David Bowie (s. S. 70 ff) begegnete ich unter ähnlichen Bedingungen Ian Gillan. Der englische Rocksänger war vor allem als Frontmann der Hardrock-Band Deep Purple international bekannt geworden. Seine kraftvolle Stimme machte Rocksongs wie »Child In Time«, »Smoke On the Water«, »Black Night« oder »Strange Kind Of Woman« zu bleibenden Monumenten ihres Genres. Gillan vermochte das, was seine Gesangsleistung im Studio für die Platte versprach, auch auf der Konzertbühne zu halten bzw. noch zu übertreffen. Er hatte schon vor Deep Purple als Sänger in der Titelrolle von Andrew Lloyd Webbers »Jesus Christ Superstar« überzeugt.

Als sich Ian Gillan für unsere Nachmittagssendung »Treff« ankündigte, geschah das im Zuge der Bewerbung seines aktuellen Soloalbums »Toolbox«. Die Rolle des Sängers bei Deep Purple versuchte zu dieser Zeit gerade ein gewisser Joe Lynn Turner auszufüllen.

Allgemein gilt die Regel, dass der charismatische Frontmann einer Band von Weltruhm als Solist leichter zum Interview zu bekommen ist, als wenn er mit seiner angestammten Band tourt. Diese Erfahrung hatte ich schon mit

Robert Plant von Led Zeppelin oder Brian May von Queen gemacht. Ian Gillan sollte ich jedoch später noch öfter in seiner Eigenschaft als Deep Purple-Sänger treffen, wie überhaupt die ganze Sippe von Deep Purple immer einen guten Eindruck hinterließ, ganz besonders der Gentleman an der Orgel, Jon Lord.

Ist also ein Künstler mit seinem neuesten Produkt, wie die Branche sagt, unterwegs, bietet seine Agentur oder seine Plattenfirma Interviewtermine an. Die Künstler reisen dann mit mehr oder weniger großem Tross von einer Rundfunk- oder Fernsehstation zur nächsten und beantworten geduldig die immer gleichen Fragen. Heute werden solche Gespräche allgemein vorher aufgezeichnet, um ungewünschte Längen in Live-Sendungen zu vermeiden oder ›Leerläufe‹ herausschneiden zu können. Zuweilen empfangen die Künstler auch mehrere Reporter nacheinander in Konferenzräumen ihrer Hotels zu Einzel- oder Gruppengesprächen. Es war damals bei SDR 3 üblich, dass im »Treff« zwischen 14 und 16 Uhr die Stars live auftraten, gerne auch mit Gitarre oder Keyboard. Das hatte den Nachteil, dass der Moderator ohne ein Vorgespräch einen kalten Start mit seinem Gesprächspartner hinlegen musste. Da waren die ersten Momente ganz wichtig für den weiteren Verlauf des Interviews. Trat man seinem Gast gleich zu Beginn verbal auf die Füße, war das nur schwer wieder auszubügeln. Eine gute Vorbereitung auf den Gesprächspartner sollte selbstverständlich sein. Man kennt die neue Platte sowie die nächsten Konzertdaten und weiß auch allgemein, wen man vor sich hat und in welcher Situation der Gast zurzeit steckt, privat wie geschäftlich. Über altgediente Kollegen hört man dann schon mal, ob er oder sie schwierig oder zugänglich, launisch, wortkarg oder mitteilsam ist. Welche ›Don'ts‹ es gibt, und womit man den Interviewpartner bei Laune halten kann.

Von Ian Gillan waren mir keine ›Macken‹ bekannt: Ein Profi, auf den Verlass ist und der dem Interviewer nicht wissentlich Probleme bereitet. Berüchtigt aber war er für seinen englischen Humor.

Kurz vor der Sendung ging ich noch einmal zur Toilette, um für die nächsten zwei Stunden keine Pause machen zu müssen. Während ich also in der Toilette bin, höre ich, wie sich die äußere Tür öffnet. Am Schatten, der in den Vorraum fällt, erkenne ich eine recht große Person. Leder raschelt, und schon steht der Mann mit Hut und braunem Ledermantel am Becken neben mir. Ohne Zweifel, es ist der Deep Purple-Shouter persönlich. Ian Gillan muss einfach vor dem Interview noch mal pinkeln, genau wie ich. Als ich gehe, nicke ich ihm kurz zu und verschwinde mit einem kurzen »See you later«.

Nach den Schlagzeilen um 14.30 Uhr schließe ich das Mikrofon und hinter mir öffnet sich die Studiotür. Ian Gillan betritt in Begleitung des Plattenpromoters das Studio, lässt sich auf dem Stuhl auf der anderen Seite des kleinen Moderationstisches nieder und grinst. Meinen Hörern kündige ich ihn als Überraschungsgast an. »Jeder kennt die phantastische Stimme von Deep Purple, die solche Monsterhits wie ›Child In Time‹ oder ›Smoke On The Water‹ erst möglich gemacht hat. Jetzt ist er hier, welcome and hello, Ian Gillan!«

»Why surprise guest, we've just met on the toilet, haven't we?«, waren die ersten Worte des Rockstars. Und dabei hat er ein Grinsen aufgesetzt, dass man ihm für diesen kleinen

Streich einfach nicht böse sein konnte. Das Eis war gebrochen, wenngleich ich ein oder zwei Sekunden brauchte, um meine Lockerheit zurückzugewinnen. Klar ging der Punkt an ihn. Aber den Hörern wird diese Art von Humor gefallen haben. Und wer kann schon von sich behaupten, mit Ian Gillan pinkeln gewesen zu sein?

Natürlich haben wir dann noch über sein Album »Toolbox« gesprochen, das von Kritikern und Fans sehr unterschiedlich aufgenommen wurde. »Ohne Deep Purple ist er nur die Hälfte wert«, motzten die einen, »ein kompromissloses Rockalbum, befreit vom Schwulst der achtziger Jahre«, frohlockten die anderen. Es war für Gillan eine Zwischenstation. Er war mal wieder im Streit bei Deep Purple ausgestiegen (1990) und sollte nur kurze Zeit später zurück an Bord sein (1992), wo er heute (2011) noch ist. Ian Gillan war schon mehrfach von Deep Purple weggegangen und das immer aus demselben Grund, wegen Ritchie Blackmore. Mit dem Gitarristen geriet er über die stilistische Ausrichtung der Band regelmäßig in Streit. Im Gespräch mit mir (und ganz gewiss auch mit anderen) hat er am 22. November 1991 im SDR 3-»Treff« gesagt:»Ich kann an Deep Purple nur noch wie an eine Verflossene denken. Wir heirateten 69 und wurden 73 geschieden. 84 heirateten wir noch mal und ließen uns 89 wieder scheiden. Das mach ich nicht noch mal.«

Man soll eben nie ›nie‹ sagen.

Ich traf Ian Gillan 2003 in Köln wieder, um mit ihm über das damals aktuelle Deep Purple-Album »Bananas« zu sprechen. Schlagzeuger Ian Paice, das beständigste Purple-Mitglied, setzte sich später zu uns, sagte zwar kein Wort, aber lächelte gelegentlich, vor allem, als ich Ian zum Schluss des

Gesprächs bat, doch mal eine kleine persönliche Einschätzung des neuen Keyboarders Don Airey zu geben, der für Jon Lord zu Deep Purple gekommen war. Der Rockfan kennt ihn von Rainbow, Whitesnake (beides Deep Purple-Ableger), Black Sabbath oder Colosseum.

»Er ist einer der meist unterschätzten Musiker in England«, sagte Ian Gillan. »Ein großartiger Musiker, der einfach alles spielen kann. Er war immer ein Reisender, nie sehr lange bei einer Band. Deshalb konnte er seinen persönlichen Stil nie ausspielen. Ich glaube, dass er ähnlich wie die Nachfolger von Ritchie Blackmore, Steve Morse und Joe Satriani, seinen eigenen Stil immer mehr bei Deep Purple einbringen wird. Als wir ihn an Bord holten, haben wir mehr nach einer Hammond-Orgel als nach einem Keyboarder gesucht, und Dons Instrument ist die Hammond.«

Ken Hensley – schrieb »Lady In Black« und die größten Hits für Uriah Heep
Stuttgart 2008

An der Nahtstelle der sechziger zu den siebziger Jahren hat sich in der Rockmusik eine Vielfalt an Stilen und Genres entwickelt, wie es in diesem Umfang und auf so hohem qualitativem Niveau bis heute nicht wieder geschehen ist. Schon 1968 waren junge Bands wie Deep Purple, Black Sabbath, Led Zeppelin oder Jethro Tull am Start. Aber sie alle suchten noch nach dem ihrem künstlerischen Vermögen entsprechenden eigenen Stil. Da gab es viele Coverversionen von Blues-Heroen wie Robert Johnson oder Willie Dixon. Deep Purple nahmen Stücke der Beatles (»Help«) und Neil Diamonds (»Kentucky Woman«) auf und waren kurz darauf mit einem klassischen Orchester zugange. Jethro Tulls Debüt-LP war eigentlich ein Blues-Album und ließ noch gar nicht ahnen, wohin die Reise unter der Leitung des Flötisten und Songschreibers Ian Anderson einmal gehen sollte. Yes produzierten Songs, die ganze LP-Seiten füllten, Genesis erfanden das Rocktheater mit Masken, Kostümen, Licht- und Diashows, die in ihre Konzerte eingebaut wurden. Uriah Heep hatten auf ihrem Platten-Debüt »Very 'eavy … Very 'umble« 1970 noch eine Mischung aus sehr unterschiedlichen Stilen, die eher die Bestandteile einer Band signalisierten als deren Summe. Bandchef Ken Hensley sprach in den Liner Notes (Vorwort) zur Platte auch von einem »large problem«, als Übersetzung für die Abkürzung LP. Problem deshalb, weil in der Band noch keine Einigung herrschte, wohin man sich stilistisch mit Uriah Heep wenden sollte. Schon der Bandname war kryptisch genug. Zunächst wussten nur wenige, was oder wer sich dahinter verbarg. Dass Rockmusiker oft leidenschaftliche Leser der klassischen Literatur ihres Landes waren, konnte sich die junge Fanschar, die noch zum Teil aus Schülern bestand und unter einem langweiligen Literaturunterricht litt, kaum vorstellen. (Uriah Heep ist der Erzschurke in Charles Dickens' Roman »David Copperfield«.)

Im Gegensatz zum rockigen Aufmacher »Gypsy« auf Uriah Heeps Plattenerstling steht die fast folkige Ballade »Come Away Melinda«. Beide sind bis heute bei Heep-Fans gern gehörte und oft gewünschte Songs. Auf »Melinda« folgt mit »Lucy Blues« tatsächlich ein Blues, bevor es dann mit »Dreammare« und »I'll Keep On Trying« in die Gefilde geht, die Uriah Heep wenig später zur Berühmtheit werden lassen sollten, mehrstimmiger Gesang, Kultivierung der Kopfstimme, eingängige Gitarrenriffs, unterstützt von einer grollenden Orgel, gut durchkonzipierte Alben und eine beeindruckende Serie an Hits (»Lady In Black«, »Look At Yourself«, »Easy Livin'«, »The Wizard«, »Free Me«, »Stealin'«) und nicht zuletzt mitreißende Konzerte. Die beste Zeit, gemessen an Popularität, Charts-Präsenz und Plattenverkäufen, aber auch an Authentizität, hatten Uriah Heep in der ersten Hälfte der siebziger Jahre. Die Bandmitglieder waren ausgeprägte Individualisten, was besonders zu Spannungen zwischen Keyboarder und Songschreiber Ken Hensley und Sänger

David Byron führte. Hensley, der Schöpfer der erfolgreichsten und markantesten Uriah Heep-Songs, musste sich den Vorwurf gefallen lassen, gegenüber der Restband als Diktator aufzutreten. Mit dem durch seinen Alkoholismus bedingten Rauswurf David Byrons 1976 begann der Stern von Uriah Heep zu sinken. Es gab mit Nachfolger John Lawton noch Hits wie »Free Me«, aber der energetische kreative Schub, der die Band seit ihrem Debüt 1970 angetrieben hatte, stagnierte. 1980 war auch für Ken Hensley Schluss bei Uriah Heep.

Bis heute veröffentlichen sowohl Ken Hensley als auch Uriah Heep Alben und gehen auf Touren, bei denen sie sich eines begeisterten Publikums sicher sein können. Ich habe beide wiederholt erlebt und sah hochmotivierte Profis am Werk, die viel Spaß bei ihrer Arbeit haben und ihre Fans mitzureißen verstehen. Bei Uriah Heep ist nur noch Mick Box als Originalmitglied dabei, der sich mir mit den Worten vorstellte: »Hi, ich bin Mick Box und genau so hoch wie breit.« Der blonde Sänger ist der Kanadier Bernie Shaw (Jahrgang 1956), und er macht seine Sache wirklich gut.

Zum SWR 1-Interview reiste die ganze Band mit Tour-Crew an. Per Telefon meldete sich Mick Box bei mir, ob sie mit ihrem Bus bei uns auf dem Gelände parken könnten. Ich dachte bei dem Wort Tourbus an einen Van für allenfalls acht Personen und sagte bedenkenlos zu, bis mich wenig später der entsetzte Wachdienst anrief und sich bei mir beklagte, ob ich die Landung eines Jumbo-Jets auf unserem Hof veranlasst hätte. Da stand ein zweistöckiger sogenannter Nightliner von gewaltigen Ausmaßen vor dem Funkgebäude. Die Tür des Busses öffnete sich zischend und heraus sprang Mick Box, ganz in Leder, und schloss mich in die Arme. Zum Mittagessen in der Funkkantine blockierten wir einen ganzen Tisch. Es wurde viel gelärmt, reichlich gespeist und jede Menge Mineralwasser (!!) getrunken. Im Interview erzählten mir Mick und Bernie von ihrer abenteuerlichen Sibirien-Tour bei 35 Grad unter Null, aber sehr dankbaren Fans in Nowosibirsk, Krasnojarsk, Tomsk oder Wladiwostok. Das waren Orte, die ich nur aus dem Erdkundeunterricht kannte, denn viele dieser Städte waren zu Sowjetzeiten auch für DDR-Bürger unerreichbar, weil sie als geheim eingestuft oder zum Sperrgebiet erklärt worden waren. Ich kann mich aber noch an Besucher aus Nowosibirsk in der DDR während der achtziger Jahre erinnern, die alle von den Hardrockbands aus England schwärmten. Besonders Uriah Heep hatten es ihnen angetan. Wahrscheinlich waren diese 20 Jahre später auch unter den jubelnden Fans gewesen.

Mick Box ist ständig mit neuen Sound-Experimenten befasst. Waren Uriah Heep zuletzt mit einem großen Orchester unterwegs, sollte es jetzt eine Unplugged-Tour sein. Also Stecker raus und Lagerfeuer an. Genug Songs hatten sie ja, um diese auch als Akustiknummern aufzuführen. Das Ergebnis der Unplugged-Tour hatte auch hart gesottene Rockfans, denen es meist nicht laut genug sein konnte, sehr überrascht, zumal die Band auch ungewöhnliche Auftrittsorte wie die Passionskirche in Berlin-Kreuzberg (10. Juni 2008) wählte.

Parallel zu den Aktivitäten seiner früheren Band Uriah Heep schlug sich Ken Hensley in eigener Regie durch. Schon zu Heeps Zeiten hatte er zwei Solo-Alben gefertigt, die allerdings ziemlich erfolglos blieben. Nach einem weiteren Solo-Werk (»Free Spirit«, 1980) ging er in die USA und schloss sich dort der populären Band Blackfoot an, die stilistisch zum Lager der Südstaatenrocker gehörten wie Lynyrd Skynyrd. Allerdings setzte sich der schon begonnene Erfolgsschwund von Blackfoot mit Ken Hensley noch rascher fort. Nach weiteren Solo-Versuchen und Mitarbeit bei verschiedenen Projekten, darunter sogar an einem Musical, wurde es Mitte der Neunziger still um Hensley, der weiter in Amerika lebte. Erst als er 2007 an einem neuen Album arbeitete, zu dem auch ein Buch erscheinen sollte, wurden die Medien wieder aufmerksam. Hensley hatte skandinavische Musiker um sich versammelt und konnte als Gäste John Lawton und Glenn Hughes (arbeitete u.a. für Black Sabbath und Deep Purple) aufbieten. »Blood On The Highway« ist stark autobiografisch geprägt und hat den Untertitel »When too many dreams come true«. Erzählen die Songs eine fiktive Geschichte vom Aufstieg und vom Ende eines Rockstars, gibt das Buch die reale Biografie von Ken Hensley wieder. Da mit dem Erscheinen von Buch und CD auch Konzerte anstanden, lag es nahe, sich mit Ken Hensley zu treffen und ein längeres Gespräch über ihn und sein Leben zu führen. Das geschah Ende Juni 2008. Hensley kam ganz allein, ohne Tross oder Promoter an seiner Seite. Ein großer, schlanker Typ mit kantigen Gesichtszügen, einer markanten Adlernase und langen, welligen, offensichtlich nachgedunkelten Haaren. Seine Augen blickten freundlich, und sein britisches Englisch war klar und leicht verständlich. Nach einem kurzen Geplänkel beschloss ich, gleich zu einem viele Fans bewegenden Thema zu kommen:

»Ich beginne mal mit einer kleinen Provokation. Vor nicht allzu langer Zeit durfte ich in einem Städtchen namens Winterbach eine Band ansagen, die sich Uriah Heep nennt.

Etwa 2 000 Leute waren da und feierten eine Party mit ihren Helden und Songs wie ›Look At Yourself‹, ›Lady In Black‹ oder ›Easy Livin'‹. Wären Sie da nicht auch gerne dabei gewesen, auf der Bühne natürlich?«

Ken Hensley grinste ein wenig und antwortete nach kurzem Nachdenken:

»Das ist keine Provokation, sondern eine ganz normale Frage. Nein, ich habe keine Lust, mit denen unterwegs zu sein, weil ich meinen eigenen Weg gehe, und darüber bin ich sehr froh.

Ich verstehe, dass Mick Box den Namen Uriah Heep beibehält. Aber für mich sind Uriah Heep Gary Thain, David Byron, Lee Kerslake, Mick Box und Ken Hensley. Ich würde es als unfair empfinden, da jetzt Vergleiche zu ziehen. Mick macht, was er glaubt, tun zu müssen, und dabei wünsche ich ihm viel Glück.«

»Die großen Hits, die Uriah Heep auch heute noch spielen, wir nannten sie schon, sind ja eigentlich Ihre Kinder. Spielen Sie selbst denn auch Ihre Songs von damals live im Konzert?«

»Ja, natürlich. Das macht mir auch viel Spaß. Mit meiner Live-Band habe ich diesen Songs neues Leben eingehaucht. Mein Konzertprogramm besteht immer aus sieben bis acht der bekanntesten Uriah Heep-Stücke, von denen ich weiß, dass die Leute sie hören wollen. Dann spiele ich ein paar Sachen von meinem Album ›Blood On The Highway‹ und einige Überraschungen von meinen Solo-Alben. Diese Freiheiten kann ich mir erlauben, weil ich unter meinem eigenen Namen auftrete und nicht als Uriah Heep. Ich kann experimentieren, was Mick nicht kann, weil er als Uriah Heep das spielen muss, was man von dieser Band erwartet.«

»›Blood On the Highway‹. So heißt auch ein Buch von Ihnen. Wie autobiografisch ist es denn?«

»Das Buch ist rein autobiografisch. Die konzeptionelle Idee zur CD kam durch Jürgen Jacobsen, den Chef meiner Plattenfirma in Hamburg, zustande. Der hatte mein

Buch gelesen und fragte an, ob man den musikalischen Teil des Buches auch in Form von Songs als CD herausbringen könnte. Ja, das geht, antwortete ich ihm. Also setzte ich mich hin, schrieb neue Songs und nahm sie in meinem Studio in Alicante auf. Dann flog ich nach Hamburg. Wir hörten uns die Lieder an, besprachen das Konzept, gingen etwas essen und machten den Vertrag. Die nächsten Monate durchlebte ich noch einmal meine Erfahrungen aus den siebziger Jahren, weil ich Songs über diese Zeit schrieb. Das Buch ist meine Autobiografie. Es erzählt von meinen persönlichen Erlebnissen und warum einige der musikalischen Dinge so passierten, wie sie passierten.«

»In Ihrem Song ›We're On Our Way‹ heißt es in den ersten Zeilen:

›Es begann damals in London, im Hinterzimmer von Benny's Pub. Wir gingen auf die Straße und machten viele Meilen und haben wohl in 1 000 Clubs gespielt.‹ War es wirklich eine Kneipe mit dem Namen Benny's Pub, wo alles begann, damals mit Uriah Heep?«

»Es war wirklich eine Kneipe, aber ich bin mir nicht mehr sicher, ob der Typ, dem sie gehörte, Benny hieß. Wir lebten damals in der Kneipe, übten und spielten dort. Zumindest am Anfang.«

»Als Sie an diesen Songs arbeiteten, wie sind Sie vorgegangen? Haben Sie sich zur Erinnerung an diese Zeit Platten aus den Siebzigern aufgelegt, haben Sie in alten Tagebüchern oder Notizen nachgeschaut oder einfach alles aus der Erinnerung heraus aufgeschrieben?«

»Gute Frage. Eine Menge kam durch die Erinnerung. Ich hatte ja auch drei Jahre an meinem Buch gearbeitet. Da durchlebte ich noch einmal diese Zeit, damit ich sie möglichst exakt in den Songs reflektieren konnte. Auch das Buch ist nicht hundert Prozent akkurat, wenn man älter wird, vergisst man das eine oder andere. Aber die Übertragung von Kapiteln des Buches in Songs war relativ einfach, weil ich ja alles schon einmal erarbeitet hatte. Das ging dann ganz leicht.«

»Wir alle, die wir die siebziger Jahre bewusst miterlebt haben, erinnern uns an ganz bestimmte Phänomene jener Zeit, die Mode, den Zeitgeschmack, bestimmte Ereignisse und natürlich die Musik, zu der auch die von Uriah Heep gehört. Erzählen Sie denn in Ihrem Buch auch Geschichten darüber?«

»Ja natürlich, im Buch wie auch auf der CD gibt es solche Geschichten. Uriah Heep waren ja ein Teil der Rebellion der siebziger Jahre, aber wir waren nicht allein. Auf der CD zolle ich vielen anderen Künstlern jener Zeit meinen Tribut. Aber die Siebziger waren eben auch für mich ein ganz spezielles Jahrzehnt. Mein Buch hat den Untertitel ›Wenn zu viele Träume wahr werden‹. Mein Kindertraum, ein Rockstar zu sein, ist wahr geworden. Und egal wo wir hinkamen, ob Tokio, Texas, Hamburg, Berlin oder Stuttgart, jubelten uns Zehntausende zu. Das ist kaum zu beschreiben. Wir lernten so viele tolle Leute kennen und hatten viel Spaß. Die siebziger Jahre waren ein ehrliches Jahrzehnt, es ging mehr um die Musik als ums Geld. Es gab kein Fax, kein Internet, kein Mobiltelefon. Wir mussten einfach kreativer sein, um etwas zu erreichen. So etwas wie die Musik von Deep Purple, Black Sabbath oder Led Zeppelin. In den Siebzigern gab es auch kein Aids und keine Security auf Flughäfen, ja nicht mal auf Konzerten. Die Leute kamen in unsere Garderobe, um ein Bier mit uns zu trinken.

Das Gefühl der Zusammengehörigkeit war damals sehr groß. Aber ein bisschen von diesem Geist damals spüre ich auch heute wieder, ich weiß nicht warum, aber es ist heute wieder ein ähnliches Gefühl wie damals.«

Ich musste unwillkürlich an meine eigene Zeit in den siebziger Jahren denken, von denen ich die erste Hälfte als Student und die zweite als Lehrer erlebt hatte. In meiner Junggesellenbude hatte ich mich mit meinen Schülern getroffen und Platten aus dem Westen auf Tonband überspielt. Da war auch die eine oder andere Uriah Heep-Scheibe dabei gewesen. Im Englischunterricht übersetzten wir Song-Texte, auch »Lady In Black«, weil das ein so mystischer und zugleich optimistischer Text war, den man dann auch gemeinsam singen konnte. Die Song-Lyrik hatte ich mir daheim durch wiederholtes Abhören des Liedes vom Band aufgeschrieben und erarbeitete sie im Unterricht nun gemeinsam mit meinen Schülern, die meist im Alter von 14 bis 16 Jahren waren. Davon erzählte ich auch Ken Hensley und dass Platten von Uriah Heep damals in der DDR nicht erhältlich waren. Das erstaunte ihn, weil er sich keiner politischen Aussagen in seinen Texten bewusst war, die Anstoß hätten erregen können. Nun hatte ich die Gelegenheit, den Schöpfer von »Lady In Black« persönlich zu fragen, wie er denn auf die Idee zum größten Hit von Uriah Heep gekommen war.

»Ich war mit Uriah Heep auf Tour in Nordengland«, begann Ken Hensley zu erzählen.

»Am Morgen schaute ich aus dem Fenster unseres Hotels. Da war alles sehr trostlos, weil es regnete, wie so oft in England, oder es passieren andere schlimme Dinge. An diesem frühen regnerischen Morgen ging ein Mädchen die Straße entlang, ganz in Schwarz gekleidet mit langen wehenden Haaren. Da hatte ich schon die ersten Zeilen:

›She came to me one morning, one lonely Sunday morning, her long hair flowing in the mid-winter wind …‹ Und das ist das einzig Wahre im Song. Der Rest ist Phantasie. Ich machte aus diesem Mädchen eine Figur, die anderen Menschen mit ihrer Weisheit hilft. So etwas mache ich öfter in Songs.«

»Und die Leute in aller Welt scheinen solche Geschichten zu mögen.«

»Es ist schon erstaunlich, welche Wirkung ein Lied mit nur zwei Akkorden (a-moll und G) haben kann. Ein Lied mit ganz viel Text und ohne Refrain wird zu einem weltweiten Hit. Ich habe keine Ahnung wie das geht. Ich habe den Song ja nur geschrieben, aufgenommen und viel Spaß dabei gehabt. Wirklich ein Phänomen. Es ist für mich eine große Freude, nach all den Jahren dieses Lied immer noch zu spielen und die Leute mitsingen zu hören, egal ob sie den Text verstehen oder nicht. So was passiert eben manchmal in der Musik. Das war damals wundervoll und das ist es heute immer noch.«

»Zu Ihrem Buch ›Blood On The Highway‹, in dem eigene Erfahrungen des Lebens eines Rockstars aufgearbeitet werden, gibt es auch eine CD, die so heißt, aber mit dem Untertitel ›Reflect But Never Turn Back‹ – sinngemäß, Erinnerungen sind ganz schön, aber zurück in die alten Zeiten will ich nicht. Da ist natürlich auch viel von den Schattenseiten jener Jahre die Rede, wie dem ausschweifenden Gebrauch von Drogen. Wie offen reden Sie darüber?«

»Ich sage schlicht die Wahrheit, denn es ist ein sehr offenes Buch, manche Leute sagen, es wäre zu offen. Besonders meine Familie sagt, ich hätte mir da Blößen gegeben. Das Besondere am Kapitel Drogen ist, dass ich das überlebt habe und viele andere, darunter zwei aus meiner Band, eben nicht. Das behandele ich sehr ernst, und alles, was ich tun kann ist den Menschen zu raten: lasst die Finger davon. Auch mir haben viele Leute geraten, dies und das nicht zu tun, und ich habe es trotzdem getan. Wenn ich mit 21-Jährigen rede, weiß ich, dass 99 von 100 zwar zuhören, aber nicht hören wollen. Ich habe für den Irrtum gebüßt, zu glauben, ich bräuchte Drogen. Und da bin ich nun, drogenfrei seit 18 Jahren. Gesünder, glücklicher und produktiver als jemals in meinem Leben zuvor. Es gibt also keinen Grund, Drogen zu nehmen. Wenn Leute ein bisschen experimentieren, ist das eine Sache. Wenn man aber abhängig wird, wie mir das passierte, und das 16 Jahre lang, dann ist das wirklich schlimm. Mit den Drogen ist das so: Im günstigen Fall stirbst du daran und es ist vorbei. Ansonsten zerstören Drogen persönliche und geschäftliche Beziehungen. Wenn man das so haben will, nur zu. Aber nur wenige sind sich dieser Tatsachen bewusst. Trotzdem glaube ich, dass die jungen Leute von heute klüger sind als wir damals. Es gibt ja auch genug Informationen und Aufklärung über all das.«

»Es gibt ja die prominenten Drogenopfer der Rockgeschichte wie Jim Morrison von den Doors, Janis Joplin, Jimi Hendrix oder Brian Jones von den Stones, die alle starben, bevor sie 30 wurden. Auch in Ihrem Umfeld, Sie deuteten es schon an, gab es Drogentote, wie Uriah Heep-Sänger David Byron, offiziell war es ein Herzinfarkt.«

»Ja, das war Leber- und Herzversagen in direkter Folge von Alkoholismus.«

»Und Uriah Heep-Bassist Gary Thain starb an den Folgen eines Unfalls, hörte ich.«

»Ein Unfall infolge seines Drogenkonsums. Er hatte eine Überdosis genommen von irgendwas, wir glauben, es war Heroin. Die Wahrheit werden wir wohl nie erfahren. Er nahm auch andere Sachen gegen seine Depressionen. Um von seinem Trip runterzukommen, legte er sich in die Badewanne, das war damals eine Methode, von der man glaubte, es würde helfen. Jedenfalls schlief er in der Badewanne ein und wachte nicht mehr auf. Das sind schreckliche Dinge, die hoffentlich niemals einem Ihrer Freunde oder einem unserer Hörer zustoßen werden.«

»Fast alle Musiker aus den sechziger oder siebziger Jahren, die ich getroffen habe, sagen, wir haben unsere Drogenerfahrungen gehabt, aber ihr solltet euch das ersparen.«

»Wir wussten damals auch nichts darüber. Heute ist da alles viel offener. Wenn Frank Sinatra Kokain nahm, hat er das niemandem erzählt. Amy Winehouse oder Pete Doherty sprechen offen über ihre Probleme. Ich bin von meinem Drogenproblem losgekommen, hatte aber damals keine Informationen. Bis ich 25 wurde, wusste ich nicht einmal, was Kokain ist. Als ich es probierte, gefiel mir das. Hätte ich gewusst, dass ich davon abhängig werde, hätte ich es nie getan.«

»In der besten Zeit der Band, in den Siebzigern, galten Sie als kreativer Kopf bei Uriah Heep, und man konnte damals in den Rockmagazinen lesen, Sie hätten auch eine Neigung zum Diktator in der Gruppe gehabt, der keine andere Meinung als die eigene gelten ließ.«

»Ja, darüber spreche ich auch in meinem Buch. Es war tatsächlich nicht einfach, mit jemandem wie mir zu arbeiten. Wohl auch, weil ich ganz klare Vorstellungen hatte, wo es musikalisch hingehen sollte. Das macht natürlich Probleme. Diktator ist nicht das richtige Wort, das klingt nach Bolschewik. Aber ich war nun mal der Songschreiber, der auch mehr Geld bekam als die übrige Band. Und diese Songs wurden Hits. Also lag ich doch gar nicht so falsch. Es war nicht so, dass ich sagte, ich habe Recht, und ihr tut jetzt, was ich sage. Vielmehr habe ich mich bemüht, die Band in den Schaffensprozess mit einzubinden und sie am Gewinn teilhaben zu lassen. Tatsache blieb aber, dass ich es war, der die Hits für die Band schrieb. Deshalb war es in meinen Augen Unsinn, wenn sich die anderen beim Manager beschwerten, es würden in der Mehrheit Songs von mir gespielt werden. Wir alle waren damit erfolgreich und wurden reich. Warum sich darüber beklagen? Das ging aber immer so weiter. Trotzdem hielt ich an meinen Visionen fest und bestimmte den Kurs. Es wurde ganz schlimm, als John Lawton uns verließ und wir einen neuen Sänger brauchten. Ich wollte Pete Goalby, weil er die richtige Stimme für die Band hatte. Aber die Band engagierte John Sloman. Den wollte ich nicht, der passte nicht zu uns, und damit sollte ich Recht behalten. Uriah Heep waren bekannt für einfache Songs mit einer direkten Botschaft für die Leute. Jetzt fingen wir mit hochkomplizierten Dingen an und gaben unseren bisherigen Stil auf. Als Konsequenz verließ ich die Band, aber nicht als gefallener Diktator. Ich wollte der Band auf ihrem eingeschlagenen Weg nur nicht mehr folgen.«

»Sie sprachen von Uriah Heep-Songs als einfach strukturierten Stücken mit simpler Botschaft. Dennoch kann ich mich an Songs wie auf dem Album ›The Magician's Birthday‹ erinnern, die recht kompliziert waren, oder das jazzig angehauchte ›The Park‹. Das stammt doch auch aus Ihrer Feder.«

»Ja, das stimmt. Da lassen sich noch mehr Beispiele finden, die nicht so *straight forward* waren, wie z.B. ›Wonderworld‹. Nach so vielen Jahren staune ich manchmal, wie kompliziert sie dann doch waren, weil ich einige davon auch in meiner Live-Show spiele. Ich wusste gar nicht, was ich so alles mal drauf hatte. Aber grundsätzlich hielten wir unsere Songs eher einfach wie ›Stealin'‹, wie ›Easy Livin'‹, wie ›Look At Yourself‹, wie ›Lady In Black‹ oder ›Free Me‹. Das sind wirklich alles sehr einfache Lieder.«

»Der Schnitt, also Ihr Ausstieg bei Uriah Heep, kam 1980. Was macht man als Musiker, wenn man ein Vehikel zurücklässt, mit dem man doch so erfolgreich war? Jeder kannte damals Uriah Heep. Aber nicht jeder wusste, wer Ken Hensley ist? Hatten Sie schon ein Ticket für Ihre weitere Reise gelöst?«

»Gute Frage. Ich war eigentlich immer jemand, der gern auf Risiko fuhr. Darüber spreche ich auch in meinem Buch. Das ist eine meiner starken Seiten. Als ich Uriah Heep verließ, wusste ich absolut nicht, was ich nun tun sollte. Ich schloss zunächst die Arbeit an meinem dritten Solo-Album ›Free Spirit‹ ab. Dazu war ich vertraglich verpflichtet, aber ich hatte keine Ahnung, was nun werden sollte. Ich verließ mein Zuhause und wusste nicht wohin. Ich verließ die Band und wusste nicht, wie es weitergehen sollte. Ich gründete eine neue Band und dann blah, blah, blah. Ich habe es nie bereut, in meinem Leben ein gewisses Risiko einzugehen, aber ich habe auch darunter gelitten, weil ich eben auch Irrtümer beging. Als ich Uriah Heep verließ, wusste ich, das muss jetzt so sein. Das Problem war, ich verließ die Band mit vielen schönen und nicht so schönen Erinnerungen. Mit einer Menge Erfolg und viel Geld. Aber ich war abhängig. Abhängig von Drogen und vom Erfolg. Ich wusste ja nicht einmal, wer ich war. Der Ken Hensley von Uriah Heep jedenfalls nicht mehr. Ich brauchte einfach Zeit, mich selbst zu finden und mein Drogenproblem in den Griff zu bekommen.«

»Und dann wurden Sie ein Mitglied der amerikanischen Band Blackfoot.«

»Ja, aber das war ein Fehler. Das waren echt gute Typen, und wir hatten auch viel Spaß.

Es gab zwei Gründe, warum diese Entscheidung falsch war. Zum einen ist Südstaatenrock keine Musik für einen Keyboardplayer. Zum anderen versuchte ich, bei dieser Band das zu finden, was ich mit Uriah Heep verloren hatte. Das konnte nicht funktionieren.«

»Einige böse Buben behaupten ja, Blackfoot hätten Sie nur in die Band geholt, weil sie jemanden brauchten, den sie in der Show an den Marterpfahl binden konnten.«

»Das mag wohl sein«, sagte Hensley und lachte.

Wir kamen noch einmal auf Kens Buch und CD »Blood On The Highway« zu sprechen. Bei den neuen Liedern gab es ein Wiederhören mit einer altbekannten Stimme, der von John Lawton. Er hatte bei Uriah Heep »Free Me« gesungen. Eine weitere Stimme gehört einem gewissen Jorn Lande.

»Wer ist dieser Mann?«

»Jorn ist ein norwegischer Sänger und ein Student der Siebziger-Jahre-Musikszene. Überall, wo wir auftreten, wird er mit David Coverdale (Deep Purple) verglichen. Ich habe aber auch Elemente von Paul Rodgers und Bryan Adams in seiner Stimme entdeckt. Bei der Arbeit mit meiner norwegischen Band lernte ich ihn kennen. Auf der Suche nach Stimmen für meine neuen Songs bin ich auf ihn gestoßen, weil er dieses Siebziger-Jahre-Feeling mitbringt. Ich wollte seine Energie, seine Leidenschaft und seine Jugend. Diese Zeit war die Zeit junger Leute, die bereit waren, alle Regeln zu brechen.«

»Aber die Musiker auf der CD ›Blood On The Highway‹ sind Spanier. Sie selbst sind zur Zeit auch in Spanien zuhause?«

»Ja, mein Toningenieur und ich haben die sorgfältig ausgesucht. Wir wollten nicht nur gute Drummer und Bassisten haben, sie sollten auch kreativ sein. Deshalb sind Antonio und Juan Carlos dabei. Die spielten in einer spanischen Gruppe namens El Último de la Fila und sind in der Progressive-Rock-Szene sehr bekannt, haben in den Studios von Peter Gabriel aufgenommen und Konzerte in New York gegeben.«

»Es gibt so viele verschiedene Stimmen auf der CD ›Blood On The Highway‹ und so viele Geschichten, dass ich mir das Ganze auch als Bühnenaufführung vorstellen könnte. Haben Sie etwas in der Art vor?«

»Wir arbeiten daran. Die Idee, mehrere Stimmen zu verwenden, war von Anfang an da. Die sollten der CD auch mehr Farbe geben. Sie repräsentieren die vielen verschiedenen Persönlichkeiten der siebziger Jahre. Und dann gibt es noch einen weiteren ganz wichtigen Grund. Ich selbst kann nicht singen wie die großen Rocksänger David Byron, Rod Stewart, Paul Rodgers oder eben Jorn Lande, John Lawton und Glenn Hughes, die das auf meiner CD für mich tun. Ich singe mal eine Ballade, bleibe aber ansonsten bei meinen Leisten. Wenn ich einen Experten brauche, dann hole ich mir den, bleibe aber selbst lieber außen vor.«

»Jetzt muss ich aber doch noch mal fragen. Die Band auf der Platte, ist das auch die Live-Band, mit der Sie zur Zeit unterwegs sind oder gibt es eine spezielle Tour-Band?«

»Ich habe eine feste Live-Band, und die sind alle aus Norwegen. Nordeuropäer spielen einen ganz anderen Rock'n'Roll als die Südeuropäer aus dem Mittelmeerraum. Die Norweger spielen so, wie ich das gern habe. Die spielen einfach drauf los. Und nun wollen wir das ganze Konzept von ›Blood On The Highway‹ auf die Musiktheaterbühne bringen. Das wäre für mich das Größte, im Publikum zu sitzen und mir das anzusehen. Danach wäre es okay für mich zu sterben.«

»Zum Schluss möchten wir noch ein klein wenig in Ihrem Privatleben schnüffeln. Wo leben Sie, und wer ist die Frau an Ihrer Seite, die Monika heißt?«

»Ich verdanke Monika sehr viel. Einzelheiten kann man in meinem Buch nachlesen. Monika musste mit mir zurechtkommen, als ich gerade mein Ego sterben sah. Ich musste den Realitäten ins Auge sehen, und sie war für mich da. Sie ist eine starke Frau, sie liebt mich, und ich weiß das sehr zu schätzen. Wir entschieden uns, in Spanien zu leben, weil die letzten vier Jahre, die wir in Amerika lebten, sehr schwierig für uns waren. Ich mochte die politische und soziale Entwicklung in den Staaten nicht. Meine Scheidung, es war meine vierte, machte mir zu schaffen. Ich fühlte mich jedenfalls in Amerika nicht mehr wohl. Als ich Monika traf, entschieden wir uns, nach Europa zurückzukehren, weil ich da auch in der Nähe meiner Familie sein konnte. Dann lebten wir ein Jahr in England, kamen aber weder mit dem Wetter noch mit den Lebenshaltungskosten zurecht. Sie ist Spanierin. Ihre Familie lebt bei Alicante. Da lag es nahe, nach Spanien zu ziehen. Wir leben in der Wüste, mitten im Niemandsland, mit ganz vielen Tieren. Wir haben eine Stiftung, die behinderten Kindern und herrenlosen Tieren hilft. Das Gute daran ist, ich schaffe mir eine Balance zwischen meinem wirklichen Leben und dem Leben als Musiker. Das war vorher nicht so. Da war ich 24 Stunden am Tag auf der Bühne. Das ist nicht gut, vor allem nicht für Beziehungen. Ich bin durch diese Tür gegangen und habe mein früheres Leben hinter mir gelassen. Mein Tag sieht jetzt so aus: Ich stehe 6 Uhr früh auf, füttere die Tiere, mache meinen Kram und wecke meine Frau zum Kaffee gegen halb zehn. Dann beginnt unser gemeinsamer Tag.«

Wenige Tage später durfte ich Ken Hensley und seine Band beim Festival »Calw rockt« ansagen. Er saß hinter seiner von der Zeit und vielen Touren gezeichneten Hammond-Orgel und überließ vor allem seiner jungen Band die Bühne. Vor der historischen Kulisse des Calwer Marktplatzes kamen die Uriah Heep-Nummern, allen voran »Lady In Black«, gesungen von Ken Hensley, besonders gut. Ken sprach zu den Leuten und gratulierte jenen auf den Balkonen zu ihren exklusiven Plätzen. Er entschuldigte sich für das regnerische Wetter, aber überall, wo er hinkomme, bringe er das englische Wetter eben mit. Im Kontrast dazu stand der gleich darauf folgende Auftritt von Gary Moore. Seine Band wurde in die Ecke der Bühne gedrückt, denn er brauchte den Platz für sich selbst. Einen Dialog mit dem Publikum gab es nicht, außer der zweifellos großartigen Präsentation seiner blues-getränkten Rock-Songs. Hinter der Bühne lästerte Ken Hensley und rief mir ins Ohr: »Hast du all die Gitarren von Gary gesehen? Fünfzehn Stück hat er aufgebaut, und sie klingen alle gleich.« (Leider ist dieser irische Musiker am 11. Februar 2011 für immer von uns gegangen. Er starb in seinem spanischen Urlaubshotel im Alter von 58 Jahren an einem Herzinfarkt.)

Ken Hensleys CD und sein Buch »Blood On The Highway« können sich in Verkaufszahlen zwar nicht mit den früheren Uriah Heep-Erfolgen messen, genießen aber den Beifall der Kritiker und Buchkäufer. Leider gibt es dieses Buch bis zum heutigen Tage nicht in deutscher Sprache.

Jon Lord – der ehemalige Spiritus Rector und Keyboarder bei Deep Purple

Stuttgart 2005

Alle ehemaligen und derzeitigen Musiker bei Deep Purple verfügen über trockenen, schlagfertigen englischen Humor. Den entdeckte ich bei jeder weiteren Begegnung mit Ian Gillan immer wieder neu, aber auch beim früheren Keyboarder Jon Lord.

Der Nestor bei Deep Purple ist mit Jahrgang 1941 allen anderen Kollegen der Band um ein paar Jahre voraus. Er galt als Spiritus Rector, was die stilistischen und musikalischen Belange bei Deep Purple anging und war in den besten Jahren der Band der Gegenpol zu Gitarrist Ritchie Blackmore, dem Verfechter einer kompromisslosen Rocklinie. Lord neigte zu Experimenten, die seinerzeit im »Concerto For Group & Orchestra« ihren Höhepunkt fanden.

Als ich den schon ergrauten Gentleman mit dem zum Zopf gebundenen Nackenhaar und dem teuren Anzug traf, hatte er sein 2005 veröffentlichtes Album »Beyond The Notes« im Gepäck.

Da hatte er sie noch einmal voll ausgelebt, die Symbiose aus Klassik und Rock. Zu hören war auch die Stimme von Sam Brown, einer englischen Sängerin, die in den achtziger

Jahren den Hit »Stop« hatte. Die, erzählte Jon Lord, sei schon als Nachbarskind auf allen Vieren unter seinem Flügel herumgekrabbelt und habe so ihr Interesse für Musik bekundet. Wenn er mit seinem Ensemble (nicht Deep Purple) auf Tour gehe, sei sie eine der tragenden Stimmen.

Das schönste Lied auf dem »Beyond The Notes«-Album trägt den Titel »The Sun Will Shine Again« und wird von einer Frau namens Frida gesungen. »Ja, es ist die Frida von ABBA«, bestätigte Jon Lord meinen Verdacht. Die Sängerin mit den dunkleren Haaren, die meist ein wenig im Schatten der Blondine Agnetha stand. Frida und Jon Lord sind seit langem befreundet, und dieses Lied hat er für sie geschrieben. Vermittelt aber wurde Frida durch den langjährigen Bandkollegen bei Deep Purple: Ritchie Blackmore. »Ritchie war damals schon ein totaler ABBA-Fan«, verriet Jon Lord im Gespräch. »Er hat alle Platten von ABBA.« Dieses Geständnis überraschte mich doch einigermaßen. Denn wenn man in den siebziger Jahren ein Rockfan und Anhänger von Deep Purple, Black Sabbath oder Led Zeppelin war, hatte man ganz gewiss keine Platten von ABBA im Schrank, schon der Freunde wegen, die so einen Fehltritt oder Stilbruch nur mit Hohn und Spott quittiert hätten. »Aber wenn Ritchie so ein ABBA-Fan ist, warum hat er dann nicht selber mit Frida gearbeitet?«, wollte ich von Jon Lord wissen. »Na, weil er immer mit seiner Alten auftreten muss, die duldet keine Frau neben sich«, antwortete Lord mit einem verschmitzten Grinsen.

Ritchie Blackmore ist mit seiner hübschen und charismatischen Frau Candice Night unter dem Namen Blackmore's Night unterwegs und präsentiert Lieder im Stile der Renaissance, die auch an mittelalterlichen Minnesang erinnern. Er hat damit beachtlichen Erfolg und tritt vorzugsweise vor der

Kulisse romantischer Burgruinen und Schlösser in Deutschland auf.

Nicht wenige Rockfans von Deep Purple oder Rainbow haben den Stilwechsel ihres Idols mitvollzogen und pilgern zu den Konzerten von Blackmore's Night.

Mit den derzeitigen Aktivitäten von Deep Purple haben aber weder Jon Lord noch Ritchie Blackmore etwas zu tun. Einzig deren unsterbliche Lieder, die die Band bis heute in ihren Konzerten spielt, erinnern an die Mitgliedschaft dieser großartigen Musiker in einer der größten Rockbands aller Zeiten.

Im Jahre 2011 ging Jon Lord mit einem Blues Projekt auf Tour, zu dem auch der Schlagzeuger Pete York gehörte. Der rief mich im Sommer an und teilte mir mit, dass Jon an Bauchspeicheldrüsenkrebs erkrankt sei und statt seiner nun der namhafte Organist und Keyboarder Brian Auger zum Ensemble gehörte. Jon habe den Kampf gegen den Krebs aufgenommen, teilte Pete York mit und sei besonders stolz darauf, dass er sich selbst zur Chemotherapie fahre und auch wieder zurück. Am 16. Juli 2012 erfuhren wir, dass dieser großartige Musiker den Kampf mit der tödlichen Krankheit verloren hatte. Kurz nach seinem Tode erschien die Studiofassung des »Concerto For Group And Orchestra«, mit dem Deep Purple 1969 für Furore gesorgt hatten. Jon Lord hatte hier prominente Gäste wie Joe Bonamassa und Bruce Dickinson (Iron Maiden) ins Studio geladen. Dieses Werk gilt bis heute als eine Pioniertat für die gelungene Fusion von Rock und Klassik.

Manfred Mann – von Beat-Schlagern der Sixties zur progressiven Earth Band
Stuttgart 2004

Der aus Südafrika stammende Manfred Lubowitz weckt bei der Nennung seines Künstlernamens Manfred Mann die unterschiedlichsten Assoziationen. Je nach eigenem Jahrgang und musikalischen Vorlieben kommen einem Songs seiner Earth Band wie »Blinded By The Light«, »You Angel You« oder »Davy's On The Road Again« in den Sinn.

Als Fan der Beatmusik der sechziger Jahre hat man die Auftritte im »Beat-Club« nachhaltig in Erinnerung: »Mighty Quinn«, »Fox On The Run« oder »My Name Is Jack« sind da nur drei Beispiele von vielen. Und dann das ewige Missverständnis, dass Manfred Mann ja gar nicht der gut aussehende Sänger war, sondern der eher unauffällige bärtige Mann mit Brille an der Orgel. Es soll bis heute Journalisten oder Reporter geben, die mit diesem Irrtum im Hinterkopf zum Interview antreten und damit unweigerlich den Zorn des Meisters auf sich ziehen. Nur so ist es zu erklären, dass Manfred Mann im Rufe steht, ein äußerst mürrischer und unbequemer Interviewpartner zu sein. Darauf wurde ich gleich von Kollegen hingewiesen, die Manfred Mann in der Funk-Kantine sitzen sahen, derweil ich uns eine Tasse Kaffee zum Vorwärmen vom Automaten holte. »Mit dem wirst du deine liebe Not haben, nach dem, was man so hört«, sagte eine Stimme neben mir.

Tatsächlich war Manfred Mann eigens für die Aufzeichnung einer SWR 1-»Leute«-Sendung von Hamburg nach Stuttgart gekommen. Er hatte ein neues Album am Markt (Titel »2006«, und das im Jahre 2004), und es standen für die nächsten Wochen einige Konzerte im Lande an.

Oft unterliegen die Künstler der Illusion, wir würden uns ausschließlich über ihr neues Werk unterhalten und dies auch reichlich in der Sendung ausweiden. Da war auch Manfred Mann keine Ausnahme. Vor dem Studiotermin kam noch eine kleine Phase des Beschnupperns bei Kaffee, Bier und Kuchen. Manfred Mann hatte sich tatsächlich zu seinem großen Stück Marmorkuchen eine Flasche Bier gestellt. Das Kuchenstück indessen wollte er mit mir teilen und reichte mir dafür vorsorglich einen Löffel. »Damit du nicht sagen kannst, ich hätte mir das größere Stück abgeschnitten«, bemerkte er süffisant. Das geht ja gut los, dachte ich und setzte den Löffelstiel an, den Kuchen in fast genau zwei gleiche Hälften zu teilen. »Das Stück mit mehr Kakao nehme ich«, hörte ich Manfred Mann in einem Ton sagen, der keinen Widerspruch duldete. Ich konnte nicht umhin, ihm die kleine Posse mit Ernie und Bert aus der Sesamstraße zu erzählen, die gleichfalls ein Stück Kuchen teilen wollten.

Der freche Ernie nahm sich das größere Stück, was Bert verärgerte: »Das war jetzt aber nicht nett von dir, Ernie.«
»Wieso, Bert, was hättest du denn getan?«, fragte Ernie listig.
»Ich hätte auf jeden Fall das kleinere Stück genommen«, belehrte Bert seinen Freund.
»Was willst du denn«, triumphierte Ernie, »das hast du doch auch bekommen.«

Manfred Mann entfuhr ein spontaner Lacher, und ich hatte das Gefühl, wir kämen die nächste Stunde ganz gut miteinander zurecht. Allerdings wies er mich darauf hin, dass ich jetzt noch mit Manfred Lubowitz reden würde und es nachher im Studio mit Manfred Mann zu tun bekäme.

Die Erfahrung vieler Interviews hatte mich gelehrt, dass es immer gut ist, mit den aktuellen Projekten des Künstlers zu beginnen, obwohl ich das Album »2006« eher unspektakulär und etwas sperrig fand. Wegen dieser Stücke würden die Leute ganz sicher nicht ins Konzert kommen. So erledigten wir zunächst den ›Pflichtteil‹, in dem Manfred Mann engagiert von den neuen Songs, den Studiobedingungen und seiner Leidenschaft für ernste Musik sprach, die er gern in seine Kompositionen einfließen lässt und dabei zuweilen auf die Nennung des eigentlichen Urhebers verzichtet.

Wer die Biografie von Manfred Mann kennt, weiß, dass er von Beginn seiner Musikerkarriere an gerne experimentierte, Jazz und Pop vermischte und überhaupt immer mal wieder was Neues ausprobierte. Doch war er in den frühen sechziger Jahren auch von Südafrika nach England gekommen, um hier sein Geld zu verdienen und sich eine dauerhafte Existenz aufzubauen, für sich und seine Familie, die er damals schon hatte. Da war dann doch nicht so viel Platz für Experimente. Der kommerzielle Erfolg musste her. Deshalb auch der Angriff auf die Hitparaden mit massentauglichen Popsongs.

»Ich war nie ein besonders guter Songschreiber«, räumte Manfred Mann im Gespräch ein, »aber ich habe die Gabe, das Potenzial eines Songs zu erkennen«.

Er hatte 1964 in der Fernsehsendung »Top of the Pops« einen Auftritt von Bob Dylan gesehen. Neben damals populären Stücken spielte er auch das vergleichsweise blasse »If You Gotta Go, Go Now«. Manfred Mann erkannte sofort, dass mehr in diesem Song steckte, als es die Art, wie Bob Dylan ihn vortrug, erahnen ließ. Über seine Plattenfirma erwarb er sich die Lizenz zum Covern (Neuaufnahme) dieses Dylan-Songs und landete damit 1965 einen Hit.

Bob Dylan sollte später sagen, niemand hätte seine Songs in so guten Versionen herausgebracht wie Manfred Mann. (»Mighty Quinn«, »Father Of Day Father Of Night« u.a.)

Die Band von Manfred Mann war also abonniert auf die Charts und hatte mit »Do Wah Diddy Diddy« 1964 sogar einen Nummer-1-Hit in Amerika.

»Wenn man dereinst eine Geschichte der Popmusik schreiben wird, werde ich als Mister Dowahdiddy darin zu finden sein«, spottet Manfred Mann heute über diesen Song. »Ich musste solche Lieder machen, um meiner Familie und mir ein Auskommen zu sichern. Wenn ich mit meiner Musik Schiffbruch erlitten hätte, dann hätte das für mich bedeutet, zurück ins Apartheidsystem von Südafrika gehen zu müssen. Die Jungs aus der Band wären lediglich heim zu Mami gegangen.«

Die Entschiedenheit, mit der er das sagte, sollte mir bedeuten, dass er mit den sechziger Jahren nun fertig sei. Das war mir aber noch zu wenig, weil ich mit ihm noch das Thema seiner unterschiedlichen Sänger wie Paul Jones, Mike D'Abo und später Chris Thompson erörtern wollte, die so verschiedene Persönlichkeiten sind, aber stimmlich immer den typischen Manfred-Mann-Sound bedienten.

Eine fremdsprachige »Leute«-Sendung wird immer aufgezeichnet, um die Übersetzung nachproduzieren zu können. So kam es, dass Manfred Mann nach 20 Minuten Gespräch innehielt und bemerkte, wie clever er hier eigentlich von mir manipuliert würde.

»Du lockst mich aus Hamburg hierher nach Stuttgart. Ich komme im Glauben, wir würden über mein neues Album reden, und jetzt sind wir gerade mal beim ›Raggamuffin Man‹ von 1969 angekommen. Dabei spiele ich diese Lieder gar nicht in meinen Konzerten.«

»Aber die Menschen sind interessiert an den Geschichten aus dieser Zeit«, gab ich zu bedenken. »Ach was«, schnarrte Manfred Mann. »Das ist ja hier nicht live, und da werde ich dir jetzt mal was sagen. Wenn du die Menschen fragst, welche Musik sie gerne hören, werden sie dir immer Songs und Platten aus der Zeit nennen, als sie mit dem Masturbieren begonnen haben, also mit 13 oder 14 Jahren. Und alles, was danach kommt, spielt nur noch eine untergeordnete Rolle. Und jetzt wird es Zeit für eine Pause. Zeig mir mal den Weg zur Toilette.«

Auf dem Wege dorthin fragte er: »Das mit dem Masturbieren sendest du aber nicht?«

»Doch, mache ich«, war meine bestimmte Antwort. »Machst du nicht!« »Mache ich doch!«

»Um welche Tageszeit läuft die Sendung?«, wollte er wissen. »Vormittags von 10 bis 12 Uhr.« »Eine ganz schlechte Zeit, um über das Masturbieren zu reden«, war sein letzter Einwand.

Am Vormittag des 23. Dezember 2004 konnte eine staunende Öffentlichkeit bei SWR 1 verfolgen, wie Manfred Mann zur besten Sendezeit über die Hörgewohnheiten der Menschen in Verbindung mit Masturbation referierte. Auf seine eigenen Kompositionen angesprochen, verwies Manfred Mann immer wieder auf die Komponisten, die ihn beim jeweiligen Lied inspiriert oder bei denen er sich sehr freizügig bedient hatte.

»Joybringer« sei keinesfalls von ihm, sondern den »Planeten« von Gustav Holst nachempfunden. »Joybringer« ist von »Jupiter, der Bringer der Fröhlichkeit« abgeschrieben.

»Du wirst keinen wirklich guten Song von mir finden«, sagte Manfred Mann.

Ich versuchte es noch einmal mit »Questions«. »Das ist von Brahms«, kam es prompt. »Und das steht auch auf der Platte?«, wagte ich einzuwenden. »Nein, steht es nicht. Jetzt im Jahre 2004 kann ich es ja sagen, da ist alles verjährt.« Tatsächlich verlieren die Erben nach einer Frist von 70 Jahren nach dem Tode des Komponisten den Anspruch auf die GEMA-Gebühren. Manfred Mann drohen also keine Nachzahlungen ob seiner Geständnisse im SWR 1-Interview.

Zum Schluss dieses für mich sehr angenehmen Gespräches konnte ich doch nicht umhin, noch einmal nachzuhaken, woran es denn liegen könnte, dass Manfred Mann der Ruf vorauseilt, ein schwieriger Interviewpartner zu sein. Das liege meist an den Interviewern selber, war seine Antwort.

»Wenn so ein Termin für Journalisten angesetzt ist, und einer nach dem anderen schlecht oder gar nicht vorbereitet wirkt, nach Gemeinplätzen fragt, wie denn damals so das Leben im Swinging London der sechziger Jahre gewesen sei, und manchem immer noch nicht klar ist, dass ich nicht der Sänger der Band bin, dann platzt dir eben irgendwann doch einmal der Kragen und man lässt sich zu Grobheiten hinreißen. Das steht dann auf jeden Fall in dem Artikel dieses Reporters. Der wandert in die Archive und wird bei jeder Gelegenheit wieder vorgeholt und abgeschrieben. Wahrscheinlich bin ich so zu meinem Ruf gekommen, schwierig zu sein.«

Ich habe Manfred Mann und seine Earth Band nur wenige Monate nach diesem Interview anlässlich einer Oldie-Night in Karlsruhe wiedergetroffen. Die Künstler und das Personal saßen vor dem Konzert in einer Art Kantine beim Essen. Ich winkte kurz rüber zum Tisch der Earth Band. Sie nickten freundlich zurück, aber Manfred Mann ließ nicht erkennen, dass er sich an mich erinnern konnte. Das Leben auf der Straße des Rock'n'Roll ist ein sehr flüchtiges.

Brian May – Gitarrist und Verwalter des Erbes von Queen

Stuttgart 1998, Frankfurt 2008

Die englische Rockband Queen steht für stilistische Vielfalt, virtuoses Können aller ihrer Mitglieder und eine grandiose Bühnenpräsenz, vor allem des Sängers Freddie Mercury. In den 20 Jahren mit Freddie machten Queen erstaunliche Wandlungen durch, von den Anfängen in den Siebzigern mit glamourösen Kostümen und androgynem Habitus des Frontmannes über die Achtziger mit Lack und Leder und fein ausgeklügelter Dramaturgie in den Shows und Songs. Queen, das war vor allem Mercury mit seiner Stimme, seiner Grazie und seinen Ideen als Songschreiber. Aber auch Brian May, der hochgewachsene, lockige Gitarrist, hat der Band mit seinem virtuosen Spiel und dem markanten Sound seines Instrumentes ein unverwechselbares Markenzeichen gegeben.

Als Brian May noch ein junger Bursche war, hatte er mit Hilfe seines Vaters aus einem hundert Jahre alten Stück Holz, das einst Teil eines Kamins war, seine erste E-Gitarre, die berühmte Red Special, gebastelt. Sie sorgte für den typischen Klang bei Queen. Kritiker hörten gar den dezenten Einsatz eines Moog-Synthesizers heraus, obwohl der damals bei Queen verpönt war. Brian May freute sich natürlich diebisch über solche Irrtümer in Rezensionen.

Fast alle Queen-Alben sind auf ewig ein unverzichtbarer Teil der Rockgeschichte geworden, allen voran die Meilensteine »A Night At The Opera«, »A Day At The Races«, »Sheer Heart Attack«, »News Of The World« und »Jazz«. Allein die »Bohemian Rhapsody« gilt als einer der größten Hits aller Zeiten und offenbart sehr eindrucksvoll die stilistische Bandbereite von Queen, die so nur von wenigen erreicht wurde.

Der Tod von Freddie Mercury 1991 setzte der Karriere der Band ein jähes Ende, war aber auch der Beginn einer gewissen Glorifizierung und Verklärung, die in der Erschaffung eines Queen-Musicals gipfelte, das unter dem Titel »We Will Rock You« im Jahre 2002 in London Premiere hatte. Die verbliebenen Musiker von Queen und der Autor Ben Elton hatten dieses Werk für die Bühne geschaffen, das wenig später auf Tour ging und auch in deutschen Städten, darunter Stuttgart, aufgeführt wurde. Zur Premiere von »We Will Rock You« in Stuttgart hatten wir uns bei SWR 1 ein längeres Gespräch mit Brian May gewünscht, das dann auch im November 2008 in Frankfurt zustande kam. Queen waren mit dem Sänger Paul Rodgers auf Tour und hatten auch ein neues Album am Markt. Ein gewagtes Experiment, weil klar war, kein noch so guter Sänger würde den charismatischen Freddie Mercury ersetzen können, schon gar nicht auf der Bühne. »The Cosmos Rocks« (Queen and Paul Rodgers) war ein gutes Rock-Album geworden, hatte aber mit der allseits bekannten Musik von Queen nicht mehr viel zu tun. Dennoch gelang es Rodgers, im Konzert mit seinem Gesang den Geist von Mercury aufleben zu lassen.

Es war nicht meine erste Begegnung mit Brian May. Der Gitarrist war zur Vorstellung seines Solo-Albums »Another World« 1998 schon einmal zum Interview in Stuttgart angetreten. Als er im Studio Platz genommen hatte, spielte er auf einer kleinen selbstgefertigten Gitarre mit eingebautem Lautsprecher ein paar Läufe und Soli, die teils nach Queen und auch nach Jimi Hendrix klangen. Die Aufnahme lief schon, und ich ließ ihn gewähren.

»Was zeichnet denn eine Gitarre mit eingebautem Lautsprecher aus?«, wollte ich von Brian May wissen.

»Sie wird lauter«, grinste er und jagte noch ein paar Riffs hinterher. »Ich bin für einen Gitarristen eigentlich ziemlich faul«, gestand Brian May. »Ich müsste viel mehr üben. Und weil ich in meinem normalen Alltag zu wenig dazu komme, habe ich mir dieses kleine Instrument angeschafft. Eine mobile Einheit für unterwegs, die es mir erlaubt, auch im Tour-Bus, oder wo immer ich gerade bin, ein wenig zu üben.« Und schon flitzten die Finger des Queen-Gitarristen über die Saiten.

Der Doktor der Astrophysik hatte sechs Jahre für sein zweites Solo-Album »Another World« gebraucht, weil er mit so vielen anderen Dingen beschäftigt war, wie er immer wieder betonte. Den Doktor hat er sich redlich verdient mit einer Arbeit zum Thema »Radialgeschwindigkeiten im interplanetaren Staub«. Ehrungen wurden Brian May auch von der Universität von Exeter zuteil für seine Arbeit an einem wissenschaftlichen Buch für Kinder. Mit ihm war eine mir unbekannte Dame ins Studio gekommen, die sich im Laufe des Gespräches als seine Assistentin herausstellte, mit der Brian zu der Zeit eine Affäre hatte. Offiziell war er mit der Schauspielerin Anita Dobson liiert, die er im Jahre 2000 auch heiratete. Diese komplizierte Situation brachte Brian selber ins Spiel, als ich ihn nach dem Hintergrund zu seinem Song »Too Much Love Will Kill You« fragte. Das Lied war für das Queen-Album »The Miracle« (1989) gedacht, erschien aber nach Freddie Mercurys Tod auf einem Solo-Album von Brian May, der diese Nummer auch schon auf einem Gedenkkonzert für Freddie gespielt hatte. 1995 kam dann »Too Much Love Will Kill You« auf dem Queen-Album »Made In Heaven« heraus. Alles ein bisschen verwirrend. Deshalb glaubte nicht nur ich, dass diesem Lied eine gewisse Brisanz innewohnte. Vielleicht eine Mahnung an Freddie, seine sexuellen Neigungen im Zeitalter von Aids nicht zu übertreiben? Das sei durchaus nicht der Fall, beteuerte Brian May. Es sei ihm um ein ganz anderes Thema, nämlich um die Folgen, die eine jede Trennung von einem geliebten Partner mit sich bringt, gegangen. Das gehe selten ohne Schmerz und Tränen ab. Nicht immer ist es eindeutig, wo und warum die eine Beziehung aufhört und die nächste beginnt. Auch nimmt man immer einen Teil der alten Beziehung mit in die neue, und da meine er nicht nur die Sorge um eventuell vorhandene Kinder, sondern den ganzen Schmerz und das Leid, die so eine Trennung begleiten. Jedes Mal stirbt dabei ein kleiner Teil von dir. Und wenn du das zu oft machst, kann es dich auch umbringen – *too much love will kill you*. Ganz schlimm wird es, wenn man zwischen zwei Partnern steht.

»Ich stecke gerade wieder in so einer Situation«, sagte Brian und nickte dabei in die Richtung der im Hintergrund sitzenden jungen Frau. Ja, das war ein Dilemma. Da hatte er die Situation in einem Song auf den Punkt gebracht und hält sich in der Realität des eigenen Lebens doch nicht an die Regeln. Aber die Gesetze der Liebe und die Tiefen der menschlichen Seele sind offenbar nicht so leicht zu erforschen wie die Radialgeschwindigkeiten von interplanetarem Staub. Brian May sprach wie zu sich selbst: »Dieser Mann ist ein wahrlich glänzender Interviewer, er schafft es, dass man tiefer in sich selbst schaut.«

Im Laufe des Gespräches kamen wir auf die tragischen Momente im Rock-Business. Für seine Tour-Band hatte Brian May den Schlagzeuger Cozy Powell gewonnen. Der war aber nun kurz vor Tour-Beginn, am 5. April 1998, bei einem Verkehrsunfall ums Leben gekommen. Jetzt musste man nach einem Ersatz Ausschau halten, der in dieser Qualität nicht so einfach zu haben war. Von diesem tragischen Moment war es nur ein kleiner Schritt zum Leben und Sterben von Freddie Mercury, worüber Brian eigentlich nicht sprechen wollte. Aber irgendwie rutschten wir ganz von selbst in dieses Kapitel, schon durch die Ausdeutungen der Songs »Too Much Love Will Kill You« oder »Who Wants To Live Forever«, die nach Mercurys Tod immer wieder Anlass zu Spekulationen gegeben hatten, den Tod des Sängers angekündigt oder gar vorweggenommen zu haben.

»Es war ein gewaltiges Arbeitspensum, das ›Made In Heaven‹-Album am Computer zu erstellen und den Eindruck zu erwecken, da sei eine Band im Studio«, klagte Brian May. »So etwas mache ich nie wieder. Im Nachhinein war es auch klar, dass da Interpretationen in Songs gebracht wurden, die, als sie entstanden, keinerlei Berechtigung hatten. Songschreiben ist eine eigenartige Sache. Du bist in Zwiesprache mit deiner Muse, und eine Idee kann hinterher ein Eigenleben entwickeln wie bei einem Gemälde oder einem Gedicht. Auch die Lieder meines neuen Albums sind vielfach interpretierbar. Sollen die Babys doch in Ruhe aufwachsen und ihr eigenes Leben führen. Der erste Song, den ich schrieb, war ›Keep Yourself Alive‹ vom ersten Queen-Album. Ein sehr ironisches Lied mit der Grundaussage, wenn du schon am Leben bist, dann mach was draus. Nicht unbedingt eine Ode auf das Leben, als die es viele verstanden. Aber wenn es den Menschen diese positive Botschaft brachte, dann ist es doch für diese Menschen in Ordnung, oder?«

Schließlich wollte ich von Brian May erfahren, ab wann die Band wusste, dass ihr Sänger Freddie Mercury an Aids erkrankt war. Es gab Gerüchte, er hätte auch seine engsten Freunde und Bandkollegen so lange darüber im Unklaren gelassen, bis es nicht mehr zu verheimlichen war. Der Umgang mit Aids war Ende der achtziger Jahre noch immer ein heikles Thema.

»Schon lange vorher hatten wir bemerkt, dass Freddie über bestimmte Dinge nicht reden wollte«, begann Brian nach kurzem Zögern. »Ein gewisser Verdacht war schon da, aber wir wagten nicht nachzufragen. Dann merkten wir ihm deutliche Schwächen an, bis er auch nicht mehr touren wollte. Ein paar Jahre vor seinem Tode teilte er uns dann mit, dass er an dieser schrecklichen Sache erkrankt sei und dass er nur jetzt und dann nie wieder darüber reden wollte. Auch sollte nichts davon an die Öffentlichkeit dringen, damit niemand etwa aus Sympathie oder Mitgefühl unsere Platten kaufte. Wir hüteten das als strenges Geheimnis. Auch meine Eltern und Kinder wussten nichts davon. Es wäre ein Alptraum gewesen, hätte die britische Presse davon erfahren. In seinen letzten Monaten richteten sie Teleobjektive auf sein Toilettenfenster, einfach ekelhaft. Es war eine kluge Entscheidung von Freddie, und wir akzeptierten das.«

»Das bald nach seinem Tod initiierte Freddie-Mercury-Tribute-Konzert am 20. April 1992 im Londoner Wembley-Stadion präsentierte neben vielen prominenten Gästen wie Bob Geldof, Guns'n'Roses, Robert Plant, Liza Minnelli, Elton John oder Lisa Stansfield auch George Michael als Sänger von Queen-Songs wie ›Somebody To Love‹, ›39‹ oder ›These Are The Days Of Our Lives‹. Insbesondere der Auftritt von George Michael nährte den Boden für Gerüchte, er könnte der neue Sänger von Queen werden.«

»Das ist totaler Quatsch«, gab Brian May zurück. »Das ist alles eine Erfindung der Presse. Darüber möchte ich auch nicht mehr reden. Meine Zeit mit Queen liegt zehn, zwölf Jahre zurück, nun möchte ich das sein, was ich jetzt bin. Ich möchte nicht am Morgen erwachen mit den Gedanken bei Queen. Ich möchte an das denken, was ich jetzt gerade mache und an meine eigene Zukunft. That's it.«

Fast genau zehn Jahre später traf ich Brian May erneut, um kurz vor der Premiere des Queen-Musicals »We Will Rock You« im Stuttgarter Apollo-Theater mit ihm über die Entstehung dieses Musicals und über seine aktuellen Aktivitäten mit der neuen Auflage der Band Queen zu sprechen. Anfang November hatte die Band auf ihrer Deutschland-Tour einen Tag frei. Den verbrachten sie in einem kleinen, aber sehr feinen Frankfurter Hotel. In der Bibliothek, einem stilvollen Kaminzimmer, fand dieses Gespräch erneut unter vier Augen statt. Es wäre illusorisch zu glauben, Brian May würde sich an unser letztes Treffen von vor zehn Jahren erinnern. Obwohl es für uns schon ungewöhnlich gewesen war, dass ein Star dieser Größenordnung mit der Musikredaktion von SWR 1 in der Funkkantine sein Mittagessen eingenommen hatte und jeder an den Nachbartischen deutlich sehen konnte, welch prominenten Gast wir da in unserer Mitte hatten.

Zu unserem Frankfurter Treffen kam Brian May in legerer Freizeitkleidung, schwarzen Jeans, dunklem Hemd, streckte mir lächelnd die Hand entgegen und setzte sich mir gegenüber an einen kleinen Tisch, auf dem das Aufnahmegerät stand. Auch Getränke und Schoko-Muffins standen bereit.

Brian schwärmte von der neuerlichen Queen-Tour mit Paul Rodgers und diesmal sogar mit neuem Album. Er legte Wert auf die Tatsache, dass dies keine Nostalgieveranstaltung sei. Man habe hier etwas wirklich Neues geschaffen. Im Rock gehe es darum, sich nicht ständig zu wiederholen, sondern immer wieder etwas Neues zu wagen. Das Thema Kosmos, auf dem Album auch durch einige sphärische Klänge unterlegt, ist natürlich sein Thema, das des promovierten Astronomen Doktor Brian May.

»Alle in der Band sind Fans von Science Fiction und der Astronomie als Wissenschaft. Die Leichtigkeit des Albums kommt daher, dass wir auf die Energie des Kosmos vertrauen und auch auf die Zukunft. Das ist auch das Thema der Tour ›The Cosmos Rocks‹, gewürzt mit einer Prise Ironie, ganz wie es Freddie liebte.«

»Ihr habt das Album Freddie Mercury gewidmet?«

»Ja, natürlich, weil wir fühlen, dass Freddie immer bei uns ist. Wir haben ja dieses Vehikel Queen gemeinsam erschaffen. Manchmal verfluche ich das auch. Ich wache morgens auf und fühle mich als ein Gefangener von Queen. Man kann sich ja nicht völlig davon lösen. Aber es ist ein wundervolles Geschenk, das wir uns gegenseitig und auch der Welt gemacht haben. Es ist ganz erstaunlich, in einem Ort wie Charkow in der Ukraine aufzuwachen und zu erleben, wie 350 000

Menschen zu unseren Konzerten kommen und unsere Lieder Wort für Wort mitsingen. Wir waren doch nur vier junge Burschen mit einem Traum, einem unmöglichen Traum, damals auf dem College. Ja, lasst uns die Welt erobern, wir werden Musik für die ganze Welt machen. Und irgendwie ist das ja dann auch passiert. Eigentlich ein Wunder. Und da sind wir nun wieder, kommunizieren auf unsere Weise mit der ganzen Welt und dem uns bekannten Kosmos.«

Konzerte in Ländern, die einst hinter dem Eisernen Vorhang lagen, sind heute gang und gäbe. Oft stehen da Städte wie Moskau oder Petersburg auf dem Plan. Aber den Namen Charkow hatte ich bisher selten gehört. Ich wollte wissen, wieso es Queen ausgerechnet dahin verschlagen hatte.

»Das war ein spezielles Konzert für die Aids-Hilfe. Damit haben wir öfter zu tun, seit wir Freddie an diese furchtbare Krankheit verloren haben. Wir unterstützen Organisationen, die sich mit der Erforschung von Aids beschäftigen und den betroffenen Personen helfen. Leute aus der Ukraine hatten uns um Hilfe gebeten. Es gibt dort ein großes Defizit an Wissen über Aids. Man kann aber nur helfen, wenn man ein Problem erkannt hat. Wir sprachen mit den Medien, auch über die Benutzung von Kondomen. Das war für die ältere Generation ein Schock. Darüber redet man doch nicht. Wir taten es aber doch und sagten auch, teilt euch doch nicht dieselbe Nadel, wenn ihr schon Drogen nehmt. Weil wir nun mal so populär sind, hat unsere Stimme auch Gewicht. Vor allem waren wir aber da, um die Menschen zu unterhalten. Musik bringt Menschen einander näher. Mehr als alles andere. Musik und Kunst.«

Es war an der Zeit, auf das Queen-Musical zu sprechen zu kommen. Rockmusiker und das Genre Musical schlossen einander lange Zeit aus, weshalb ich auch glaubte, Brian May und die anderen Queen-Musiker hätten zur Mitarbeit an einem solchen Projekt überredet werden müssen. Als meine Frage in diese Richtung ging, musste Brian grinsen und sagte:

»Man hat diese Idee nicht an uns herangetragen, wir haben es einfach gemacht aus dem Nichts. Seit 1986 sprachen wir mit Freddie immer wieder über diese Idee. Wäre das nicht eine tolle Sache, wenn es ein Musical über uns gäbe. Nein, wäre es nicht, wir hassen Musicals, hieß es dann. Aber diese Idee stand immer im Raum. Unser Manager hatte da seinen Anteil dran. Er meinte, man könnte auf diese Weise die Musik von Queen einem ganz neuen Publikum erschließen. Wir verwarfen einige Ideen und Drehbücher, die uns nicht gefielen. Vor allem solche, die unsere Geschichte und die von Freddie erzählen wollten, mochten wir nicht. Es gab da ein paar Versuche, aber das wollten wir dann so nicht haben. Und dann kam der Drehbuchschreiber Ben Elton mit dieser wunderbaren Idee, die Geschichte nicht in der Vergangenheit, sondern in der Zukunft spielen zu lassen, über Kids, die in einer Welt leben, in der es nicht erlaubt ist, selbst Musik zu machen, weil die Welt von Werbung, Geld und Missgunst beherrscht wird. Eigentlich ist das ja schon die Welt von heute, speziell in meinem Land, das voller Überwachungskameras und Werbeplakate ist. ›We Will Rock You‹ erzählt von einer Welt, in der Leute an die Kette gelegt werden. Nicht im wörtlichen Sinne, aber symbolisch. Sie werden vom eigenständigen Denken abgehalten. Wir fingen also an, in diese Richtung zu arbeiten, und mehr und mehr nahm die Sache dann Gestalt an. Neue Songs wurden geschrieben, um die Geschichte voranzubringen, und da hatten wir dann auch das Gefühl, wir haben etwas zu sagen in dem Musical. Das ist jetzt sieben Jahre her. Die Premiere war in London, und da läuft es immer noch. Zweieinhalb Millionen Menschen haben das Musical allein in London gesehen. Wir hatten eine Produktion in Köln, die lief vier Jahre, dann in Russland, Südafrika, Australien, in der Schweiz und nun in Stuttgart.«

»Da sind wir auch sehr froh drüber. Es heißt, du lässt es dir nicht nehmen, persönlich vor Ort nach dem Rechten zu sehen.«

»Das ist ja auch unser ganzer Stolz. Ich liebe dieses Projekt. Das ist wie die Erweiterung der Familie. Die Schauspieler sind sehr talentierte junge Leute und sehr engagiert, denn sie müssen zugleich Sänger, Tänzer, Schauspieler und Rockstar sein. Das ist eben ein Rockmusical und keines im klassischen Sinne wie ›Hello Dolly‹, womit meine Frau gerade zu tun hat. Und es ist auch nicht ›My Fair Lady‹. Es ist lustig, es ist mutig, und es hat eine Botschaft, auf die wir sehr stolz sind. Es ist auch immer anders. Die Stuttgarter Aufführung wird schon wieder etwas anders sein als die in London oder Köln. Ben wird dort sein. Er bringt Elemente in sein Drehbuch, die mit dem Leben der Stadt zu tun haben, in der das Musical aufgeführt wird.«

Was für Künstler allgemein gilt, ist auch ein Anliegen der Rockmusiker, die Verarbeitung der Realität in den eigenen Kunstwerken, also den Songs. Bob Dylan war da ein Vorreiter, der in seine Lyrik mehr packte als die zweieinhalb Minuten Geschichten um Liebe, Leid und Herzschmerz. Viele lernten schnell von ihm, wie die Beatles, die nach dem Hören der ersten Bob Dylan-Songs dann auch mehr sagen wollten als »Love Me Do«, »P.S. I Love You« oder »From Me To You«. Schon bald fanden politische Aussagen Eingang in die Song-

Lyrik, und das nicht nur bei den Protestsängern wie Joan Baez, Dylan oder Pete Seeger.

Auch Brian May hatte mit »Warboys« einen Song mit politischer Aussage auf dem Queen-Album »The Cosmos Rocks« dabei. Soldaten werden da als Spielzeuge der Politiker bezeichnet. Das zielte eindeutig auf den Irak-Krieg, in den die USA unter George W. Bush gezogen waren. Inzwischen war ein neuer Präsident gewählt, Barack Obama. Viele amerikanische Musiker wie Bruce Springsteen hatten den Demokraten bei seinem Wahlkampf unterstützt. Ich fragte Brian May, ob er sich auch vorstellen könnte, mit seiner Band Queen für einen Politiker oder eine Partei zu werben.

»Wenn ich wirklich von jemandem überzeugt wäre und an ihn glauben könnte, dann schon«, antwortete Brian. »Allerdings hätte ich da in England meine Schwierigkeiten. Ich wüsste im Moment nicht einmal, wen ich da wählen sollte, denn beide großen Parteien haben mein tiefes Misstrauen, was mich ziemlich deprimiert. Wenn ich ein Amerikaner wäre, hätte ich für Barack Obama gestimmt. Meine Einstellung gegenüber der amerikanischen Politik hat sich im Laufe der Jahre sehr verändert. Ich sah lange keinen großen Unterschied zwischen den großen Parteien. Nun sehe ich in den Republikanern etwas Düsteres, Bedrohliches. Ich glaube, ich würde sie als Amerikaner nicht mehr an die Macht lassen. Ich glaube auch, dass Amerika der Welt verloren geht und sich selbst auch. Amerika ist zum Raufbold geworden, auf den keiner stolz sein kann. Ich liebe Amerika, weil es so viel mit meinem Leben zu tun hat. Deshalb würde ich jemanden wählen, der die Kräfte stoppt, die für Aggressionen stehen. So gesehen würde ich mich genau wie Bruce Springsteen verhalten. Obama weckt Hoffnungen, obwohl da in seinen Reden auch Dinge sind, die mir Sorgen bereiten, wie seine Haltung zum Iran. Ich wünschte, er würde sich da mehr distanzieren. Das tut er wohl nicht, um keine Stimmen zu verlieren. Das ist überhaupt ein schlimmes Spiel, das man als Politiker spielen muss. Möglichst viele Wähler gewinnen und alles für die Macht tun, und erst dann kann man machen, was man machen wollte. Ich wünschte, ich könnte das besser verstehen. Ja, ich würde Bruce Springsteens Ansicht teilen, der hat das Herz am rechten Fleck. Deshalb konnte er auch einen solchen Song wie ›Born In The USA‹ schreiben. Dieses Lied wird ja oft missverstanden. Ironie wird in der Musik nur schwer erkannt. Das kenne ich zur Genüge von meinen eigenen Songs. Von einigen Amerikanern wird ›Born In The USA‹ als Kriegslied verstanden, was es ja nicht ist. Ähnlich verhält es sich bei ›We Will Rock You‹. Das ist eigentlich ein Friedenslied, wurde aber oft als Aufruf zum Kampf missverstanden. Für mich ist das beschämend. Wenn es nicht so ernst wäre, würde ich darüber lachen. ›Born In The USA‹ ist ein Aufschrei aus Schmerz und Frustration, weil der Mann sieht, was sein Land in der Welt anrichtet. Gott schütze dich, Bruce Springsteen.«

Ich war etwas überrascht über das eindeutige politische Bekenntnis von Brian May. Meist halten sich Musiker da etwas mehr zurück, damit sie Jahre später nicht zitiert werden können, was ja auch häufig losgelöst vom ursprünglichen Zusammenhang eines Zitates passiert. Da wird man auch schnell mal von der politischen Gegenseite vereinnahmt. Bob Dylan gibt aus diesem Grunde so gut wie gar keine Interviews. Andere lassen sich die Fragen vorher zusenden und behalten sich vor, nur eine Auswahl des Fragenkatalogs zuzulassen. Das passiert auch zum Schutz der Privatsphäre.

Ein Ereignis, das noch nicht lange zurücklag und bei dem Brian May eine wichtige Rolle spielte, war das Thronjubiläum der Königin von England. 2002 feierten sie und ganz England den 50. Jahrestag ihrer Thronbesteigung, und viele Prominente waren daran beteiligt, auch Brian May. Er spielte auf dem Dach des Buckingham-Palastes ›God Save The Queen‹. War da nicht ein Lausbubentraum wahr geworden? Den Rocker geben auf dem allerheiligsten Dach des britischen Empire?

»Das war wirklich ein traumhafter Moment, und es hat auch Spaß gemacht, diese Idee zu entwickeln. Dem ging eine lange Geschichte voraus, an deren Ende ich wie der einsame Pfeifer auf dem Dach des Palastes stand, genau wie ich es gewollt hatte, als Symbol für 50 Jahre Regentschaft der Queen und auch für 50 Jahre Rock'n'Roll. Jedenfalls habe ich das so gesehen. Ich habe sie auch die ›Rock'n'Roll-Queen‹ genannt. So schrieb es jedenfalls die Presse. Ich habe allerdings nicht erfahren, wie sie es aufgenommen hat. Tatsächlich ist der Rock'n'Roll etwa zu der Zeit entstanden, als Elisabeth Königin von England wurde. Ich hatte mir extra eine Jacke machen lassen, auf der die Titel der größten Rock-Songs aufgenäht waren. Das sollte symbolisieren, dass wir bei Wind und Wetter immer oben auf waren mit unserer Musik. Egal ob wir die nun Rock, Punk oder Rap nennen. Diese Musik erreicht alle Schichten der Gesellschaft. Die Ideale, die die Rockmusik vertritt, die Sehnsucht nach Rebellion und Freiheit sind immer noch lebendig. Vielleicht hat der Rock einige Beulen und Blessuren abbekommen, aber er ist immer noch in den Herzen der Menschen. Am meisten freue ich mich darüber, dass er auch bei jungen Leuten populär ist. Das habe ich gestern erst bei unserem Konzert in Mannheim erlebt. Nicht nur Leute in meinem Alter, auch Teenager sprangen herum und tanzten zu unserer Musik. Leute Mitte zwanzig gehen mit unserer Musik mit, teilen mit uns das Gefühl von Freude und Freiheit und machen einen Riesenlärm. Das gibt uns Kraft. Wir sind immer noch Jungs und fühlen uns zuweilen wie 17-Jährige. Aber nur innerlich, denn der Körper ist schon alt und meldet sich morgens beim Aufstehen. Mein Gott, schaffe ich das eigentlich heute Abend, geht mir dann durch den Kopf. Aber der Geist ist noch frisch, und dann laufe ich doch wieder auf der Bühne herum, schreie, tue und mache, was Rockstars eben so tun.«

»Anders ist es wahrscheinlich auch nicht zu machen, wenn man die Fünfzig deutlich überschritten hat«, wagte ich einzuwerfen, und Brian nahm den Faden auch gleich wieder auf:

»Früher bin ich immer erst mal shoppen gegangen, wenn wir in einer Stadt ankamen. Heute kümmere ich mich um meine Fitness, ich esse, schlafe und übe und bereite mich ganz auf die Bühne vor. Diese Disziplin ist einfach notwendig. Das ist wie bei einem Leistungssportler. Ein Langstreckenläufer wird sich auf ähnliche Weise vorbereiten. Neben der physischen Vorbereitung ist auch die mentale Einstellung sehr wichtig. Da ist die Familie, die zurückbleibt, wenn es auf Tour geht. Das Gefühl der Verantwortung nimmst du nämlich mit. Das ist alles eine Weile ganz spannend, aber irgendwann möchtest du dein eigenes Leben zurückhaben. Ich spüre das wirklich jeden Tag, vierundzwanzig Stunden am Tag ist man ein Rockstar, und dann kommt der Moment, wo man sein eigenes Leben haben will.«

»Und wie kommst du von dem Leistungslevel, den dir so ein Rockkonzert abverlangt, wieder runter? Unmittelbar nach dem Konzert schießt doch noch das pure Adrenalin. Geht es danach gleich in die Wanne oder an die Bar?«

»Ja, es braucht schon eine Weile, um danach wieder zur Ruhe zu kommen, das stimmt. Zur Zeit esse ich unmittelbar nach der Show. Mein Berater hat mir gesagt, das sei die beste Methode, um Energie für das nächste Konzert zu speichern. Das scheint auch zu funktionieren. Ich esse eine Kleinigkeit und trinke frisch gepressten Orangensaft. Dann setze ich mich still hin und empfange meine Gäste. Da gibt es immer irgendjemanden. Dann nehme ich eine Dusche, heiß und kalt im Wechsel. Kalte Duschen sind sehr wichtig für mich, das belebt meinen Kreislauf. Seit Neuestem habe ich einen Masseur dabei. Die Füße sind mir am wichtigsten, denn ich laufe mehr als zwei Stunden auf der Bühne herum. Zu meinem großen Glück begleitet mich meine Tochter auf dieser Tour. Nach dem Konzert gehen wir immer was trinken. Das ist für mich etwas ganz Besonderes, weil doch die Familie in meinem Leben immer ein bisschen zu kurz kam. Sie ist meine jüngste Tochter und hat die frühen Tage meines Rockerlebens nicht mitbekommen. Meine beiden anderen Kinder waren immer dabei. Emily hat geklagt, dass ihr das bisher gefehlt hat. Inzwischen ist sie zu einem richtigen Tour-Profi geworden und kommt ganz gut auch mal allein zurecht. Ich habe also meine Vater-Tochter-Phase. Manchmal reden wir bis zum Morgen und lösen die Probleme dieser Welt. Sie hat mich auch mit dem Internet vertraut gemacht und mit dem Schreiben von E-Mails. Das ist mein Hauptkommunikationsmittel geworden beim Pflegen unserer Internetseite. Durch die Website und die E-Mails halte ich Kontakt mit der Welt und den Fans und bekomme mit, was die Leute, die unsere Konzerte besuchen und die unsere Musik mogen, so bewegt. Nach dem Konzert gestern in Mannheim habe ich sofort erfahren, wie die Show bei den Leuten ankam. Manche schicken uns

Bilder, und dann weiß ich auch gleich, wie wir diesmal ausgesehen haben. Auf Youtube kann ich sogar sehen, welche Fehler ich in Mannheim beim Song ›Tie Your Mother Down‹ gemacht habe. Ich versuche, auf möglichst viele Anfragen, die auf unserer Webseite eingehen, zu antworten, denn sie ist ja eine lebendige Sache. Ich höre auch auf das, was mir die Leute zu sagen haben. Manchmal vergesse ich die Zeit und sitze bis morgens um fünf am Computer. Das ist nicht gut für mich, denn ich muss spätestens um elf wieder aufstehen, um fit für den Abend zu sein. Ich habe, wie ich schon sagte, einen 24-Stunden-Tag. Aber es macht mir Spaß, und es gibt bestimmt Schlimmeres.«

Die vereinbarte Gesprächszeit näherte sich dem Ende. Wohl deshalb hatte Brian immer wieder zu dem mit Schokolade überzogenen Gebäck, das vor uns auf dem Tisch stand, gegriffen, es eine Weile in der Hand gehalten und wieder abgelegt, weil er zur Unterstützung seiner Ausführungen mit beiden Händen gestikulierte. Dabei hatte ich bemerkt, dass die Schokolade geschmolzen war und nun an seinen Fingern klebte. Leider blieb mein Versuch, ihn zu warnen, im Ansatz stecken, und ich konnte es nicht verhindern, dass er sich mit der Schokoladenhand durchs wallende Haar fuhr. So verabschiedeten wir uns, und Brian May ging mit schokoladedurchsetzter Haarpracht davon. Dieses zweite Treffen mit dem Queen-Gitarristen bestätigte meinen ersten Eindruck von vor zehn Jahren. Ein großartiger Künstler, zweifellos ein richtiger Star und überhaupt nicht abgehoben. Solche Interviews machen den Job zum Erlebnis. Aber es können nicht alle so sein.

Paul Rodgers war schon bald nach unserem Treffen bei Queen ausgestiegen, um wieder mit seiner alten Band Bad Company zu spielen, aber auch das nur für kurze Zeit. Als offizieller Sänger und Nachfolger von Freddie Mercury hatte er sich nie gesehen.

Im März 2011 feierte die Rockwelt unter Mitwirkung von Brian May und John Deacon das 40-jährige Bandjubiläum von Queen. Man hatte dieses Datum gewählt, weil der Bassist Deacon im März 1971 als Letzter zur Band gestoßen und diese damit komplett war. Neben einer großen Ausstellung zur Geschichte der Band in London unter dem Titel »Stormtroopers In Stilettos« wurden die ersten fünf Queen-Alben in neuer digital remasterter Form veröffentlicht. Hintergrund dafür war auch ein Wechsel der Band weg von der Plattenfirma EMI hin zu Universal.

John Mayall – Vater des Weißen Blues

Stuttgart 2005

Kommt man auf die Geschichte des Blues zu sprechen, fällt spätestens dann der Name John Mayall, wenn es um den weißen Mann und den Blues geht. Denn dieses Genre gehört den Afroamerikanern. Sie haben den Blues beim Schuften als Sklaven in Minen und auf Plantagen ihrer Herren entwickelt. Ganze Bibliotheken sind über den Blues und seine Spielarten geschrieben worden. Eines der besten Bücher stammt vom Rolling Stones-Bassisten Bill Wyman, der unter dem simplen Titel »Blues. Geschichte, Stile, Musiker, Songs & Aufnahmen« in Zusammenarbeit mit Richard Havers eine ebenso unterhaltsame wie lehrreiche »Blues Odyssey« (englischer Originaltitel) verfasst hat. Dieses Buch ist eine Empfehlung für jeden Musiklehrer und Einsteiger in die Materie, weil es auch ein hohes pädagogisches Potential besitzt.

Der Blues ist eine der Urquellen der Rockmusik und hat als solche unter dem Namen White Blues eine eigenständige Bedeutung erlangt. Nach dem Ende des Zweiten Weltkrieges waren auch britische Musiker immer mehr an der Musik der Afroamerikaner interessiert. Die Nachkriegsjugend war auf der Suche nach neuen Idolen und Idealen, die wegführten vom Konservatismus der Elternhäuser und der bürgerlich geprägten Gesellschaft. Als Väter des Weißen Blues werden gemeinhin zwei Namen genannt: Alexis Korner und John Mayall. Letzterer, am 29. November 1933 im englischen Macclesfield nahe Manchester geboren, hatte schon in den fünfziger Jahren ein eigenes Blues-Trio. Unterbrochen durch seinen dreijährigen Militärdienst, den er in Korea ableistete, tauchte Mayall in den frühen sechziger Jahren in der Londoner Szene auf und gründete seine Bluesbreakers, aus denen so bedeutende Musiker hervorgingen wie Eric Clapton, Mick Taylor (Rolling Stones), Peter Green (Fleetwood Mac), Jack Bruce (Cream), Dick Heckstall-Smith oder John Hiseman (beide Colosseum).

John Mayall galt als kompromisslos und autoritär. Es ging die Legende um, er würde jeden aus der Band werfen, der besser wäre als er. »Stupid nonsense«, war seine kurze Antwort auf Nachfragen in Pressekonferenzen. Gesicherter waren die Angaben über seine Live-Auftritte, von denen man sich auch bald im Deutschen Fernsehen überzeugen konnte. Mit schulterlangen Haaren und freiem Oberkörper hatte sich Mayall einen Cowboy-Gürtel umgeschnallt, in dem statt Revolver Mundharmonikas steckten, die er je nach Bedarf während seines Gesangs hervorzog. Nicht wenige aus der Band machten sich über derlei Gebaren lustig. Die Bluesbreakers galten als Kaderschmiede für viele britische Bands mit Blues-Anleihen wie die Rolling Stones oder Fleetwood Mac.

Das bleibende Verdienst von John Mayall ist es, dass er »wie kein Zweiter dem Weißen Blues in den elektrischen Gefilden der Rockmusik Achtung verschaffte und es verstand, über lange Zeit auf originelle Art und Weise den klassischen Blues mit immer anderen Stilen und Klängen zu verbinden« (Musikmagazin *Sounds*, zitiert im Rockmusik-Lexikon von Christian Graf).

John Mayall mag kein Virtuose auf seinen Instrumenten sein, aber er hat das Feeling für den Blues, einen Blick für Talente und die nötige Autorität zum Führen einer Band. Seine Bedeutung für die Entwicklung der Rockmusik ist unbestritten. Umso erstaunter ist man, wenn man diesem Veteranen begegnet. Sei es im Konzert, wo er geduldig Autogramme gibt und Fragen seiner Besucher beantwortet, oder im Interview mit den Medien, die nicht zu seinen erklärten Lieblingen gehören.

Im März 2005 kam John Mayall auf Einladung der Kulturinitiative Rock nach Winterbach bei Stuttgart. Auf dem Wege dahin schaute er zu uns bei SWR 1 für die Aufnahme einer »Leute«-Sendung herein. Ich traf auf einen würdig aussehenden älteren Herrn, hochgewachsen, das Haupt von langen weißen Haaren umflort, mit klaren Augen und freundlichem Blick. Der Händedruck des Mannes in Jeans war kräftig, ebenso seine Stimme. Wir machten uns ohne längeres Geplänkel sofort auf ins Studio und begannen unser Gespräch. Die Uhrzeit der Aufzeichnung entsprach fast genau der tatsächlichen Sendezeit von SWR 1-»Leute«, nämlich 10 Uhr, so dass ich ohne Erklärung auf die für einen Musiker ungewöhnliche Arbeitszeit am Vormittag zu sprechen kommen konnte. (Udo Lindenberg war noch nie live in dieser Sendung, weil sein Tag nicht vor 16 Uhr beginnt.)

»Ich bin an diese Zeit gewöhnt«, sagte John Mayall, »weil ich daheim einen zehnjährigen Sohn habe. Ich bin allerdings erst gestern Abend aus Kalifornien hier eingeflogen und stehe nach Konzerten auch erst spät auf. Aber durch den Jungen muss ich jeden Morgen um sieben Uhr raus, um ihn zur Schule zu schicken. So gesehen bin ich eigentlich ein Frühaufsteher.«

»Ein weiterer Kontrast für Sie dürfte unser winterliches Wetter sein, wenn Sie gerade aus Kalifornien kommen?«

»Nicht wirklich. Gerade jetzt hatten wir sintflutartige Regenfälle, die schlimmsten seit Jahren. Da gab es Überschwemmungen und dramatische Situationen auf den Straßen. Ich bin also dem kalifornischen Regen entflohen und ins deutsche Schneegestöber gekommen.«

»Haben Sie denn bestimmte Erwartungen oder Empfindungen, wenn es heißt, die nächste Station der Tour ist Deutschland?«

»Ich bin ja seit vierzig Jahren regelmäßig durch Deutschland getourt und kenne viele Städte recht gut. Meine deutschen Fans gehören zu den verlässlichsten. Da herrscht immer eine freundliche, ja enthusiastische Atmosphäre. Vielleicht liegt es auch daran, dass hier in den Clubs Alkohol ausgeschenkt wird. Da kommt richtig Stimmung auf.«

»Die Band, die mit Ihnen unterwegs ist, nennt sich immer noch Bluesbreakers. Aber wer sind die heute?«

»Seit 18 Jahren ist Joe Yuele mein Schlagzeuger. Seit 14 Jahren spielt Buddy Whittington bei mir Gitarre, und er ist der beste Gitarrist, den ich je hatte. Hank van Sickle ist der Bassgitarrist. In dieser Besetzung haben wir ein neues Album aufgenommen, das im Mai oder Juni herauskommt und den Titel ›Road Dogs‹ haben wird. 13 der 15 Stücke stammen von mir und der Rest von den Bluesbreakers. Wir sind also eine gut konsolidierte Band.«

»Wenn man bedenkt, dass John Mayall dafür bekannt ist, nach jeder Platte die Bandmitglieder zu wechseln, können wir hier von einer der stabilsten Bluesbreakers-Besetzungen sprechen.«

»Diese Legende hängt uns aus der frühen Bandgeschichte

noch immer an, weil man es überall so nachlesen kann. Heute ist das Gegenteil der Fall. In den kreativen sechziger Jahren haben die Musiker nach ihrem eigenen Weg gesucht und vieles ausprobiert. Das hatte die häufigen Wechsel zur Folge. Eric Clapton war nur ein Jahr bei mir. Dasselbe mit Peter Green. John McVie blieb fast zwei Jahre. Das war damals sehr lange.«

»Und was spielen die Bluesbreakers heute, eine Mischung aus alten und neuen Songs?«

»Von jedem etwas. Mein letztes Album war ein Mitschnitt vom Konzert anlässlich meines 70. Geburtstages. Davon bringen wir die Songs, bei denen Eric Clapton und Mick Taylor mitspielten, also einige sehr frühe Stücke der Bluesbreakers. Dann natürlich ›Room To Move‹, das bei keinem Konzert fehlen darf. Dieses meistgefragte Stück erfährt auch immer wieder eine Modernisierung. Ein repräsentativer Querschnitt also.«

»Damit ist eine andere oft gestellte Frage beantwortet, wie alt ist John Mayall eigentlich, denn er war für die meisten von uns nicht mehr ganz jungen Fans ein Leben lang da. Das Konzert zum 70. Geburtstag war vor zwei Jahren und zwar in Liverpool.«

»Ja, und da waren Eric Clapton und Mick Taylor meine Gäste, auch Chris Barber, der große Posaunist. Es gab eine richtige Bläsergruppe. Das war schon ein toller Abend. Am King's Dock stand ein großes Zelt, das mit viereinhalbtausend Plätzen komplett ausverkauft war. Davon gibt es eine DVD, die ist wirklich gut geworden.«

»DVDs von John Mayall gibt es viele. Erinnern Sie sich an das Konzert der Bluesbreakers von 1987 in Iowa in der State University?«

»Oh, das war furchtbar. Diese DVD wurde ohne meine Genehmigung veröffentlicht. Eigentlich war der Mitschnitt nur für eine College-Radio-Station gedacht. Ich hatte es so verstanden, dass der Film nur dort gezeigt werden sollte. Aber irgendjemand hat dann ohne mein Wissen Kopien verbreitet. Das war kein gutes Konzert. Damals war Walter Trout, der Gitarrist, dauernd betrunken. Inzwischen ist er seit mehr als zehn Jahren trocken. Diese DVD bringt weder ihm noch mir noch irgendjemandem irgendetwas. Auch Coco Montoya (Gitarrist) hatte Probleme mit dem Equipment. Deshalb sind wir nicht so glücklich, wenn solche Sachen als Raubkopien verbreitet werden.«

»Wenn Sie jemandem eine richtig gute Bluesbreakers-DVD empfehlen würden, dann wäre das wohl die zum 70. Geburtstag.«

»Das ist die Einzige, die weltweit angeboten wird. Auf unserer Webseite empfehlen wir noch die DVD ›Cooking Down Under‹ von einem Club-Konzert in Australien.«

»Man nennt Sie ja den Vater des britischen Blues oder auch den Direktor der Musikschule. Hat denn der Lehrer so vieler bekannter Musiker auch mal Lehrer gehabt?«

»Ich hatte schon als Kind viel Musik gehört. Mein Vater hatte eine riesige Sammlung mit Jazz-Platten. Django Reinhardt, Charlie Christian, Eddie Lang, Joe Venuti und solche Leute oder Boogie Woogie-Platten. Es gab da viele Einflüsse, wie die Gitarristen Freddie King und B.B. King natürlich auch.«

»Das sind alles amerikanische Musiker, keiner aus England oder gar Manchester, wo Sie geboren wurden.«

»Nein, als Bluesmusiker folgt man ausschließlich den Wurzeln der schwarzen Musik Amerikas.«

»Gab es denn diese Platten in den Läden um die Ecke?«

»Viele von denen konnte man im 78er-Format kaufen, das damals üblich war, bevor das spätere LP-Format aufkam. Es gab sie, wenn auch nur nach langem Suchen.«

»Das lag wohl auch daran, dass es im Großbritannien der endfünfziger Jahre nicht so viele Blues-Freunde gab. Zwei gab es garantiert schon, nämlich Alexis Korner und John Mayall. Ich kann mir denken, dass ihr Publikum damals relativ überschaubar war.«

»Ja, das waren fast alles Club-Konzerte, keine großen Sachen, als es damals mit der Blues-Bewegung in England anfing. Cyril Davies und Alexis Korner haben das mit ihrer Blues Incorporated auf den Weg gebracht. 1963/64 spielten wir mehr zum eigenen Spaß als für ein Massenpublikum. In jenen Jahren wurden die Türen für die Akzeptanz dieser Musik aufgestoßen. Da ging ich nach London, um meine eigene Band, die Bluesbreakers, zu gründen. Das war eine sehr aufregende Zeit.«

»Es heißt, dass Alexis Korner Sie eingeladen hätte.«

»Er sorgte dafür, dass ich Auftritte im Flamingo Club und im Marquee bekam. Man kann sagen, dass Alexis Korner den Weg für mich geebnet hat, ja.«

Ich hatte dem Techniker im Regieraum eine CD hinterlegt, die er uns auf mein Zeichen zuspielen sollte. Es war der John Mayall-Song »Crawling Up A Hill« in der Version von Katie Melua. Ich wollte einmal sehen, ob er diesen relativ neuen Song, der aber doch sein alter war, kannte. Schon nach wenigen Takten lächelte John Mayall und sagte: »Ja, kenne ich, das ist Katie Melua. Das ist eine große Überraschung für mich, dass nach 40 Jahren ein Song von mir von einer so jungen Sängerin gecovert wird, der dann auch noch seinen Weg in die

Pop-Charts findet. Das ist auch für mich sehr ungewöhnlich. Die haben das Arrangement etwas verändert, aber es kommt relativ selten vor, dass ein Lied von mir gecovert wird.«

»Das ist ja auch keine leichte Aufgabe, einen John Mayall-Song zu covern. Wie haben Sie denn davon erfahren? Muss man den Komponisten fragen?«

»Nein, nicht unbedingt. Jeder, der will, kann eine Fremdkomposition aufnehmen. Allerdings ist die Sache mit den Tantiemen streng geregelt.«

»Und wie haben Sie nun gemerkt, dass es diesen John Mayall-Song in der Version von Katie Melua gibt?«

»Zunächst über meine Webseite johnmayall.com. Darüber habe ich Kontakt mit der ganzen Welt. Da hat mir dann jemand mitgeteilt, dass es diese Aufnahme gibt. Das hat sie gut gemacht. Ich besitze selber diese CD. Na ja, und dann habe ich es auch sehr bald an den Kontoauszügen bemerkt.«

»Lassen Sie uns doch einigen Legenden nachspüren, die man um John Mayall gestrickt hat. Da ist das Personalkarussell, das sich bei den Bluesbreakers sehr schnell drehte, damals in den Sechzigern. Musste John McVie, den man später bei Fleetwood Mac wiederfand, wirklich gehen, weil er so viel trank?«

»Das war so, aber das ist ja allgemein bekannt. Bei Mick Fleetwood war es dasselbe. Die waren einfach außer Kontrolle, diese Typen.«

»Immerhin hat es aber gereicht, eine so erfolgreiche Band wie Fleetwood Mac zu gründen.«

»Nein, das eine hat mit dem anderen nicht viel zu tun. Peter Green war der Mann, der Fleetwood Mac gründete. Da war Mick noch bei mir. Der kam erst 1967 dazu. Da hatten sie noch einen anderen Bassisten. Als sich Fleetwood etablierten, wollten sie dann John McVie haben. Der schätzte aber bis dahin den sicheren Job bei mir. Das war tatsächlich wie ein großes Karussell. John ging dann wirklich.«

»Im April 1965 hatte es einen interessanten Einschnitt bei den Bluesbreakers gegeben. Da kam Eric Clapton von den Yardbirds zu Ihnen.«

»Ja, ja. Der war mit dem Weg, den die Yardbirds einschlugen, nicht mehr einverstanden. Die wollten Popstars werden und entfernten sich immer mehr vom Blues. Mit dem Song ›For Your Love‹ waren sie plötzlich in den Charts. Ein Traum für die Band, ein Alptraum für Clapton. Also verließ er die Band. Ich machte ihm ein Angebot, und alles lief prima, weil er die Musik spielen konnte, die er mochte.«

»Ich hatte mich schon gefragt, wie das wohl gegangen ist, wenn man Musiker bei John Mayall werden wollte. Musste man da vorspielen? Offenbar nicht.«

»Nein, bei mir musste noch niemand vorspielen.«

»Hätten Sie damals in den Sechzigern daran gedacht, dass Sie einmal eine solche Vaterfigur für die Blues-Szene werden würden?«

»Wenn man nicht im kurzlebigen Popgeschäft unterwegs ist, sondern Jazz oder Blues macht, dann hat man schon relativ frühzeitig eine langjährige Karriere im Hinterkopf. Was soll man auch tun? Schließlich möchte man ein freier, kreativer Künstler sein. Und was die Attribute wie ›Big Daddy‹ und all das betrifft, da muss ich sagen, dass ich manches noch nie gehört habe. ›Godfather of British Blues‹ könnte ich schon eher akzeptieren.«

»Gehörte zur Freiheit des kreativen Künstlers auch Ihre Entscheidung, England 1968 zu verlassen und nach Amerika zu gehen? War es wegen des schöneren kalifornischen Wetters, wie manche behaupten, oder wollten Sie den Wurzeln des Blues einfach näher sein?«

»Mit den Wurzeln des Blues hatte das überhaupt nichts zu tun. Den Zugang dazu hatte ich mir schon durch die Zusammenarbeit mit den Größen der Szene verschafft wie Eddie Boyd, Sonny Boy Williamson, Brownie McGhee, Sonny Terry, Buddy Guy und all diesen Leuten. Es waren eher das Klima und die entspannte Lebensart, die mich nach Kalifornien zogen. Wenn man sich erst mal auf dem Weltmarkt etabliert hat, dann kannst du überall leben. Dann hat man auch die Wahl des Klimas oder des American Way of Life.«

»Haben Sie sich denn gleich zuhause gefühlt in der Neuen Welt? Sie wollten ja nicht sofort dort bleiben, für immer, meine ich.«

»Schon als ich dort ankam, wusste ich, das wird deine Heimat, und es gibt kein Zurück mehr.«

»Und das gilt bis zum heutigen Tag?«

»Genau, ich wohne da.«

»Im berühmten Laurel Canyon, wo auch Leute wie Eric Burdon, Jackson Browne oder Carole King wohnen. Jim Morrison von den Doors war dort zuhause, auch Keith Moon und Frank Zappa. Nicht auch die Bluesrockband Canned Heat?«

»Das gehörte zu deren Legende. Eigentlich wohnten die da gar nicht. Aber auf meinem Album ›Blues From Laurel Canyon‹, das ich in Los Angeles aufnahm, gibt es eine Geschichte mit Canned Heat im Whisky A Go-Go. Mit Larry Taylor von Canned Heat war ich dann befreundet. Der spielte dann auch später in meiner Band.«

»Da wurde 1969 von John Mayall auch ein neuer Stil angeschlagen, zumindest sagt das der LP-Titel ›The Turning Point‹.«

»Ich hatte von dem herkömmlichen Format mit Schlagzeug und elektrischer Gitarre einfach genug. Da wollte ich mal was Neues ausprobieren. Für meinen jungen Gitarristen Mick Taylor ergab sich daraus eine neue Chance. Mick Jagger hatte mich noch vor dem Tod seines Gitarristen Brian Jones angerufen. Mit dem hatte er Probleme. Wegen seines latenten Drogenproblems konnte er nicht mehr mit den Rolling Stones auf Tour gehen, schon gar nicht in Amerika. Er bat mich um Rat, und ich empfahl ihm Mick Taylor, weil es für ihn auf meinem neuen Album nicht mehr viel zu tun gab. So war dies die beste Lösung für uns alle.«

Das Album »The Turning Point« von John Mayall ohne Mick Taylor enthielt den bis heute bekanntesten Song von Mayall, »Room To Move«. Mick Taylor ging nach England und wurde der neue Leadgitarrist bei den Rolling Stones. Gleich die erste Single mit dem Neuzugang, »Honky Tonk Women«, wurde eine Nummer 1 auf beiden Seiten des Atlantiks. Taylor blieb fünf Jahre Gitarrist der Rolling Stones und hatte maßgeblichen Anteil an deren Alben »Sticky Fingers«, »Exile On Mainstreet«, »Goats Head Soup« und »It's Only Rock'n'Roll«.

John Mayall hatte seine Musik immer konsequent nach den Regeln des Blues gespielt.

Natürlich gab es Experimente und Versuche, etwas Neues auszuprobieren. Das ging so lange gut, bis ihm die Idee kam, Blues und Country zu vermischen. Beide Genres galten bisher als unvereinbar wie Schwarz (Blues) und Weiß (Country) oder Feuer und Wasser.

Mayall holte 1975 die Country-Sängerin Dee McKinnie für eine Album-Produktion: »New Year, New Band, New

Company«. Das war zuviel für die Blues-Puristen, die ihm nun nicht mehr folgen mochten. »War das im Nachhinein ein Fehler?«

»Das war kein Fehler, und auch aus damaliger Sicht eine wunderbare Musik. Nur regten sich einige Leute auf, weil ich nicht das tat, was sie erwarteten. Dabei waren die Experimente mit immer neuen stilistischen Elementen doch Teil meiner gesamten Karriere gewesen. Das war eine tolle Band damals 1975. Da waren viele Memphis-Musiker dabei wie Rick Vito, der später bei Fleetwood Mac Gitarre spielte. Solche Verrisse finden ihren Weg über die Archive in die Rockgeschichte, weil gewisse Kritiker und Chronisten einfach nur voneinander abschreiben. Kommerziell war das Album recht erfolgreich.«

»In diese Zeit fielen auch dramatische Ereignisse in Ihrem Leben. Ihr Anwesen im Laurel Canyon brannte ab.«

»Ja, das war im Jahre 1979. Das Haus brannte ab und ich verlor alles, was sich besaß. Ich musste buchstäblich noch einmal von vorn anfangen. Die ganze Ranch war hin, und ich dachte wirklich daran, wegzugehen. Ein Buschfeuer hatte 18 Häuser vernichtet. Wir waren daheim, als das Feuer wütete, konnten aber absolut nichts machen.«

»Damals ist Ihnen aber auch ein sehr glückliches Ereignis zuteil geworden, Sie trafen Ihre Frau Maggie, mit der Sie bis heute zusammen sind.«

»Maggie ist von Beruf Designerin und entwarf auch die T-Shirts für unsere aktuelle Tour. Sie gestaltet CD-Covers, schreibt großartige Songs und singt auch auf einigen meiner Alben mit.«

»Wenn wir schon mal bei der Familie sind. Was ist mit den Kindern von John Mayall?«

»Maggie und ich haben den 20-jährigen Sohn Zac und den 10-jährigen Sammy. Aus meiner früheren Ehe habe ich vier erwachsene Kinder und sechs Enkelkinder.«

»Nun sind Sie nicht nur der Vater des Blues, sondern auch ein Großvater im natürlichen Sinne geworden. Machen Ihre Kinder denn auch Musik?«

»Gus ist seit 20 Jahren Musiker in einem Londoner Club. Jason arbeitet für eine japanische Musikfirma und organisiert jedes Jahr Rockfestivals in Japan.«

»Das neue Jahrtausend sieht John Mayall wieder auf dem aufsteigenden Ast der Popularität. 2002 hatten Sie mit einem Album die Spitze der US-Blues-Charts erreicht.«

»Das kann ich ja leider nicht beeinflussen. Schön ist es natürlich, dass man mit wachsender Popularität auch immer mehr Leute erreicht. Die Hauptsache ist, man bleibt im Gespräch auch bei Leuten, die eigentlich nicht viel über mich als Musiker wissen. Beim Einspielen eines Albums verschwenden wir keinen Gedanken daran, ob es hitparadentauglich wird oder nicht. Mir kommt es viel mehr darauf an, dass eine CD das repräsentiert, was wir gerade machen. Zum Glück habe ich eine gut funktionierende Band, mit der es Spaß macht, zu arbeiten.«

»Das wird dann auch bei der neuen CD ›Road Dogs‹ so sein, von der wir bei den anstehenden Konzerten einiges zu hören bekommen.«

»Von mir aus auch sofort. Aber ich wollte noch etwas zu meiner Familie sagen. Einer meiner Neffen, Lee Mayall, ist in dieser Region hier ein bekannter Saxophonist. Er wohnt in Ulm. Also noch einer aus der Familie, der einen musikalischen Weg eingeschlagen hat. Immer wenn wir auf Deutschland-Tour sind, holen wir ihn zu uns auf die Bühne.«

»Schön, wenn man als Musiker die nächste Generation heranwachsen sieht. Wenn man aber so lange im Geschäft ist wie Sie und auch ein gesegnetes Alter erreicht, muss man auch oft mit ansehen, wie sich alte Weggefährten verabschieden, wie vor einigen Wochen der großartige Dick Heckstall-Smith. Aber der Tod gehört eben zum Leben dazu.«

»Ja, das war traurig, aber Dick litt in den letzten Jahren an einer sehr schweren Krankheit. Ich war froh, dass ich auf seinem letzten Album dabei sein durfte. 1967 kam er in meine Band, und wir sind seitdem Freunde geblieben.«

Paul McCartney – erfolgreichster lebender Popmusiker aller Zeiten

Berlin 2001, Köln 2003

Es war an einem Samstagnachmittag, genauer gesagt, am 12. Februar 1966. Der »Beat-Club«, der einmal im Monat für eine halbe Stunde in die deutschen Wohnzimmer flimmerte, hatte schon längst begonnen, aber irgendwie, ich weiß nicht mehr warum, hatte ich den Anfang verpasst. Der Fernseher brauchte eine Weile, um auf Betriebswärme zu kommen. Zuerst kam der Ton. Kaum zu fassen, ich vernahm ganz deutlich »We Can Work It Out«, die aktuelle Single der Beatles, die gemeinsam mit »Day Tripper« als Doppel-A-Seite im Radio rauf und runter lief. Wahrscheinlich gingen sie gerade die Hitparade durch und spielten das Lied, während ein Standfoto der Beatles zu sehen war. Endlich, nach gefühlten fünf Minuten kam das Bild zu den Schlussakkorden von »We Can Work It Out«. Die Kamera fuhr zurück für eine Totale und zeigte die Beatles in schwarzen Rollkragenpullovern. Ringo thronte hinter seinem Ludwig-Schlagzeug, auf dem ganz deutlich der Namenszug »The Beatles« zu sehen war. Es war das erste Mal, dass ich die berühmten Beatles in bewegten Bildern im Fernsehen einen ihrer großen Hits singen und spielen sah. Sonst gab es immer mal ein paar Schnipsel aus einem Konzert mit Teenagergeschrei und Wackelbildern. Aber das hier war eine sorgfältig inszenierte Studioaufnahme, ein Musik-Clip, wie man heute sagen würde. Und ich hatte ihn verpasst, das konnte doch nicht wahr sein. Wiederholungen gab es damals nicht, zumindest nicht vom »Beat-Club«, und die Videotechnik fürs Wohnzimmer sollte erst Jahrzehnte später erfunden werden. Ich saß noch völlig verzweifelt vor dem sich langsam verdunkelnden Fernsehschirm, als das Wunder geschah. Sie brachten gleich noch einen Film der Beatles, die Rückseite der Single zu »We Can Work It Out«, das nicht minder hinreißende »Day Tripper«. Die Beatles standen im Studio in der Kulisse von gemalten historischen Verkehrsmitteln. Paul McCartney und John Lennon in einem altertümlichen Propellerflugzeug und George Harrison und Ringo Starr schauten aus den Fenstern eines Eisenbahnwaggons, »Day Tripper« eben, Ausflügler. Kein Detail durfte mir entgehen, denn dieser Auftritt, das war sicher, wurde am Montag auf dem Schulhof ausgewertet. Die Haare der Beatles waren inzwischen länger geworden als ich sie von Fotos der letzten Jahre kannte. Die kragenlosen Jacken waren solchen mit Kragen und Schulterstücken gewichen. Nach wenig mehr als zwei Minuten war der Film auch schon durchgelaufen, denn länger waren die Songs damals nicht. Autogrammfotos der Beatles oder Rolling Stones kursierten zu aberwitzigen Preisen in minderwertiger Qualität als Kopie der Kopie der Kopie auf den Schulhöfen und Treffpunkten der DDR-Jugend der sechziger Jahre. Vier bis fünf Mark oder entsprechende Sachwerte mussten für solche Bilder berappt werden. Angebot und Nachfrage regelten den Preis. Ein Vorgeschmack auf kapitalistische Marktgesetze, die erst ein Vierteljahrhundert später auch zwischen Elbe und Oder gelten sollten. Allerdings würden dann Bücher, Fotos und Videos der Beatles zu erschwinglichen Preisen und in deutlich besserer Qualität zu haben sein. Nur an ein Konzert der Fab Four war selbst nach dem Fall der Mauer und der innerdeutschen Grenze nicht mehr zu denken, da John Lennon bekanntlich schon im Dezember 1980 von einem Wahnsinnigen erschossen wurde. Da hatte ich schon meine kleine Familie, die Tochter war erst wenige Tage alt, und ich fuhr mein erstes eigenes Auto, na ja, einen Trabbi eben.

Als ich das erste Mal einen Beatle live auf der Bühne sah, war das ein Konzert in der Stuttgarter Hanns-Martin-Schleyer-Halle mit Paul McCartney und Band, die ihr aktuelles Album »Off The Ground« im Gepäck hatten, also 1993. Linda lebte da noch, stand hinter ihren Keyboards und schien das Treiben auf der Bühne zu überwachen. Böse Zungen behaupten ja, ihr Instrument sei während der Konzerte gar nicht angeschlossen gewesen. Entweder wollte Paul sie stets in der Nähe haben oder umgekehrt. McCartney und seine Musiker waren eigentlich immer eine verlässliche Größe, aber damals in besonders guter Form, was auch durch Konzertvideos wie »Get Back«, den Film zur Welt-Tournee, und Alben wie »Tripping The Live Fantastic« (beide von 1990) oder »Paul Is Live« (1993) dokumentiert wurde. Nur wenige meiner Bekannten und Kollegen hatten die Beatles damals wirklich live gesehen. Die aber sagten, dass Paul mit der Technik von heute und den brillanten Musikern, die er um sich scharte, niemals zuvor Beatles-Songs habe in dieser Qualität live präsentieren können. Das sei jetzt etwas ganz anderes als damals im Jahre 1966, als die Beatles bei der berühmten Bravo-Beatles-Blitz-Tournee in Essen, Hamburg und München gespielt hatten. Trotzdem hätte ich mir dieses Original-Ereignis damals auch gerne gegönnt. Ich war da zwar erst 13 Jahre alt, aber es gab auch Nachmittagsvorstellungen. Ein weitaus größeres Hindernis war natürlich die unüberwindbare innerdeutsche Grenze. Was uns blieb, war die Musik aus dem Kofferradio, und es gab eine bei Sammlern heute sehr begehrte AMIGA-Platte der Beatles vom April 1965, mit den bis dahin großen Hits der Pilzköpfe und einigen anderen Songs. Die Platte mit der Lizenznummer Amiga 850 040 hatte die folgende Songaufteilung:

Seite 1: She Loves You, Misery, A Taste Of Honey, You Really Got A Hold On Me, A Hard Day's Night, P.S. I Love You
Seite 2: I Want To Hold Your Hand, Please Please Me, Ask Me Why, Do You Want To Know A Secret, Little Child, Please, Mr. Postman

Für diese sogenannte Lizenzplatte mit den Beatles in Schwarz-Weiß vor grünem Hintergrund auf dem Cover – Paul hält einen Dudelsack – ist auf Plattenbörsen bis zu 100 Euro erzielt worden. Deutlich weniger für die Nachauflage von 1983. Alle anderen AMIGA-Lizenzplatten, einschließlich die der Rolling Stones, Santana, AC/DC oder Deep Purple, bleiben im unteren Preissegment und stellen allenfalls einen ideellen Wert dar, abgesehen von der Bob Dylan-Platte, die bei Sammlern ähnlich begehrt ist wie die oben erwähnte Beatles-LP. Die Ursache mag darin liegen, dass der Markt kurz nach Mauerfall von diesen Produkten überschwemmt wurde, der ›Wessi‹ daran nur mäßig interessiert war und der ›Ossi‹ endlich die Originale wollte. Ich werde von SWR 1-Hörern oft nach dem Wert dieser Platten gefragt und kann bis zum heutigen Tage nur antworten, dass sich die Sachlage in den nächsten Jahren ja vielleicht doch noch ändert.

Paul McCartney hatte sich nach 1993 für zehn Jahre von den europäischen Konzertbühnen verabschiedet. In diese Zeit fielen auch der Tod seiner Frau Linda und der Beginn der Verbindung mit Heather Mills. Paul und Heather lernte ich am 8. Mai 2001 anlässlich der Präsentation von McCartneys Best-Of-CD »Wingspan« in Berlin kennen. Im Adagio am Potsdamer Platz gab es eine Autogrammstunde mit den Fans und davor ein Treffen mit Musikjournalisten, bei dem Paul Fragen zur CD und seinem gegenwärtigen Wirken beantwortete. Alles zog sich ein bisschen hin, und wir standen plaudernd im Adagio herum. Da kam ein mir seit Jahren bekannter Promoter der Plattenfirma EMI vorbei und gab mir ein Zeichen, ihm zu folgen. Auf diese Weise hatte er etwa zehn Leute eingesammelt, die jetzt zu einem kleinen konspirativen Treff mit Paul geladen waren. Es ging eine Treppe hinauf in einen plüschigen Salon, dessen Hauptfarbe rot war, die kräftig von den mit Samt verkleideten Wänden strahlte. Paul McCartney würde gleich mit Heather Mills erscheinen und jeden persönlich begrüßen. Bitte jetzt keine Autogrammwünsche, war die Ansage des Assistenten, der hier das Kommando hatte. Wenig später kam Paul Arm in Arm mit Heather die Treppe herauf, dunkler Anzug, weißes offenes Hemd, kürzere Haare als bei den letzten öffentlichen Auftritten. Wir standen in einer Reihe, und er schritt die Parade ab. Er gab jedem die Hand und ließ sich sagen, wer man ist, für wen man arbeitet, und flachste ein wenig herum. Ich erklärte kurz, dass ich für SWR 1 aus Baden-Württemberg hier wäre, aber in der ehemaligen DDR aufgewachsen sei, natürlich mit der Musik der Beatles, und dass ich als Lehrer mit meinen Schülern auch seine Songs übersetzt hätte. Ganz besonders freue es mich, dass er den Song »Give Ireland Back

To The Irish« mit auf die neue Best-Of-Doppel-CD genommen habe, denn das hatte ich dem Pressematerial entnommen. Paul sprang aber sofort zum Beatles-Song »Maxwell Silverhammer«, der auch von der Schule handele und seine Erinnerungen an diese Zeit reflektiere. Dann wollte er noch wissen, ob ich der DDR nachtrauere, denn ich hätte doch eigentlich meine Heimat verloren. Die sei in einer neuen Heimat aufgegangen, antwortete ich ihm. Unterm Strich habe es einfach keine Alternative gegeben. Der nächste Kandidat zückte eine CD und wollte ein Autogramm von Paul, der daraufhin freundlich, aber bestimmt abbrach und auf die Autogrammstunde verwies, die ja auch noch anberaumt sei. Als Paul weg war, konnte sich der Kollege noch Einiges anhören. Als Andenken gab es ein Gruppenfoto mit Paul, das dann doch noch zustande kam.

Wieder unten im Saal folgte die rund zehnminütige Pressekonferenz mit mehr oder weniger originellen Fragen. Ob es stimme, dass er die Red Hot Chili Peppers managen werde, wollte ein Journalist wissen. Er schätze die Peppers sehr, antwortete Paul, aber kenne keinen der Musiker persönlich, da sei es schwierig mit dem Managen. Warum der ganze Aufwand mit der Bewerbung dieser CD, die sich doch wohl von selbst verkaufen würde, wollte jemand wissen. Irgendjemand müsse es ja machen und hier auftreten, konterte Paul, warum also nicht er, und präsentierte sein typisches McCartney-Lächeln:

»Ich bin gekommen, weil ich euch alle liebe.« Die Veröffentlichung der CD wurde für September angekündigt, und dann verließ Paul unter dem Beifall der Presseleute den Saal, um sich nun um die seit Stunden wartenden Fans zu kümmern.

Als mir die CD »Wingspan« ein paar Tage später von der EMI zugeschickt wurde, stellte ich fest, dass es noch eine kleine Veränderung in der Titelauswahl gegeben hatte. Das von mir bei der Begegnung mit Paul angesprochene Lied »Give Ireland Back To The Irish« fehlte auf der CD, obwohl es in der Pressemappe doch angekündigt worden war. Politische Correctness? Es würde zu McCartneys Hang zur Diplomatie passen, dass er auf den Rat von Bedenkenträgern gehört und dieses für die britische Politik kritische Lied aus der Liste genommen hatte.

Fast genau zwei Jahre später sollte die »Back In The World«-Tour, die 2002 in Kalifornien begonnen hatte, zunächst Europa und am 27. April 2003 auch Deutschland erreichen. Köln war die erste Station von Paul McCartney und seiner bewährten Live-Band auf deutschem Boden. Hier sollte auch das einzige Hörfunkinterview gegeben werden, das Auskunft über die aktuelle Tour gab. Nach einigem Hin und Her fiel der Termin an SWR 1 Baden-Württemberg. Ich erhielt den Auftrag, mit Paul ein Gespräch in Form einer »Leute«-Sendung zu führen, das dann auch den anderen Sendern der ARD-Familie zur Verfügung stand. Teil des Paketes war der anschließende Besuch des Konzerts in der längst ausverkauften Kölnarena, in deren Räumen auch das Interview stattfinden sollte.

Köln gehört, gerade was die Arbeit betrifft, zu meinen Lieblingsstädten und das nicht nur wegen des Doms, des Fluidums der Stadt und der lustigen Art ihrer Bewohner. Die Stadt am Rhein ist von Stuttgart aus mit dem ICE so bequem und schnell zu erreichen und das mit streckenweise 300 Stundenkilometern. Und zurück geht es genauso schnell.

Aber zuweilen kommt es dann doch etwas anders, als man denkt. Ich war pünktlich am Nachmittag des 27. April in der Kölnarena, aber McCartneys Flieger hatte Verspätung. Ich durfte mich im Catering-Raum der Crew aufhalten, wo mir auch gleich die Bandmitglieder über den Weg liefen. Besonders auffällig der kräftig gebaute afroamerikanische Schlagzeuger Abe Laboriel Junior. Paul »Wix« Wickens, der Akkordeonspieler, ermunterte mich, auch ein Häppchen vom Buffet zu nehmen. Gitarrist Rusty Anderson bat mich um Feuer. Und dann hieß es plötzlich, Paul McCartney sei da, alles auf die Bühne zum Soundcheck. Ich saß in der ersten Reihe der leeren, fast dunklen Kölnarena. Paul war schon auf der Bühne, gab in bester Laune ein paar knappe Anweisungen, setzte sich ans Klavier und schon war die Band in Fahrt mit Rock'n'Roll-Standards wie »Blue Suede Shoes«, »Sweet Little Sixteen« und »Lady Madonna«, dem Beatles-Hit von 1968. Ich war so gebannt von dieser locker aufspielenden Band, dass ich regelrecht zusammenzuckte, als Geoff Baker, McCartneys Tour-Manager, mir auf die Schulter tippte und das Zeichen gab, ihm zu folgen. Ein kleiner Raum war vorbereitet worden, mit schwarz verkleideten Wänden, einer Sofaecke mit Tischchen, darauf etwas Obst, Getränke und Knabberzeug. Paul würde gleich hier sein, sagte Baker und ließ mir Zeit, mein Aufnahmegerät in Stellung zu bringen. Dann ging alles ganz schnell. Paul McCartney trat durch die offene Tür, kam mit ausgestreckter Hand auf mich zu und sprach das freundlichste »Hello, Günter«, das ich je gehört hatte. Er nahm mir gegenüber auf der Couch Platz, warf eine Handvoll Erdnüsse ein und bedeutete mir durch eine Handbewegung, mit dem Interview zu beginnen. Ich hatte sämtliche Fragen vorher einschicken müssen, die aber alle zugelassen wurden, nur hatte Geoff Baker die Liste um ein Drittel gekürzt. Das war für mich aber nur ein notwendiger Teil eines Rituals. Wichtig war der Moment jetzt und dass das Gespräch überhaupt zustande gekommen war.

»Schön, Paul, dich nach über zehn Jahren wieder auf deutschen Konzertbühnen begrüßen zu dürfen«, begann ich unser Gespräch. Er hatte noch Erdnüsse im Mund, was ihn aber nicht störte, in gebrochenem Deutsch zu antworten:

»Ja, danke schön. Sehr gut to be back wieder zu sein, is that right?«

»Welche Erwartungen hast du an dein deutsches Publikum?«

»Ich glaube, dass die Leute wie überall auf der Welt ein bisschen Spaß, ein wenig Spannung und vor allem Entspannung suchen.«

»Auf deiner Tour durch Europa habt ihr euch einige interessante Orte ausgesucht wie das Kolosseum in Rom. War das ein Jugendtraum von dir, dort mal aufzutreten?«

»Wir machen zwei Shows in Rom. Eine davon ist die im Kolosseum vor nur 300 Leuten, ein rein akustisches Konzert und ohne Videowände. Natürlich hat mich der historische Hintergrund gereizt. Als Tourist habe ich das Kolosseum schon kennengelernt. Ich finde es reizvoll, dort zu arbeiten, wo auch einer wie Nero gewirkt hat. Du weißt schon, die Gladiatoren und so, huh, einfach gruselig. Und am nächsten Abend spielen wir draußen das große Konzert mit dem Kolosseum als Hintergrund. Das ist dann ein Konzert wie hier in Deutschland. Die Videowände hängen wir nicht ganz so hoch, damit das Kolosseum auch schön zur Wirkung kommt. Das Konzert ist gratis, und ich schätze mal, es kommen so 300 000 Leute.«

Gratis-Konzerte werden meist dann anberaumt, wenn es darum geht, eine möglichst imposante Menge im Film festzuhalten, der die erfolgreiche Tour dokumentieren soll. Zu dem Konzert von Paul McCartney am 12. Mai 2003 in Rom kamen schließlich 500 000 Menschen. Der Verkehr im Umkreis des Kolosseums kam zum Erliegen. Die Tickets für das intime Konzert im Inneren des Kolosseums für nur – wie die Presse berichtete – 400 Besucher gingen zum Normalpreis von 800 Euro weg, wurden im Internet aber für bis zu 1 300 Euro versteigert. Mit dem Erlös von 250 000 Euro unterstützte McCartney das Projekt »Adopt-a-minefield« und das Archäologische Amt in Rom. Mit Rücksicht auf den nahe gelegenen Vatikan hatte McCartney die härteren Songs zugunsten einiger leiser Lieder aus dem Programm genommen, nicht aber »Lady Madonna« oder »Let It Be«, die einige Zeilen enthalten, die nicht ganz im Sinne der katholischen Kirche sind.

Ein weiterer Auftrittsort, der den Ex-Beatle reizte, war der Rote Platz in Moskau.

»Das wird wieder ein ganz normales Konzert sein«, erläuterte Paul, »ohne Änderung der Song-Liste, denn alle meine Lieder und die der Beatles sind auch in Russland bekannt. Besonders freue ich mich auf ›Back In The USSR‹. Jede Band, die nach Russland kommt, spielt dieses Lied, nur mir war das noch nicht vergönnt. Das ist schon deshalb ein großer Moment für mich, weil dieses Lied wie auch einige andere Beatles-Songs zur Zeit des Kommunismus verboten waren. Das habe ich nie verstanden. Wenn man sich die Texte genau anschaut, hätten sie doch dem Kommunismus eher genützt als geschadet. Ihr bei euch in der DDR habt sogar eine Rolling Stones-Platte angeboten, aber ›Back In The USSR‹ auf den Index gesetzt, warum?«

Ehrlich gesagt hatte ich mich das auch lange gefragt. Als das »Weiße Album« der Beatles 1968 herauskam, waren wir verblüfft über die Stilvielfalt der Songs. Gleich das erste Stück des Doppelalbums war dieser Rockfetzer im Stil von Chuck Berry, dessen »Back In The USA« ja auch Pate gestanden hatte für »Back In The USSR«, das vor allem Pauls Lied war, denn die Beatles arbeiteten zu dieser Zeit längst nicht mehr als Team, auch nicht das geniale Songschreiber-Duo Lennon/McCartney. Ihre Kompositionen trugen zwar noch den gemeinsamen Namen, aber die Arbeit machte jeder für sich. Klar witterten auch wir zunächst eine Provokation gegen den Sowjetstaat. Erst ein paar Wochen vor ihrem »Weißen Album« hatten die Beatles den Song »Revolution« als B-Seite zu »Hey Jude« veröffentlicht. Da hatte John Lennon dem bewaffneten Aufstand eine Absage erteilt, was nicht im Sinne der Revolutionstheorien von Marx und Lenin war. Nun folgte wahrscheinlich der nächste Schlag. Damals wussten wir wenig über die unterschiedlichen Anschauungen von Lennon und McCartney. Die Beatles waren für uns immer eine Clique gewesen, die alles gemeinsam machte, so wie sie ihre Lieder gemeinsam schrieben und sangen. Eine verschworene Gemeinschaft, die es der älteren und Eltern-Generation mal so richtig zeigte. Lange Haare, laute Musik, ein eigener Lebensstil und dabei unverschämt erfolgreich. Das stellte das Modell von den Gammlern mit langen Haaren, die nur rumlungerten, provozierten und nichts leisteten, total auf den Kopf. Der Moderator im Deutschlandfunk, der die Platte in einer Novembernacht 1968 komplett vorstellte, kolportierte nur ein paar Zeilen vom Song »Back In The USSR«. Die Beatles lobten den Liebreiz der Mädchen in Moskau und der Ukraine, fragten aber auch: »Warum nehmt ihr uns nicht mit in eure Häuser und sagt uns nicht, was eure Eltern arbeiten?« Das passte doch zu unserer Vorstellung des rebellischen Rock-Songs. Aber war der Text wirklich so kritisch? Der Verdacht reichte. Die Zensur in der DDR und auch die der anderen Bruderstaaten schlug prophylaktisch zu. »Back In The USSR« kam auf den Index. Denn wenn eine Band aus dem westlichen Ausland etwas über die UdSSR sang, konnte das nur schlecht sein. Das galt besonders unter den Regierungen von Ulbricht, Breschnew und Kosygin. Da gab es keine Gnade oder Kompromisse. Und was erst einmal auf der schwarzen Liste stand, blieb dort bis zum Ende der Systeme 1989. So etwa erklärte ich das auch Paul McCartney, der nur den Kopf schüttelte.

Hier die freie Übersetzung von Günter Schneidewind:

Ich flog von Miami Beach mit BOAC und kam letzte Nacht nicht ins Bett.
Auf meinen Knien hatte ich die Tüte, Mann, das war ein schlimmer Flug.

Ich bin zurück in der UdSSR, Mann du weißt nicht wie glücklich ich bin, wieder daheim zu sein in der UdSSR.

Ich war so lange weg, dass ich kaum noch weiß, wie es daheim aussieht. Es ist schön, wieder da zu sein.
Meine Koffer packe ich erst morgen aus, Liebling schalt das Telefon aus.

Ich bin zurück in der UdSSR ...

Die Mädchen aus der Ukraine sind umwerfend, die lassen
den Westen locker hinter sich.
Die Moskauer Mädchen bringen mich zum Singen, und
Georgien vergess' ich auch nicht.

Ich bin zurück in der UdSSR ...

Zeig mir die schneebedeckten Berge im Süden und die Farm
deines Vaters.
Lass' deine Balalaika erklingen und halt deinen Genossen
warm.

Ich bin zurück in der UdSSR ...

McCartneys »Back In The World«-Tour 2003 war die direkte Fortsetzung der »Back In The US«-Tour 2002, die auch unter diesem Titel auf einer tollen Konzert-DVD verewigt wurde. Die amerikanische Presse bejubelte das Konzertereignis des Jahres, und das war nicht immer so, auch nicht bei McCartney. Ich fragte Paul, wie er sich diesen Jubel erklärte. Lag es daran, dass er sich eine Weile rar gemacht hatte oder am Programm, das diesmal zum größten Teil aus Beatles-Songs bestand?

»Ein Erfolg wie dieser hat mit allem ein bisschen zu tun. Zunächst ist da die Band, die gut funktioniert. Wir können alle sehr entspannt unseren Job machen. Bei der Auswahl der Songs habe ich mich zum ersten Mal davon leiten lassen, was die Leute wohl gerne hören würden.

Mit Beatles-Songs wird also nicht gespart, denn die mag ich ja auch. Wir spielen vor allem solche Stücke, die von mir gesungen wurden. ›Strawberry Fields‹ eher nicht, weil das ein Lied von John ist, bei dem ich ihm etwas geholfen habe.

›Eleanor Rigby‹ ist mehr von mir und John hat geholfen. Dann gibt es Lieder der Wings und ein paar neue Sachen, von denen ich hoffe, dass sie den Leuten gefallen werden, wie etwa ›Here Today‹, ein Lied, das ich für John geschrieben habe. Das kennen die Leute noch nicht, aber ›Can't Buy Me Love‹ oder ›Hey Jude‹ hat bestimmt jeder schon mal gehört«, lachte Paul. »Das alles zusammengenommen macht wohl den Erfolg der Tour aus. Dann darf man natürlich das Publikum nicht vergessen, das offenbar die Shows mag. Erst dann ist alles rund, mit der Band, den Songs und dem Publikum.«

Die Beatles hatten bekanntlich im Sommer 1966 ihr letztes großes Konzert gegeben als Abschluss ihrer Tour im Candle Stick Park von San Francisco. Fast alle Songs, die danach entstanden, haben nie eine konzertante Aufführung erfahren. Im Programm stehen nun Lieder wie »It's Getting Better« oder »She's Leaving Home« vom »Sgt. Pepper«-Album aus dem Jahre 1967. Meine Frage an Paul war, ob er diese auf der Bühne wie neue Songs behandele oder ob da im Kopf eine Zeitreise passiere und er wieder mit John, George und Ringo im Abbey Road Studio stehe.

»Das ist ja das Interessante, dass die Leute auch was Neues erwartet, Lieder, die noch nie live gespielt wurden. Auch für mich ist es spannend, nach all den Jahren wieder die Akkorde und Arrangements der alten Lieder anzuschauen. Natürlich werden da Erinnerungen wach, wie das war, als ich die Lieder schrieb oder als wir sie im Studio aufnahmen. Am interessantesten für mich aber war, dass ich zuweilen über die Ideen von damals staunte, so als hätte sie jemand anders gehabt, als stamme der Song gar nicht von mir.«

»Du hast schon über ein neues Lied gesprochen, das du John Lennon gewidmet hast. Du spielst im Konzert aber auch ›Something‹, das ja von George Harrison stammt, und das nur mit einer Ukulele als Begleitung. Wie kamst du auf diese Idee?«

»Das Lied ›Here Today‹ hatte ich für John geschrieben und auch bei Lesungen meines Buches ›Blackbird Singing‹ vorgetragen. Zunächst gab es nur den Text. Bei den Lesungen kam ich dann auf die Idee, ein richtiges Lied daraus zu machen. Erst die Musik bringt die wirklichen Emotionen. Als dann George starb (29. November 2001) wurde mir bewusst, dass ich nicht ein Lied für John singen kann, ohne auch eines für George zu haben. Immer wenn ich an George denke, sehe ich mich bei ihm zuhause im Garten sitzen und Ukulele spielen. Olivia und er hatten uns oft eingeladen. Zuletzt war ich mit Heather dort. Wir saßen eine Weile beisammen, dann wurden die Ukulelen vorgeholt, und ich spielte ›Something‹ für ihn. Das ist gar nicht schwer auf der Ukulele, selbst wenn man wie ich Linkshänder ist. Man braucht eigentlich nur einen Finger. Ja, das ist meine sehr persönliche Erinnerung an George Harrison, weil es das letzte Mal war, dass wir gemeinsam Musik machten. So kam ich auf die Idee mit der Ukulele.«

Bekennender Beatles-Fan, der ich bis auf den heutigen Tag bin, hätte ich noch endlos mit Paul über Musik reden können, woran er offensichtlich auch Gefallen fand. Aber die Minuten verrannen, und es schien mir geboten, auch andere Aspekte der Persönlichkeit des Musikers abzubilden. Er und seine Frau Heather unterstützten das Projekt »Adopt-a-minefield«, das die Beseitigung und ein Verbot von Landminen zum Ziel hatte. Außerdem soll den Opfern von Landminen, zu denen nicht selten Kinder gehören, geholfen werden. Man schätzt, dass weltweit in 90 Ländern etwa 70 Millionen Landminen vergraben sind. Wie war nun Paul McCartney zu diesem Projekt gekommen?

»Das kam so«, begann er zu erzählen. »Heather und ich waren in New York zu einem Lunch geladen. Da war auch ein Botschafter dabei. Der sprach über Landminen und über ›Adopt-a-minefield‹. Er war erstaunt darüber, dass Heather mit dem Thema vertraut war. Als er merkte, dass er unser Interesse geweckt hatte, erläuterte er uns diese Kampagne. Es geht nicht nur darum, diese Minen zu beseitigen, sondern auch den Opfern und ihren Familien zu helfen. Inzwischen haben wir eine ganze Menge Geld gesammelt. Wir sind der Meinung, dass Landminen verboten werden müssen, auch bei allem Verständnis für die Notwendigkeit eines Krieges, wenn es darum geht, einen Diktator zu stürzen oder das eigene Land gegen Invasoren zu verteidigen. Landminen sind schlimmer als die kämpfenden Soldaten, denn die gehen nach dem Krieg wieder nach Hause. Aber die Landminen bleiben. Meistens sind Frauen und Kinder die Opfer. Denen versuchen wir zu helfen, indem man sich medizinisch und psychologisch um sie kümmert. Inzwischen finden wir weltweite Unterstützung, um ein Verbot von Landminen auch im Kriegsfall durchzusetzen, einschließlich der Plastikbomben, wie sie jetzt im Irak zum Einsatz kamen. Das alles ist noch im Boden, auch wenn der Krieg längst vorbei ist. Eine ständige Gefahr für die Zivilbevölkerung. Einige dieser Dinger sehen aus wie Kinderspielzeug, und damit muss Schluss sein.«

»Unter den mehr als 30 Songs, die auf dieser Tour in mehr als zweieinhalb Stunden gespielt werden, befindet sich auch das Stück ›Calico Skies‹, das auf einem ›War Child Help‹-Album sein wird, das demnächst herauskommt. Der

Verkaufserlös soll Kindern helfen, die im Irak-Krieg gelitten haben. Wie kam es dazu?«

»Der Titel des Albums ist ›Hope‹, und verschiedene Künstler und Bands haben dafür Songs eingespielt. Ich wurde auch gefragt. Aber wir bereiteten gerade die Tour vor, und ich hatte gar keine Zeit, einen Song zu schreiben. Es muss gar kein neuer Song sein, sagten die. Dann kam einer mit zu den Proben, und ich fragte einen der Tontechniker, ob wir eine gute Aufnahme von den Proben zu ›Calico Skies‹ hätten, was der bejahte. ›Calico Skies‹ ist ein Antikriegslied, das vor allem in der dritten Strophe dazu aufruft, keine Waffen mehr in die Hand zu nehmen. Wir brannten die Aufnahme von den Proben, die wirklich sehr gut geworden war, auf eine CD, gaben sie dem Mann von der Plattenfirma mit, und fertig war unser Beitrag für das Album. Wir hatten den Termin gehalten, und das Album kann nun Geld für eine gute Sache einspielen. Es musste halt alles sehr schnell gehen, aber den Krieg im Irak haben sie ja auch sehr schnell hingekriegt. Es wurde schon bald klar, dass da auch eine humanitäre Katastrophe drohte, wegen all der Bomben und Minen, von denen wir sprachen. Nun geht es darum, den Überlebenden zu helfen.«

»Heute ist der Auftakt der Deutschland-Termine deiner Tour, die in Amerika begann. Wo wird sie enden?«

»Das wird in Liverpool sein. Wir hatten im vorigen Jahr große Erfolge in Amerika, Mexiko, Japan und nun auch in Europa. Der Gedanke war, die Tour jetzt auch nach Hause zu bringen. Darauf habe ich mich am meisten gefreut, auf London, wo ich ja eigentlich wohne, und auf Liverpool, wo ich herkomme und auch regelmäßig hinfahre. Dann sind wir wirklich zuhause angekommen.«

»Liverpool, die Heimat aller Beatles. Dort fing für euch im Cavern-Club alles an. Leider gibt es den nicht mehr, wo wirst du dann spielen?«

»Es gibt nicht viele Spielorte in Liverpool, wo ich meine Show unterbringen kann, da wird es wohl auf King's Dock rauslaufen. (Eine Arena im ehemaligen Hafen von Liverpool.) Die einzige Alternative wäre ein Fußballstadion. Da halte ich King's Dock eher für geeignet.«

»Als meine Freunde und Kollegen davon hörten, dass ich dich für ein Gespräch treffen würde, war die meistgestellte Frage: Mit welcher Band kommt er denn zu uns? Diese Frage gebe ich nun weiter.«

»Da möchte ich zuerst unseren Schlagzeuger nennen, Abe Laboriel Junior. Den habe ich bei Aufnahmen für mein letztes Album in Los Angeles kennengelernt. Da sind wir Freunde geworden. An den Keyboards haben wir Wix, Paul ›Wix‹ Wickens. Er ist schon seit den Neunzigern bei mir und spielt alles, was Tasten hat. Er bringt auch die Streicher in Songs wie ›Eleanor Rigby‹ oder ›She's Leaving Home‹. Manchmal gibt er den Oberlehrer, wenn etwas nicht so läuft, wie es soll oder den *Geschäftsführer* (das Wort sagte Paul auf Deutsch). Aber wir hören nicht wirklich auf ihn. Gitarre spielt Rusty Anderson. Er kommt wie Abe aus Amerika und war bei dem ›Driving Rain‹-Album (2001) dabei. Ein cooler Typ, der alles mag, was aus den Sechzigern kommt, Mode, Musik und so. Ein prima Gitarrist. Dann ist da noch Bryan Ray, der andere Gitarrist und Bassist der Band, wenn ich Klavier oder Gitarre spiele. Den kannte ich vor dieser Tour noch nicht. Wir brauchten eben einen zweiten Bassisten. Er kommt aus Amerika und ist ein guter Typ, der zu uns passt. Wir alle sind längst Freunde geworden und haben viel Spaß daran, Musik zu machen. Ach ja, dann haben wir noch diesen anderen Bassisten, Paul McCartney. Der ist Engländer und eigentlich auch ganz okay.«

Dem Gelächter nach diesem Satz von Paul folgte der Moment, in dem die Assistentin hereinkam und verkündete, dass die vereinbarte Zeit abgelaufen sei. Paul beugte sich zu mir rüber und sagte: »Sorry, Günter, aber die sind hier so.« Mir war klar, dass Paul die unangenehmen Dinge von anderen erledigen ließ, denn niemand anders als er selbst und sein Manager hatten das Zeitlimit festgelegt. Unwillkürlich musste ich an die ähnliche Situation mit Mick Jagger in den Katakomben der Stuttgarter Schleyer-Halle denken. Als da die Assistentin das Ende des Termins signalisierte, hatte er abgewinkt und mir bedeutet, die nächste Frage zu stellen. Zur Ehre von Paul muss ich aber einwenden, dass er durch die Verspätung seines Fliegers unter höherem Zeitdruck stand. Wir hatten das Gespräch buchstäblich zwischen Soundcheck und Konzert aufgenommen. Die Stones hatten an jenem Tag unserer Begegnung kein Konzert. So gesehen war ich sehr dankbar, dass unser Termin überhaupt noch zustande gekommen war. Das war der Pflichtteil, nun kam noch das Vergnügen, das Konzert.

Unter all den vielen Menschen, die am Abend in die Kölnarena strömten, sah ich auch viele bekannte Gesichter aus der Musikszene. Pe Werner war da und fast alle Mannen von BAP, allen voran Wolfgang Niedecken. Für die war das ein Heimspiel. Der Beginn war für 20 Uhr angesetzt, aber es dauerte noch. Zwischen den Reihen im Parkett tummelten sich zu sanften Klängen aus den Lautsprecherkaskaden bunt gekleidete Figuren, die wie Clowns und Artisten aus einem historischen Zirkus aussahen. Sie hätten auch dem einen oder anderen Beatles-Song entsprungen sein können wie »Being For The Benefit Of Mr. Kite«, John Lennons Lied auf dem »Sgt. Pepper«-Album über Dompteure, Feuerschlucker, tanzende Pferde und andere Jahrmarktsattraktionen. Bunte Ballons schwebten durch die Halle, auf der Bühne erschienen Gewichtheber, Tänzerinnen, Akrobaten und andere seltsame Figuren, die auch mal umfielen wie in einem Fiebertraum. Das ging gefühlte 20 Minuten so, bis eine weiße Leinwand entrollt wurde, auf der die Silhouette von Paul McCartney erschien und unverkennbar den Höfner-Bass in die Luft reckte. Jetzt gab es kein Halten mehr. Die Menge jubelte, klatschte und trampelte mit den Füßen. Die Leinwand hob sich und gab den Blick auf den leibhaftigen Paul frei. Die Leute in den ersten Reihen sprangen von ihren Stühlen und rannten nach vorn zum Absperrgitter vor der Bühne. Wer auf seinem teuren Sitz blieb, sah nicht mehr viel vom Konzert. Da bot mein Platz im ersten Rang eine unverbaubare Aussicht. »Hello, Goodbye« war der erste Song der Show. Mein Gott, den hatte ich als Internatsschüler 1967 jeden Tag im Radio gehört. Im »Beat-Club« hatte es das Video mit den Beatles in bunten Fantasie-Uniformen wie aus einer Operette gegeben. Als Lehrer hatte ich den Text mit dem Anfängerkurs kurz vor Weihnachten übersetzt. Da war man schon so weit, um die einfachen Worte zu verstehen. So einfach, dass der eine oder andere Schüler fragte, ob das alles sei?

»Ja, es ist aber wohl nicht so leicht, mit einfachen Mitteln einen Welthit zu schreiben«, pflegte ich dann zu sagen, »sonst könnten wir es ja auch.«

Die 11 000 Zuschauer waren von Anfang an völlig aus dem Häuschen. Der Sound war kristallklar, die Stimme von Paul bei den ersten Liedern etwas brüchig, das gab sich aber.

Wo waren eigentlich so schnell die seltsamen Figuren geblieben? Egal. Es gab ja genug Neues zu sehen. Nach »Hello, Goodbye« kam »Jet«, ein Kracher der Wings vom »Band On The Run«-Album, dann »All My Loving« von den frühen Beatles, »Getting Better« von »Sgt. Pepper«, »Let Me Roll It« von den Wings, ein unglaubliches Feuerwerk brillant gespielter Songs. Man sah der Band den Spaß an, den sie hatte, besonders dem schwergewichtigen Schlagzeuger, dem seine Körperfülle nichts ausmachte. Mal grinsend, mal laut lachend traktierte er präzise Becken und Trommeln und sorgte für einen kraftvollen Drive, der die ganze Band mitriss. Über 30 Jahre alte Stücke bekamen hier einen Schub, der sie wirklich zu neuem Leben erweckte, wie es Paul vorhin im Gespräch gesagt hatte. Zwischen den Hits die weniger bekannten Songs. Einer für Heather, das musste sein: »Your Loving Flame«. Der für Linda kam später in respektvollem Abstand: »My Love«, mein Liebeskummer-Lied von 1973. Gänsehaut pur. Paul moderierte das Konzert mit deutschen Ansagen, stellte seine Band vor und teilte bei »Hey Jude« das Publikum in männliche und weibliche Chöre ein. Hier die vollständige Song-Liste jenes Abends:

Hello, Goodbye, Jet, All My Loving, Getting Better, Let Me Roll It, Lonely Road, Your Loving Flame, Blackbird, Every Night, We Can Work It Out, You Never Give Me Your Money/Carry That Weight, Fool On The Hill, Here Today, Something, Eleanor Rigby, Here, There And Everywhere, I've Just Seen A Face, Calico Skies, Two Of Us, Michelle, Band On The Run, Back In The USSR, Maybe I'm Amazed, Let 'em In, My Love, She's Leaving Home, Can't Buy Me Love, Birthday, Live And Let Die, Let It Be, Hey Jude

1. Zugabenblock:

The Long And Winding Road, Lady Madonna, I Saw Her Standing There

2. Zugabenblock

Yesterday, Sgt. Pepper Reprise/The End.

Meat Loaf – ein wahres Schwergewicht aus Dallas
Stuttgart 1995

Boxkämpfe werden immer mehr zum Kern einer ganzen Show. Wenn die zahlenden Zuschauer Pech haben, ist der Kampf selbst kürzer als das ganze Drumherum. Beim Fight von Axel Schulz gegen François Botha am 9. Dezember 1995 trat in der Stuttgarter Hanns-Martin-Schleyer-Halle der amerikanische Rocksänger Meat Loaf auf, der ausschließlich für diese Show eingeflogen wurde. Der Kampf war am Samstagabend, das Interview für eine »Leute«-Sendung am selben Nachmittag.

Dieser Mann ist eine Naturgewalt und überrascht dadurch, dass er im Umgangston genau so theatralisch ist wie auf der Bühne. Immer hat man den Eindruck, er deklamiere einen Theatertext. Wahrscheinlich spielt er schon ein Leben lang eine Rolle, die des Meat Loaf, des Fleischklopses, wie sein Name übersetzt heißt. Meat Loaf ist nicht nur ein bekannter Sänger, er kann auch auf eine interessante Schauspielkarriere zurückblicken. Schon vor seinem großen Durchbruch mit dem Meisterwerk »Bat Out Of Hell« war er in der »Rocky Horror Picture Show« als Eddie zu sehen. Auch in den Kinofilmen »Roadie«, »Fight Club«, »Wayne's World« oder »The Mighty – Gemeinsam sind sie stark« setzte sich Meat Loaf buchstäblich in Szene.

Der Auftritt des Sängers beim Boxkampf fiel zusammen mit der Veröffentlichung seines siebten Studio-Albums »In The Neighbourhood«, das sich zweieinhalb Millionen Mal verkaufen sollte. Meat Loaf und die Plattenfirma waren an einer wirkungsvollen Werbung interessiert und sagten auf unsere Interviewanfrage sofort zu. Mit »Bat Out Of Hell« hatten sich der schwergewichtige Sänger und sein Partner Jim Steinman ein bleibendes Denkmal gesetzt. Der bombastische Songzyklus ist mit 43 Millionen verkauften Exemplaren eines der erfolgreichsten Rock-Alben aller Zeiten. Noch immer gehen pro Jahr 200 000 Stück über die Ladentische. Die Musik von Meat Loaf ist wie der Mann, alles eine Nummer größer, lauter, gewaltiger. Wenn Meat Loaf die Bühne betritt, ist seine Präsenz greifbar. Das gilt auch, wenn er einen Raum betritt. Alles andere scheint zu schrumpfen, inklusive der anwesenden Personen. Ich merkte bald, dass ich mir meine Fragen wohl überlegen musste, denn seine Antworten kamen auch im XXL-Format rüber. Eigentlich ein dankbarer Job. Ich stelle eine Frage, und der Künstler redet mehrere Minuten am Stück durch. Es gibt auch das andere, weitaus schlimmere Extrem, wenn einer nur kurz mit ja oder nein oder in Sätzen mit allenfalls drei Wörtern antwortet. Bei Meat Loaf ist man von dieser Variante aber Lichtjahre entfernt. Es ist allgemein bekannt, dass Meat Loaf nicht sein richtiger Name ist. Er kam am 27. September 1947 in Dallas als Marvin Lee Aday zur Welt. Und dieser Name, glaubte ich, stünde auch in seinem Pass. Das war schon mein erster Irrtum. Ich wollte also zunächst klären, wie ich ihn denn anreden sollte, als Mr. Loaf, als Meat oder Mr Aday.

Meat Loaf schlug mit beiden Händen kräftig auf den Tisch des Studios und begann einen Exkurs über Namen im Allgemeinen.

»Machen wir es offiziell. Seid ihr alle bereit? Trommelwirbel bitte!« Er schlug mit den Fäusten einen eindrucksvollen Wirbel auf der Tischplatte.

»Als ich neun Monate alt war, neun Monate, ein ganz kleines Kind, kaum mehr als eine Portion Fleisch, da habe ich diesen Namen verpasst bekommen. Meine ganze Kindheit und auch die Jahre als Heranwachsender habe ich mit derselben Clique verbracht, die mich immer nur Meat nannte. Niemand kam auf die Idee, darüber nachzudenken, warum man mich wohl Meat nannte. Es ist letztlich dasselbe wie einen Jungen Tom zu nennen. Tom, das ist eine Trommel. Frank ist eigentlich ein Hot Dog. Dick, na das erkläre ich jetzt lieber nicht. Fanny, Marvin und all diese Namen haben alle verschiedene Bedeutungen. Bill zum Beispiel ist der Schnabel einer Ente. Aber wer fragt schon danach? Das interessiert doch niemanden. Dann zog ich nach New York und stellte mich als Meat vor. Niemand wunderte sich oder fragte, wie kann man denn nur Meat heißen? Dann spielte ich Theater – Shakespeare:

Sein oder Nichtsein, das ist hier die Frage:
Ob's edler im Gemüt, die Pfeil und Schleudern
Des wütenden Geschicks erdulden oder,
Sich waffnend gegen eine See von Plagen ...

Clive Barnes ist einer der führenden Theaterkritiker in Amerika. Der nannte mich Mr. Loaf. Ich habe es auch akzeptiert, neben all den anderen Shakespeare-Schauspielern so genannt zu werden. Keiner hat je hinterfragt, warum sich da einer Meat Loaf nennt. Bis 1977 ›Bat Out Of Hell‹ herauskam, und ich in die Welt des Mainstream-Rock'n'Roll eintrat, wo alles als gegeben gilt und nichts mit einem Warum hinterfragt wird. Da wurde ich dann doch gefragt, warum nennst du dich Meat Loaf? Da schaute ich befremdet drein und sagte, weil ich nach einem Flugzeugabsturz fünf Jahre mit Wölfen gelebt habe, weil ich mit jemandem um hundert Dollar gewettet habe, dass man mir mit einem Auto über den Kopf fahren kann, weil ich dann eine Geschichte nach der anderen erzählen und sehen kann, ob die Leute ehrlich sind oder nicht. Und um die Frage zu beantworten, du kannst mich Meat nennen.«

»Ich bin mir ziemlich sicher, dass in deinem Pass Marvin Lee Aday steht.«

»Ich hatte den Namen Meat Loaf immer in meinem Pass stehen, bis, nun halt dich mal fest, bis ich zum ersten Mal nach Deutschland kam. Da haben die mich beim Zoll für vier Stunden festgehalten, weil ich den Namen Meat Loaf im Pass stehen hatte.«

»Aber was ist daran so seltsam? Wenn es da steht, dann ist es doch offiziell.«

»Natürlich ist es das, aber die haben das nicht geglaubt. Die dachten, das ist einer der gesetzlosen Rock'n'Roller, der einfach nur sehen will, wie weit er gehen kann. Aber ein Jahr später hatten sie es dann kapiert. Das war dann ihr ganz persönliches ›Bat Out Of Hell‹.«

»Du hast da vorhin das Bild vom Leben unter Wölfen gebracht. Ist das eine Metapher für das Leben im Rock-Business?«

»Nein, da ist Schlangen das treffendere Wort. Du fährst auf einem Fluss voller Schlangen in einem Boot mit eisernem Paddel. Du gibst ihnen eins auf den Kopf, damit sie ins Wasser zurückfallen und sich gegenseitig fressen. Dann kannst du davongehen und machen, was du willst.«

»Da scheinst du ja einige Erfahrung zu haben im Umgang mit dem Paddel und den Schlangen.«

»Das kannst du aber laut sagen.«

»Dein neues Album ›In The Neighbourhood‹ ist gut angelaufen. Zeitweise stand es ja nicht so gut mit deiner Karriere. Würdest du das Album ›Bat Out Of Hell Part II‹ als dein Comeback-Album bezeichnen?«

Diese CD war 1993 erschienen und in den USA, Großbritannien und Deutschland auf Platz 1 gegangen, besser noch als »Bat Out Of Hell« von 1977.

»Aus der Sicht der Medien ist es ein Comeback. Die Medien brauchen ein Label, einen Titel, etwas, das sie mit einem Namen benennen können. Für die ist vor allem wichtig, wann du in den Charts warst und wann nicht. Mein wahres Comeback war 1984, als ich ins Rockgeschäft zurückkehrte und mich mit diesen Leuten vertraglich einließ. 1986 fingen wir an, ›Bat Out Of Hell II‹ zu machen, was sehr zäh voranging. Sieben Jahre sind in diesem Geschäft eine verdammt lange Zeit. So gesehen wird es ›Bat Out Of Hell III‹ erst im Jahre 2000 geben.«

»Das hört sich nach einem qualvollen Prozess an oder habt ihr das Projekt zwischendurch mal aufgegeben?«

»Nein, wir hatten das nie aufgegeben, obwohl ich mich wie in einer Tretmühle fühlte. Wenn man in der glücklichen Lage ist wie ich und zwei Karrieren zeitgleich betreibt, wie damals, als ich bei der ›Rocky Horror Picture Show‹ mitmachte und außerdem im Aufnahmestudio stand, dann darf man sich auch nicht beschweren. Würde ich nur an meinem Ego arbeiten, dann wäre der Zeitverlust zu beklagen. Ich sehe mich aber zuallererst als Entertainer und Performer, der die Leute unterhalten und ihnen Spaß bringen will, der ihnen auch mal Illusionen verkauft, das ist es, was ich mache. Und das auf zwei Ebenen, als Schauspieler und Sänger. Dazu kommen noch all die anderen Künstler mit ihrem Anteil wie Jim Steinman, Todd Rundgren oder Max Weinberg bei der ›Rocky Horror Picture Show‹. Auch bei meinen Konzerten sehe ich mich nicht als Mittelpunkt. Da arbeitet immer ein großartiges Team. Das ist mein Job, den mache ich für meinen Boss. Das sind die Leute, die mich bezahlen, so wie dein Boss deine Hörer sind. Hinter dir steht auch ein Team. Ich nehme kein Konzert auf die leichte Schulter. Egal, ob ich gerade in den Charts bin oder nicht.«

»Dennoch erwächst dir aus der Tatsache, dass die Leute vor allem eine Konzertkarte kaufen, um dich zu sehen, eine bestimmte Verantwortung. Tun sie das nicht, fällt mit dir das ganze Team runter.«

»So ist es auch mit den CDs. Wenn ich eine Platte mit Jim Steinman mache, dann möchte ich vor allem, dass er glücklich ist mit unserer Arbeit. Da steht zwar Meat Loaf drauf und ich trage in gewisser Weise auch die Verantwortung, vor allem dann, wenn es mal nicht so gut läuft, das stimmt. Ich mache die Platte also zunächst für mich. Nicht für dich, nicht für die Verkaufszahlen, nicht für Jane oder Andreas, sondern für mich. Und wenn Andreas oder Jane die Platte gefällt, dann ist das ein Plus, das mich dann auch froh macht. Das ist doch wie bei Claude Monet, als er da draußen war und sein Feld malte. Da denkt er auch nicht daran, ob das Bild René gefallen wird. Die einzige Person, an die er beim Malen denkt, ist Claude Monet. Wenn er es dann aufhängt, ist er schon interessiert, ob es auch anderen gefällt. Wenn es nicht gefällt, wird er sagen, okay, ich muss meinen Stil ändern. Aber auch dann wird es immer noch ein Monet sein. Meine Absicht ist es, dass die

Leute in meinen Bildern etwas sehen, dass sie in meine Bilder kommen. Das ist es auch, was er will. Aber daran denkt er nicht, wenn er malt.«

»Aber was Monet mit Meat Loaf gemein hat, ist, dass beide von ihrer Kunst leben müssen. Du hast ja auch von einem Job gesprochen, den du zu tun hast.«

»Das ist weniger ein Job. Es ist meine Arbeit. Ich habe nie etwas des Geldes wegen getan, aber für meine Arbeit möchte ich bezahlt werden wie jeder andere auch.«

»Dann ist es ja von Vorteil, sowohl Schauspieler als auch Sänger zu sein.«

»Man nennt Robert De Niro einen Schauspieler. Aber wenn er auftritt, ist er ein Performer. Wenn ich auftrete, bin ich ein Performer, ein Entertainer. Auch wenn ich singe, außer unter der Dusche, bin ich Performer. Ob Sänger oder Schauspieler, das macht für mich keinen Unterschied. Das sind nur verschiedene Techniken derselben Kunst. Egal, ob ich auf der Bühne stehe, ein Video drehe oder einen Film oder ob ich im Studio arbeite. Egal, ob ich bei Harold Schnellenberger in der Show auftrete, ach, Harald Schmidt heißt der. Harold Schnellenberger ist der Trainer einer College-Mannschaft in den USA.«

»Du kommst aus Dallas, Texas, gingst aber nach L.A., um Karriere zu machen. Das hätte wohl von Dallas aus nicht funktioniert?«

»Ich habe es gar nicht erst versucht mit der Musik in Dallas. Dort habe ich nur Football gespielt. Es gibt aber einige bekannte Musiker aus Dallas. Steve Miller zum Beispiel oder einer der Monkees, Mike Nesmith. Mann, die sind alle älter als ich, die haben schon Platten in der Steinzeit gemacht, als hier noch Dinosaurier herumliefen.«

»Anfang der siebziger Jahre bist du nach Los Angeles gegangen und hattest dort einige Bandprojekte laufen wie Popcorn Blizzard und Meat Loaf Soul, wurdest aber auch Mitglied des Musical Ensembles für ›Hair‹.«

Er schaute mich für einen kurzen Moment etwas nachdenklich an und sagte dann: »Nur zu, du bist auf einem guten Weg, zumindest bis jetzt und scheinst deine Hausaufgaben gemacht zu haben. Was kommt als nächstes, muss ich mich ausziehen? Aber das werde ich nicht tun, weil uns dann das Publikum abhaut.«

»Schade, ich glaube, es hätte einiges zu sehen gegeben. Aber was war denn der Grund, die Rockbands aufzugeben und beim Musical ›Hair‹ mitzumachen?«

»Der Grund war folgender: Ich wollte mit Original-Material arbeiten. Mit den Bands war das noch Ende der sechziger Jahre so, dass die von ihren eigenen Sachen leben konnten. Mit Beginn der siebziger Jahre hatte man die Bands in die Bars verfrachtet, damit sie dort die Leute unterhalten. Wenn sie Geld verdienen wollten, mussten sie die Hits anderer Leute spielen. Das wollte ich nicht, Lieder von KC & The Sunshine-Band singen, den Union Gap, den Beach Boys oder sonst wem. Im Musical ›Hair‹ übernahm ich zwar auch den Platz meines Vorgängers, aber ich bekam die Chance, einer Bühnenfigur einen völlig neuen Charakter zu geben. Wir sind mit der Show auf Tour gewesen, auch in New York. Ich war in derselben Rolle fünfzehnmal jemand anders. Oder nimm den Eddie aus der ›Rocky Horror Picture Show‹. Wie viele Schauspieler haben den Eddie schon gegeben. Aber sie orientieren sich alle an mir, weil ich den Charakter des Eddie geschaffen habe. Jeder weitere Eddie kommt von mir, auch wenn andere ihn darstellen. Neulich habe ich ein Lied im Radio gehört, das schon zehn Jahre alt ist, und einer in der Band sagte, die haben das von uns geklaut. Derselbe Text, dieselbe Melodie. Ich sagte, lass sie doch. Das war mal vor zehn Jahren ein Hit, und ich weiß schon gar nicht mehr, wie er hieß.«

»In der Zeit, als du mit dem Musical ›Hair‹ unterwegs warst, standest du plötzlich wieder im Aufnahmestudio mit der Sängerin Stoney für Tamla Motown in Detroit. War das nicht doch ein Versuch, eine Karriere als Sänger zu starten?«

»Nein, dazu war ich vertraglich verpflichtet, und ich wollte dem Mädchen eine Chance geben. Die war ohnehin gerade im Studio, und Duette hatte ich früher schon gerne gesungen. Kritiker schrieben über meinen Song ›I'd Do Anything For Love‹, Meat Loaf macht neuerdings Duette. Das sind komplette Idioten. Das habe ich schon immer getan. Im Studio und auf der Bühne. Sogar Bruce Springsteen hat das von mir übernommen. Er arbeitet jetzt mit seiner Frau.«

»Patti Scialfa wurde auch prompt vorgeworfen, sie sei schuld am Ende der E-Street-Band. Glaubst du das?«

»Sie sagen auch, Yoko Ono hat die Beatles auseinandergebracht.«

»Da wir gerade von Paaren und Duetten reden. Du erwähntest, du hättest schon immer gerne Duette gesungen wie mit Cher, Karla DeVito oder Ellen Foley. Hattest du eine Favoritin?«

»Nein, die waren alle großartig. Cher mag die berühmteste sein. Aber was sie jeweils zum Zeitpunkt der Aufnahmen brachten, war das Beste. Wäre das nicht so gewesen, hätte ich nicht mit ihnen gearbeitet. Es geht darum, die richtigen Leute auf dem Höhepunkt ihres Könnens zu erwischen. Das ist wie die Frage, wer ist der bessere Schauspieler in welchem Film.

Spencer Tracy, Laurence Olivier oder Clark Gable in ›Vom Winde verweht‹. Niemand wird in der Rolle Clark Gable erreichen. Kein anderer hätte Cary Grant in seinen besten Filmen ersetzen können oder Jimmy Stewart, da ist jeder für sich ein Unikat. Nun ja, vielleicht hinkt der Vergleich. Aber bei meinen Songpartnerinnen ist das ähnlich. Mrs. Loud war für ›I'd Do Anything For Love‹ das Beste, was mir passieren konnte. Als ich ihre Stimme hörte, wusste ich, das ist es. Niemand anders kann das zurzeit so singen. Patti Russo singt mit mir ›I'd Lie For You, That's The Truth‹. Der Song, geschrieben von Diane Warren, war nie für jemand anderen gedacht. Jeder für sich war großartig. Das klingt jetzt sehr nach Diplomatie. Aber dies ist keine diplomatische Antwort, es ist ganz einfach die Wahrheit. Ich glaubte damals nicht, dass Cher einen Song wie ›Dead Ringer‹ hätte mit mir machen können. (Der Titelsong von Meat Loafs zweitem Album von 1981 ist das Duett mit Cher.) Jetzt weiß ich, niemand hätte es besser gekonnt. Und Patti weiß, dass sie Cher imitiert, wenn sie diesen Song bringt. Ellen Foley war die Sängerin für ›Paradise By The Dashboardlight‹, weil das Lied schon mit ihrer Stimme im Hinterkopf geschrieben wurde.«

»Das Album ›Bat Out Of Hell‹ gilt als eines der erfolgreichsten aller Zeiten, weil es vierhundert Wochen in den Charts notiert war. Seid ihr euch, also Jim Steinman und du, damals bewusst gewesen, an was ihr da arbeitet und dass das der ganz große Wurf werden würde?«

»Wie kann man jemals wissen, was als nächstes mit einem passiert? Ein Haus an der Küste kann hundert Jahre stehen oder in den ersten zehn Tagen vom Sturm weggeblasen werden. Nichts im Leben ist vorherbestimmt. Wenn du aus der Tür trittst, weißt du nicht, ob du heute von einem Auto angefahren wirst. Der einzige Weg, seinem Schicksal auf die Sprünge zu helfen, ist, immer sein Bestes zu geben. Das ist es, was im Leben zählt. Nicht wie viel Geld du mit irgendetwas machst, oder wie viele Platten du verkaufst. Das hat alles keine Bedeutung. Wichtig ist, welches Gefühl man hat bei dem, was man tut. Ob man wirklich bereit ist, alles zu geben bei der Arbeit. Furcht ist das größte Hemmnis im Leben. Mit anderen Worten, Leute machen Jobs, die sie nicht mögen. Man sollte sich die Freiheit nehmen, Dinge zu tun, die man mag. Angst bremst die Menschen aus. Ich habe mich von meiner Furcht befreit. Außer im Fernsehen. Ich habe zwei Kurse durchlaufen, den Grundkurs und den Wie-besiege-ich-meine-Angst-Kurs. Als wir dann mit ›Bat Out Of Hell‹ anfingen, habe ich mir keinen Kopf darüber gemacht, wie viel wir davon verkaufen können. Das Einzige, was ich wollte, als wir in dieses Studio kamen, war, eine möglichst gute Platte zu machen, mein Bestes zu geben und das bei jedem einzelnen Lied. Das erwartete ich aber auch von meinem Produzenten wie von den Background-Sängern. Ich wäre nicht froh geworden bei dem Gedanken, hier gäbe nicht jeder alles. Wenn du das erreicht hast, dann kannst du zufrieden sein. Gefällt den Leuten am Ende die Platte, so dass sie sie kaufen, ist das ein zusätzliches Plus. Wenn nicht, ändert das gar nichts. Du kannst dich nicht einfach hinsetzen und sagen, das haben wir aber gut gemacht.«

»Bei der Tour zu diesem überaus erfolgreichen Album hast du dir die Gesundheit ruiniert. Die Stimmbänder waren hin, auch durch Alkohol und Drogen. Wie konnte dir das passieren, wo du doch meintest, die Spielregeln zu kennen?«

»Ich habe dir vorhin von dem Fluss mit den Schlangen erzählt. Da war ich jetzt eingetaucht, in ein Meer von Habsucht und Missgunst. Heute verstehe ich das. Damals habe ich geglaubt, alle Menschen würden so denken wie ich. Aber die übrige Welt jagte nur dem Geld nach. Ich habe das nie getan. Meine Motivation ist es aufzutreten. Die Plattenfirma lässt sich nur vom Profitgedanken leiten. Das ist in Ordnung, darin sehen die ihre Bestimmung. Ich aber halte dagegen. Promoter denken nur, wie kann ich mit diesem Künstler möglichst viele Tickets verkaufen, das ist ihr Job. Dein Job im Radio ist es, möglichst viele Leute mit deinem Programm zu erreichen. Ich bin zuweilen gegen diese Logik und manchmal mache ich meinen Deal damit.« (Meat Loaf redete jetzt immer schneller und lauter und lief dabei rot an.)

»In jener Phase meines Lebens gingen einige Illusionen den Bach hinunter. Um mich herum nur Habgierige. Mit diesen Menschen wollte ich nicht zusammenarbeiten. Was sollte ich also tun? Weitermachen wie bisher? Mich mit ihnen einlassen? Spaß haben und ihr Spiel spielen? Das wollte ich nicht. Ich wollte meinen Frieden, meine Insel, wo sie mich nicht erreichen konnten. Sie würden ihr Spiel spielen, und ich schaue einfach nur zu.«

»Und da kam dir nie der Verdacht, Teil eines Spiels zu sein, das du nicht mehr beeinflussen kannst?«

»Nein, jemand hat mir mal gesagt, du bist ein Produkt, das sich eine eigene Meinung bilden kann. Solange ich das bin, bin ich keine Spielfigur, weil ich ja meine Meinung habe. Das Schlimmste, was einem Sänger passieren kann, ist, seine Stimme zu verlieren. Ich habe meine Stimme aber nicht verloren.«

»Dann hast du dich also verweigert?«

»Ich wollte nicht mehr singen. Ich habe mich verweigert.«

»Die Plattenfirma wollte ein neues Album mit Jim Steinman machen, aber ohne die Stimme von Meat Loaf.«

»Das Album hieß ›Bad For Good‹ und war meine Platte und nicht die von Jim Steinman. Die Platte kann nur einem gehören, egal was draufsteht. Fünf Songs gehen auf meine Anregungen zurück, und Jim fiel auf den Trick rein, einen Aufguss von ›Bat Out Of Hell‹ machen zu wollen. Ich wollte nicht, dass die Folgeplatte genauso klingt wie der Vorgänger. Alles, was ich wollte, von meinem ersten Auftritt im Jahre 1968 an, ungeachtet aller Fragen, die du mir hier stellst, war Integrität. Und Meat Loaf wird nie, nie, nie seine Integrität aufgeben. Daraus ergibt sich, was ich tue, und was ich lasse. Womit wir wieder bei dem Produkt mit der Meinungsbildung wären. Jede Frage, die du mir gestellt hast, hat zu tun mit Integrität und Glaubwürdigkeit. Daran wird sich nichts ändern, egal auf welches Thema wir noch kommen. Meine Antworten werden alle demselben Fluss entspringen. Manch ein Künstler würde wahrscheinlich nicht anlässlich eines Boxkampfes auftreten. Ich schon. Denn ich tue es, weil es mir gefällt. Dann haben sie mir auch noch 13 Freikarten gegeben im Wert von 32 000 Mark. Freie Drinks und Popcorn für mich und alle meine Freunde in Deutschland. Und wofür? Für sieben Minuten Arbeit, für 32 000 Mark, kein Problem, mache ich. Danach lehne ich mich zurück und schaue mir den Kampf an, habe meinen Spaß und lasse mich mit Blut bespritzen. So bekommt jede Frage ihre ehrliche Antwort. Dazu stehe ich. Deshalb habe ich mich damals geweigert zu singen, deshalb dauerte manches oft sehr lange, deshalb wurde ich verklagt. Meat Loaf wird, unter welchen Umständen auch immer, ungebrochen bleiben.«

Das Album »Bad For Good« sollte der Nachfolger von »Bat Out Of Hell« mit Meat Loaf werden. Nach offiziellen Verlautbarungen hatte aber der Sänger seine Stimme verloren, so dass Steinman selbst und einige Gäste wie Rory Dodd verpflichtet wurden. Meat Loaf durchlebte eine schwere Krise mit gerichtlichen

Klagen und dem Verlust seines Hauses. Wenn wir dem Sänger glauben, hatte er sich lediglich verweigert und nicht, wie es überall nachzulesen ist, unter dem Verlust seiner Stimme zu leiden. Er nahm später einen großen Teil der Songs dieses Albums neu auf. Andere, nicht verwertete Lieder kamen auf das nächste Meat Loaf-Album »Dead-Ringer«, das 1981 wieder eine Nummer 1 wurde.

»Im Jahre 1984 kam mit ›Bad Attitude‹ das vierte Meat Loaf-Album heraus. Darauf war die in Amerika sehr erfolgreiche Nummer ›Modern Girl‹, die ich zu den besten Meat Loaf-Singles zähle.«

»In der Tat eine gute Platte. Da bin ich auch sehr stolz drauf. Wenn mich jemand fragen würde, welche Meat Loaf-Platten er kaufen solle, würde ich natürlich ›Bat Out Of Hell‹ empfehlen, aber auch ›Bad Attitude‹. Dann noch ›Bat II‹ und ›Welcome To The Neighborhood‹, später dann noch ›Bat III‹.« (Diese Platte gab es damals noch nicht.)

»Man kann aber auch noch die eine oder andere Platte dazwischen mitnehmen, wie meine Duette mit Garth Brooks und anderen Country-Stars, die ich erst vor ein paar Wochen aufgenommen habe. Das war auch so ein langgehegter Wunsch von mir, Duette mit Garth Brooks, Wynonna Judd, Faith Hill und all den anderen Country-Leuten. Das wird kaum einer mögen, sagte man mir. Ich mache Rockplatten mit Country-Sängern, sagte ich, das läuft schon.«

»Bei ›Bad Attitude‹ hattest du eine komplett neue Mannschaft um dich versammelt. Vor allem Jim Steinman war nicht mehr dabei, und trotzdem lief es ganz gut, oder?«

»Erfolg hat kein Rezept. Ich werde dir ein Beispiel dafür bringen. Nehmen wir mal einen professionellen Koch, weil vorhin die Rede von Zutaten war. Der Koch nimmt jetzt die besten Zutaten für sein Gericht, die er auftreiben kann, das Steak, die Gewürze usw. Im Fernsehen führt er dann vor, wie das am besten zu machen sei, und das haut dann auch hin. Das haben jetzt drei Hausfrauen zuhause am Bildschirm verfolgt. Sie kochen es genau so nach. Ihre Männer kommen nach Hause und bringen sie um für das, was sie ihnen da vorsetzen. Was war passiert? Es war eben nur ein Abklatsch. Warum? Weil sie nicht wissen, wie es gemacht wird. Deshalb glaube ich nicht, dass die Zutaten für den Erfolg das Wichtigste sind. ›Bad Attitude‹ von 1984 ist bis auf die letzten beiden Songs eine tolle Platte. Die sind allenfalls befriedigend, der Rest ist rundum gelungen. Ich hatte nicht mehr genug Zeit. Das ist manchmal wie im Filmgeschäft. Du schaust dir an, was du am Vortag gedreht hast und stellst fest, Mann, das hätte ich doch ganz anders machen können. Das Problem ist, an dem Tag, an dem man daran arbeitet, kommt mitunter die Inspiration nicht. Dann ist es sehr leicht, später darüber zu richten. Als es dann daran ging, mit Jim Steinman das Album ›Welcome To The Neighborhood‹ zu machen, übernahm ich die guten Erfahrungen von ›Bad Attitude‹, um nicht wieder in diese Falle zu tappen. Natürlich sind da auch die Erfahrungen aus der früheren Zusammenarbeit mit Jim Steinman. Ich hätte 1984 mit ihm arbeiten sollen. Ich werde auch ›Bat Out Of Hell III‹ mit ihm machen. Das ist schon was Besonderes, die Zusammenarbeit von uns beiden, aber nicht zu vergleichen mit Martin Scorsese und Robert De Niro oder mit einer richtigen Band wie den Rolling Stones, die auch immer zusammengehalten haben. So ist es bei uns nicht, wird es nicht sein und wollen wir es auch nicht, weil er immer was Neues ausprobiert und ich auch. Aber von Zeit zu Zeit arbeiten wir wieder gern miteinander wie bei ›Bat Out Of Hell I, II, III‹ oder ›87‹. Vielleicht schaffen wir ja in den Neunzigern noch ›Bat Out Of Hell VIII‹.«

»Da ging es einige Male rauf und runter in deinem beruflichen Leben als Musiker. Von Top bis Flop war alles dabei. Gibt es eine Kraftquelle, die du anzapfen kannst, um das alles halbwegs unbeschadet zu überstehen?«

»Die Philosophie ist folgende: Erstens, du musst ehrlich zu dir selbst sein und erkennen können, wo deine Grenzen liegen. Du musst wissen, was du leisten kannst und was nicht. Das ist wie damals, als ich ein Drehbuch lesen sollte und ich mich fragte, woran merke ich, ob das Drehbuch gut ist oder nicht. Sie antworteten, bringt es dich auf oder kränkt es dich, dann sag nein. Wenn nicht, ist es okay. Fühlst du dich wie ein Idiot, wenn du das machst, was sie da von dir verlangen, dann sag nein. Wenn nicht, ist es okay. Jeder sollte auch wissen, wie integer und glaubwürdig die Branche ist. Meine Philosophie ist, traue ihnen nicht. Denn sie bezahlen dich für das, was du tust.«

»Wir warten auf ›Bat Out Of Hell VIII‹ und freuen uns auf die Konzerte im nächsten Frühjahr«, läutete ich das Ende unseres Gespräches ein.

»Das tue ich auch«, strahlte Meat Loaf, »und ich sage euch, was euch erwartet. Das wird eine ganz große Sache. Die Frage ist, bist du noch aufgeregt, bei dem was du tust? Das ist der springende Punkt. Du sitzt hier mit Rockmusikern und lässt dir deren neueste Projekte erklären. Ich erzähle dir noch was. Ich war mit Leuten um die 30 zusammen, jungen Leuten aus meiner Sicht. Ich war einer von zwei Rockmusikern auf der Arche Noah. Da komme ich her. Bevor ich mit den Dinosauriern spielte, war ich bei Noah. Ich weiß nicht, was aus ihnen wurde, wahrscheinlich wurden sie abgeschossen. Äh, jetzt weiß ich gar nicht mehr, worauf ich hinauswollte.«

»Du wolltest uns was von deiner neuen Show im Mai erzählen.«

»Ach ja, die Show. Wenn man also noch in der Lage ist, Nerven zu zeigen, dann ist man so aufgeregt wie ich. Das bin ich immer vor einer neuen Show, wenn ich Dinge ausprobiere, die vor mir noch keiner gemacht hat. Solange das so ist, ist auch noch alles drin. Ich versuche, jedes Mal das Beste auf die Beine zu stellen, die größte Rock'n'Roll-Show der Welt zu kreieren. Wisst ihr überhaupt, wie schwer so was ist? Schon deshalb, weil es in der Vergangenheit verdammt gute Rock'n'Roll-Shows gegeben hat. Daran arbeite ich gerade. Was ich erreichen will, ist, dass die Leute hinterher sagen, das war die beste Show, die ich je gesehen habe. Von Zeit zu Zeit passiert das wirklich. Vor kurzem in Frankfurt war das so. In Hamburg wieder nicht, da haben sich die Leute nur gewundert. Was zur Hölle ist bloß los mit ihm?« Dabei stand er auf und brüllte die Frage zur Studiodecke. Nach einer Pause mit einer Stille, die dröhnte, setzte er sich wieder, schaute mich mit bedauernder Miene an und sagte: »Na ja, ich versuche es zumindest immer wieder.«

Wir standen auf, verließen das Studio und gingen in den Regie-Raum, in dem schon meine Tochter und meine Frau auf mich warteten. Ich stellte die beiden Damen Meat Loaf vor, der ihnen die Hand reichte und sich höflich verbeugte. »Sie sind die Mutter von ihr und die Frau von dem da?«, fragte er mit prüfendem Blick. »Dafür sehen Sie sehr jung aus. Was ist Ihr Geheimnis?«, wollte er wissen. »Sie ist mit mir verheiratet«, gab ich zur Antwort. Er drehte sich ruckartig zu mir um und machte zweimal »Ha!! Ha!!«, womit er wohl seinen Spott zum Ausdruck bringen wollte. Wir bekamen noch jeder ein handsigniertes Exemplar seines neuen Albums mit persönlicher Widmung, und dann verließ Meat Loaf mit seiner Begleitmannschaft das Studio. Ich hatte den Eindruck, mit einem sehr hart arbeitenden Menschen gesprochen zu haben, ein bisschen tat er mir sogar leid, bei all dem, was er durchzustehen hatte und dem, was zweifellos noch auf ihn wartete. Da war der Boxkampf am Abend wahrscheinlich wirklich nur ein Spaß für ihn.

Mike Oldfield – Klangzauberer und Multiinstrumentalist
Köln 2006

Rockstars sind charismatische Leute mit starkem Hang zur Selbstdarstellung oder doch zumindest mit einem ausgeprägten Sendungs- und Selbstbewusstsein. Ein Klassiker ist der Dialog zwischen John Lennon und Elvis beim Treffen der Giganten während einer US-Tour der Fab Four in Elvis' Hauptquartier. Nach anfänglich betretenem Schweigen improvisierte Elvis ein paar Standards auf einer Bassgitarre und Lennon sagte, das muss doch für dich oft schwierig sein, immer als einziger Frontmann allein auf der Bühne. Wir haben es da besser und sind wenigstens zu viert.

Wenn du solche Ängste hast, dann bist du in diesem Geschäft völlig falsch, soll Elvis geantwortet haben. In der Tat ist Scheu vor Menschen für einen Bühnenstar nicht sehr förderlich. Rod Stewart soll, als er noch Sänger bei Jeff Beck war, sogar mit dem Rücken zum Publikum gestanden haben, so schüchtern war er.

Einer, der diese Ängste kennt und deshalb nie auf Tour gehen wollte, um seine Musik einem Konzertpublikum zu präsentieren, ist Mike Oldfield.

Der englische Multiinstrumentalist (Jahrgang 1953) wurde

1973 mit seinem Plattendebüt »Tubular Bells« rasch international bekannt. Das fast ausschließlich instrumentale Werk hat sinfonischen Charakter und nimmt mit seinen zwei Teilen jeweils eine ganze LP-Seite ein. »Tubular Bells« gilt als Impulsgeber für das Genre »Progressive Rock« und erschien als erstes Album des damals neuen Labels Virgin Records. Eigner war der heutige Milliardär und Abenteurer Richard Branson, der mit Mike Oldfield nach dessen Aussage seine erste Million machte. Oldfield spielte fast alle Instrumente (etwa 20 an der Zahl) selbst, galt als introvertierter Künstler und hatte niemals vor, mit seiner auf Platte konservierten Musik auf Tournee zu gehen. Bei frühen Aufführungen blieb er unauffällig als Gitarrist eines Ensembles im Hintergrund. Fünf Jahre hielt sich das Album in den britischen Charts und gilt bis heute als eines der erfolgreichsten Debüts aller Zeiten.

In der Folge komponierte Oldfield weitere konzeptionelle Werke wie »Hergest Ridge«, das »Tubular Bells« an der Spitze der Charts ablöste, und »Ommadawn«. Kritiker bezeichnen »Hergest Ridge« als ausgewogenstes Werk von Oldfield, doch für die Welt wird er immer zuerst mit »Tubular Bells« in Verbindung gebracht, das auch alljährlich in die SWR 1-»Hitparade« gewählt wird. Im Laufe der Jahrzehnte interpretierte Oldfield dieses Werk immer wieder neu. Das Original bleibt indessen unerreicht, wohl auch, weil es für eine Zeit steht, deren Geist gleichfalls nicht wiederholbar ist und nur in der Erinnerung existiert, wodurch diese immer glorioser wird. Schöner und vollkommener, als sie in Wirklichkeit war. Das ist wohl auch ein Grund, warum die Musik aus unseren Jugendtagen einen so bleibenden Zauber auf uns ausübt. Sie ist so jung, so optimistisch, wie wir es damals auch waren, neugierig auf die Dinge, die das Leben für uns bereithielt, das keine Grenzen zu kennen schien. Auch die politischen Grenzen schienen nicht für die Ewigkeit gemacht, weil sich ja alles andere, wie wir selber, in einem ständigen Wandel befand. Wohl auch deshalb wurde diese neue Musik von Mike Oldfield, die offenbar keinem bisherigen Muster gehorchte, so begeistert aufgenommen. Aber hat mal jemand heute wieder »Tubular Bells« von Anfang bis Ende gehört, wirklich ganz und ohne Unterbrechung? Dann: herzlichen Glückwunsch.

Wie auch immer, die Organisatoren der Night Of The Proms waren 2005 auf Mike Oldfield gekommen, weil dessen Musik so gut zum Konzept »Pop Meets Classic« zu passen schien. Der kreative Kern vom Orchestral Manœuvres In The Dark (OMD), nämlich Paul Humphreys und Andrew McCluskey aus Liverpool, war mit dabei und Ike Turner, Tinas grantiger Ex, war auch mit an Bord. Aber der hatte mit seinem aktuellen Album »Risin' With The Blues« gerade ein Grammy-nominiertes Album am Markt, das diese höchste Auszeichnung der Musikindustrie im Februar 2007 auch bekam, in der Kategorie »Best Traditional Blues Album«. Fast genau ein Jahr nach unserem Treffen im Dezember 2006 starb Ike Turner in seiner kalifornischen Heimat, offiziell an einem Lungenemphysem.

Mit Paul und Andy von OMD, Mike Oldfield und Ike Turner war ich in Köln verabredet. Die ganze Crew hatte zwischen den Konzerten einen Tag frei. Am Kölner Hauptbahnhof angekommen, geht man über die Eisenbahnbrücke und steht schon vor dem Hotel. Da sah ich dann gerade Dirk Hohmeyer, den Organisator der Night Of The Proms, seine Golfschläger in den Kofferraum eines großen BMW verfrachten, begleitet von John Miles, dem Leiter der Electric Band und Sänger des großen Hits »Music«. Der war also schon mal weg und nicht mehr zu haben.

Nach einem lockeren und lustigen Gespräch mit Paul und Andy von OMD in einem eigens für meine Interviews vorbereiteten Konferenzraum kam schließlich Mike Oldfield in Jogging-Anzug und Turnschuhen daher, die Hände in den Taschen. Er konnte es nicht fassen, dass ich mir für ihn, die Hauptperson, mehr als eine halbe Stunde erbeten hatte. Da gäbe es doch andere in der Show, die wichtiger seien als er, wandte Oldfield ein. Auch könne er sich gar nicht vorstellen, was wir über eine so lange Zeit miteinander zu reden hätten. In die kurze Pause drangen die in den Hotelfluren abgespielten Weihnachtslieder. Sehr stimmungsvoll.

Wir grinsten und ich stieg mit der ersten Frage ins Gespräch ein.

»Guten Morgen, Mike Oldfield, wie geht es Ihnen?«

»Ich habe den Morgen genossen und Zeitung gelesen.«

»Gute oder schlechte Nachrichten?«

»So wie immer, fast nur schlechte Nachrichten.«

»Wie ist es, nach so langer Zeit wieder mal live zu spielen?«

»Das mit der Night Of The Proms war mal was ganz anderes. Sonst bin ich der Boss und der einzige Künstler. Bei der Night Of The Proms sind es viele Künstler. Das ist viel entspannter als sonst, weil ich mir keine Sorgen um Budgets, Gagen und Bühnentechnik machen muss. Ich geh da nur auf die Bühne und spiele Gitarre. Die Leute sind gut drauf. Man ist in großen Hallen, damit bin ich sehr zufrieden.«

»Wie viel Mike Oldfield gibt es denn zu sehen bei der Night Of The Proms?«

»Die Night Of The Proms präsentiert immer nur die Hits. Wir spielen also ›Tubular Bells‹ und ›Ommadawn‹ in Kurzversionen. Die gibt es im ersten Teil. Im zweiten Teil kurz vor dem Finale dann ›Moonlight Shadow‹, ›To France‹ und ›Shadow On The Wall‹.«

»Wie funktioniert ›Shadow On The Wall‹ ohne Roger Chapman?«

»Als John Miles ›Shadow On The Wall‹ anstimmte, war ich völlig überrascht. Der ist ein sehr vielseitiger Künstler. Seine Stimme ist für diesen Song wie geschaffen, sehr kraftvoll eben. Die Song-Lyrik tut ein Übriges. Da kann man ja gar nicht anders, als die Worte mit voller Energie herauszuschleudern. Das klappt schon.«

»Mussten Sie für diese Auftritte bei der Night Of The Proms Kompromisse machen?«

»Ich traf ja eine eingespielte Maschinerie, die das schon seit Jahren macht. Das Erste, worum sie mich baten, war, mich mit dem Arrangeur in Antwerpen zu treffen. Da spricht man dann ab, was geht und was verändert werden muss, und er bringt den Song in eine Demo-Form, die er mir als mp3-Datei zuschickt. Dann telefonieren wir wieder, und ich sage ihm, was okay ist und woran man noch arbeiten muss. Nach ein paar Tagen steht dann das Grundgerüst. Statt Gitarren werden nun Violinen eingesetzt. Großartig finde ich, dass ein Chor statt einiger weniger Backgroundsänger singt. 50 Leute ergeben einen satten Chorklang.

Von Kompromissen kann man da nicht reden. Ich wünschte, ich hätte immer Zugriff auf solch einen Chor und ein Orchester dieser Qualität.«

»Ergaben sich neue Impulse für Ihre weitere Arbeit?«

»Ein Grund, warum ich dieses Angebot angenommen hatte, war die Chance, in der Welt herumzukommen und zu sehen, was gerade so läuft, denn ich führe sonst ein sehr zurückgezogenes Leben auf dem Lande. Da habe ich außer den Nachrichten im Fernsehen wenig Kontakt zur übrigen Welt. Ich erhoffte mir tatsächlich ein paar Anregungen für neue Kompositionen und Ideen. Was ganz Neues wäre ein komplett orchestriertes Gitarrenkonzert oder eine Mischung aus klassischem Orchester und Rockinstrumenten.«

»Hat Sie der Jubel der Massen nicht inspiriert, jetzt gleich weiterzumachen?«

»Wie ich schon sagte, werde ich mit den Ideen, die ich mit nach Hause genommen habe, im nächsten oder übernächsten Jahr zurückkommen.«

»Es soll ja auch ein neues Buch von Mike Oldfield geben?«

»Ja, das ist schon fertig. Es ist meine Lebensbeschreibung von Geburt an mit Konzentration auf die Zeit, als ›Tubular Bells‹ entstand. Das war das Bedeutendste in meinem bisherigen Leben. Es geht um die psychologischen Probleme, die ich in dieser Zeit hatte, und wie ich versuchte, die in den Griff zu kriegen. Mit Therapien und Seminaren. Zum Beispiel mit E.S.T. Manche glauben, das hätte was mit Scientology zu tun, aber das stimmt nicht. Mir jedenfalls hat es sehr geholfen. Ich blicke mit den Erfahrungen der Gegenwart auf die Zeit von 1973 zurück, um alles besser zu verstehen. Auch meine Vorstellungen von Leben, Tod und Spiritualität spielen da eine Rolle. Mir hat es Spaß gemacht, an diesem Buch zu arbeiten, das in England im Mai bei Virgin Books erschienen ist. Ich hoffe, es gibt bald eine deutsche Ausgabe.«

»Jetzt sind zwei Worte gefallen, die auf immer mit Oldfield verbunden sind: Virgin und Tubular Bells.«

»Drei Worte!«

»Wie kam die Idee für ›Tubular Bells‹ zustande?«

»Das kam nicht auf einmal. Das war die Summe von vielen Ideen aus mehreren Jahren. Das fing an mit der ersten Gitarre, als ich sieben oder acht Jahre alt war. Also ein Prozess von rund zehn oder zwölf Jahren. Dann die Zusammenarbeit mit anderen Musikern. Ich gehörte zur Band beim Musical ›Hair‹ in London. Alles, was ich lernte, floss ein in ›Tubular Bells‹.

Es gab also nicht den berühmten Tag, an dem ich mir vornahm: Heute schreibe ich ›Tubular Bells‹. Das war eine Art Evolution.«

»Und wann kam der Moment, als alles fertig war?«

»Als das Album fertig war.«

»Was wurde aus dem Rest des Materials?«

»Da blieb nicht viel übrig. Als das Album fertig war, kam es auch gleich raus. Die Aufnahmen dauerten bis März oder April. Im Mai war die Veröffentlichung. Aber bis zur Anerkennung hat es noch ein Jahr gedauert. Viele denken, der Erfolg kam über Nacht. Aber es gab keine Werbung oder Vermarktung, nur die Mund-zu-Mund-Propaganda. Immer von einem zum anderen, bis es ganz viele Menschen kannten.«

»Wie kamen Sie zu Ihrer Plattenfirma, zu Virgin Records?«

»Ich schickte Demo-Bänder an alle möglichen Plattenfirmen. Es gab nur Ablehnungen, weil da kein Gesang war, nicht mal ein Schlagzeug. Zu der Zeit baute sich Richard Branson gerade ein Studio in Shipton-on-Cherwell, Oxfordshire. Ich hatte da einen Job als Bassist in einer Band. Wir machten dort unsere Proben. Den Toningenieuren spielte ich meine Bänder vor. Etwa ein Jahr später gründete Richard seine Plattenfirma und brauchte eine erste Veröffentlichung. Da bekam ich meine Chance und nahm ›Tubular Bells‹ in den Manor Studios auf.«

»Das war dann das erste Album für Virgin Records.«
»Ich weiß sogar noch die Katalognummer: V 001.«
»Trotzdem gab es bald Probleme ...«
»Ja, die gab es. Wir waren ja beide gemeinsam an den Start gegangen. Richard hatte immer das, was man Charisma nennt. Eine positive Ausstrahlung und die Gabe, talentierte Leute zu finden, die er für seine Projekte einspannen konnte. ›Tubular Bells‹ war nur der erste kommerzielle Erfolg für seine Firma. Aber er findet immer wieder neue Leute, die für ihn Erfolg haben. So ist er eben.«

»Welche Probleme gab es nach ›Tubular Bells‹?«

»Ich gehöre nicht zu den Musikern, die gerne im Rampenlicht stehen. Lieber bin ich im Hintergrund wie die alten Blues-Musiker, die aus dem Dunkel spielten. Ich fühle mich eher als Mittler und nicht als der Schöpfer der Musik. Nicht ich bin es, der die Aufmerksamkeit verdient, sondern die Musik ist es. Ich war schon immer ein Außenseiter, nicht weil ich schüchtern bin, sondern weil ich meine Privatsphäre brauche. Ich hatte auch psychische Probleme wie Angstzustände und Panikattacken. Das führte zeitweise zu Alkoholproblemen.

Und plötzlich, nach dem Erfolg von ›Tubular Bells‹, war ich ein gefragter Mann. Das Telefon stand nicht mehr still. Ich wollte aber in meinem kleinen Haus auf einem Hügel in Wales bleiben. Da gab es nur ein paar Schafe. Das machte viele Leute ziemlich sauer auf mich.«

»Und der Name dieses Ortes war ...?«

»Wales, Kington, nahe Hergest Ridge.«

»Das war dann auch der Titel des nächsten Albums: ›Hergest Ridge‹. Wieder ein Erfolg. Aber als Künstler will man ja auch erfolgreich sein.«

»Ich nicht. Ich wollte das perfekte Stück Musik machen. Ich brauchte die Musik für meine Gesundheit, sie war Leben für mich und nicht einfach ein Job. Musik war meine Welt, meine Wirklichkeit.«

»Wie kam es dann zu Konzerten mit Ihnen, wenn Sie doch lieber daheim in Wales geblieben wären?«

»Die haben mich gezwungen.«

»Das war dann in London 1973.«

»Ich wollte das schon deshalb nicht, weil ich an den Erfolg eines Konzertes nicht glaubte. Ich hasste die Idee, das zu tun. Richard Branson fragte, was können wir tun, um dich zu überzeugen? Ich mochte schon immer Richards Auto, einen schönen Bentley. Ich selbst fuhr nur einen kleinen 17 Jahre alten Mini, den ich mal für 40 Pfund gekauft hatte. Wenn du mir deinen Bentley gibst, denke ich noch mal drüber nach, sagte ich ihm. Er gehört dir, sagte er, aber erst nach dem Konzert. So bekam ich seinen Bentley. Aber wenn ich da auf den Boden trat, ging gleich der Fuß durchs Blech, so alt war der. Das war ein schlechter Deal für mich.«

»Wollten Sie schon immer Musiker werden?«

»Mein Kindertraum war es immer, Pilot zu werden. Ich habe viele Modellflugzeuge gebaut, die sogar richtig geflogen sind. Aber ab dem Alter von 12, 13 Jahren stellten sich die Probleme ein: Drogen, Probleme in der Familie, speziell mit meiner Mutter. Es kam zum völligen Bruch mit der Familie. Ich fand dann Zugang zur Welt der Musik. Meiner Schwester Sally habe ich zu verdanken, dass sie mein musikalisches Talent in professionelle Bahnen lenkte.

Sie war schon in diversen Folk-Clubs aufgetreten und hatte bei Plattenfirmen vorgespielt. Damals versandte man noch keine Demo-Tapes, man spielte vor. Sally nahm mich also mit. Wir spielten Folkmusik bei einer Firma namens Transatlantic Records vor und bekamen einen Vertrag. Das war der Beginn meiner Profikarriere. Da war ich 15.«

»Pilot sind Sie nicht geworden. Aber Sie haben eine Fluglizenz?«

»Einige Jahre nach ›Tubular Bells‹ besuchte ich Seminare zur Selbstfindung und Stärkung des Selbstbewusstseins. Das sollte auch meine Ängste kurieren. Mein größtes Problem war, dass diese Panikattacken und Ängste über mich kamen. Es stellte sich heraus, dass die Lösung des Problems in meiner komplizierten Geburt lag. Ich musste mich also meinen Ängsten stellen. So meldete ich mich an und machte meine Fluglizenz. Sechs Monate später hatte ich eine und flog mit einem kleinen Flugzeug durch die Gegend. Danach machte ich noch meinen Schein für Hubschrauber.«

»Und was für eine Therapie war das?«

»Das ist mit ein paar Worten nicht so leicht zu beschreiben, aber man kann das in meinem Buch nachlesen. Es geht im Grunde um die Überwindung selbst auferlegter Beschränkungen, derer wir uns nicht immer bewusst sind, weil sie tief in unserem Inneren stecken, da aber eigentlich nicht hingehören. Wir alle haben unsere Schwächen. Wir wollen geliebt und nicht gehasst werden. Wir fürchten, nicht akzeptiert zu werden. Diese Therapie befreit von den Ängsten.«

Mike Oldfield hat als Musiker seinen unbestrittenen Platz im Rock-Olymp. Aber er weiß, dass er nicht der Welt bester Sänger ist. Kollegen von ihm wie Bob Dylan oder Jimi Hendrix hat dieses Manko nie gestört. Vielleicht gehört es auch zu Oldfields komplexem Charakter, dass er meint, mit seiner Stimme nicht gut genug für die Öffentlichkeit zu sein. Wohl deshalb hat er sich für viele seiner schönsten Kompositionen vokalistischen Beistand geholt, wie die schottische Sängerin Maggie Reilly (»Moonlight Shadow«). Es interessierte mich, von Mike Oldfield zu erfahren, wie er die Stimmen zu seinen Songs findet.

»Maggie war die Freundin von jemandem aus der Tour-Crew«, führte Oldfield aus. »Zunächst hat sie ein bisschen im Hintergrund mitgesungen. Da bemerkte ich, dass sie eine Stimme hat, mit der ich arbeiten könnte. Für mich ist die Stimme ein Musikinstrument mit Tönen und Resonator. Lippen, Zunge und Zähne helfen, Töne und Worte zu formen, ganz wie bei einem Musikinstrument. Und Maggies Stimme hatte etwas Sanftes, Schwebendes, als würde jemand einem etwas ins Ohr flüstern. Maggie war die Richtige für meinen Song ›Moonlight Shadow‹, und sie hat das auch sehr gut gemacht. Oder Bonnie Tyler. Man weiß ja, was die für eine Stimme hat. Man macht das Mikrofon auf, und ein Sturm bricht los, genau wie bei Roger Chapman. Das sind großartige, markante Stimmen. Dann suche ich aber oft lange, mache Probeaufnahmen, probiere dies und das, bis ich den richtigen Sound treffe.«

»Da gab es doch sicher auch Fehlschläge und Enttäuschungen, vermutlich auf beiden Seiten.«

»Oh ja. Das ist dann immer sehr kompliziert, vor allem, wenn man sich nicht vertraglich absichert. Manch einer ruft gleich den Anwalt, weil er nicht genommen wurde und meint, ich hätte ihm das doch aber versprochen.«

»Es heißt, ›Moonlight Shadow‹ soll vom Tode John Lennons handeln.«

»Nein, das stimmt nicht. Ich hatte nur mal gesagt, das könnte einer von vielen Impulsen gewesen sein, die mich diesen Song schreiben ließen. Wahr ist, dass ich in der Nacht (gemeint ist der 8. Dezember 1980, der Abend, an dem John Lennon erschossen wurde) zum ersten Mal in meinem Leben nach Amerika kam, nach New York City. Tatsächlich hatte ich andere Texter für ›Moonlight Shadow‹ bemüht, entschied mich dann aber, die Song-Lyrik selbst zu schreiben. Das dauerte fast die ganze Nacht, es war eine ›Moonlight Night‹. (lacht)

Ich hatte eine Flasche französischen Wein dabei und ein Reimlexikon, weil mir das Texten sehr schwer fällt. Musik schreiben ist einfach, aber die Lyrik ist harte Arbeit. Manchmal habe ich den Anfang der Refrainzeile und komme dann nicht zu Ende ... moonlight ... moonlight was, ... moonlight ray, moonlight dies, moonlight das ... Moonlight Shadow!!!«, rief er laut, haute mit der flachen Hand auf den Tisch und lachte triumphierend, als hätte er die Lösung des Problems soeben noch einmal gefunden.

Von fast allen ausländischen Künstlern möchte ich wissen, welches Verhältnis sie zu Deutschland haben. Ist das nur irgendeine Station auf dem Weg durch Europa und die Welt, oder sind Deutschland und sein Publikum doch etwas ganz Besonderes für einen Mann wie Mike Oldfield?

»Eigentlich sind es zwei Länder, zu denen ich immer eine besondere Beziehung hatte, Deutschland und Spanien. Ich weiß nicht warum, vielleicht können Sie das erklären. Die Menschen hier wissen meine Musik zu schätzen, besonders die Konzerte. Ich war schon in jedem Teil Deutschlands, habe auch ein paar Freunde hier. Die Spielorte waren meist was ganz Besonderes, und wir hatten immer viel Spaß hier.«

»Soweit ich weiß, leben Ihre Eltern in Stuttgart«, gab ich mein Wissen preis, weil er von selbst damit nicht herausrückte.

»Mein Vater wohnt immer noch in Stuttgart mit seiner deutschen Frau Helga.«

»Dann kommen Sie nach Hause, wenn Sie nach Stuttgart kommen?«

»Mein Vater ist Engländer. Er hat Helga geheiratet.«

»Und was ist mit Spanien?«

»Mein Traum war es immer, mein eigenes Haus zu bauen. Auf der Suche nach dem geeigneten Bauplatz bin ich per Zufall in Ibiza gelandet. Nachdem das Haus fertig war, stellte ich fest, dass Ibiza Europas Party-Insel ist, besonders im Sommer. Aber ein schöner Platz. Gelegentlich rufen mich meine englische Heimat und alle Dinge, die dazugehören und die mir fehlen, das englische Bier ohne Blume, Fish and Chips und all das.«

Neben den genialen Werken von Mike Oldfield gab es vor allem für den Fan der progressiven Klänge, für die Oldfield ja berühmt ist, einige irritierende Veröffentlichungen, wie das Instrumental »Arrival«, der Titelsong einer ABBA-LP von 1976. Wie es denn dazu gekommen war, wollte ich von ihm wissen.

»Ich wurde dazu gezwungen.« (lacht laut) Dabei machte ich eine ungeschickte Drehung und rutschte fast von dem Bürostuhl, auf dem ich saß.

»Da fällt er mir glatt vom Stuhl«, feixte Oldfield. »Ich mochte ›Arrival‹ von ABBA. Richard und Simon von Virgin Records sagten, du musst eine Coverversion machen. Warum, sagte ich. Es ist gut so wie es ist. Nein, sagten sie, das wird ein großer Hit. Und du brauchst eine Hit-Single. Also gab ich nach. Aber bis heute finde ich die ABBA-Version besser als meine.«

»Welches Ihrer Stücke empfinden Sie als Ihre größte musikalische Leistung?«

»Ich hoffe, dass die noch kommt. Wie ich vorhin schon sagte, bin ich nur ein Vermittler. Die Ideen müssen noch geliefert werden. Und egal woher die kommen, hoffe ich doch, sie reproduzieren zu können.«

Lässig, wie er gekommen war, die Hände in den Taschen seines Jogging-Anzuges, ein Lied vor sich hinpfeifend, ging Mike Oldfield wieder davon. Ein streitbarer Typ soll das sein und ein Sonderling. So herzhaft hatte ich beim Interview lange niemanden mehr lachen hören wie ihn.

Neben »Moonlight Shadow« ist »Shadow On The Wall« mit dem Gesang von Roger Chapman für viele der bekannteste Popsong von Mike Oldfield. Die Geschichte, wie beide zusammenfanden, ist oft erzählt worden, auch von beiden. Im Pub hatte Oldfield durch Zufall bemerkt, dass jemand am Tisch Roger Chapman kennt. Der sollte einen schönen Gruß von ihm ausrichten. Beim nächsten Treffen im Pub kam der Gruß von Chapo zurück. So ging das eine Weile hin und her, bis man sich schließlich im Studio traf und »Shadow On The Wall« gemeinsam produzierte. Diese Geschichte kannte ich schon seit 20 Jahren. Am Rande eines Auftrittes von Roger Chapman bei einem Sommerfestival in Baden-Württemberg kam ich auf diese Nummer zu sprechen, und ob da nicht mehr dahintersteckte als: »Bestell ihm mal einen schönen Gruß.«

»Und tatsächlich war da auch mehr«, begann Chapo zu erzählen. »Mike hatte das Arrangement für den Song schon fix und fertig. Es fehlte wirklich nur noch der Gesang. Es ist normal, dass man erstmal einen Durchlauf macht, dann über dies und das redet, und nach dem zweiten oder dritten Mal ist der Song dann im Kasten. Aber Mike fand immer noch etwas zu verbessern. ›Shadow On The Wall‹ ist ein kraftvoller Rocksong, der einem einiges abverlangt. Ich hing buchstäblich in den Seilen und wollte nach dem zehnten oder zwölften Versuch wissen, ob es denn nun nicht reiche. Es reichte nicht ... Als wir am Abend dann doch irgendwann zu einem für alle befriedigenden Ende gekommen waren, sprach ich Mike an, was der Grund für diese Tortur gewesen sei. Mike erinnerte mich an eine Begebenheit, die schon viele Jahre zurücklag. Meine Band-Family und ich suchten einen Bassisten und hatten einige Bewerber zum Vorspiel eingeladen, darunter war auch der junge Mike Oldfield. Wir hatten ihn nicht genommen. Und dieser Tag im Studio mit acht Stunden ›Shadow On The Wall‹ war Mike Oldfields Revanche, weil ich ihn damals abgewiesen hatte.«

Robert Plant – mit dem Led Zeppelin-Sänger im Englischen Garten

München 1993

Wenn von Hardrock die Rede ist, fallen unweigerlich Bandnamen wie Deep Purple, Black Sabbath und ganz besonders Led Zeppelin. Diese drei britischen Formationen gelten als das stilprägende Dreigestirn der kompromisslosen harten Spielart des Rock, die aber zeitgleich auch von Bands wie Uriah Heep oder U.F.O. bedient wird. Wer darüber hinaus zum harten Kern des Genres zählt, das ist ein Endlosthema für Stammtische und Fanclubs.

Die Zahlen sprechen indessen für sich mit mehr als 300 Millionen verkauften Alben bei Led Zeppelin, die auch rein statistisch, untermauert durch Charts-Positionen, den Anspruch erfüllen, das Flaggschiff des Hardrock zu sein.

Wie bei Deep Purple und Black Sabbath fällt die Gründung von Led Zeppelin ins Schlüsseljahr 1968. Hier spaltet sich die Entwicklung des britischen Beat auf und geht in viele unterschiedlich geartete stilistische Richtungen. Psychedelische Spielformen entstehen, wie auch die Vorläufer des Art- und Progressive-Rock mit Bands wie Pink Floyd, Genesis oder Yes, und eben die Vertreter des Hardrock, aus dem sich schon bald Heavy Metal entwickeln sollte, der sich bis heute großer Popularität erfreut. Led Zeppelin waren keine Band von Anfängern. Jeder der vier Musiker hatte bei der Bandgründung schon seine eigene mehr oder weniger große Geschichte hinter sich, allen voran Gitarrist Jimmy Page, der schon während der gesamten sechziger Jahre vielen Plattenaufnahmen mit seinem Spiel die Würze gegeben hatte. Das Intro bei Joe Cockers »With A Little Help From My Friends«, die schneidenden E-Gitarrensplitter in Donovans »Hurdy Gurdy Man« oder bei »Heart Of Stone« der Rolling Stones, seine filigrane Begleitung bei Marianne Faithfulls »As Tears Go By« und seine Einsätze auf Platten von The Who oder The Kinks zeigen die verschiedenen Seiten dieses Ausnahmemusikers, der schließlich als festes Mitglied bei den Yardbirds zum Gitarrengott auf den Konzertbühnen avancierte.

Ähnlich vielseitig wie Page war der spätere Bassist und Keyboarder bei Led Zeppelin John Paul Jones in den Aufnahmestudios der sechziger Jahre aktiv. Ihm verdanken die Rolling Stones die Streicher-Arrangements auf ihrem 1967er-Album »Their Satanic Majesties Request«. Er veredelte die Hits von Donovan. Beim schon erwähnten »Hurdy Gurdy Man« werkelten gleich zwei spätere Led Zeppelin-Heroen mit im Studio, was Donovan selbst auch heute nicht ohne Stolz in Interviews bestätigt. Die Liste von Jones ist ähnlich lang und vielfältig wie die von Page. Er verdiente gutes Geld, weil er von Teenagerbands wie Hermans Hermit's bis zum Sinfonieorchester alle Bedürfnisse zur Veredlung der Aufnahmen im Studio erfüllen konnte. Nur wirkliche Befriedigung im künstlerischen Sinne fand er dabei nicht, bis eines Tages ein Anruf von Jimmy Page kam, den seine Frau entgegennahm. Sie hatte das Gefühl, dass dieser Page ein wirklich interessantes Angebot für ihren Mann hatte. Es ging um die Neuformierung der Yardbirds mit einem ebenso neuen musikalischen Konzept, von dem Keith Moon, der Schlagzeuger von The Who, sagen sollte, sie würden damit wie ein bleierner Zeppelin abstürzen, womit dann auch ein besserer Name für die neue Band gefunden war.

Das letzte Problem blieb der Sänger. Jimmy Page und Manager Peter Grant hatten einen Tipp bekommen, dass da oben im englischen Norden ein unglaublicher blondgelockter Shouter mit seiner Band Of Joy aktiv sei. Der Tipp kam von Terry Reid, der eigentlich als künftiger Sänger angefragt wurde. Doch Reid hatte gerade ein tolles Angebot, mit seiner Band, den Jaywalkers, im Vorprogramm der Rolling Stones die USA zu bereisen. Robert Plant hatte in Birmingham seine Band Of Joy bereits verlassen und sang für eine Formation namens OBS-Tweedle. Den schauten sich die Londoner Scouts Page und Grant an und waren sofort begeistert. Die Sache schien einen Haken zu haben, denn so ein Talent konnte doch nicht unentdeckt geblieben sein. Auch andere Sänger und Bands wie Eric Burdon aus Newcastle oder die Spencer Davis Group aus Birmingham hatten es trotz provinzieller Herkunft in die Londoner Szene geschafft, ganz zu schweigen von den Fab Four aus Liverpool, wieso dieser Sänger nicht? Robert Plant willigte jedenfalls ein, bei dem neuen Bandprojekt dabei zu sein und brachte auch gleich den richtigen Schlagzeuger mit, den er von der Band Of Joy kannte, John »Bonzo« Bonham. Damit war der Zeppelin startklar.

Das noch etwas ruppige Plattendebüt von 1969, einfach »Led Zeppelin« betitelt, enthielt schon alle Ingredienzien, für die die Band wenig später weltberühmt sein sollte: schweren Rock auf Bluesbasis mit krachendem Rhythmus und explodierenden Gitarrenriffs. Wie so oft bei Debüts enthielt auch die erste Led Zeppelin-LP neben eigenen Nummern Coverversionen von Songs, die sich schon im Konzert der Vorgängerbands bewährt hatten, wie Willy Dixons »You Shook Me« oder »I Can't Quit You Baby«.

Doch Songs wie »Good Times Bad Times« liefen schon bald im Radio und »Dazed And Confused« bekam einen Stammplatz in den nur wenig später umjubelten Led Zeppelin-Konzerten. Die vier Ausnahmetalente entwickelten schnell einen Sinn für das gemeinsame Spiel im Studio und auf der Konzertbühne.

»Led Zeppelin II« enthielt den Superhit »Whole Lotta Love« und sorgte für den sprichwörtlichen Durchbruch. Die Single war 1970 auch in Deutschland wochenlang die Nummer 1 der Charts. Das Gitarrenintro stand für eine völlig neue elektrisierende Art von Rockmusik. Der Song strahlte eine Intensität und Energie aus, wie man das so noch nie zuvor gehört hatte, betörend und einschüchternd zugleich. Und dann diese hohe gepresste Stimme des Sängers. Wie konnte man eine solche Stimmlage einen ganzen Song durchhalten? Die ergänzte sich ideal mit dem Gitarrenpart in der Mitte. Die Soli splitterten nur so aus den Lautsprechern der damals noch nicht so robusten Radios und Boxen. Dass »Whole Lotta Love« einen psychedelisch gefärbten Mittelteil enthielt, bemerkten wir erst später, denn die radiotaugliche Single war von der Plattenfirma kurzerhand um diesen Teil beschnitten worden. Im »Beat-Club« lief dann die LP-Version mit irrwitzigen elektronischen Lichteffekten, wodurch die Band kaum zu erkennen war. Später stellte sich heraus, dass Led Zeppelin bei dieser Fernsehaufnahme eigentlich ein anderes Stück spielten. Das war schon Monate zuvor für den »Beat-

Club« aufgenommen, jedoch nie gesendet worden. Nun hatte sich aber »Whole Lotta Love« zum Superhit entwickelt, so dass die Macher bei Radio Bremen kurzerhand die originalen Schwarz-Weiß-Aufnahmen mit farbigen Klecksen überblendeten und so wieder up to date erschienen.

Album Nummer 3, »Led Zeppelin III«, brachte eine böse Überraschung für die Fans der harten Klänge. Auf der B-Seite griffen Led Zeppelin zu Mandolinen, akustischen Gitarren und anderen folkloristischen Instrumenten und spielten Stücke in einer Art, wie man sie von dieser Band nicht erwartet hätte. Die Kritiker sparten nicht mit Verrissen, obwohl auch Perlen wie der »Immigrant Song« auf der Platte waren, der das Album mit voller Wucht eröffnet. Offensichtlich hatte man eine Steigerung des Soundexzesses vom Vorgängeralbum erwartet. Andererseits wollten sich Led Zeppelin nicht auf die Rolle einer reinen Hardrockband festlegen lassen. Die Kritik nagte besonders am Ehrgeiz von Jimmy Page, der gemeinsam mit seinem kongenialen Songschreibepartner Robert Plant zum nächsten Schlag ausholte. Es sollte ein Album werden, das alles bisher von der Band Gehörte in den Schatten stellte. Dazu passte dann auch eine vordergründig betriebene Mystik, die darin gipfelte, dass die vierte LP von Led Zeppelin keinen Namen bekam. Es gab keinen Titel und auch den Namen der Band suchte man vergeblich. Auf der Innentasche prangten lediglich vier keltische Runen von rätselhafter Symbolik. So ging diese Platte als »Led Zeppelin IV« bzw. als Runenalbum in die Geschichte ein mit Klassikern wie »Black Dog«, »Rock And Roll« und »Stairway To Heaven«.

Es gab viel Ärger mit der Plattenfirma, die aus marketingtechnischen Gründen größte Bedenken anmeldete und von kommerziellem Selbstmord sprach. Verärgert über die schlechte Presse zu »Led Zeppelin III« gab die Band auch keine Interviews mehr. Sie waren überzeugt, das neue Album sei so gut, es werde sich wie von selbst verkaufen, und »Stairway To Heaven« werde die Welt erobern. Die Schöpfer dieses Opus Magnum, Page und Plant, waren sich des Erfolges und der Bedeutung dieses Liedes so sicher, dass sie den Text auf die Innentasche der Platte druckten:

There's a lady who's sure all that glitters is gold,
and she's buying a stairway to heaven.
When she gets there she knows, if the stores are all closed,
with a word she can get what she came for.
Ooh, ooh, and she's buying a stairway to heaven.

There's a sign on the wall but she wants to be sure,
'cause you know sometimes words have two meanings.
In a tree by the brook there's a songbird who sings,
sometimes all of our thoughts are misgiven.
Ooh, it makes me wonder
Ooh, it makes me wonder

There's a feeling I get when I look to the west,
and my spirit is crying for leaving.
In my thoughts I have seen rings of smoke through the trees,
and the voices of those who stand looking.
Ooh, it makes me wonder

And it's whispered that soon, if we all call the tune,
then the piper will lead us to reason.
And a new day will dawn for those who stand long,
and the forest will echo the laughter.

If there's a bustle in your hedge row don't be alarmed now,
it's just a spring clean for the may queen.
Yes, there are two paths you can go by, but in the long run,
there's still time to change the road you're on.
And it makes me wonder
Ooh

Your head is humming and it won't go, in case you don't know.
The piper's calling you to join him.
Dear lady, can you hear the wind blow, and did you
know your stairway lies on the whispering wind?
Ooh

And as we wind on down the road, our shadows taller than our souls,
there walks a lady we all know who shines white light and wants to show
how everything still turns to gold.
And if you listen very hard,
the tune will come to you at last,
when all are one and one is all,
to be a rock and not a roll.
And she's buying a stairway to heaven.

Es gibt eine Dame, die sich ganz sicher ist,
dass alles Gold ist, was glänzt,
und dass sie 'ne Treppe kauft rauf in den Himmel.
Sind die Läden zu, wenn sie hinkommt, dann weiß sie,
ein Wort genügt, und sie kriegt, was sie will.

Und sie kauft 'ne Treppe rauf in den Himmel.

An der Wand ist ein Schild,
aber sie geht lieber auf Nummer sicher.
Weil, du weißt ja, Wörter sind doch manchmal so
  doppeldeutig.
In einem Baum am Bach
trällert ein Singvogel.
Manchmal lässt sich all unser Denken erahnen.
Mich wundert's, mich wundert's wirklich.

Ich kriege immer so ein Gefühl, wenn ich nach Westen
  schaue.
Dann heult meine Seele auf und will weg.
In meinen Gedanken sah ich zwischen den Bäumen Ringe
  aus Rauch,
und die Stimmen von denen die zuschauen.
Mich wundert's, mich wundert's wirklich.

Schon wird getuschelt. Wenn wir bloß wüssten, zu welchem
  Lied,
würde der Mann mit dem Dudelsack uns schon zur Vernunft
  führen.
Und für die, die es so lange aushalten, bräche dann ein neuer
  Tag an,
und ihr Gelächter hallt durch die Wälder.

Du brauchst keine Angst haben, wenn es in deiner Gartenhecke plötzlich betriebsam wird.
Ist nur ein kleiner Frühjahrsputz für die Maienkönigin.
Klar, es gibt immer zwei Wege zum Ziel, aber am Ende

bleibt dir immer noch Zeit, eine andere Straße zu nehmen.
Und mich wundert's.

Falls Du es noch nicht wissen solltest: das Gebrumm in
  deinem Kopf wirst du nicht los.
Der Mann mit dem Dudelsack will, dass du mitkommst.
Gnädigste, kannst du hören, wie der Wind weht, und
  wusstest du,
dass deine Treppe auf dem Flüstern des Winds liegt?

Während wir so die Straße runter spulen
und unsere Schatten unsere Seelen bei weitem überragen,
geht da die Dame, die wir alle kennen,
die leuchtet mit ihrem weißen Licht. Sie will uns zeigen,
dass immer noch alles zu Gold wird.
Und wenn du ganz genau hinhörst,
kannst du das Lied endlich erkennen.
Wenn alle eins sein werden und eines wird alles, yeah.
Ein ruhender Fels zu sein statt immer nur unterwegs.
Und sie kauft 'ne Treppe rauf in den Himmel.

Led Zeppelin, Stairway To Heaven
(deutsche Fassung, entnommen http://www.swr.de/swr1/bw/
musik/-/id=446320/nid=446320/did=1597502/8k78ui/index.
html)

Jimmy Page hatte die Melodie ersonnen und Robert Plant den Songtext verfasst, der eindeutig seine Vorliebe für keltische Sagen, Lyrik und Schriften von Lewis Spence (1874–1955) und Robert Graves (1895–1985) verrät. Die Suche nach der mythischen Dame mit der spirituellen Vollkommenheit ist in der Rock-Lyrik nicht neu, hat hier aber ihre konkreten Wurzeln in der Feenkönigin von Spence und Graves' weißer keltischer Göttin, die in der literarischen Vorlage Namen trägt wie Nimue, die Dame vom See, oder Diana of the Fields Green und Rhiannon, die Geisterkönigin, der wir auch bei Fleetwood Mac begegnen. Die Quellenlage der Song-Lyrik ist also ziemlich klar. Woher Jimmy Page die Inspiration für die Musik zu »Stairway To Heaven« hatte, war vielen Zeitgenossen ebenso klar, und diese Gerüchte halten sich bis auf den heutigen Tag: Jimmy hat seine Seele dem Teufel verkauft für den größten Ruhm, den ein Rockstar einfahren kann, begleitet von allen Segnungen des Geschäftes von Sex and Drugs and Rock'n'Roll, und davon bitte reichlich. Als Gegengabe hatte der Künstler einige rückwärts gesprochene Sentenzen auf die Platte und damit millionenfach unters Volk zu bringen, das somit auf die Herrschaft des Teufels und des Bösen vorbereitet wurde. Nur so ist es zu erklären, dass Jahr für Jahr eine nicht zu bekehrende Mehrheit von Hörerinnen und Hörern in Baden-Württemberg »Stairway To Heaven« als Siegertitel der SWR 1-»Hitparade« wählt. Ein Song, der nie als Single erschien und also auch nie in den Pop-Charts notiert war. Ein Lied, das keinen Refrain zum Mitsingen, dafür jede Menge Text enthält, den nicht wenige gebetshaft mitmurmeln, wenn die Nummer 1 im Finale der SWR 1-»Hitparade« erklingt. Jedes Jahr ist der Jubel groß, wenn die Überraschung zum wiederholten Male gelingt, und ein SWR 1-Moderator der staunenden Menge verkünden kann: »Und die Nummer 1 ist ›Stairway To Heaven‹ von Led Zeppelin.« Es folgen fast acht Minuten rauschhafter Hingabe zum Gesang Robert Plants, dem Flötenintro von John Paul

Jones, dem hypnotischen Gitarrenspiel von Jimmy Page und dem gigantischen Einstieg von John Bonhams Schlagzeugbatterie nach den ersten ruhigen Minuten.

In Gesprächen mit Peter Frampton oder Steve Harley bestätigte sich diese scheinbare Gesetzmäßigkeit auch für andere Landstriche in- und außerhalb Europas. Nach seinen persönlichen größten Hits aller Zeiten befragt, grinste beispielsweise Steve Harley und mutmaßte zu Recht: »Ach, ihr macht eine Hörerhitparade. So was gibt es bei uns in England auch. Lass mich raten, ›Stairway To Heaven‹ wird die Nummer 1?« Ich nickte ungläubig. »Warte, die Nummer 2 ist die ›Bohemian Rhapsody‹ von Queen und die Nummer 3 ›Yesterday‹ von den Beatles«, triumphierte Steve Harley. »Na, ja, knapp daneben mit den Beatles, aber die Nummer 2 stimmt«, gab ich zu. So erstaunlich ist der fast gleiche Musikgeschmack von Briten und Deutschen in dieser Alters- bzw. Zielgruppe vielleicht doch nicht. Bleibt aber das böse Gerücht, dass mit »Stairway« der Teufel seine Hand im Spiel habe. Immerhin ertönt vom Rathaus der Stadt Fürth seit November 2007 ein Glockenspiel mit dem Thema von »Stairway« täglich um 12.04 Uhr. Die amerikanische Country-Sängerin Dolly Parton nahm (wie unzählige Sängerinnen und Sänger vor ihr) eine Coverversion von »Stairway To Heaven« auf und behauptete, damit heiligen Boden betreten zu haben. Einige ihrer Fans wollten sie dafür kreuzigen.

Eine Schülerin schrieb mir im Jahre 2009, dass sie mit ihrem Englischlehrer im Disput stehe, der eben die These von der Besessenheit Jimmy Pages vertrete und an satanische Verse und Botschaften bei »Stairway To Heaven« glaube. Das Mädchen zweifelte an den Worten ihres Lehrers, hatte aber keine schlagkräftigen Argumente, die ich ihr nun liefern sollte. Aus Interviews, die man in Musikmagazinen und Büchern nachlesen kann, wusste ich, dass sich Jimmy immer wieder gegen solche Unterstellungen gewehrt hatte, mit dem Hinweis, dass er sich seiner Verantwortung als Idol der Jugend bewusst gewesen sei. Dem gegenüber stand aber sein Hang zum Okkultismus und dass er zeitweilig in einer Hütte gewohnt hatte, deren Vorbesitzer Teufelsanbeterei und Satanismus vorgeworfen wurde. Letztlich kann man die Platte so lange rückwärts drehen und hören wie man will, konterte Page die Vorwürfe, man wird keinerlei Hinweise auf Botschaften finden.

Den für mich und meine junge Hörerin schlagendsten Beweis verdanke ich aber einem persönlichen Gespräch mit dem Sänger und Textschreiber von »Stairway To Heaven« Robert Plant im Frühjahr 1993 im Englischen Garten in München. Der einstige Sänger von Led Zeppelin wollte sein neues Solo-Album »Fate Of Nations« bewerben und hatte zum Interview geladen. Ich war damals für SDR 3 angereist und fand mich zur vereinbarten Zeit am Nachmittag eines sonnigen Apriltages im Seehaus ein. Es war ein Montag, und das Lokal hatte offiziell seinen Ruhetag. Die wartenden Journalisten, gastronomisches Personal und Robert Plant mit kleiner Begleittruppe waren die einzigen anwesenden Menschen. In einer Ecke sah ich einen Reporter mit Kopfhörer und großem Mikrofon sitzen. Ihm gegenüber unverwechselbar mit gewaltiger blonder Lockenmähne Robert Plant, der lebhaft in das ihm hingehaltene Mikrofon sprach. Ich wurde von der Promoterin empfangen, die für Universal arbeitete und mir nicht unbekannt war. Große Blondine in Leder, das passte zu ihrem Job hier. Sie bot mir einen Platz und Kaffee an. Schließlich war die vereinbarte Zeit des Reporters abgelaufen, der nun sein Equipment einpackte, während Robert Plant sich erhob und auf unseren Tisch zusteuerte. Die Promoterin stand auf und ging ihrerseits auf Plant zu, der sie übermütig in die Luft hob, die keinesfalls zierliche Frau über seine Schulter warf und mit seiner Last schnurstracks auf mich zukam. Wir begrüßten uns kurz, während seine Gefangene laut schreiend mit den Fäusten auf sein Hinterteil trommelte, denn sie hing kopfüber am Rücken von Robert Plant herunter, was zur Folge hatte, dass ich bei der Begrüßung nicht nur in Plants Augen, sondern auch auf das straffe lederbezogene Hinterteil der Promoterin blickte, das er auf der Schulter trug. That's Rock'n'Roll, dachte ich bei mir. Plant ist ein großer Mann, ich schätze ihn auf 1,90 Meter, denn ich musste mit meinen 1,84 Meter zu ihm aufsehen. Seine blonde Mähne umrahmte ein braungebranntes Gesicht, in dem sich erste Falten abzuzeichnen begannen. Schon damals gab es das Gerücht, er habe sich liften lassen, was aber an der phototechnischen Bearbeitung der Coverfotos seiner Alben liegen mag. Er trug eine aus Leder gefertigte braune Hose und zog sich gerade einen Parka über sein Folklorehemd. Das verunsicherte mich, denn ich dachte, wir würden nun an demselben Tisch Platz nehmen, an dem er eben noch mit dem Reporter gesessen hatte.

»Ich hasse Hotelzimmer«, erklärte er. »In Hamburg sind wir alle Boot gefahren, München mit seinen Parks lädt zum Spazierengehen ein. Lass uns nach draußen gehen.« So kam es, dass ich allein mit Robert Plant auf einer Parkbank saß, fast unbeachtet von den Spaziergängern oder dem Parkwächter, der gerade den Weg fegte, was deutlich auf den Aufnahmen zu hören ist. Im Hintergrund plätscherte eine Fontäne und es schnatterten Enten. Es war klar, dass Robert Plant vor allem und ausschließlich über sein neues Album sprechen wollte. »Fate Of Nations« war bereits sein siebtes Solo-Werk. Allesamt hatten sie nicht den Bruchteil der Aufmerksamkeit erregt wie die schwächste Led Zeppelin-Platte.

Ich stieg mit der Frage nach einem seiner prominenten Gäste ein, die gleich auf dem ersten Titel des neuen Albums zu hören waren, dem Teufelsgeiger Nigel Kennedy. Den habe ihm ein gemeinsamer Freund empfohlen und auch den Kontakt hergestellt, sagte Robert.

»Wir sprachen viel über Fußball und kamen dann irgendwann auf die Musik. Wir wollten sehen, ob es da nicht auch Berührungspunkte wie beim Fußball gäbe. Ich hatte eigentlich indische Violinspieler haben wollen, aber das hat einfach nicht so geklappt, wie ich mir das vorstellte. Dann rief ich Nigel Kennedy an und fragte ihn, ob man nicht wie im wirklichen Leben auch auf dem Gebiet der ästhetischen Musik zusammenkommen könnte. Für den Song ›Calling To You‹ war er dann mit im Studio.«

Ich merkte an, dass sich die Songs auf dem neuen Album für mich wieder mehr nach Rockmusik für die Bühne anhörten als seine Alben aus den achtziger Jahren, die mehr nach Studiotechnik klangen.

»Ich bin immer musikalischen Trends gefolgt«, antwortete Robert Plant, »aber ich habe nie für die Hitparaden geschrieben. Dazu gehörte auch immer die Verwendung neuester Studiotechnik, die zuweilen etwas steril klingt. Keyboards, Computer und all das haben ihre Berechtigung in der modernen Musik, aber heutzutage mehr in der Dance- und Rapszene. Die haben ja auch mal als Straßenmusiker angefangen mit den Doo Wop-Gruppen der fünfziger Jahre. Es mag sein, dass ich manchmal ein Gefangener meiner eigenen musikalischen Ambitionen wurde.«

Robert Plants Album »Fate Of Nations« gilt bis heute als eines seiner besten Solo-Alben und markiert seine Rückkehr zur komplexen Rockmusik, wie er sie mit Led Zeppelin präsentierte. Vor allem die Vielfalt der Lieder wird gelobt, vom straffen Rocksong bis zur Ballade wie »If I Were A Carpenter«, die viele für eine der besten Coverversionen dieses Liedes von Tim Hardin halten, das man auch von Bobby Darin und den Four Tops kennt. Mit der Bandgeschichte von Led Zeppelin im Kopf wusste ich über die Bedeutung von Albumtiteln und der Covergestaltung. Ich brachte Roberts Solo-Alben »Now And Zen« und »Manic Nirvana« ins Spiel, die auf religiöse Gedankenspiele schließen lassen. Das Coverfoto von »Fate Of Nations«, zeigt den Planeten Erde, der vor einer glühenden Sonne abschmilzt, was wiederum von einer Familie am vorderen Bildrand argwöhnisch beobachtet wird. Da liegt die Vermutung nahe, Robert Plant sei zurück auf der Erde oder gar erlöst worden.

»Ich bin nicht erlöst«, lachte er. »Ich weiß, was du sagen willst. ›Now And Zen‹ war nur ein lustiges Wortspiel und ein Hinweis darauf, dass ich eine Art Inkarnation als Sänger in dieser Band war. (Er meint Led Zeppelin.) Die Leute sollten endlich begreifen, *now is now and then is then, now and then*. Das, was vorbei ist, ist vorbei, und jetzt zählt nur die Gegenwart. Und ›Manic Nirvana‹ ist eine Anspielung darauf, dass ich immer bestrebt bin, etwas Neues zu versuchen und das voranzutreiben, mit dem ich mich gerade beschäftige. Dazu gehört aber ganz sicher nicht das Schreiben von Songs, die Hits werden sollen. Ich singe mir jeden Abend die Seele aus dem Leib mit dem Mikrofon in der Hand am Bühnenrand, während neben mir eine Gitarre die höchsten Höhen erklimmt. Das ist mein *Manic Nirvana*, ich bin hier und heute, ganz real.«

»Und was ist mit ›Fate Of Nations‹?«, wollte ich wissen.

»Ach, das ist nur eine Zeile aus einem der Texte, die wir dir ja zugeschickt hatten, aus ›Great Spirit‹. Wir haben ganz offensichtlich einige Probleme auf unserem Planeten, die uns von Geburt an in die Wiege gelegt wurden. Darüber zu reden ist doch wichtiger als die Frage zu klären, mit wie vielen Frauen ich geschlafen habe oder nicht. Stattdessen bemühe ich mich, mit meiner Musik auf einige Probleme aufmerksam zu machen, die für unser Leben einfach bedeutender sind.«

»Dennoch gibt es da Parallelen«, wagte ich einzuwerfen.

»Es ist letztlich egal, mit wie vielen Frauen ein Mann schläft, weil er allein durch deren Anzahl nie das Gefühl hat, genug zu bekommen. Das ist dann schon eher eine Frage der Qualität der Beziehung. Ist es nicht auch so mit dem Machen von Alben?«

Zuerst lachte er laut, wurde dann aber doch nachdenklich.

»Es geht mir nicht darum, irgendwann eine bestimmte Qualität zu erreichen, nur um sagen zu können, jetzt habe ich es, nun kann ich Schluss machen. Ich singe, weil ich gut bin und Spaß daran habe. Da ist viel Hingabe und Leidenschaft im Spiel. Ich könnte das nicht, wenn ich es zum Vorteil oder Profit von wem auch immer täte. Ich mache das einfach für mich.«

»Mit einer Stimme wie der deinen ist es ja auch einfach, so was zu sagen. Du kannst dir diesen Luxus leisten.«

»Ich würde es eine große Gabe nennen. Aber die größte Gabe ist es, damit auch umgehen zu können, sich immer wieder neu auszuprobieren, alles auszuloten, was geht. Jeder kennt ja schließlich meine Stimme, und da wäre es doch verwerflich, immer wieder nur ›Stairway To Heaven‹ oder ›Black Dog‹ zu singen.«

»Und das ist dir nie langweilig geworden?«

»Nein, nie, es macht mir immer noch einen Riesenspaß. Das ist wie bei einem Fußballspieler. Der will ja eigentlich auch nie aufhören ...«

»Aber der wird doch älter und fühlt sehr schnell, wann seine Zeit als Profi vorbei ist.«

»Genau, und dabei fühlt er sich ziemlich schlecht. Ich kenne einige Fußballspieler aus dem englischen Profilager persönlich, Götter am Ball. Aber dann werden sie langsamer. In England sagen wir, er ist einen Meter zu langsam, fällt zurück ins Mittelfeld und wird dann irgendwann Trainer und schließlich der Mann, der die Vereinskneipe hat.«

»Die Vergleiche mit dem Fußball scheinen dir zu liegen.«

»Was ich sagen will ist, wenn der Fußballer eines Tages Großvater ist, wird er immer noch Ball spielen, so gut er eben kann. Er hat auch Spaß dabei, weil er nun mit seinen Enkeln spielt. So mache ich es auch, wenngleich ich noch kein Großvater bin. Ich fühle mich noch jung und kräftig.«

Wir sprachen über die Musiker, die ihn längere Zeit begleitet hatten, wie den Gitarristen Robbie Blunt.

»Ihm gefiel nicht mehr, was ich machte, und da trennten sich unsere Wege«, sagte Plant. »Um ehrlich zu sein, müssen die Leute in meiner Band tun, was ich sage. Wenn das nicht funktioniert, müssen sie halt gehen. Davon abgesehen ist er immer noch ein guter Freund von mir und spielt gerade ein paar Sessions in Kalifornien. Meine derzeitige Tour-Band habe ich neu zusammengestellt. Wir sind im Mai in Prag, Wien und Budapest und begleiten die Lenny Kravitz-Tour, da kommen wir auch zu ›Rock am Ring‹ nach Deutschland. Ich eröffne die Show mit Lenny. Wir sind sein Vorprogramm.«

Das sagte er mit einer solchen Bestimmtheit, als wolle er all das unterstreichen, was er kurz zuvor über seine Arbeitsphilosophie geäußert hatte: keine Songs für die Hitparaden, arbeiten um des Spaßes willen, solange die Freude an der Arbeit anhält. Das schien er wirklich ernst zu meinen.

»Man darf also nicht zu spät kommen, um mich singen zu sehen«, fuhr er fort. »Ich habe wirklich eine phantastische Band mit dem Schlagzeuger von The Cult, zwei richtig wilde Gitarristen, die alles spielen können, was Saiten hat. Diese Band ist einfach zu gut, um vor konvertierten Fans zu spielen, die eigentlich auf Led Zeppelin-Songs warten. Ich spiele lieber vor einem großen Publikum, das nicht mal weiß, wer ich bin.«

Ich wollte wissen, wie es zur Zusammenarbeit mit Lenny Kravitz gekommen war. Ein bloßer Zufall, weil es mit dem Terminkalender passte oder war es die Idee des Managements?

»Ich habe Tag und Nacht an diesem Album gearbeitet, damit es rechtzeitig fertig wird und ich im Sommer auf Tour gehen kann, nicht mal Urlaub habe ich mir gegönnt. Dann habe ich mich umgehört, wer in dieser Saison gerade unterwegs ist. Da sind die Black Crowes. Die haben meine Shows auf meiner letzten Amerika-Tour eröffnet. Die sind richtig gut. Dann hörte ich von Lenny Kravitz, dass er auf Tour geht. Ich habe schon immer gemocht, was er macht. Er klingt sehr nach siebziger Jahre und zieht ein Love-and-Peace-Publikum an. Das ist die Ära, an die ich glaube.«

»Befindet sich das Erbe der Rockmusik in guten Händen, wenn wir schon von Lenny Kravitz sprechen?«

»Ich weiß nicht, ob es so etwas wie ein Erbe gibt und ob es bei Def Leppard in den richtigen Händen ist oder bei Coverdale und Page. Es gibt eben auch immer eine Menge Schrott auf dem Markt.«

Jimmy Page von Led Zeppelin und David Coverdale von Deep Purple bzw. Whitesnake hatten zu der Zeit gerade ein gemeinsames Bandprojekt. Da Robert Plant dieses selbst ins Spiel gebracht hatte, wollte ich von ihm wissen, was er davon hält. Es sehe ja so aus, dass die alten Helden neue Verbindungen eingingen und sogenannte Supergroups bildeten, während er, Robert Plant, sich mit der Jugend engagiere. Ist das der bessere Weg?

»Ich weiß nicht, was besser ist. Wenn du dir mein neues Album anhörst, wirst du feststellen, dass da Lieder für alle drauf sind. Man muss nicht immer alles generalisieren oder in Schubfächer packen wollen. Meine Musik hat alles, sie ist energetisch, kraftvoll, akustisch und heavy. Sie wird dir Liebe bringen, wenn du ihr aufmerksam zuhörst. Aber sie hat keine Altersgrenze. Im Gegensatz zum Heavy Metal, der sich für meinen Begriff zu sehr ein Macho-Image verpasst hat, mit martialischem Gehabe, den Lederklamotten und all dem, möchte ich wieder die Gefühle der Menschen ansprechen. Über allem soll der Geist der Toleranz und gegenseitigen Achtung schweben mit dem Respekt vor Andersdenkenden. Dafür haben wir mit Led Zeppelin auch gestanden.«

»Aber damals wie heute sieht man dich auch als Sexsymbol«, spielte ich auf seine Kritik am Heavy Metal an.

»Ich bin eher ein guter Kartenspieler«, lachte er.

»Welche Bands unserer Tage hörst du dir auch zuhause an?«

»Die Black Crowes, da besonders das zweite Album, das ist wirklich klasse, und Chris Robinson ist ein großartiger Sänger. Die Leute sagen, sie wären einfach nur Rock'n'Roll. Genau das sind sie. Dann lasst sie doch sein, wie sie sind. Das ist wenigstens ehrlich. Egal wie lächerlich Rock zuweilen daherkommt, als sterbender Dinosaurier oder so. Wenn es Leute gibt, die Rock zu ihrem Ding machen, dann lasst sie das tun, wenn sie gut darin sind. Das ist besser als wenn eine Band wie Guns N' Roses so tut, als seien sie Led Zeppelin.«

»Es scheint so, als erlebten die Dinosaurier gerade ihre Wiedergeburt. Bands wie Emerson, Lake & Palmer sind auch wieder da.« Er verzog schmerzvoll das Gesicht und krächzte kurz auf: »Ich kriege immer die blanke Wut, wenn jemand in meiner Gegenwart den Namen Emerson, Lake & Palmer erwähnt.« Ich wusste von seinem Hass auf diese Band. Ob er sie wegen ihrer Musik nicht mochte oder weil damals in den frühen Siebzigern Zeppelin-Manager Peter Grant auch diese Band unter Vertrag nehmen wollte, hat sich mir nicht erschlossen. Ich erzählte Robert nur kurz von meiner letzten Begegnung mit Emerson, Lake & Palmer und dass ich entsetzt war über die Leibesfülle von Bassist und Sänger Greg Lake.

»So ist das mit dem Älterwerden als Rockstar«, sinnierte Robert Plant. »Man kann älter werden und immer noch cool dabei sein. Schau dir Neil Young an. Das ist alles eine Sache der inneren Einstellung, der Intensität und Befreiung von sich selbst. Musikalisch bin ich jetzt heißer, als ich es je war. Und daran glaube ich.«

»Während du das hier in München zu mir sagst, werden in Stockholm die *Led Zeppelin Awards* für die besten Heavy Metal-Bands verliehen. Das Denkmal Led Zeppelin scheint ungeachtet deiner Intentionen ein Eigenleben zu führen.«

»Ach, das sind doch zwei ganz verschiedene Dinge. Led Zeppelin war eine glückliche Verbindung von ausgeprägten Persönlichkeiten, die sich optimal ergänzten, wenngleich es da auch eine Menge Unstimmigkeiten zwischen diesen vier

Menschen gegeben hat. Ein Geben und Nehmen, die ganze Elektrizität oder was immer es auch war, hat aber zu erstaunlich kreativen Resultaten geführt. Das lässt sich so leicht nicht wiederholen. Aber es war eine großartige Sache und hat mit dem Hier und Heute nicht viel zu tun. Das ist etwas, das man sich in Archiven anschauen und bewundern kann. Man sollte dabei aber nicht vergessen, dass es auch schwache Momente gab und schlechte Songs. Wenn es heute die *Led Zeppelin Awards* gibt, ist das nur ein Zeichen dafür, dass man das Monster hat friedlich einschlafen lassen.«

Auf unserem Spaziergang durch den Englischen Garten begegnete uns plötzlich eine Gruppe Menschen mit Kameras, Mikrofonen, heftig gestikulierenden Assistenten und Journalisten, die einen Mann in ihrer Mitte mit Fragen bedrängten. »Wer ist das denn?«, wollte Robert Plant wissen. Als die Meute an uns vorbei war, ohne auch nur Notiz von uns beiden langhaarigen Figuren zu nehmen, konnte ich Robert sagen, dass ich den Tennisspieler Michael Stich erkannt hatte, der hier seine Art von Pressekonferenz durchzog. Wieder am Seehaus angekommen, verabschiedete ich mich von Robert Plant mit einem Handschlag und wünschte ihm alles Gute. An eine Wiedervereinigung von Led Zeppelin glaubte ich nach diesem Gespräch nicht mehr. Interessant aber war, dass er nur ein Jahr später, 1994, mit seinem alten Freund und Partner Jimmy Page, der damals noch mit David Coverdale zusammenarbeitete, ein Album mit dem Titel »No Quarter« aufnahm. Eindeutig ein Zeppelin-Song. Die beiden zelebrierten auch vor MTV-Kameras in der Reihe »Unplugged« eine Show mit arabischen Musikern, die Led Zeppelin-Klassiker neu arrangiert in orientalischem Stil präsentierten. Led Zeppelin-Bassist und -Keyboarder John Paul Jones beklagte sich wenig später in einem Interview, dass die beiden ihn nicht einmal gebeten hätten, an dieser Show teilzunehmen. Es blieb nicht das einzige Projekt von Page & Plant. Auf die große Wiedervereinigung von Led Zeppelin musste die Welt allerdings noch bis zum Jahre 2007 warten. Da fand es dann in der Londoner O2-Arena statt, das von Millionen Led Zeppelin-Fans erwartete große Konzert der drei noch lebenden Originalmusiker Jimmy Page, Robert Plant, John Paul Jones und am Schlagzeug der Sohn des 1980 nach einem Saufgelage verstorbenen John Bonham, Jason.

20 Millionen Menschen hatten sich für den Erwerb der Eintrittskarten registrieren lassen. 20 000 Menschen kamen nach einem komplizierten Auswahlverfahren in den Genuss des Konzertes vom 10. Dezember 2007. Die Band präsentierte sich in Bestform und ließ Hoffnungen auf weitere Konzerte und vielleicht sogar auf eine Tour keimen. Doch diese zerschlugen sich schon bald, weil Robert Plant all diesen Plänen eine zuerst zögernde, dann aber umso deutlichere Absage erteilte. Die Welt hatte ihre Chance gehabt, ließ er wissen. Wer am 10. Dezember in London nicht dabei war, hat sie verpasst.

Zunächst war Jimmy Page bemüht, einen Ersatzsänger zu finden. Es kam zu teilweise grotesken Szenen. Aerosmith-Sänger Steven Tyler bewarb sich um diesen Job, ohne seine Band zu informieren und reiste zu einem Casting an. Doch er konnte, gelinde gesagt, die Ansprüche von Jimmy Page nicht erfüllen. Offenbar hatte er lediglich auf seine Reputation als prominenter Hardrock-Shouter vertraut und sich nicht optimal auf den neuen Job vorbereitet. Als er kleinlaut zu seiner Band zurückkehrte, wollten die Aerosmith-Musiker erst nichts mehr von ihm wissen und zeigten ihm die kalte Schulter, doch der Konflikt scheint beigelegt.

Robert Plant hatte im Wiedervereinigungsjahr der Zeppeline die amerikanische Bluegrass-Sängerin Alison Krauss kennengelernt und mit ihr ein von Kritikern gepriesenes Album aufgenommen: »Raising Sand«. Dafür gab es zwei Jahre später fünf Grammys. Es war klar, wo Robert Plant seine Zukunft sah, und das passte dann auch zu all dem, was er mir schon 1993 in München erzählt hatte. Nach einer erfolgreichen Tour mit Alison Krauss war Robert Plant mit der Band Of Joy unterwegs. So hieß ja eine seiner Kapellen vor Led Zeppelin, die er nun neu formiert hatte. Das 2010 unter dem Bandnamen veröffentlichte Album erntete gute Kritiken und zeigt eine professionelle Band in bester Spiellaune. Robert Plant ist sich und seinen im Interview geäußerten Prinzipien treu geblieben.

Suzi Quatro – Bandchefin mit Bassgitarre und Leder-Outfit
Stuttgart 2010

Rockmusik ist bis auf den heutigen Tag eine Domäne der Männer, Frauen sind die Ausnahme. Frauen im Kleid sind nicht im Rock, sondern eher im Pop zuhause. Unter diese Kategorie fallen Superstars wie Whitney Houston, Celine Dion oder Mariah Carey. Rockröhren wie Tina Turner gehören zu den Ausnahmen und sind dann auch mehr Solostars als die Frontfrau einer Rockband. Solche gibt es durchaus, aber man muss lange suchen. Suzi Quatro behauptet von sich, zu diesen Ausnahmen zu gehören, die zudem auch fast jeder kennt, der mit der Musik der siebziger Jahre aufgewachsen ist.

Die kleine, nur wenig über 1,50 Meter große Sängerin aus Detroit mit dem Lederimage und der scheinbar viel zu großen Bassgitarre ist tatsächlich der Boss in der Band mit Musikern, die oft nur halb so alt sind wie sie selbst. Im Zeitalter des Glamrock der frühen siebziger Jahre passten ihr Habitus und der Sound ihrer ersten Hits »Can The Can« oder »48 Crash« vor allem gut in die von europäischem Disco-Sound dominierte Szene. Suzis Starschnitt aus der *Bravo* zierte die Jugendzimmer in Ost und West.

1950 geboren, war sie damals Anfang zwanzig und Stammgast im Deutschen Fernsehen beim »Musikladen« oder Ilja

Richters »Disco«. Sogar in der Popmusiksendung des DDR-Fernsehens »rund« trat sie wiederholt auf. Ich war, wie schon erwähnt, ab 1975 Lehrer im brandenburgischen Hennigsdorf, nordwestlich von Berlin. Eine Ausgabe der »rund«-Sendung sollte von dort aus einem öffentlichen Klubhaus gesendet werden, mit Suzi Quatro als Stargast. Die Aufregung unter den Schülern war unbeschreiblich. Groteske Gerüchte machten die Runde, Suzi Quatro und ihre Band würden in einem Lehrlingswohnheim des Hennigsdorfer Stahlwerkes oder der LEW (damals Lokomotivbau Elektrotechnische Werke) übernachten. Solche Parolen wurden mit großer Überzeugung auf den Schulhöfen und in den Klassenzimmern während der Pause vorgetragen. Auf meine Nachfrage nach den Quellen dieser erstaunlichen Nachrichten wurden Beobachtungen älterer Geschwister herangezogen, die von unmissverständlichen Vorbereitungen bezüglich der Einquartierung der hohen Gäste berichteten. Meinen Einwand, dass es viel wahrscheinlicher sei, die Gäste aus den USA würden ein Fünf-Sterne-Hotel in West-Berlin bevorzugen, wo sie wahrscheinlich ohnehin ihre Basis für weitere Auftritte dort drüben hatten, ließen die Schüler nicht gelten.

Suzi Quatro trat tatsächlich mehrmals im DDR-Fernsehen auf in Sendungen wie »rund« oder »Ein Kessel Buntes«, dem Flaggschiff der Samstagabendunterhaltung, meist übertragen aus dem Berliner Friedrichstadtpalast, aber auch aus anderen großen Hallen. In Hennigsdorf allerdings hat sie nie übernachtet.

Sprung ins nächste Jahrtausend. Ein kleines Hotel bei Baden-Baden. Ich war als Moderator einer Oldie-Night auf der Rennbahn Iffezheim engagiert. In der winzigen Hotellobby traf ich auf Musiker der Band Smokie. An der Bar saßen die Mannen von Slade und im Garten aalte sich Suzi Quatro auf einem Liegestuhl in der Sonne. Ein Zimmer für mich und meine Frau war offenbar nicht reserviert worden. Die Bestellung fand sich dann doch noch, aber kein freies Zimmer. Terry Uttley von Smokie kam die Treppe herunter, in seinem Zimmer stünden bereits Koffer, verkündete er, die aber nicht seine wären. Auch sei das Zimmer von der Größe eines Bettvorlegers. In diesem Chaos bedeuteten wir dem Mann an der Rezeption, dass wir uns zurückziehen und nicht auf einem Zimmer bestehen würden. Die Fahrt ins heimatliche Stuttgart nach der Show würde nur wenig mehr als eine Stunde dauern.

Was aus dem Chaos im Hotel wurde, weiß ich nicht, aber der Abend auf der Rennbahn unter freiem Himmel mit den schon erwähnten Stars der Oldie-Szene war eine einzige Party. Vor allem in den Neunzigern hatten die Veranstalter in ganz Deutschland keine Mühe, auch größere Säle mit den oft immer gleichen Stars der Oldie-Nights zu füllen. Zu den frenetisch bejubelten Künstlern gehörten außer Suzi, Slade und Smokie auch Boney M., The Sweet, die Searchers, Dave Dee mal solo, mal mit Dozy, Beaky Mick & Tich, die Equals, die Tremeloes, Harpo, Chris Andrews, Chris Norman, Pussycat, die Rubettes, Showaddywaddy, Mud u.a.

Als Moderator dieser Shows kommt man zwangsläufig in mehr oder weniger engen Kontakt mit den Künstlern. Da sind die Intros abzusprechen oder Hinweise zu geben auf einen Marketingstand am Rand der Bühne mit Produkten der Band oder der Künstlerin. Die meiste Zeit verbringt der Moderator mit dem Warten auf die nächste Ansage. Bei Oldie-Nächten, die bis zu sechs Stunden dauern, ist das oft eine zähe Angelegenheit. Die Bands selbst kommen erst kurz vor ihrem Auftritt und gehen meist auch gleich wieder. Der Moderator bleibt von Anfang bis Ende da, wie auch das übrige Personal, von dem die Roadies, die die Bühne auf- und abbauen, den härtesten Job haben. Denn die sind lange vorher da, während der Show und auch noch danach, bis das letzte Kabel eingerollt und der letzte Scheinwerfer verstaut ist. Groß ist die Verlockung, mit den Musikern anzustoßen, wenn sie ihren Gig beendet haben. Die Veranstalter wissen inzwischen, welche Bands besonders trinkfreudig sind, welche gerne danach trinken, welche auch gerne schon vorher trinken und welche gar nicht trinken. Moderatoren sollten zu denen gehören, die gar nicht trinken, zumindest nicht im Dienst. Dennoch kommt es hinter der Bühne oft zu einem Schwätzchen, bei dem sich Dave Munden von den Tremeloes mir gegenüber erstaunt zeigte, wie toll diese Oldie-Nights in Deutschland laufen. 5 000 Besucher in der Mannheimer Maimarkthalle. Das wäre in England undenkbar, wo man allenfalls bei einem Stadtfest im Bierzelt spiele. Aber es klinge schon toll, wenn wie hier tausende Stimmen den Refrain zu »Silence Is Golden« oder »Helule Helule Lalala« schmetterten. Auch bekomme man heute bessere Gagen als damals, wo man noch die Hits in den Top 10 hatte.

Suzi Quatro ist fast immer der Abräumer des Abends, wenn sie mit ihrer Band Teil einer Oldie-Night ist, ganz egal, wer da noch mit im Boot ist. Ich habe beobachtet, dass die Männer und Frauen im Alter von Mitte 40 aufwärts und sicherlich in ehrbaren Berufen aktiv bei Songs wie »Devil Gate Drive« oder »The Wild One« auf den Tischen tanzten und laut mitsangen, während die mitgekommenen Kinder im Teenageralter verunsichert bis befremdet an der Hallenwand gedrängt standen und sich wunderten, was ihre meist bürgerlich situierten Erzeuger hier plötzlich für eine Show abzogen. »Suzi war die Größte!«, riefen mir die Leute oft in mein Reporter-Mikrofon, wenn ich nach den Höhepunkten des Abends fragte. Grund dafür dürfte Suzis Art sich zu präsentieren sein, die das Gefühl vermittelt, hier gibt jemand alles und hat viel Freude dabei. Suzi steht im Dialog mit ihrem Publikum, spricht es an, feuert es an und spielt mit ihm das berühmte Frage-und-Antwort-Spiel. Sie gibt eine Zeile vor, die Menge setzt sie fort oder wiederholt den Passus eines bekannten Songs wie »If You Can't Give Me Love«.

Suzi kennt das Geschäft und die Medien, weil sie ein Teil davon ist. Nicht nur als Künstlerin und Interviewte. Sie ist selbst seit dem Jahr 2000 Moderatorin einer Radiosendung »Rocking with Suzi« bei der BBC und befragt ihre Gäste, kennt also das Business von allen Seiten. Ihr Ehemann Rainer Haas ist Konzertveranstalter und Tour-Promoter, eine gewiss herzliche, aber auch symbiotische Verbindung. Beide sind, soweit ich das beurteilen kann, ›Pfundskerle‹.

Zum SWR 1-Interview anlässlich der bevorstehenden Porsche Oldie-Night in Stuttgart im März 2010 erschien das Paar ganz in Leder. Da wir uns seit langem kennen, wusste Rainer seine Gattin in guten Händen. Während Suzi und ich im Studio Platz nahmen, verabschiedete er sich zum Shopping in die Stadt. »Vergiss aber nicht, mir was mitzubringen«, rief Suzi ihm noch nach. Ich hatte nicht den Eindruck, dass er das noch gehört hatte.

Unser Gespräch sollte in Form einer SWR 1-»Leute«-Sendung morgens um 10 Uhr laufen. So begrüßte ich Suzi Quatro mit den Worten:

»Guten Morgen, wann steht denn eine Rocksängerin so auf?«

»Ich bin ein recht gesundes Mädchen. Nach einem Konzert schlafe ich etwas länger. Gewöhnlich stehe ich um sieben auf und jogge um neun. Jeden Tag.«

»Jeden Tag?«

»Es tut wirklich gut. Die Überwindung ist immer schwer, aber danach fühlt man sich super. Das würde dir auch bekommen«, lachte Suzi und haute mir auf meinen Bauchansatz.

»Hast du zu den Bands bei der Oldie-Night eine enge Beziehung?«

»Ich kenne sie alle. Hot Chocolate waren bei RAK, derselben Plattenfirma wie meine. Auch mit allen anderen (Tremeloes, Harpo, Hollies, Shakin' Stevens, Pussycat) arbeite ich seit vielen Jahren zusammen.«

»Ist die Band, mit der du auftrittst, eigentlich deine Stammband?«

»Ich arbeite immer mit derselben Band. Ich mache keine Shows, wo man hingeht und einfach seine Songs bringt. Meine Konzerte sind ein bisschen komplizierter. Da gehört auch ein Hornist wie Hughes Notes dazu. Ja, es ist immer dieselbe Band.«

»Ist das Leder-Outfit eigentlich Pflicht bei Suzi Q?«

»Das kommt darauf an. Leder ist immer dabei, manchmal nur die Jacke und dazu Jeans. Diesmal trage ich einen Overall.«

»Eine Frau als Chef einer Rockband ist immer noch die Ausnahme, oder?«

»Im Popgeschäft gibt es viele Frauen. Aber die sind eben Sängerinnen. Das, was ich mache, ist eher ungewöhnlich. Ich spiele Bass und leite eine Band. Die Musikerin ist die

Ausnahme, die Sängerin weniger. Es gibt auch wenige Rock'n'Roll-Sängerinnen, und da meine ich besonders die Art von Rock'n'Roll wie ich ihn mache, mit dem Fuß auf dem Gaspedal.«

»Und die Jungs in der Band akzeptieren das.«

»Die haben keine Wahl.«

»Vor ein paar Jahren (2006) erschien ein Album mit Elvis-Songs von dir: ›Back to The Drive‹. Wie bist du auf diese Idee gekommen?«

»Das ist eine lange Geschichte. Als ich sechs Jahre alt war, sah ich Elvis im Fernsehen. Er sang ›Don't Be Cruel‹. Meine 15-jährige Schwester saß neben mir und fing an zu schreien. Ich verliebte mich in ihn. Vom sechsten Lebensjahr an wollte ich sein wie Elvis. Dann kam mein Vater rein, schaltete das Gerät ab und sagte, wie eklig er das fände. Ich wollte aber weiterhin sein wie Elvis und trat mit 14 einer Band bei. Mit 18 sah ich ihn mit seiner Comeback-Show, ganz in Leder. Da wollte ich auch Leder tragen. 1970 kam Micky Most, der englische Produzent, nach Detroit. Er sah unsere Mädchenband, in der ich lediglich Bass spielte. Ich sprang auf und sang nur einen Song: ›Jailhouse Rock‹. Da bot mir Micky einen Solo-Vertrag an. Eine wahre Geschichte, und alles wegen Elvis. Ich ging also nach England. Auf meinem ersten Album war ›All Shook Up‹ von Elvis. Das kam 1974 in Amerika heraus, als ich gerade mit meiner Band tourte. Wir waren in Memphis, und Elvis rief mich an. Er sagte, er hätte meine Version von ›All Shook Up‹ gehört und er fand, es sei die Beste nach seiner eigenen. Er lud mich ein, zu ihm nach Graceland zu kommen. Doch ich sagte nein. Ich musste ihn enttäuschen, weil ich noch nicht dazu bereit war, ihn zu treffen. Und das ist die Wahrheit. Ich war einfach noch nicht reif dafür.«

»Elvis hast du 1975 einen Korb gegeben. Aber neben deiner Karriere als Musikerin wurdest du in Amerika auch zum Serienstar im Fernsehen ...«

»1977 war ich gerade auf Tour in Japan. Da bekam ich einen Anruf von ›Happy Days‹, einer damals sehr bekannten Fernsehserie. Sie fragten, ob ich für ein paar Tage nach Kalifornien kommen könnte, um Probeaufnahmen für eine Rolle in ›Happy Days‹ zu machen. Da sagte ich zu, fuhr hin, las das Drehbuch, machte die Aufnahmen, und sie sagten, okay, fahr zurück ins Hotel, wir rufen dich an. Da saß ich also im Hotel und wartete auf den Anruf. Dann klingelte das Telefon. ›Hallo, du hast die Rolle – für 15 Folgen‹.

Und dann sagten sie im Fernsehen, der King ist tot. Und das alles im selben Moment. Ich bekam meine Rolle, und im Fernsehen lief die Meldung, Elvis ist tot. Als wir mit den Dreharbeiten begannen, erfuhr ich, dass Nudie zum Stab für die Serie gehörte. Nudie war der persönliche Schneider von Elvis. Es wurde immer schlimmer. Dann ... (schluckt) ich bin gleich fertig mit der Geschichte. Vor ein paar Jahren hatte ich mir den Arm gebrochen. Eine Australien-Tour stand an. Mein Mann Rainer sagte, die kannst du nicht absagen. Besorg dir einen Bassisten und mach die Tour. Obwohl ich sowas gar nicht gerne tue, heuerte ich also einen Bassisten an und ging auf Tour. Es tat mir leid, dass ich den Leuten nicht das geben konnte, wofür sie Geld bezahlt hatten. Also gab ich ihnen eine Extra-Show und spielte im Mittelteil der Show unplugged. Da sprach ich auch über Elvis. Ich hätte gerne einen Song dafür gehabt, hatte aber keinen. Ein Song musste her. Da schrieb ich spontan ›Singing With Angels‹. Dann suchte ich nach Worten und Versen, die sich auf Elvis-Titel reimen würden. Als der Songtext fertig war, bemerkte ich, dass ich unbewusst seine ganze Lebensgeschichte aufgeschrieben hatte. Dieses Lied wurde noch während der Australien-Tournee der Hit der Tour.

Als ich nach England zurückkehrte, rief ich die Jordanaires und James Burton, also die Band von Elvis, an und sagte, ich habe da einen Elvis-Song und ihr Jungs müsst ihn mit mir aufnehmen. Erst wollten sie nicht, weil ständig Leute anrufen, die meinen, etwas über Elvis machen zu wollen. Jedenfalls versprachen sie mir, den Song wenigstens mal anzuhören. Fünf Minuten später war ich mit ihnen im Studio in Memphis.

Zwei oder drei Jahre lang lag das Lied dann auf Eis, weil ich nicht wusste, wann und wo ich es veröffentlichen sollte. Dann kam Elvis' 75. Geburtstag (8. Januar 2010). Das war der passende Moment. Wir brachten das Lied gleich in mehreren Versionen heraus, den Single-Mix, den Nashville-Mix, den A-capella-Mix und den Non-Nashville-Mix. Das ist das ursprüngliche Demo.«

In der Sendung spielten wir im Anschluss von Suzis Geschichte den Song »Singing With Angels«. Es gab bei SWR 1 sofort ein gutes Dutzend Mails und Anrufe zu diesem Lied, auch noch Stunden danach. Wir sollten es immer wieder spielen, und es gab die üblichen Nachfragen, ob dies wirklich ein neuer Song von Suzi Quatro sei und ob sie den auch in ihrem Programm in der Oldie-Night spielen würde. Sie würde.

Nun war es an der Zeit, das Kapitel Schauspielerin im Leben von Suzi Quatro anzusprechen.

»Ich könnte dich also auch als Schauspielerin ankündigen.«

»Das ist absolut korrekt. Ich habe in verschiedenen Fernsehserien mitgespielt«, begann Suzi ihre Aufzählung. »In ›Der Aufpasser‹, ›Dempsey & Makepeace‹, ›Midsomer Murders‹, der Inspektor Barnaby ging rund um die Welt, und dann habe ich drei Jahre lang ›Happy Days‹ gemacht. Im Londoner West End habe ich im Musical ›Annie Get Your Gun‹ mitgemacht. Dann habe ich mein eigenes Musical ›Tallulah Who‹ geschrieben.

Ich bin viel in Talk-Shows aufgetreten und habe seit 12 Jahren eine eigene Radiosendung bei der BBC. Ich bin ein Entertainer, wenn du nach einem passenden Wort suchst, mich vorzustellen.«

»Dann sind wir ja fast Kollegen. Du hast auch eine gute Mikrofonstimme.«

»Das sagen mir die Leute immer wieder, schon damals, 1973, als ich meine ersten Interviews gab. Da fragte mich ein Radio-DJ, ob ich nicht fürs Radio arbeiten wollte. Wie meinst du das, fürs Radio arbeiten, habe ich da gesagt. Ihr hört doch meine Songs im Radio und das schon viele Jahre lang. Dann habe ich aber bemerkt, dass ich eigentlich ein ganz guter Talker bin, dass die Leute meine Stimme mögen und ich Freude an diesem Job habe.«

»Was passiert denn da in den Radioshows mit Suzi Quatro?«

»Als man mir diese Sendung anbot, bekam ich alle Freiheiten. Ich konnte die Musik spielen, die ich wollte und sagen, was ich wollte. Ich sollte einfach ich selber sein. Die Musik, die ich spiele, hat immer amerikanische Wurzeln. Ich beschäftige mich mit keinem anderen Land und spiele ausschließlich amerikanische Musik. Alle fünf Wochen habe ich einen Gast dabei. Das ist dann Bruce Welch von den Shadows oder Eric Burdon. Ich kann mich gar nicht mehr an alle erinnern. Dion war mal da oder die Bellamy Brothers und Joey Dee & The Starlighters. Die sprechen dann über amerikanische Einflüsse auf ihre Musik, so geht das.«

»Ähnlich wie bei Bob Dylan und seiner Sendung?«

»Das ist ein Seelenverwandter. Man muss uns tun lassen, was wir wollen, sonst gehen wir kaputt.«

Bob Dylans »Theme Time Radio Hour« ist eine vom Meister selbst moderierte und musikalisch betreute Radiosendung, die man auch bei uns im Internet mit wenigen Clicks abrufen kann. Dylan spielt ausgesuchte Songs aus dem amerikanischen Folk- und Jazz-Musikerbe und erzählt seine Geschichten dazu.

Der *Kultur-Spiegel* schrieb über ihn und seine Sendung in seiner Ausgabe vom 12.12.2008:

Zu altem Blues, Soul, Country, Jazz, aber auch mal zu Blur oder The Clash plaudert der alte Meister gewitzt, schnippisch und stets erstaunlich aufgekratzt über Themen wie Hochzeiten, Scheidungen, Gewehre, Obst, Schuhe, Cadillacs, Landkarten, Schlaf oder Krieg.

»Jetzt habe ich die Sängerin vorgestellt, die Schauspielerin, die Entertainerin, fehlt noch die Autorin. Du hast deine Biografie aufgeschrieben, ›Unzipped‹ ist der Titel, die gibt es aber bis jetzt noch nicht auf Deutsch.«

»Leider nicht. Man sucht immer noch nach einem Übersetzer. Ich weiß, dass es jetzt auf Tschechisch erscheint, da müsste es auch bald in Deutschland so weit sein.«

»Gab es einen Ghostwriter?«

»Willst du mich beleidigen? Jedes einzelne Wort habe ich selbst aufgeschrieben. Anders hätte ich es nicht gemacht. 120 000 Wörter in weniger als vier Monaten.«

»Wie hast du das geschafft, mit selbst auferlegter Rate, wie viel Seiten pro Tag?«

»Glücklicherweise kann ich sehr gut tippen. Ich beherrsche die Zehnfingertechnik, und ich habe ein gutes Gedächtnis. Als ich anfing, konnte ich gar nicht mehr aufhören. Die Erinnerungen waren da, und ich schrieb sie einfach nieder. Das mache ich in meinem Ego-Zimmer. Da ist alles, was ich so gemacht habe, aufgehoben. Da hängt meine Bühnengarderobe aus den frühen Jahren, jede Menge DVDs und Videos, alles, was ich so gemacht habe. Sollte ich mal einen Aussetzer in meiner Erinnerung haben, schaue ich hier nach. Was war 1976? Dann suche ich das entsprechende Video heraus und weiß es dann wieder und kann es aufschreiben.«

»Gut, dass du alles aufgehoben hast. Du wohnst in England und in Deutschland?«

»Wir haben ein Haus in Essex, eine Wohnung in Hamburg und ein Feriendomizil auf Mallorca.«

»Aber du fühlst dich als Amerikanerin?«

»Ich habe dort gelebt, bis ich 21 war. Ja, ich bin Amerikanerin.«

»Aufgewachsen in Detroit.«

»Aber mit ungarischer und italienischer Abstammung. Und Suzi Quatro ist mein richtiger Name. Er klingt wie ein Künstlername, aber es ist mein wirklicher Name.«

»Detroit ist ein Synonym für Motown Sound: Temptations, Supremes, Stevie Wonder, Four Tops …«

»Ich bin ein Motown-Fan, und kann bis heute noch alle Motown-Tanzschritte. Aber alle sprechen immer über Detroit als die Motown-Stadt. Dabei gibt es dort auch sehr viele gute weiße Bands und Rock-Acts wie Ted Nugent, MC 5, Alice Cooper, Iggy Pop, Grand Funk Railroad und aus der heutigen Zeit Eminem, Kid Rock oder die White Stripes. Die Leute vergessen oft, dass es auch viele weiße Bands aus dieser Stadt gibt.«

»Hast du damals, als du in den siebziger Jahren die großen Hits hattest, mal daran gedacht, was du tun könntest, wenn dieser Segen vorbei ist?«

»Ich habe nie in meinem Leben etwas anderes gemacht, als das, was ich bis heute tue. Wenn man einmal Erfolg hatte, ist der Name für immer zum Begriff geworden. Ich habe nur zwei Jahre eine Auszeit vom Touren genommen, und das war während meiner Schwangerschaften. Es wäre auch schwierig gewesen, die Bassgitarre über den Babybauch zu schnallen. Und dann wieder zu Beginn der achtziger Jahre, als ich bei den Musicals und den Fernsehserien mitmachte. Nach meiner Scheidung kehrte ich dann wieder ins Musikbusiness zurück.«

»Die Kinder sind inzwischen erwachsen …«

»Die sind jetzt 27 und 25 Jahre alt.«

»… und haben dich zur Großmutter gemacht.«

»Das ist phantastisch.«

»Mick Jagger hatte ein Problem damit, Großvater zu sein, Tina Turner gefällt sich als Oma.«

»Die ist wie ich. Ich habe damit kein Problem. Ich schwindle mich nicht jünger, fühle mich wohl und sehe noch ganz gut aus für mein Alter. Ich habe eine Enkeltochter und bin ein ganz normaler Mensch.«

»Hatten deine Kinder ein Problem mit ihrer Rock'n'Roll-Mama?«

»Die gehen damit ganz unterschiedlich um. Laura verwendet als Sängerin den Namen Quatro, obwohl sie Tuckey heißt. Das soll sie machen, wenn es ihr hilft. Mein Sohn möchte für das anerkannt werden, was er macht, ohne den berühmten Namen. Ob sie Probleme hatten? Manchmal war ein wenig Eifersucht im Spiel. Aber das ist wohl ganz normal.«

»Was machen die Kinder heute?«

»Meine Tochter singt, und mein Sohn spielt Gitarre. Er fragt mich dauernd, ob er in meiner Band spielen kann. Aber da müsste er vorspielen wie alle anderen. Ich nehme ihn nicht, nur weil er mein Sohn ist. Er muss gut genug sein für diesen Job. So läuft das. Und da er sich bis heute kein Vorspiel zugetraut hat, ist er auch nicht Teil meiner Band.«

»Weil wir gerade von der Familie sprechen, deine Ehemänner waren auch immer Teil deines beruflichen Lebens. Dein erster Mann, Len Tuckey, war Gitarrist in deiner Band, der jetzige Mann, Rainer Haas, ist Konzertveranstalter. Macht das nicht manchmal Probleme?«

»Gute Frage. Ich hatte das ja auf zwei verschiedene Arten. Mit meinem Ex-Mann war ich 24 Stunden am Tag zusammen, weil er eben in meiner Band war. Das hatte auch seine Vorteile, weil er mich vor einigen Idioten, die es immer gibt, beschützen konnte. Der Nachteil war das ständige Zusammensein. Da hatten wir uns irgendwann über. Mit meinem jetzigen Mann bin ich seit 17 Jahren zusammen. Wir wohnen sogar in verschiedenen Ländern. Das wird nicht langweilig. Und die Liebe bleibt frisch.«

»Da macht man Urlaub voneinander.«

»Ich hatte beide Extreme, mag aber mehr das, was ich jetzt habe.«

»Mit deinem Ex bist du noch immer befreundet?«

»Die letzten vier Jahre besuchte er uns immer an Weihnachten und kochte sogar das Festessen. Das nenne ich zivilisierten Umgang.«

»Das finde ich aber auch. Von einem solchen Umgang mit dem Ex-Partner habe ich selten gehört.«

»Meiner Meinung nach sollte man ein wenig von dem

Menschen, den man wirklich einmal geliebt hat, für immer in sich tragen.«

»Weise Worte. Andererseits liegen Liebe und Hass ganz dicht beieinander.«

»Es ist eine dünne Linie zwischen Liebe und Hass. (Sie summt das Lied »There's A Thin Line Between Love And Hate«) Kennst du das Lied?«

»Ja, das ist ein Rock-Kracher von Iron Maiden. Ich habe von dir und deiner Band schon viele Konzerte gesehen und dabei immer das Gefühl gehabt, du gehst bis ans Limit. Woher nimmst du eigentlich diese Kraft nach all den Jahren?«

»Ich bin eben ein Profi. Mein Vater hat mir schon vor ganz vielen Jahren beigebracht: Wenn man auf die Bühne geht, muss man 300 Prozent geben. Wenn nicht, sollte man es lassen. Ich möchte jedes einzelne Gesicht lächeln sehen. Und ich arbeite so lange, bis es wirklich so ist. Auch wenn ich mich dafür auf den Kopf stellen muss. Dafür gehe ich früh schlafen, übertreibe es nicht mit den Partys und ich achte auf meine Stimme. Die Leute zahlen schließlich ihr Geld, um mich zu sehen. Und dafür gebe ich alles, was ich habe. Ich bin auch froh, dass die Leute das so sehen.«

»Und du hältst während des Konzertes Kontakt zu den Leuten.«

»Ich bin ein Publikumsmensch. Ich suche den direkten Blickkontakt. Einer hat mal gesagt, er hätte das Gefühl, ich singe nur für ihn allein. Das war für mich das beste Kompliment. Wer in mein Konzert kommt, soll das Gefühl haben, ich sehe ihn persönlich an, obwohl das von der Bühne aus oft schwierig ist, einzelne Personen auszumachen. Ich bin mit Leib und Seele ein Performer.«

»Wenn du die alten Hits aus den siebziger Jahren spielst,

singen die Leute mit, weil sie mit diesen Liedern groß geworden sind und damit auch ganz bestimmte Erinnerungen verknüpfen. Geht dir das eigentlich selbst auch so, dass da bei ›Can The Can‹ oder ›Stumbling In‹ Bilder aus der Vergangenheit auftauchen?«

»Das passiert wohl unwillkürlich. Deshalb werden wir ja nicht müde, die alten Hits zu spielen. Einer, der ganz viele dieser Hits geschrieben hat, wird auch da sein bei der Oldie-Night, Mike Chapman. Was er noch nicht weiß, ist, dass ich ihn auf die Bühne holen werde, um mit mir ›Stumbling In‹ zu singen. Er ist nämlich ein brillanter Sänger. Chris Norman hat sich an Mikes Stimme orientiert, als er das Lied mit mir im Duett aufnahm. Ich werde ihn zwingen, das Lied mit mir zu singen.«

»Hoffentlich hört Mike Chapman diese Sendung nicht.«

»Er ist noch in London und arbeitet an meinem neuen Album. Wir kommen dann gemeinsam am Freitag hier an.«

»Es gibt ein neues Album?«

»Wir haben sechs Stücke in New York aufgenommen. In London kommen noch einmal fünf dazu. Im Sommer soll es dann erscheinen. Mike hat mich überredet, dass er die volle Kontrolle übernimmt. Das fiel mir nicht leicht, aber er hat gesagt, er habe da seine Visionen und ich solle ihm vertrauen. Nun ist er in der Pflicht.«

»Es heißt, die Zusammenarbeit mit Chris Norman sei nicht so glücklich gewesen bei den Aufnahmen zu ›Stumbling In‹?«

»Ich arbeite zwar nicht mehr mit ihm, aber es war eigentlich alles okay. Wir haben nur diesen einen Song zusammen gemacht und auch einige Konzerte. Wir sind uns einfach nicht mehr begegnet.«

»Bist du eigentlich religiös?«

»Sehr sogar. Ich bin katholisch erzogen und aufgewachsen. Das prägt ein ganzes Leben. Aber mein Weltbild hat sich verändert. Ich glaube an die Wiedergeburt, also Reinkarnation. Nichts geschieht per Zufall. Wir kommen wieder, um Fehler beheben zu können. Alles ist ein Kreislauf. Das macht für mich Sinn. Ich würde mich als einen spirituellen Menschen bezeichnen. Ich glaube, dass ich eine sehr alte Seele habe und schon mehrfach auf der Erde war. Aber dies ist jetzt das letzte Mal, dann gehe ich in den Ruhestand. Schließlich habe ich ›Singing With Angels‹ aufgenommen, da kann ich nun in den Himmel gehen und dort einer Band beitreten, wenn sie keinen guten Bassisten hat.«

Das war, fand ich, ein guter Abschluss für ein Gespräch, das eine Suzi Quatro vorstellt, wie man sie auch gerne hätte. Offenbar gibt es zwischen Ideal und Wirklichkeit bei ihr kaum einen Unterschied. Dazu passte auch die folgende Szene, die sich im Studio abspielte. Rainer Haas kam von seinem Einkaufsbummel zurück. Suzi fragte, ob er ihr etwas mitgebracht habe. Ich konnte das von meinem Platz aus nicht erkennen, war mir aber sicher, dass er an seine Frau gedacht hatte. Das Foto von mir mit Suzi im Arm hat er noch gemacht, dann waren auch schon beide im lebhaften Gespräch verstrickt zur Tür hinaus.

Cliff Richard – vom Rock'n'Roller der ersten Stunde zum Popstar auf Lebenszeit

Frankfurt/Main 2010

Elvis Presley hatte noch mehr Anteil an der Verbreitung des Rock'n'Roll in der Welt, denn er brachte das mit, was Bill Haley fehlte: jugendliche Ausstrahlung. Obwohl Elvis nie in Europa Konzerte gegeben hatte, war er durch seine Platten und die Berichte in Funk und Fernsehen ein weltweit angehimmeltes Idol. John Lennon sah Elvis im Kino. Er kam auf die Bühne, die Mädchen schrien, und er brachte seine Show. That's a good job, dachte Lennon anerkennend, und wie wir alle wissen, hatte er mit seiner Band wenige Jahre später viel mehr und noch lauter schreiende Mädchen um sich herum. Aber in England gab es keinen wie Elvis, bedauerte Lennon in seinen Erinnerungen. Alles, was diesem Phänomen einigermaßen nahe kam, war Cliff Richard mit »Move it«.

Eine Aussage, die bis heute gerne zitiert wird, manchmal, um die Bedeutung zu unterstreichen, die Cliff Richard für die britische Popszene hatte. Manchmal auch, um zu bedauern, wie weit er sich schon bald von diesem Rocker-Image entfernte und zum ›Schlagerfuzzi‹ wurde.

Die Puristen des Rock'n'Roll hätten sich gewünscht, er wäre weiter in die Richtung solcher Fetzer wie »Ready Teddy«

oder »High Class Baby« gegangen. Stattdessen überraschte er mit gefälligen Popsongs wie »Living Doll« oder »Travellin' Lights«, die er mit seiner Band, den Shadows, regelmäßig an die Spitze der Charts brachte. Als es dann gar von seinen englischen Hits wie »Lucky Lips« deutsche Versionen gab (»Rote Lippen soll man küssen«), wandten sich viele von ihm ab, aber noch mehr Neukunden kauften seine Platten. Damals waren die stilistischen Grenzen in den Hitparaden ohnehin noch sehr fließend. Der Beatles-Fan akzeptierte Cliff Richard genauso wie der Schlagerfreund. Auch ein vergeigter Sieg beim Grand Prix (heute Eurovision Song Contest) 1968 mit »Congratulations« konnte seiner Popularität nichts anhaben. Immerhin war er fünf Jahre später noch einmal dabei und holte mit »Power To All My Friends« Platz 3 für das Vereinigte Königreich. Bis heute (2011) füllt Cliff Richard die größten Konzertsäle. Anläßlich seines 70. Geburtstags am 14. Oktober 2010 gab es eine Konzertserie mit ihm in der Londoner Royal Albert Hall, die restlos ausverkauft war. Die Konzert-DVD zum Ereignis, die auch sein aktuelles Album »Bold As Brass« präsentierte, ging an die Spitze der Verkaufs-Charts und ließ jüngere Bands wie Take That oder Kings Of Leon hinter sich.

2010 war das Jahr, in dem die Organisatoren der Nokia Night Of The Proms auf die Idee kamen, Cliff Richard für den deutschen Teil der Tour einzuladen. Das war auch für einen alten Fahrensmann wie Sir Cliff eine Premiere. Der Kontakt kam über deutsche Freunde von Cliff Richard zustande. Man besuchte ihn auf seinem Anwesen an der Algarve in Portugal, zeigte ihm Filme der Shows aus vergangenen Jahren und dieser Saison mit Boy George und Kid Creole, und schon war er dabei. In Antwerpen gab es einen Überraschungsauftritt von Cliff, und die Leute wollten erst gar nicht glauben, dass da jetzt wirklich Cliff Richard live auf der Bühne stand. Er wurde mit brausendem Beifall bedacht, und damit war klar, dass die Tour für alle ein Erfolg werden würde.

SWR 1 präsentiert die Night Of The Proms in Baden-Württemberg schon seit vielen Jahren.

Eine sorgfältig kalkulierte Mischung aus Klassik und Pop schafft ein ganz eigenes Ambiente, das schon seit Mitte der neunziger Jahre auch in Deutschland große Konzerthallen füllt und das mehrere Abende hintereinander. Das Orchester Il Novecento mit bis zu 90 Musikern sorgt für einen Klangteppich, der einem Sinfoniekonzert zur Ehre gereicht. Dazu kommen ein Chor und eine Band, die für gewöhnlich von John Miles (größter Hit: »Music«) geleitet wird. Die Glanzlichter werden dann von Stars aus der Showbranche gesetzt, die seit vielen Jahren ein Begriff sind und keiner Einführung bedürfen: Joe Cocker, Foreigner, Alan Parsons, Simple Minds, Roxette, Robin Gibb, Art Garfunkel oder Sting singen ihre größten Hits zu großem Orchester. Im Gastgeberland ist dann immer noch ein einheimischer Künstler dabei. In Deutschland Interpreten wie PUR, Laith Al-Deen, David Garrett oder Christina Stürmer. (Österreich vertritt hier die deutschsprachige Zunge.)

Als Präsentator in Baden-Württemberg hat SWR 1 die Aufgabe, für einen guten Kartenverkauf zu sorgen, und da schien es uns angemessen, mit Cliff Richard eine »Leute«-Sendung zu machen. Mein Treffen mit Cliff Richard kam im November 2010 in einem Frankfurter Hotel zustande. Von Anfang an herrschte eine lebhafte und freundliche Atmosphäre, was meine These vom Vollprofi einmal mehr bestätigt: Der wirkliche Star sagt entweder ab oder erfüllt die Erwartungen an ein Interview zur vollsten Zufriedenheit.

Da die Sendung immer 10 Uhr vormittags beginnt, simulierten wir diese Situation schon bei der Begrüßung mit einem freundlichen »Guten Morgen, Cliff Richard!«, obwohl es eigentlich schon 14 Uhr war. Kein Problem für den weltgewandten Sänger aus England.

»Guten Morgen, ich freue mich immer, wenn ich Leute treffe, die meine Platten spielen.«

»Und das sagen Sie nach so vielen Jahren des Erfolges?«

»Ich sehe mich natürlich noch als den Künstler, der Platten macht, obwohl die Zeit vorbei ist, wo ich mit einem Dutzend neuer Songs ins Aufnahmestudio gehe, mit der Band an den Songs feile und diskutiere, wie wir es am besten machen. So wie damals bei ›Devil Woman‹. Die meisten Radiostationen in Großbritannien und wohl auch in Europa spielen die alten Platten von Leuten wie mir nicht mehr. Das ist eigentlich schade, weil ich mich gerne mit den Jungen messen würde, denn Leute wie Elton John, Tina Turner oder andere der alten Garde machen doch noch ganz passable Platten.«

»Wir bei SWR 1 spielen Ihre alten Songs noch, und die Leute mögen das.«

»Davon habe ich gehört. Ich habe ja damals mit den Shadows auch einige schöne Hits gehabt wie auch viele andere Künstler jener Zeit. Andererseits freue ich mich über den Erfolg meiner aktuellen DVD, die ja die Songs meines neuen Albums enthält. Wir können mit den Jungen konkurrieren, wenn man uns die Gelegenheit dazu gibt. So dankbar ich Radiostationen wie der euren auch bin, dass ihr meine alten Songs spielt, es wäre doch hilfreicher, wenn man meine neuen Sachen vorstellte. Ich selbst höre gerne die Oldie-Programme und habe auch eine Jukebox in meinem Haus in Portugal. Die enthält ausschließlich Songs der fünfziger, sechziger und siebziger Jahre. Meine Freunde sehen es lieber, wenn der CD-Player mit neuer Musik ausgeschaltet bleibt und die Jukebox läuft.«

»Ihr Album ›Bold As Brass‹ enthält klassische Swing-Nummern wie ›I Got You Under My Skin‹ oder ›Night And Day‹. Wie sind Sie auf die Idee gekommen, einen solchen Stilwechsel zu versuchen?«

»Ich habe früher diese Platten gehört und kannte die meisten Lieder schon lange, weil meine Eltern die immer gespielt haben. Die Idee hatte ich schon vor 12 oder 15 Jahren. Ich war mir nur nicht sicher, ob mein Publikum mir folgen würde. Dann habe ich es erst mal mit dem Cole Porter-Song ›Every Time We Say Goodbye‹ probiert. Das war in der Royal Albert Hall, wo ich erst vor kurzem ›Bold As Brass‹ präsentiert habe. Es gab minutenlangen stürmischen Applaus. Da dachte ich mir, okay, das können wir machen. Als ich mit der Arbeit an dem Album begann, brachte Robbie Williams sein Swing-Album heraus. Da dachte ich, oh nein, alle werden denken, ich mache ihm das nach. Dann vergingen zwei Jahre, ich fasste wieder Mut und sang weitere Songs für das Album ein, da kam Rod Stewart mit derselben Idee. Ich mag sein Album wirklich sehr. Ich glaube, er hat vier Swing-Alben gemacht, ich habe sie alle. Die muss man gehört haben. Ich fand es auch interessant, dass wir beide, die wir ursprünglich vom Rock'n'Roll kommen, in diese Richtung gehen. Das brachte mich einmal mehr in die Position des Nachahmers. Dann sagte mir jemand, dass weder Rod Stewart noch Robbie Williams die Eigentümer dieser Songs sind. Sie gehören ihnen nicht. Eigentlich gehören sie auch nicht Frank Sinatra, wenngleich er sie zuerst gesungen hat. So stellten wir also eine Sammlung an Liedern zusammen. Der Produzent und Keyboarder Michael O'Martin schlug vor, es anders zu machen. Wir spielten mit einer richtigen Swing-Band, während Rod Stewart eher diese Las Vegas-Lounge-Atmosphäre bedient. So hatten wir unseren eigenen Klang, und ich habe bei der Night Of The Proms auch zwei dieser Lieder gebracht. Dazu dann meine eigenen Hits. Aber ich habe an den neuen Songs genauso viel Freude wie bei ›We don't talk anymore‹ oder ›Rote Lippen soll man küssen‹.«

»Sie waren erstmalig bei der Night Of The Proms dabei. Kannten Sie das Konzept und wollten das auch mal probieren?«

»Nein, ich wurde eingeladen. Das kam durch eine Freundin von mir, die bei einer deutschen Radiostation arbeitet. Sie kennt den Produzenten der Show und hat das vermittelt. Ich wusste eigentlich nichts von der Show und habe schon vor 15 Jahren meine eigene zweieinhalbstündige Show gehabt. Da war ich nicht so interessiert an einer Sache, wo ich nur für 20 Minuten am Schluss auftreten sollte. Das war wohl der Hauptgrund, warum ich nie dabei war. Dann war das auch immer eine Terminfrage. Denn alle meine Touren waren immer am Ende des Jahres. Und das macht die Proms ganz genauso. Aber jetzt bin ich in einer Phase meines Lebens, wo ich immer noch einmal was anderes machen möchte. Dafür nehme ich mir die Zeit, und diesmal wollte ich es wissen. Es geht ja auch um den Spaß dabei. Nicht deshalb, weil ich nur ein paar Lieder zu singen habe. Es macht mir auch Spaß, Boy George auf der Bühne zuzusehen oder Kid Creole & The Coconuts. Dann gibt es neue Künstler wie Charlie Siem oder die neue deutsche Band Lichtmond, die hier zum ersten Mal auf der Bühne standen. Die müssen sehr aufgeregt gewesen sein, sind aber höchst professionell. Dann die phantastische Arbeit mit diesem gewaltigen Orchester. Das sind mehr als

70 Leute mit einer Sektion für Rock und Bläser. Das ist ein wirklich tolles Erlebnis.«

»Das kommt ja Ihrem neuen Album sehr entgegen.«

»Die können wirklich alles. Kid Creole war ganz aufgeregt. Er hätte nie gedacht, dass dieses Orchester seine karibischen Rhythmen würde spielen können. Die Musiker sind in der Lage, von einem Moment zum anderen umzuschalten von Klassik auf Rock oder Swing. Die stehen auf und lassen die Bläser klingen wie eine Jazzband. Oder die Ladies mit ihren Violinen. Es ist eine interessante Erfahrung, auf Leute zu treffen, die erkannt haben, dass jede Musik für alle da sein kann. Das ist ja das Erfolgsrezept der Night Of The Proms. Wenn man Cliff Richard nicht mag, dann mag man vielleicht Kid Creole oder Boy George. Und wenn man niemanden von uns mag, dann bleibt immer noch der Klassikteil. Jeder, der die Halle verlässt, wird seine guten Momente gehabt haben. Natürlich wünschen wir, dass alles gut ankommt. Es sieht so aus, als ob das auch funktioniert. Die Leute sind sehr freundlich und aufnahmebereit. Sie klatschen, lachen laut und scheinen viel Spaß zu haben jeden Abend. Das soll so noch eine Weile weitergehen. Und vielleicht laden Sie mich ja nochmal ein zur Night Of The Proms.«

»Es ist kein Geheimnis, dass Sie inzwischen die 70 überschritten haben. Aber viele würden gern das Geheimnis kennen, wie Sie sich so fit halten und auch immer noch recht frisch, ja zuweilen jugendlich wirken.«

»Eines ist sicher, wir werden geboren und wir sterben. Nun ist es an uns, wie wir mit dem Dazwischen umgehen. Nicht alle Siebziger gehen als Vierziger durch. Ich weiß nicht, wie es in Deutschland ist. In England war es lange so, dass die Königin jedem, der hundert Jahre alt wurde, einen persönlichen Glückwunsch schrieb. Das hat sie inzwischen aufgegeben, weil es so viele Menschen gibt, die hundert Jahre und älter werden, dass sie mit dem Schreiben nicht mehr nachkommt. Meine Mutter hat die hundert nicht erreicht. Aber wenn, dann hätte ich die Königin gebeten, meiner Mutter eine Glückwunschkarte zu schreiben. Das hätte sie gemacht. Und so werden auch die Menschen in Deutschland immer älter und älter. Vor hundert Jahren wären wir noch im Alter von 60 gestorben.«

»Und wie hält sich Cliff Richard nun fit? Gesunde Ernährung, viel Sport, oder liegt das in der Familie?«

»Es liegt auch ein bisschen in der Familie. Meine Mutter sah immer sehr jung aus. Wenn ich früher mit ihr und meinen Schwestern zur Premiere eines meiner Filme ging, dachten die Leute, ich hätte eine neue Freundin. Sie sah jünger aus als ich. Später bekam sie dann Altersdemenz. Sie vergaß alles und vernachlässigte ihr Äußeres. Dadurch alterte sie auch schneller.

Man kann noch eine Menge tun, um sich jung und fit zu halten. Eine Sache ist die Motivation. Im Show-Business hat man immer die Aufmerksamkeit der Leute. Sei es, dass sie um ein Autogramm bitten, dass man ein Foto machen möchte oder die Presse immer dabei ist. Da muss man schon sehr auf sich achten, um immer gut auszusehen.

Es ist allgemein bekannt, dass man sich vernünftig ernähren sollte und nur das essen, was einem guttut. Dann sollte man sich körperlich fit halten. Ich spiele gern Tennis. Dann sollte man auch den Willen haben, länger zu leben und nicht so bald zu sterben.«

»Haben Sie eigentlich ein besonderes Verhältnis zu Deutschland, weil Sie nur bei den deutschen Terminen der Night Of The Proms dabei sind?«

»Das war eher Zufall. Aber ein besonderes Verhältnis ist es schon. Ich bin seit 1958 immer wieder mit den Shadows hier gewesen. Meine damalige Plattenfirma electrola – ich weiß gar nicht, ob es die überhaupt noch gibt – hat gesagt, ihr müsst unbedingt nach Deutschland kommen. Wir haben in Frankfurt gespielt, Köln, Hamburg, Oberhausen, auch in kleineren Orten und in allen Städten wo die Night Of The Proms jetzt auch ist. Das deutsche Publikum ist immer gut zu mir gewesen. Die meisten Künstler, die sagen, oh wir lieben Deutschland, kennen kaum jemanden hier. Aber wen das Publikum liebt, der kommt auch immer wieder gerne her. Ich habe in Deutschland bei diversen Fernsehshows mitgemacht. Oft bin ich rübergekommen, um nur ein Lied zu singen und habe dafür viel Beifall bekommen. Das mag Zufall sein, aber ich liebe Deutschland wirklich und trete gerne hier auf.«

»Vielleicht ist das so, weil es immer mal wieder Lieder von Cliff Richard auf Deutsch gab. Sprechen Sie auch Deutsch?«

»Nein, das war immer ein Traum von mir, die Sprachen all der Länder zu sprechen, in denen ich auftrete. Aber so eine Tour geht ja nicht nur durch Deutschland. Da ist noch Schweden, Norwegen, Holland, Dänemark, Belgien, Italien, Spanien ... Meine Güte, man kann unmöglich all diese Sprachen lernen. Dann kommen noch all die chinesischen Sprachen dazu: Hongkong, Singapur, Kuala Lumpur. Australisch ist leicht. (lacht)

Ich habe übrigens nie gewusst, was ich da singe, außer man hat es mir erklärt. Die deutschen Texte habe ich mir mit phonetischer Lautschrift geben lassen. Da haben wir auch über den Inhalt gesprochen, zum Beispiel ›Rote Lippen soll man küssen‹. Man sollte schon wissen, dies ist ein Liebeslied, hier geht es um ein Mädchen usw.

Der schwierigste Teil ist die deutsche Sprache selbst. Die ist einfach schwer zu singen. Am besten zu singen ist Spanisch. Der Erfolg meiner deutschen Aufnahmen war viel größer als erwartet. Oft ging eine Platte wie ›Lucky Lips‹ auf die Nummer 1 in England. Und wenn sie in England fiel, kam die deutsche Version hier bis an die Spitze der Charts.

Ich war einesteils sehr glücklich mit meinen deutschen Aufnahmen, andererseits aber auch enttäuscht, dass es mir nicht gelungen ist, ein deutsches Lied auswendig zu lernen. Wenn ich wieder mal bei der Night Of The Proms mitmache, werde ich einige meiner frühen Hits singen und ein Medley meiner deutschen Lieder bringen. Es ist aber nicht leicht, Texte einer Sprache zu lernen, die du gar nicht sprichst. Denn alles, was du lernst, sind nur Laute, Geräusche. Seltsamerweise kann ich bis heute den Refrain von ›Rote Lippen‹ auswendig.«

In der Sendung SWR 1-»Leute« kommt nach einem Gesprächsteil von etwa drei bis vier Minuten Musik. An dieser Stelle natürlich, weil es so gut passt, »Rote Lippen«. Klar war das damals ein netter erfolgreicher Schlager. Dennoch fällt der Text auch aus heutiger Sicht unter die Rubrik »kommen Sie nicht auf die Idee, das Gesungene nachzumachen, es könnte zu Missverständnissen kommen«:

Ich sah ein schönes Fräulein
im letzten Autobus.
Sie hat mir so gefallen,
drum gab ich ihr 'nen Kuss.
Doch es bleib nicht bei dem einen,
das fiel mir gar nicht ein.
Und hinterher hab ich gesagt,
sie soll nicht böse sein.

Bei einer Sendedauer von zwei Stunden ergeben sich pro halber Stunde zwei Gesprächsrunden, also acht insgesamt. Der Interviewer tut gut daran, das schon bei der vorbereitenden Konzeptionierung zu berücksichtigen, damit der Talkgast in seiner ganzen Persönlichkeit vorgestellt wird und nicht ›nur‹ der Sänger, in diesem Falle Cliff Richard. Der Hörer soll mehr erfahren, als er in der einschlägigen Presse oder in Almanachen nachlesen kann. Auch die Aktualität spielt da eine Rolle, die neben den historisch gesicherten Fakten (die ›gute alte Zeit‹) nicht zu kurz kommen darf.

»Ich habe gehört, Sie haben auf ihrem Wohnsitz in Portugal das Leben eines Weinbauern begonnen. Wie kam es denn dazu?«

»Ich habe da eine Farm von etwa zwölf Hektar gekauft. Die wollte ich nicht sterben lassen. Viele Leute aus dem Showbusiness kaufen oft ein schönes Anwesen mit Garten, und das wird dann ein Waldstück oder so. Ich wollte aber, dass meine Farm ein richtiger Betrieb wird. Ich kenne da einen Farmer, der für die Vorbesitzer gearbeitet hat. Den fragte ich, was man hier so anbauen könnte. Er meinte, er könne gut Feigen verkaufen, vor allem nach Nordportugal und nach Spanien.

Wir entschieden uns also für den Anbau von Feigen. Nun dauert es aber vier Jahre, bis man die erste Feige ernten kann. In dieser Zeit traf ich den australischen Weinhersteller David Baddlestock. Er meinte, auf meiner Farm ließe sich gut Wein anbauen. Ich sagte, es gibt keinen guten Wein von der Algarve. In einem Buch mit dem Titel ›Das Weltbuch der Weine‹ steht ein Satz über die Weine der Algarve, der besagt, in der Algarve produziert man Kopfschmerzen für Touristen. Und Baddlestock sagt, das ist nur deshalb so, weil sie nicht wissen, wie es gemacht wird. Du wärst dann der Erste. Die Leute hier sind nicht dumm, die lernen sehr schnell. Und er sollte recht behalten. Ich rodete alle meine Feigenbäume, pflanzte Wein, und seitdem gibt es in der Region schon über 15 Weingüter. Einige davon machen einen sehr guten Wein. Mein Wein heißt ›Videnova‹ – neues Leben, und er brachte neues Leben in die Algarve. Ich bin froh, dass ich das gemacht habe, obwohl es heutzutage sehr schwer ist, Wein zu verkaufen, weil einfach so viel Wein in der Welt ist. Ich kann ja nicht so große Mengen produzieren, gerade mal 150 000 Flaschen. Das klingt jetzt sehr viel, ist aber fast nichts. Deshalb ist unser Wein auch etwas teurer, aber er ist gut.«

»Und Sie haben schon einige Preise gewonnen mit Ihrem Wein.«

»Ja, für meinen Roten gab es 2004 eine Bronze-Medaille. 2006 habe ich eine Silber-Medaille gewonnen. Und erst in diesem Jahr habe ich bei einem Weinfestival in München, an dem 49 Länder teilnahmen, die Gold-Medaille für meinen Rosé gewonnen. Ich weiß, dass wir guten Wein machen, wenn auch in kleinen Mengen, aber der Winzer bekommt nicht viel Geld für seinen Wein. Ich bekomme pro Flasche drei Euro und die verkaufen sie dann für acht bis zehn Euro. Für einen australischen ›Jacob's Creek‹ bezahlt man fünf oder sechs Euro, und das ist ein guter Wein. Nicht so gut wie der Cliff Richard-Wein, aber ein sehr guter Wein. Junge Leute oder Studenten leisten sich keinen Zehn-Euro-Wein, die nehmen den für fünf Euro. Ich beklage mich nicht, ich will nur erklären, wie schwer es ist, Wein zu verkaufen. Ich habe meinem Verwalter gesagt, wenn ich mir den Weinbau nicht mehr leisten kann, sagst du mir Bescheid, und wir hören damit auf.«

»Und dann gibt es noch ein Cliff Richard-Parfüm. Was ist Ihr Anteil bei der Kreation eines Duftstoffes mit Ihrem Namen?«

»Ich weiß gar nicht, ob in diesem Jahr eins auf den Markt gekommen ist. Früher habe ich die Düfte selbst ausgesucht. Sie hatten da einen Franzosen, der den Wein machte, äh, der das Parfüm herstellte. Vielleicht sollte man es Parf-Wein nennen.

Wir saßen rund um einen Tisch und rochen an kleinen Holzstücken. Der erste Duft, den ich aussuchte, erinnerte mich an die Blumen in meinem Garten auf Barbados. Die hatten karibische Blumendüfte wie Tuberosen und Frangipanis, einfach phantastisch. Die habe ich selbst ausgesucht. Und vor drei Jahren wurde mein Parfüm das bestverkaufte in Großbritannien. Mein Businessmanager fragte mich, können wir das machen, dein Name auf einem Parfüm. Ich sagte, lasst mich die Flakons auswählen und den Duft, und dann geht das. Ob die Leute es mögen, ist eine andere Frage. Das ist wie beim Wein. Manch einer, der uns zuhört, möchte vielleicht meinen Wein haben, und dann schmeckt er ihm nicht. Dann kaufen sie einen anderen. Dasselbe beim Parfüm. Rasierwasser für Männer. Du benutzt eines, das ich vielleicht nicht nehmen würde. Aber das würde ich dir nicht sagen. So ist es auch mit Parfüm für Frauen. Ich kenne viele Frauen, die gut duften. Aber sie duften alle anders. So gibt es Düfte für Blondinen oder für Brünette. Es ist schwer, einen Duft zu kreieren, der für jede passt. Ich weiß auch nicht, ob wir das je hinkriegen werden. Ich dachte, wenn mein Name auf der Flasche steht, dann mag ich es auch. Und wem es nicht gefällt, der braucht es ja nicht zu kaufen.«

Da das Gespräch Ende November aufgenommen wurde und in der Vorweihnachtszeit gesendet werden sollte, lag es nahe, nach den Gewohnheiten Cliff Richards an den Festtagen zu fragen. Es ist bekannt, dass Cliff nicht verheiratet ist und keine Kinder hat. Fragen nach seiner sexuellen Orientierung beantwortet er nicht. Ich wollte auf diese Weise erfahren, ob und in welcher Weise Familie für den christlich ambitionierten Sänger stattfindet oder eine Rolle spielt.

Ohne zu zögern packte Cliff Richard das Thema an und holte etwas weiter aus: »Ich habe drei Schwestern. Eine davon ist Zeugin Jehovas. Die feiern Weihnachten nicht, und wir haben auch nie Weihnachten gemeinsam verbracht. Ich habe ihr gesagt, dass ich ihren Glauben respektiere. Sie soll aber auch meinen respektieren. Also kaufe ich ihrer Familie Geschenke. Für mich stellen Geschenke zu Weihnachten die Gabe dar, die Gott uns in Gestalt von Jesus gegeben hat. Ich möchte sie nicht verletzen, aber ich kaufe ihnen Geschenke und verpacke sie in normales Packpapier, kein Weihnachtspapier und keine Weihnachtswünsche, sondern nur: *Alles Liebe von mir*. Und ich gebe es ihnen nach Weihnachten. Wir sind alle glücklich damit, und für mich ist das ein Teil von Weihnachten. Meine andere Schwester lebt auf dem Land. Die haben ganz viele Tiere, sie füttern die Vögel und die Fische im Teich. Die genügen total sich selbst und sind glücklich damit. Die sehe ich ganz selten. Dann ist da noch meine verrückte Schwester Joan, die die Krankenschwester in meiner Bühnenshow spielt.

Bei seiner Geburtstagsshow in der Londoner Royal Albert Hall kommt Cliff mit einem Rollator auf die Bühne, simuliert den Gebrechlichen in Begleitung zweier Krankenschwestern, die ihn dann mit einer gezielten Injektion ins Hinterteil fit spritzen. Dabei handelt es sich um seine leibliche Schwester und deren Tochter.

Mit ihrer Familie verbringen wir immer das Weihnachtsfest. Manchmal ist auch die Schwester Donna vom Lande nach dem Essen zu Besuch da. In diesem Jahr bin ich mal wieder in England. Meine Schwester Joan wird kommen mit ihrer Tochter und deren Tochter und ihrem Mann. Dann noch eine Nichte mit Mann. Insgesamt sitzen dann zwölf Leute am Tisch und einige Babies, darauf freue ich mich.

Wir sind also an Weihnachten in London. Wir feiern ja Weihnachten ein bisschen anders als ihr. Der erste Weihnachtstag ist der wichtigste Tag. Der zweite Weihnachtstag ist einfach ein Feiertag. Boxing Day heißt der, da packt man Lebensmittel ein für die Armen und Bedürftigen. Das ist wie ein Urlaubstag. An Heiligabend gehen wir in die Kirche und singen all die schönen Weihnachtslieder. Das mag ich sehr, besonders, wenn in der Kirche auch Kerzen brennen.

Wenn ich mit meiner Schwester dann heimkomme, sind die Kinder schon im Bett. Am Weihnachtstag, so gegen 10 Uhr morgens, versammeln wir uns um den Weihnachtsbaum und packen die Geschenke aus. Ich bin immer derjenige, der die Geschenke verteilt. Hier, das ist von Joan für Lindsey. Das dauert immer, weil meine Schwester ganz viele Geschenke für ihre Familie kauft. Kleine Geschenke, aber ganz viele.«

Am Schluss des Gesprächs, passend auch zum Jahreswechsel, kommt noch meine Frage nach den Plänen für das nächste Jahr und darüber hinaus.

»Ich habe das noch nicht vielen Leuten erzählt, weil ich noch nicht weiß, ob es was wird. Wenn es nach mir geht und nach einem Mann namens David Guest, dem Ex-Mann von Liza Minnelli – er kennt viele der alten Motown- und Soulsänger – er sagte zu mir, du solltest ein Album machen mit dem Titel ›Cliff Richard Sings Soul‹. Duette mit Smokey Robinson, Russell Thompkins jr. von den Stylistics, vielleicht Diana Ross, Aretha Franklin oder Peabo Bryson, der all diese Disney-Songs gesungen hat, Percy Sledge. Ich sagte zu ihm, wenn du das für mich organisieren kannst, dann fühle ich mich wie im siebten Himmel. Das ist das Ziel fürs nächste Jahr. Das bedeutet auch, dass diese Künstler und ich einige Konzerte geben müssten, um das Album in England zu präsentieren. Dann wollen wir damit nach Las Vegas. Ich sage dir jetzt all diese Dinge, von denen ich aber nicht weiß, ob sie so passieren werden. In England sagen wir, abwarten und Tee trinken.«

Zum Abschluss hatte ich noch eine kleine Kuriosität für den Weltstar dabei, ein Cliff Richard-Album aus den siebziger Jahren: »Miss You Nights« mit dem Hit »Devil Woman«. Es war aber die bulgarische Edition der Firma balkanton, die ich mir damals im Alter von 25 Jahren von einer Urlaubsreise mitgebracht hatte. Zum ersten Mal sah Cliff Richard seinen Namen in kyrillischen Buchstaben geschrieben. Das beeindruckte ihn sehr. Nun, 35 Jahre nach dem Erwerb dieser Platte, prangt seine persönliche Widmung für mich handgeschrieben auf dieser LP aus meinen Jugendjahren. Beides schöne Erinnerungen.

Rolling Stones – die größte Rockband der Welt

Stuttgart 1999

Der Nimbus dieser Band ist unerreicht. Weltweit geht ihr der Ruf voraus, eine der dienstältesten Rockbands von internationalem Format zu sein. Kaum ein Begriff vereint Sex, Drugs und Rock'n'Roll so zu einem Synonym wie die Rolling Stones und ihre Biografie. Jeder, der die sechziger Jahre bewusst miterlebt hat, wurde von ihrer Musik und ihrem Habitus unweigerlich in den Bann gezogen oder war ebenso heftig schockiert bis angewidert. Ganz anders als die Beatles, die schon bald als Schwiegermutter-Typen durchgingen, waren Mick Jagger, Keith Richards, Brian Jones, Bill Wyman und Charlie Watts als Band(e) in ihren wildesten Jahren das Ziel der Attacken von Eltern, Lehrern und bürgerlicher Presse. Drogen- und Sexskandale im Umfeld der Band vor allem während der sechziger und siebziger Jahre beherrschten die Schlagzeilen des Boulevard. Wegen ihrer Drogeneskapaden waren sie in ihrem Heimatland England angeklagt, verurteilt und sogar ins Gefängnis gesperrt worden. Bei Konzerten der Rolling Stones wurden nicht selten die Einrichtungen und das Mobiliar von Hallen und Stadien demoliert. Berühmtes Beispiel von 1965 ist die Berliner Waldbühne, die von den Fans komplett zertrümmert wurde. Das diente der Propagandapresse in der DDR als willkommener Anlass, die Stones und ihre Musik als dekadenten Auswuchs der kapitalistisch geprägten Unterhaltungsindustrie zu verdammen. Bis in die achtziger Jahre hinein wurden im Rundfunk der DDR keine Stones-Platten gespielt oder gar als sogenannte Lizenz-Schallplatte in den Handel gebracht. Das passierte erst 1982. Die Zusammenstellung ihrer größten Hits aus den sechziger Jahren wurde begleitet von einem Cover-Text, der es nicht versäumte, belegt durch Notenbeispiele, dieser Musik eine gewisse Primitivität nachzuweisen. Der Fan war dankbar und nahm die Platte mit, wenn er eines der 10 000 Exemplare erwischte, die für ein Land mit 17 Millionen Einwohnern ausreichen mussten.

Die Krawalle um das Konzert in der Berliner Waldbühne mögen auch mit dazu geführt haben, dass Walter Ulbricht auf dem 11. Plenum der SED im Dezember 1965 die berühmten Worte sprach: »Ist es denn wirklich so, dass wir jeden Dreck, der vom Westen kommt, nu kopieren müssen? Ich denke, Genossen, mit der Monotonie des Je-Je-Je, und wie das alles heißt, ja, sollte man doch Schluss machen.« Und es wurde Schluss gemacht, auch mit vielen Bands im eigenen Land.

Indessen sorgten die Rolling Stones für weitere Schlagzeilen, die ihren Ruf als wilde Rockband festigten. Brian Jones wurde eines der ersten Opfer des Rockerlebens und starb mit nicht einmal 30 Jahren unter nie ganz geklärten Umständen nach einer Party in seinem Swimmingpool. Ronnie Wood brannte in den Siebzigern während einer Kanada-Tournee mit der Gattin des Premierministers Trudeau durch, und Bill Wyman ging in den Achtzigern mit seiner gerade mal 14-jährigen Geliebten Mandy Smith ganz offiziell aus.

Im neuen Jahrtausend, fast 50 Jahre nach ihrer Gründung

im Swinging London, empfangen die rüstigen Altrocker vor einem Konzert in den USA schon mal die komplette Familie des Ex-Präsidenten Bill Clinton in ihrer VIP-Lounge und lassen diesen Moment vom Meisterfilmer Martin Scorsese im Konzertfilm »Shine A Light« verewigen.

Es ist nur allzu verständlich, dass ein persönliches Treffen auf Augenhöhe mit diesen Rockheroen der Traum eines jeden Interviewers, Reporters oder Journalisten ist.

Manchen Stone erwischt man einzeln leichter, wenn er Promotion-Arbeit für sein Solo- oder Nebenprojekt macht. Da ist der Ansturm nicht so gewaltig wie bei der Band The Rolling Stones. Denn fast alle derzeitigen wie ehemaligen Bandmitglieder unterhalten ihre eigenen Kapellen oder gar Orchester wie Charlie Watts und genießen Auftritte in Clubs ohne die bei Stones-Konzerten übliche Gigantomanie.

Bahnt sich aber so ein Treffen mit den ganz großen Stars der Szene an, gibt es dafür immer Vorzeichen, wenn auch ungewisse, trügerische, aber doch solche, die Hoffnung machen, dass da etwas Größeres passieren könnte.

Es war das Jahr 1999, und die Rolling Stones setzten ihre »Bridges To Babylon«-Tour in Europa fort, die wegen unklarer Gesetzeslage, was die Steuern betraf, unterbrochen worden war. Die Band kam von einer Hallen-Tour aus den USA und traf erst in Antwerpen und dann in Stuttgart Vorbereitungen, die große Open-Air-Tour zu reaktivieren. Die sollte Ende Mai 1999 in Stuttgart begonnen werden.

Aus der Summe dieser Umstände ergaben sich von Anfang an gewisse Chancen, die Band zu treffen. Eine erste Anfrage von SWR 1 und des SWR-Fernsehens als Präsentatoren des Stuttgarter Konzerts bekam eine vielversprechende Antwort.

Wir könnten mit unserem Team nach Antwerpen kommen und dort unsere Interviews machen. Wenige Tage später ließ uns das Management wissen, die Stones kämen ja demnächst für ein paar Tage nach Stuttgart und man könne sich dann dort treffen. Ich muss sagen, dass ich diese vage Andeutung schon als Absage wertete, denn ein konkreter Termin oder ein Ort, wo das Interview zu führen sei, wurden nicht mehr genannt. Meist ein schlechtes Zeichen.

Für SWR 1 war die Präsentation der Rolling Stones zu diesem Zeitpunkt sehr wichtig. Die Senderfusion in Baden-Württemberg war gerade erst vonstattengegangen. Der Südwestfunk (SWF) in Baden-Baden und der Süddeutsche Rundfunk (SDR) in Stuttgart waren in einer neuen Zweiländeranstalt, dem Südwestrundfunk, aufgegangen. Dem Hörer über Jahrzehnte vertraute und überaus populäre Programme wie SDR 3 oder SWF 3 waren nicht mehr da, hatten neue Namen, Inhalte und Frequenzen bekommen. Eine Neuorientierung aller Hörergruppen im Lande fand gerade statt, und da galt es, Flagge zu zeigen. Welches Programm steht für was, wen und welches Lebensgefühl, neudeutsch ›Lifestyle‹ genannt.

SWR 1 wollte mit Musik und Informationen die reiferen Erwachsenen ansprechen, die mit der Musik der Beatles, Genesis', Elton Johns, Rod Stewarts und natürlich der Rolling Stones' groß geworden waren. Deshalb war die Konzertpräsentation eine willkommene Gelegenheit, zusammen mit den Hörern ein Gemeinschaftserlebnis zu gestalten, das eine gewisse bleibende Symbolkraft besaß. Die Krönung wäre natürlich ein Treffen mit den Protagonisten selbst, den Rolling Stones. Das Konzert sollte auf dem Cannstatter Wasen am Samstag, den 29. Mai 1999, stattfinden.

Im Vorfeld dieses Ereignisses fuhren wir mit dem für solche Zwecke konstruierten SWR-Truck durchs Land und zelebrierten die »Rolling Stones Road Show«. Gemeinsam mit einem Moderator des SWR-Fernsehens präsentierte ich eine Art Talkshow mit Stones-Experten, Plattensammlern, der Masseurin Dot Stein, die schon alle Stones unter ihren Fingern hatte, der *Rock'n'Roll-Laundry*, einer mobilen Wäscherei, die den Rockstars auf der Tour die Wäsche wusch, und viel Musik mit Spielen und Kartenverlosung. Das Ganze fand in kleinen bis mittelgroßen Clubs statt und sollte eine Brücke schlagen zu unseren derzeitigen und künftigen Hörern, denen wir uns so ins Bewusstsein brachten. Auch sorgten wir dafür, dass das Management der Rolling Stones von unseren Aktivitäten erfuhr, um so den Weg zu einem Interview mit der Band zu ebnen.

Tatsächlich wurde dann Anfang Mai ein Termin genannt: Donnerstag, 27. Mai, Voodoo-Lounge in den Katakomben der Stuttgarter Hanns-Martin-Schleyer-Halle. Vom Stones-Management wurden gleich zwei Kamerateams bestellt, wobei das eine die Interviews mit Keith Richards und Ronnie Wood machen sollte und das andere eigens für die Rolling Stones zur Verfügung stand.

»Zwei Stones sind besser als gar keiner, und Keith Richards als Schreiber fast aller Stones-Hits inklusive ›Satisfaction‹ ist beinahe erste Wahl«, versuchte ich mich und die anderen vom SWR-Team zu trösten, die sich schon alle auf eine Begegnung mit Sänger Mick Jagger gefreut hatten.

Auf dem Cannstatter Wasen, wo auch alljährlich das zweitgrößte Volksfest Deutschlands stattfindet, wurde inzwischen die monströse Bühne der Rolling Stones aufgebaut. Tagelang wurde gehämmert, geschraubt und endlich auch geprobt.

Klar, dass unser Team mit Mikros und Kameras vor Ort war. Wir standen direkt am Zaun, der das Gelände abriegelte, den Neckar im Rücken. Da erschienen finster blickende Roadies (Helfer beim Bühnenaufbau), die uns unmissverständlich bedeuteten, dass wir hier nicht erwünscht wären. Auf diese Diskussion ließen wir uns gar nicht ein. »Dann holen wir die Polizei«, drohten die Roadies. »Das mache ich schon«, sagte der Kollege von der *Bildzeitung* und zückte sein Handy. »Hey, what are you doing?«, keiften die Roadies. »Calling the police. That's what you wanted«, war die Antwort.

Die Polizei war bald zur Stelle, ließ sich von uns die Dienstausweise zeigen, erkannte jedoch keine Übertretung des Gesetzes. Nachdem die Beamten verschwunden waren, begannen die Roadies, den Zaun mit Papierfahnen undurchsichtig zu machen. Wir verlagerten unseren Beobachtungsposten auf den Damm des Neckars und hatten wieder gute Sicht.

Inzwischen waren Schlagzeuger Charlie Watts und Mick Jagger auf dem Plan erschienen und verfolgten aufmerksam den Aufbau der Bühne. Charlie gilt mit seinem Architekturstudium als der Konstrukteur der Bühnen für die Rolling Stones-Shows. Auch das Konzept der »Bridges To Babylon« stammt von ihm. Mit Mick, dem Mastermind und Manager der Band, spricht er die Einzelheiten ab. Beide waren denn auch sofort, begleitet von lebhafter Gestik, ins Fachsimpeln geraten. Nach und nach traf die gesamte Band ein. Darryl Jones, der Bassist, der seit dem Ausscheiden von Bill Wyman immer mit den Stones unterwegs ist. Ronnie Wood, der spirrelige Kobold mit den nervösen ruckartigen Bewegungen seiner dürren Arme und Beine und der Ananasfrisur. Schließlich Keith Richards, das Gegenteil von Ronnie, was den Bewegungsdrang betrifft. Schleichenden Schrittes kam er daher, die unvermeidliche Zigarette im Mundwinkel, machte er es sich am Bühnenrand bequem und verfolgte betont gleichgültig das Gespräch von Charlie und Mick.

Endlich wurde die gewaltige PA (Bühnenbeschallung) unter Strom gesetzt. Die Musiker griffen zu ihren Instrumenten, Mick Jagger, in abgewetzten Blue Jeans und einer ebenso strapaziert aussehenden braunen Lederjacke, trat ans Mikrofon. Die ersten Gitarrenriffs schmetterten aus den turmhohen Boxen. »Was für ein Lied wird denn das?«, fragte der Kollege von der *Bildzeitung*. »›Tumbling Dice‹ vom 72er-Album ›Exile On Mainstreet‹«, antwortete ich ihm.

Die anderen Kollegen von der schreibenden Zunft rückten näher und notierten.

»Und das?«, fragte der *Bildzeitung*-Mann beim nächsten Song.

»›Miss You‹ vom Album ›Some Girls 1978‹«, diktierte ich ihm und den anderen.

Es folgten noch Songs vom neuen Album »Bridges To Babylon« wie »Saint Of Me« und der Klassiker »Gimme Shelter«. Immer mehr Leute fanden sich ein, und es wurde langsam dunkel. Für ein Spektakel dieser Art war die öffentliche Anteilnahme bemerkenswert gering.

Das große Ereignis des Abends fand indessen im Fernsehen statt und sollte auch noch beim Interview am nächsten Tag eine Rolle spielen: Das Champions League-Finale zwischen Manchester United und Bayern München, das die Bayern schon sicher gewonnen glaubten. Beim Stand von 1:0 für die Bayern ging es in die Nachspielzeit, in der Manchester noch zwei Tore schoss. Da war die Probe der Rolling Stones auf dem Cannstatter Wasen aber gerade zu Ende gegangen.

Donnerstag, den 27. Mai 1999, bekamen wir das Okay vom Management der Rolling Stones für ein Interview in den Katakomben der Hanns-Martin-Schleyer-Halle. Dort, wo sich sonst Sportler oder Künstler auf Wettkämpfe und Auftritte vorbereiteten, waren aus Garderoben zwei Studios für Fernsehaufnahmen hergerichtet worden. Es erging die Anweisung, mit zwei Kamerateams anzutreten. Wie ich sehr bald erfuhr, brauchten die Stones ein zweites Team, um mit unseren Leuten und unserem Material einen eigenen Werbefilm zu drehen, der den etwas schleppenden Verkauf der exorbitant teuren Tickets für die noch anstehenden Stones-Konzerte in Europa befördern sollte. Dieser Umstand hatte offensichtlich entscheidend dazu beigetragen, uns die gewünschten Interviews zu gewähren.

Um 17 Uhr begannen wir mit dem Aufbau der Technik. Für 18 Uhr war der erste der Stones-Musiker angekündigt. »Es ist Charlie Watts«, sagte die Road-Managerin.

»Was denn, Charlie kommt auch?«, fragte ich erstaunt, denn bisher war nur von Keith Richards und Ronnie Wood, den beiden Gitarristen der Band, die Rede gewesen.

»Es kommt die ganze Band«, war die bestimmte Antwort der Dame. »Mick Jagger auch?«, wollte ich mich vergewissern. »Aber ja doch, aber alle einzeln mit kleinen Pausen dazwischen.«

Kurzes Telefonat mit der Heimatbasis im Funkhaus: Sensationell, alle Rolling Stones kommen zum Interview, exklusiv für SWR 1 und das SWR-Fernsehen.

Vom Tour-Management der Stones erging die Anweisung, dass keiner von unserem Team mehr die Schleyer-Halle verlässt, bis das letzte Gespräch aufgezeichnet wäre. Dem zweiten Team im Nachbarstudio kann ich noch schnell sagen, dass sie unbedingt eine Audiokassette für mich mitlaufen lassen sollen. Ich musste wissen, was da geschah. Denn inzwischen war eine kräftig gebaute Frau aufgetaucht, die sich mit den Worten vorstellte: »Hello, I'm Shirley, they call me the American dragoon. I'm going to do the video clips with the Stones.« Der amerikanische Dragoner sah diese Vorstellung lediglich als Formsache an, die keinen Widerspruch duldete. Wie ich später mitbekam, ging sie mit den Rolling Stones genauso kompromisslos zur Sache, als Coach und Motivator für dienstfreudig in die Kamera geschleuderte Sätze wie: »Hello, I'm Charlie Watts of the Rolling Stones and I'm looking forward to meeting you on our concert in Groningen.«

Kurz vor dem ersten Interview trafen ununterbrochen Anfragen von anderen Sendern bei uns ein, für sie doch ein paar Extras zu machen. Eine Schweizer Radiostation wollte noch schnell ein Telefoninterview mit mir, in dem ich einfach nur die Umgebung, also das Studio mit den bereitgestellten Erfrischungen, beschreiben sollte und wie mir vor meinem ersten Zusammentreffen mit der größten Rockband der Welt denn so zumute war. Drei Fragen würde mir der Moderator gleich stellen, sagte der Anrufer und nannte noch einmal die Fragen im Wortlaut. Ob ich alles verstanden hätte, wollte der Mann wissen. »Ja, was soll denn daran so schwierig sein?« Weil ich gleich in Schweizerdeutsch angesprochen würde. Diese Hürde nahmen wir auch noch, und dann hieß es genau um 18 Uhr, der Wagen von Charlie Watts sei vorgefahren.

Charlie Watts, der Schlagzeuger und Architekt
Wenige Minuten später stand Charlie Watts im Raum, kleiner als ich ihn mir vorgestellt hatte, hager, weißhaarig, im

teuren dreiteiligen grauen Anzug und musterte aufmerksam die Umgebung. Er nahm vor der Fernsehkamera und den Scheinwerfern auf einem Sofa Platz und erwartete geduldig die erste Frage.

Es blieb mir nicht viel Zeit, darüber nachzudenken, dass ich einer Legende gegenübersaß.

Seit meiner Kindheit hörte ich die Musik der Rolling Stones, war aufgewachsen mit »Satisfaction«, »Paint It Black«, »Jumpin' Jack Flash« oder »Brown Sugar«. All diesen Welthits hatte dieser Mann den Rhythmus gegeben, war bei den Aufnahmen im Studio dabei und hatte sie bei ungezählten, teils skandalträchtigen Konzerten live gespielt. Alt war er geworden, er sprach mit brüchiger Stimme und verlangte erst mal ein Glas Wasser. Wie es ihm gehe, wollte ich von ihm wissen. Er hasse Interviews wie diese, antwortete er mit entwaffnender Ehrlichkeit. Warum er das dann überhaupt mache, wagte ich zu kontern. »Weil Mick es von mir verlangt hat«, sagte er mit Trotz in der Stimme.

Ich erinnerte ihn daran, dass Charlie Watts im Persönlichkeitsbild, das die Presse von ihm abgibt, stets als der Gentleman in der Band gelte. Das wehrte er mit einer Handbewegung und einem »Äh!« ab. Wir kamen auf den Spielort Stuttgart zu sprechen, der ersten Station der Europa-Tour. Ja, er wisse, dass hier Autos gebaut werden, sagte Charlie.

»Porsche und Mercedes. Ich besitze von jedem zwei. Nicht schlecht für jemanden, der gar keinen Führerschein hat, nicht wahr?« Dabei lachte er schelmisch. Mir schien, das Eis war gebrochen. Er würde sich das Mercedes-Museum ansehen, sagte er, aber auch die Picasso-Ausstellung in der Staatsgalerie. Jetzt taute die Atmosphäre merklich auf. Er stutzte, als er hörte, dass das Konzert am Samstag auf dem Cannstatter

Wasen stattfinden würde. »Ich dachte, wir würden in Eurem schönen Fußballstadion spielen und nicht auf irgendeinem Parkplatz?«

»Hat man dir denn nicht gesagt ...«, wagte ich einzuwerfen.

»Mir sagt doch keiner was!«, schnarrte Charlie und setzte wieder eine trotzige Miene auf. Die erhellte sich, als der Kaffee gereicht wurde. Schwarz und ohne Zucker. »Ich hätte dich für einen Teetrinker gehalten.« »Nein, ich nehme immer Kaffee. Mick ist bei uns der Teetrinker.«

»Und wie steht es mit der deutschen Küche. Kannst du der was abgewinnen?«

»Knödel sind wohl was typisch Deutsches. Ich bin, was das Essen angeht, eigentlich Italiener. Aber über das Essen auf Tour solltest du besser mit Mick reden, der weiß immer, wo es was Gutes gibt.«

Die Stones waren schon seit Montag in Stuttgart. Am Mittwoch war die Probe, am Samstag würde das Konzert sein. Offenbar war diese Probe für die Band sehr wichtig, wollte ich von Charlie wissen. »Das liegt vor allem daran, weil wir jetzt fortsetzen, was wir vor zwei Jahren begonnen haben. Dazwischen war noch die US-Tour in den Hallen. Deshalb kommt der Erprobung der Open-Air-Bühne eine besondere Bedeutung zu. Für mich allerdings weniger. Ich bin der Schlagzeuger, mein Arbeitsplatz ist relativ übersichtlich. Für mich sind so gesehen alle Bühnen gleich. Aber Keith, Ronny und Mick, die müssen richtig arbeiten und viel auf der Bühne unterwegs sein. Da ist so eine Probe wie gestern ein wichtiger Teil der Vorbereitung.«

Ich gewann den Eindruck, Charlie fand so langsam Gefallen an unserem Gespräch.

Nein, Routine sei das auch nach 35 Jahren mit den Stones nicht, auch wenn viele der Songs schon seit Jahrzehnten im Programm sind. Auch unterscheide sich jeder Abend von dem davor. Vielleicht weil manchmal mehr Mädchen da seien oder er, Charlie, einfach besser gespielt habe. Aber das sei alles auch subjektiv. Bei Open-Air-Konzerten, wie sie jetzt wieder anstünden, reiche mitunter eine Windböe von der falschen Seite und der ganze Sound sei dahin.

Anläßlich des 25-jährigen Bühnenjubiläums der Stones 1989 war Charlie gefragt worden, wie es denn wäre, so lange mit derselben Band herumzuhängen.

»Na ja, es waren fünf Jahre Tour und 20 Jahre Herumhängen«, antwortete Charlie damals. Auch zum Zeitpunkt des Interviews im Mai 1999 hatte er keine schlüssige Erklärung für den dauerhaften Erfolg und die Popularität der Rolling Stones in aller Welt.

»Wir haben einfach Glück, dass die Leute uns noch immer mögen, dass sie offenbar Freude empfinden, Keith bei der Arbeit zuzusehen oder Mick, wenn er mit dem Hintern wackelt. Dann gibt es ein paar Besonderheiten, was die Beliebtheit von Songs angeht. Frankreich mag ›Angie‹, was in London kaum eine Rolle spielt. Entsprechend werden die Song-Listen angepasst.«

Und dann waren die zugesicherten 10 Minuten Gespräch auch schon vorbei. Charlie erhob sich, schrieb noch ein paar Autogramme und war auch schon verschwunden. Dafür, dass er der schweigende Stone ist, konnten wir mit der Ausbeute zufrieden sein. Bemerkenswert, wie oft er sich bei seinen Antworten auf Mick Jagger bezogen hatte, mit dem ihn offenbar mehr verband als nur die Mitgliedschaft in dieser Band.

Immerhin war es vor Jahren passiert, dass Jagger mitten in der Nacht in schon alkoholisiertem Zustand in einem Hotel noch eine Probe angesetzt hatte. Charlie war schon schlafen gegangen und fühlte sich unsanft geweckt. »Ich brauche jetzt meinen verdammten Schlagzeuger«, hatte Jagger ins Telefon geraunzt.

Charlie hatte sich in aller Ruhe in seinen Anzug geworfen, erschien in der Lobby und streckte Mick mit einem Kinnhaken nieder. »Ich bin nicht dein Schlagzeuger, du bist allenfalls mein verdammter Sänger«, hatte er dem auf dem Boden liegenden Mick Jagger zugerufen und war wieder schlafen gegangen. »It's only Rock'n'Roll« ... Die Dauerfreundschaft der beiden Männer blieb von diesem Vorfall unberührt.

Ronnie Wood, der Leadgitarrist
In den Katakomben der Schleyer-Halle war mehr als eine Stunde vergangen, bis sich der Besuch von Gitarrist Ron Wood ankündigte. Der spindeldürre Mann mit der Ananasfrisur war 1975 für Mick Taylor in die Band gekommen, dem das Leben mit den Stones zu stressig geworden war. Er und Keith Richards gelten als die Saitenhexer der Band, die sich privat auch ausgezeichnet verstehen. Ronnie hatte sich scheinbar mühelos in das Gefüge der Rolling Stones eingeführt. Musikalisch brachte er die besten Voraussetzungen mit. Als langjähriges Mitglied bei den Faces war er im blues-getränkten Rock'n'Roll zuhause. Das Tourleben war sein Element, und auf dem Gebiet der Skandale hat auch er der Stones-Legende das eine oder andere Kapitel hinzugefügt.

Zum SWR-Interview hatte Wood seine ganze Familie im Tross. Seine Ehefrau und zwei Kinder, die ständig ihre Videokameras auf uns richteten und alles filmten außer ihrem Dad. Zu Ronnies ständiger Begleitung gehört auch immer eine frisch geöffnete Dose Guinness-Bier.

Der ganze Auftritt vollzog sich deutlich geräuschvoller als der von Charlie. Allerdings war Ronnie von Anfang an bestens gelaunt und hatte die ganze Zeit sein spitzbübisches Lächeln aufgesetzt. Seine Frau lasse ihn nie aus den Augen, erklärte er auf meine Nachfrage. Er wisse auch nicht warum. Seine Tochter Lea singe mit im Programm der Stones, wenn Keith seinen Soloauftritt habe und sein Sohn Jamie habe einen Job Backstage und gehöre zum Tour-Zirkus.

Lebhaft beschrieb er die Spieltechnik der beiden Gitarristen. Er und Keith Richards würden ihr gemeinsames Spiel so miteinander verweben, dass oftmals nicht klar sei, was jetzt eigentlich von wem komme. Über besonders gelungene Stellen bei Improvisationen, aber auch bei Fehlern, gerieten die beiden Freunde dann schon mal in einen Streit, auf wessen Konto das eben Fabrizierte letztendlich gegangen sei.

Auf meine Frage, was er eigentlich da oben auf der Bühne während eines Konzertes von seinem Publikum wahrnehme, scherzte er, dass er wegen seiner Kurzsichtigkeit nur bis zur zehnten Reihe sehen könne. Und wenn die Fans Poster hochhalten, helfe Mick ihm beim Entziffern: »Ronnie Wood stinkt«, stehe da geschrieben.

Ob er etwas vermisse, seit er Gitarrist bei den Stones ist, wollte ich von ihm wissen. Am schlimmsten sei es für ihn, die Rolling Stones nicht mehr spielen sehen zu können. Er war immer ein Fan der Band. Aber seitdem er selbst mit auf die Bühne müsse, habe er nie wieder ein Stones-Konzert gesehen.

Und das gehe jetzt schon fast 25 Jahre so. Aber immerhin sei er nicht mehr der Neue in der Band, seit man mit Darryl Jones einen festen Tour-Bassisten angeheuert habe.

Der kommende Samstag mit dem Stones-Konzert auf dem Cannstatter Wasen fiel zusammen mit dem letzten Spieltag der Fußball-Bundesliga. Die SWR 1-Sportredaktion hatte mich gebeten, einem der Rolling Stones einen Fußballtipp zu entlocken. Denn in der Sendung SWR 1-»Stadion« tippt immer ein Prominenter gegen einen SWR 1-Hörer.

Mick Jagger ist zwar ein ausgewiesener Fußballfan und -kenner, aber die knappe Zeit der zugestandenen 10 Minuten wollte ich mit ihm über andere Dinge reden. So machte Ronnie Wood den Fußballtipp für die Stones. Ein wenig musste ich ihm helfen, da er nicht jeden deutschen Verein kannte.

»Unmittelbar vor eurem Auftritt spielt nebenan der VfB Stuttgart gegen Werder Bremen. Es geht für Stuttgart um den Klassenerhalt«, erkläre ich ihm.

»Oh, enttäuschte Fans auf unserem Konzert können wir aber nicht gebrauchen. Deshalb muss Stuttgart gewinnen«, entschied er. Stuttgart gewann tatsächlich 1:0 und verblieb in der 1. Liga.

Wir kamen zum Spiel 1860 München gegen Schalke 04.

»Ist das die Münchener Mannschaft, die gestern gegen Manchester gespielt hat?«, wollte Ronnie wissen. »Nein, das ist ein zweites Münchener Team.« »Dann verlieren die«, sagte Ronnie überzeugt. 1860 München verlor das Spiel gegen Schalke knapp 4:5. »Die erste Münchener Mannschaft, also die von dem Champions League-Spiel, die wird gewinnen«, verkündete Ronnie. Bayern München gewann sein Spiel in Leverkusen 2:1.

Auf diese nicht ganz konventionelle Weise lieferte Ronnie Wood seine neun Tipps ab, von denen nur zwei danebengingen. Gegen so viel Hellsichtigkeit konnte der SWR 1-Hörer am Samstag darauf nicht viel ausrichten. Ich solle unbedingt mit dem Tippschein zur Auswertung hinter die Bühne kommen, waren Ronnie Woods Abschiedsworte, als er mit seinem Gefolge unser kleines Studio verließ; zwei leere, zerknautschte Bierdosen blieben auf dem kleinen Tisch zurück.

Keith Richards, der Gitarrist und Komponist
Wieder verging eine knappe Stunde. Keith Richards, die Seele der Rolling Stones, wurde erwartet. Das größte Wunder an ihm ist, dass er überhaupt noch lebt, sagen viele Kenner des Metiers. Sein Name wird auf immer mit den größten Rocksongs der Epoche verbunden sein:
»Satisfaction«, »Jumpin' Jack Flash«, »Brown Sugar«, »Start Me Up« und ein gutes Dutzend weitere Stücke, die bis heute auf der ganzen Welt im Radio gespielt werden, gehen vor allem auf sein Konto. Mit seinem einstigen Freund aus Kindertagen und kongenialen Songschreiber Mick Jagger hat Keith Richards ein bedeutendes Kapitel Rockgeschichte geschrieben. Natürlich auch durch seinen Lebensstil, der von Alkohol, Drogen und Frauenaffären geprägt ist. Gitarrist Brian Jones musste diesen exaltierten Stil mit dem Leben bezahlen, bevor er 30 wurde, ebenso Doors-Sänger Jim Morrison, Jimi Hendrix oder Janis Joplin. Aus Dokumentationen über die Rolling Stones wusste ich, dass Keith sehr vernuschelt spricht, viel gestikuliert und Sätze oft nicht zu Ende bringt. Da würde viel Konzentration nötig sein, um Missverständ-

nisse zu vermeiden und die knappe Zeit optimal zu nutzen.

Es war fast genau 20 Uhr, als Unruhe aufkam in den Gängen der Schleyer-Halle. In mir verstärkte sich die Gewissheit, dass der gesamte Auftritt der Stones einer wohl kalkulierten Dramaturgie folgt. Die Reihenfolge von Charlie Watts über Ron Wood hin zu Keith Richards und als Krönung Mick Jagger zum Schluss war ganz sicher kein Zufall. Trotz der langen Wartezeiten von einem Interview zum nächsten erschienen die Gesprächspartner immer genau zur vollen Stunde. Ich deutete das als ein Zeichen, wie wichtig den Stones diese ganze Nummer war, wohl wissend, dass sie das auch alles tun, um zu ihrem kostenfreien Werbefilm zu kommen, der im Nachbarstudio entstand. Für weitere Überlegungen blieb keine Zeit, denn da trat mit einem Lachen, das dem Fauchen eines alten Drachen ähnelte, Keith Richards durch die Tür.

Über einem hellgrünen T-Shirt trug er ein offenes Hemd und darüber eine schwarze Weste.

In die verstrubbelten Haare waren Voodoo-Symbole wie kleine bunte Perlen und andere Accessoires eingeflochten. Richards wirkte lebhaft, fragte, wie es uns ginge, beförderte aus seinen Taschen zwei Schachteln Zigaretten ans Tageslicht, eine Packung Chesterfield und eine Pall Mall, nachdem er ein mitgebrachtes Glas, das offenbar Wodka mit Orangensaft enthielt, auf dem Tisch abgestellt hatte. Ich war überrascht, wie einfach es manchmal sein kann, gleich mehrere Klischees zu bedienen. Wir kamen dann auch rasch ins Gespräch.

Keith hob noch einmal das Besondere an diesem Tour-Abschnitt hervor, der eigentlich die Fortsetzung dessen sei, was vor einem Jahr wegen der unklaren Steuersituation abgebrochen worden war. Klar spiele man letztendlich immer wieder die gleichen Songs, aber jetzt eben Open Air und auf einer Bühne, die ganz anders aufgebaut sei als jene bei der Hallen-Tour in den USA, der »No Security Tour«. Nie wisse man, welche akustischen Verhältnisse man antreffe, die auch durch das Wetter diktiert würden. Da sei jeder Abend anders.

»Aber wir sind da sehr flexibel«, sagte Keith, »und wir können unsere Song-Liste jederzeit umstellen. Denn das Programm kommt in den verschiedenen Ländern auch unterschiedlich an. Wenn du auf die Bühne gehst, weißt du nie, wie der heutige Abend wird. Allein das macht die Sache immer wieder spannend. Da wird zuweilen auch improvisiert wie im Jazz. Unser Schlagzeuger Charlie kommt vom Jazz, auch unser Bassist Darryl Jones. Schlagzeug und Bass sind für die Improvisation ungemein wichtig. Das hat Miles Davis auch so gemacht.«

»Eigentlich wäre es ja gar nicht nötig, für jede Tour immer wieder ein neues Album zu machen. Ihr habt doch so viele Songs, die kann man ohnehin nie an einem Abend spielen.

Ist es denn nicht schwer oder auch lästig, immer wieder gegen eine solche Vergangenheit anschreiben zu müssen?«, fragte ich Keith Richards.

Der richtete seinen Blick nach oben, dachte kurz nach und sagte: »Als Songschreiber ist man immer bestrebt, etwas Neues zu versuchen, sonst wäre das ja auch langweilig. Die besten Ideen kommen mir übrigens auf den Tourneen. Später im heimischen Studio feile ich diese Ideen dann aus bis zum fertigen Song. Stücke wie ›Out Of Control‹ oder ›Saint Of Me‹ sind neu auf dieser Tour und werden inzwischen genauso von den Fans angenommen und gefeiert wie die alten Hits und Klassiker. Das weißt du aber vorher nicht. Mick und ich haben beim Schreiben immer die Konzertsituation im Hinterkopf. Die ist uns wichtiger als das Aufnahmestudio. So kann das für mich immer weitergehen. Ans Aufhören mag ich da gar nicht denken. Eher daran, was wohl als Nächstes kommt.«

Ich wollte von Keith wissen, ob er bei bestimmten Songs, die einer sehr prägnanten Ära entstammten, eine emotionale Bindung zu den Geschehnissen hätte, in denen diese Lieder entstanden waren. Wenn die Stones zum Beispiel »Miss You« aus dem Jahre 1978 spielten, denkt er da an diese Zeit zurück? Ich hatte mir dieses Stück ausgewählt, weil ich wusste, dass Keith in jenen Jahren seine schlimmste Drogenphase durchlebte, die ihn zeitweise in Kanada hinter Gitter gebracht hatte. Er erläuterte mir in sachlich-ruhigem Ton, dass es keinerlei solche Emotionen gäbe, wenn er auf der Bühne einen Song präsentiere. Es interessiere ihn auch heute nicht mehr, ob damals die Bullen hinter ihm her gewesen seien oder ob er sich mal wieder einer Blutwäsche unterzogen habe. So ein Song sei ja auch kein statisches Wesen. Dem werde auf der Bühne ständig eine Frischzellenkur verpasst. Und im Übrigen sei er mehr an der Gegenwart und an der Zukunft interessiert als an der Vergangenheit. Höre er jedoch einen Oldie im Radio, erinnere der ihn schon an vergangene Zeiten und Erlebnisse in der Vergangenheit. Aber nicht seine eigenen Songs.

Ich erinnerte Keith Richards daran, dass die Rolling Stones die erste Band waren, die in Deutschland in einem Fußballstadion aufgetreten waren, während der Europa-Tour 1976.

Es war das Neckarstadion in Stuttgart. Seitdem waren die Stones nicht mehr in der Stadt gewesen. Keith staunte, wie die Jahre doch vergingen, entschuldigte sich fast dafür und versprach, nicht wieder so lange auf sich warten zu lassen. Wir sprachen über die Fortschritte, die die Bühnentechnik seit den siebziger Jahren gemacht hatte, was auch zu einer deutlichen Verbesserung des Sounds gerade bei Konzerten der Rolling Stones geführt habe.

»Inzwischen gibt es Videowände, die ich anfangs gar nicht mochte«, erklärte Richards, »aber ich bin nur knappe 1,70 Meter groß, und ich wachse auch nicht mehr. Wie sollte man mich da sonst sehen? Am wichtigsten aber ist das Soundsystem, die PA. Da sind wir immer auf dem neuesten Stand. Vorn auf der Bühne sieht das ja alles gewaltig aus, mit den Lautsprechertürmen. Hinter der Bühne ist das eher unscheinbar.«

»Weil wir schon mal hinter der Bühne sind, was passiert eigentlich in der viel gepriesenen Voodoo-Lounge?«, wollte ich von Keith wissen.

Die Voodoo-Lounge ist ein kleiner intimer Bereich hinter der Bühne, in dem die Rolling Stones sogenannte VIPs empfangen. Viel wird darüber geschrieben und erzählt, aber nur einem kleinen Kreis von Personen wird der Zutritt dorthin gewährt.

Bei dieser Tour war die Voodoo-Lounge in den Katakomben der Schleyer-Halle eingerichtet worden. Ich hatte am Nachmittag einen Blick dort hineinwerfen können. Alle Wände waren mit schwarzen Vorhängen verkleidet. Ein Billardtisch stand in der Mitte, umgeben von Körben mit Getränken und Früchten. Kerzen beleuchteten die Lounge spärlich. Es war zu diesem Zeitpunkt kein Mensch dort.

»Ach, die Voodoo-Lounge«, lachte Keith, »dafür habe ich keine Zeit. Ronnie und ich haben direkt hinter der Bühne unseren *Tuning-Room*, wo wir uns warm spielen, kurz vor jedem Konzert. In der Lounge treffen sich alle anderen Leute, die mit der Show zu tun haben.

Besonders am ersten Abend einer Tour ist da eine Menge los. Wir kommen an, ziehen uns um, gehen auf die Bühne und machen unseren Job. Zum Loungen haben wir einfach keine Zeit.«

Es war weniger eine Frage als eine Feststellung, als ich abschließend zu Keith Richards sagte:

»Du freust dich sehr auf die nächsten Konzerte, nicht wahr?«

Da lächelte er, ließ sein Drachenfauchen ertönen und nickte einfach nur. Auf meine Frage, ob denn noch ein abschließendes Foto drin wäre, öffnete Keith Richards seine Arme und sagte in meine Richtung: »Come over, darling.« Auf meiner Schulter ruhte die Hand des Stones-Gitarristen. Auf einem seiner knochigen Finger glänzte der Totenkopfring, den er Jahre später in seiner Rolle als Vater des Piraten Jack Sparrow, gespielt von Johnny Depp im Film »Fluch der Karibik«, so wirkungsvoll ins Bild setzen würde. Der Abgang Keith Richards' wurde genau wie sein Erscheinen rund 15 Minuten zuvor von seinem fauchenden Lachen begleitet. Dann herrschte wieder relative Stille in den Katakomben der Hanns-Martin-Schleyer-Halle.

Mick Jagger, Sänger, Songschreiber, Boss
Kurz vor 21 Uhr bedeutete uns das Wachpersonal der Stones, ins Studio zu gehen. Drinnen schloß der uns begleitende muskulöse Afroamerikaner die Tür und stellte sich demonstrativ davor.

»Hey man, what's going on?«, frage ich den ernst dreinschauenden Hünen.

»His godship has just arrived«, lautet die mit leicht zynischem Lächeln vorgetragene Antwort.

Ich erfuhr später, dass Mick Jagger, wenn er als Sänger der Stones unterwegs ist, immer Bodyguards dabei hat, die ihm in unübersichtlichem Gelände, wie dem Labyrinth einer Sporthalle, vorausgehen bzw. folgen. Um eine Ecke, hinter der eine Überraschung, welcher Art auch immer, lauern könnte, geht er nie als Erster. Insider behaupten, diese Vorgehensweise habe sich Jagger seit der Ermordung von John Lennon im Dezember 1980 zu eigen gemacht.

Das Risiko, auf der Bühne angefallen oder gar getötet zu werden, schätzt er offensichtlich als geringer ein, obwohl es Attacken auf ihn im Konzert schon gegeben hat. Einen Amok-Läufer bei einem US-Konzert in den achtziger Jahren hatten die Sicherheitsleute zu spät bemerkt. Er konnte sich Zugang zur Bühne verschaffen, nahm Kurs auf den Stones-Sänger, musste aber noch an Keith Richards vorbei. Der nahm kurzerhand seine Gitarre ab, umfasste sie wie eine Keule und streckte so den Angreifer nieder. Mick hatte das Geschehen aus dem Augenwinkel verfolgt und keinen Augenblick von seinem Gesang abgelassen. Diese Szene ist in diversen Dokumentationen über die Rolling Stones festgehalten worden.

Der Lärm vor der Tür schwoll an. Unser Bewacher öffnete die Tür und herein trat ein kleiner Mann mit großem Kopf und langen Armen, die Sonnenbrille lässig in der rechten Hand. Alle erhoben sich unwillkürlich von den Plätzen. »Hi, Günter«, begrüßte uns Mick Jagger und blickte in die Runde. Ich trat einen Schritt vor, reichte ihm die Hand und sagte: »Hi, Mick, nice to have you here.« Jagger ist fast einen Kopf kleiner als ich mit meinen 1,83 Metern. Auf der Bühne am Samstag würde ich wieder zu ihm aufblicken.

Mick Jagger nahm auf dem Sofa Platz, auf dem vor ihm schon die anderen Stones gesessen hatten. Von deren Präsenz kündeten noch einige Spuren. Ronnies Bierdosen waren noch da und die Zigaretten von Keith. Wir hatten keinen Anlass gesehen, den Tisch aufzuräumen. Mick schaute missbilligend auf die zerknautschten Bierdosen und dann auf seine Assistentin, die im Hintergrund geblieben war. »Oh, Karen, could you take this away«, sagte er angewidert und deutete auf die Bierdosen. Dann zeigte er auf den Tisch und sprach zu mir im Tone eines Internatsleiters, der Schüler bei einem Vergehen erwischt hatte: »Two kinds of cigarettes!?« Ich zuckte mit den Schultern und fragte ihn, ob er sich nicht denken könne, wer all diesen Müll zurückgelassen habe. »No, I can't«, schnarrte er zurück. Inzwischen waren die Scheinwerfer, die Mikros und die Kamera justiert, und ich fragte Mick, ob wir beginnen könnten. »Yes, any time.«

Ich kam gleich auf die Stadt zu sprechen, in der die Stones nun schon seit vier Tagen logierten und arbeiteten. Ob er denn schon etwas von Stuttgart gesehen hätte, wollte ich von ihm wissen. Ja, er habe gleich am ersten Tag ein Museum bemerkt, das eine Picasso-Ausstellung präsentiere. »Die werde ich mir morgen an unserem freien Tag ansehen.« Den für Stones-Verhältnisse langen Aufenthalt in ein und derselben Stadt erklärte er mit dem uns schon bekannten Umstand, dass die Open-Air-Bühne flott gemacht werden müsse, auf der man ja schon seit fast einem Jahr nicht mehr gearbeitet habe. »Das ist wie mit einem Auto, das monatelang in der Garage gestanden hat«, erläuterte Jagger.

»Die Soundsysteme und überhaupt die ganze Bühnentechnik muss geprüft und eingestellt werden, damit die nächsten Konzerte optimal ablaufen können.«

»Und während eurer Proben gestern Abend lief ein interessantes Fußballspiel«, erinnerte ich den Fußballfan Mick Jagger. »Champions League-Finale Manchester United gegen Bayern München.«

»Ja, den größten Teil des Spiels haben wir leider verpasst. Aber die Mitglieder der Crew hatten einen Fernseher in einem kleinen Raum hinter der Bühne. Die haben dort das Spiel verfolgt.«

»Und es sah gar nicht gut aus für Manchester.«

»Nein, schrecklich war das. Aber die entscheidenden Minuten haben wir ja dann doch noch mitgekriegt. Das hat den Rest der Truppe dann entschädigt. Ich hatte beim Ansetzen der Probe überhaupt nicht an dieses Spiel gedacht. Das passiert mir sonst nicht. Am Ende war ja dann alles wieder gut. Manchester hat gewonnen, und das wird in Stuttgart ja niemanden wirklich ärgern. Es war ja nicht eure Mannschaft, die gestern verloren hat.«

Wir sprachen über das Bühnenbild der »Bridges To Babylon«-Tour. Seit den Achtzigern war auch bei den Rolling Stones die Kulisse für ihre Show immer pompöser geworden. Das aktuelle Album gab meist das Konzept für die Gestaltung des Bühnenbildes vor. »Bridges To Babylon« von 1997 war das programmatische Thema jener Tour von 1999.

Wurde da ein Architekt beauftragt oder ein Designer, der für die entsprechende Umsetzung des Album-Titels in ein Bühnenbild zu sorgen hatte?

»Also das funktioniert so«, erklärte Jagger mit beiden Händen gestikulierend. »Charlie und ich setzen uns mit dem Designer zusammen, der auch schon die letzten beiden Touren von uns betreut hat. Dem erläutern wir unser Grundkonzept, welchen Aufbau wir gerne hätten, welche Farbtöne dominieren sollen und dass es nicht zu operettenhaft werden darf. Schon dabei zeigt sich, was geht und was nicht. Da sollte man auch mehrere Ideen und Alternativen parat haben, weil sich in der Praxis nicht alles so realisieren lässt, wie wir es gerne hätten. Das ist natürlich auch eine Frage der Kosten.«

»Und der Titel ›Bridges To Babylon‹ stand von Anfang an fest?«

»Nein, der kam erst zum Schluss, als wir die Idee mit der Brücke hatten, die die Hauptbühne mit einer kleineren Nebenbühne verbindet. Etwa nach der Hälfte des Konzertes wird diese Brücke ausgefahren zu einer kleineren Bühne mitten unter den Zuschauern. Dort geht dann die ganze Band hin und spielt einen Set ›unplugged‹. Also eine Art Kammerkonzert, das in die große Show eingebettet ist. Zu Beginn der Tour war diese Brücke nicht fertig geworden, was mich ziemlich genervt hatte. Ja, auch bei uns halten mitunter die Handwerker die Termine nicht. Mark, unser Designer, hatte gesagt, wenn du persönlich diese Brücke bestellst, ist das wie eine Garantie, dass auch alles pünktlich da ist. Dann gab es aber Probleme mit der Konstruktion. Es bestand die Gefahr, dass die Brücke zerbricht und ins Publikum stürzt. Deshalb gab es während der ersten beiden Wochen der Tour keine Brücke. Aber dann war alles komplett, so wie ihr es am Samstag erleben werdet.«

»Es heißt, dass die Stones erst kurz vor Beginn des Konzertes entscheiden, welche Songs sie spielen werden. Das ist dann eine Entscheidung der gesamten Band?«

»Nicht wirklich«, grinste Jagger und brach in ein meckerndes Gelächter aus.

Ich hatte irgendwo gelesen, dass Mick persönlich und autoritär die Song-Liste erst Minuten vor dem Konzert endgültig festlegt. Das Privileg des Chefs und des Sängers. Das scheinen die übrigen Stones zu akzeptieren. Sein spitzbübisches Lachen war die beste Bestätigung.

»Im Allgemeinen läuft das schon so. Aber die anderen können auch ihre Vorschläge machen.

Die Song-Liste ändert sich oft, ganz besonders zu Beginn einer Tour. Einige Stücke haben dann doch nicht die Wirkung, die wir uns erhofft hatten. Wenn etwa Songs besonders in der ersten halben Stunde zu hart daherkommen und das Ganze zu depressiv gerät, dann ändern wir das.

Gerade der Auftakt eines Konzertes ist wichtig. Da muss die Stimmung positiv sein. Wir treten in der Regel mit 70 spielbereiten Songs an, unter denen wir dann wählen können.«

Wir kamen auf die Bands zu sprechen, die im Vorprogramm der Stones auftreten. In Deutschland verlässt sich Jagger da auf die örtlichen Veranstalter, die ihnen Vorgruppen, sogenannte Support Acts, besorgen. Daheim in England und auch in Amerika kümmern sich die Stones selbst um das Vorprogramm. Es ist ja nicht leicht, vor einer solchen Band wie den Rolling Stones aufzutreten. Peter Maffay wurde in den Achtzigern mit Eiern beworfen, als er in der Berliner Waldbühne vor einem Stones-Publikum spielte.

Für junge Bands, sagte Jagger, sei das aber auch eine Chance, sich einem größeren Publikum zu empfehlen. Er lege Wert darauf, junge Künstler in seinem Programm zu haben. Sheryl Crow habe davon profitiert oder die irischen Corrs, die in Amerika noch gar keiner kannte und die durch die Stones-Tour 1998/99 regelrecht für den US-Markt entdeckt wurden.

Mick Jagger bestätigte meinen Eindruck, den ich gewonnen hatte, dass eigentlich er der Manager der Band ist. Auf meine Frage, ob er denn den Künstler sauber vom Geschäftsmann zu trennen vermöge, räumte er ein, dass dies besonders am Anfang der Tour nur schwer zu machen sei, wegen all der organisatorischen Dinge, um die er sich nun mal selbst kümmere. Das mit dem Bühnen-Design wollte er aber als Kunst verstanden wissen und nicht als Geschäft. Im Verlauf der Tour trete dann der Geschäftsmann immer weiter hinter dem Künstler und Popstar Mick Jagger zurück.

»Dennoch erwächst dir aus allem, was du tust und wofür du zuständig bist, eine gewisse Verantwortung für den ganzen Zirkus, mit dem ihr unterwegs seid«, provozierte ich ihn ein wenig. Er schaute über seine vor dem Gesicht gefalteten Hände, grinste und sagte:

»Nun mach mir bloß keine Angst. – Ja, es stimmt schon. Wenn wir Schiffbruch erleiden würden mit all dem, was wir machen, dann müssten sich viele Leute einen neuen Job suchen.«

»Ihr seid gerade in den neunziger Jahren immer besser geworden mit euren Konzerten. Das war ja nicht immer so mit der Soundqualität. Und nun gibt es Meinungen, die besagen, irgendwas stimmt da nicht bei den Stones.«

Jagger lehnte sich zurück, setzte eine ernste Miene auf und sagte in dem mir schon bekannten schnarrenden Ton: »Ich weiß jetzt gar nicht, was du meinst.«

»Es war ein Artikel im *Spiegel*, der euch unterstellt, ihr würdet gar nicht alles live auf der Bühne fabrizieren, was man am Ende zu hören bekommt.«

»Oh, das war eine sehr unfaire Art vom *Spiegel*, Zitate aus dem Zusammenhang zu nehmen. Dieser Artikel ist mir bekannt, und ich war sehr enttäuscht, weil ich den *Spiegel* immer für ein seriöses Blatt gehalten habe. Es war eine ganz offensichtlich falsche Behauptung. Und obwohl sie es dann auch eingesehen hatten, dass sie unrecht hatten, haben sie keine Richtigstellung gebracht.«

Assistentin Karen erschien und wies darauf hin, dass die vereinbarte Interviewzeit abgelaufen wäre. Mick hob die Hand und sagte: »Karen, it is okay, let's go on.«

Eine Frage hatte ich mir noch für den Schluss aufgehoben. Unsere »Aktuell«-Redaktion von SWR 1 hatte mich gebeten, Mick Jagger, den ehemaligen Wirtschaftsstudenten, nach seiner Meinung zur gerade entstehenden Europäischen Union mit eigenem Parlament und demnächst auch eigener Währung zu fragen, insbesondere vor dem Hintergrund der Europawahl, die in wenigen Wochen stattfinden würde. Mick machte dicke Backen und klagte, das wäre jetzt aber eine schwierige Frage am Ende eines Interviews, die er mit wenigen Sätzen nicht beantworten könne. Dann fühlte er sich aber doch so weit herausgefordert oder auch geschmeichelt, nach seiner Expertenmeinung zur Politik gefragt zu sein, dass er loslegte.

»Was mir Sorgen bereitet, ist die unübersichtliche Administration einer so wichtigen demokratischen Institution wie der Europäischen Gemeinschaft, die überwiegend von Bürokraten beherrscht wird. In England ist das Interesse an den Europawahlen eher gering, weil man dort die Möglichkeit der Parteinahme vermisst. Der Bürger weiß nicht, wer da eigentlich gewählt werden soll. Statt eines Präsidenten, den man wählen könnte, sieht er nur einen bürokratischen Apparat. Man nimmt das Zusammenwachsen Europas zur Kenntnis, glaubt aber nicht, dass die Bürokratie auf die Bedürfnisse der Menschen in ausreichendem Maße reagieren kann. In England hat man auch den Eindruck, zum europäischen Einigungsprozess gar nicht gefragt worden zu sein, und pro-europäische Politiker sind bei uns alles andere als populär. Ich persönlich denke, dass uns allen mit der voranschreitenden europäischen Einheit mehr politische Verantwortung erwächst.«

Mick Jagger lehnte sich zurück wie jemand, der sich der Bedeutung seiner Worte bewusst ist, verfiel dann aber doch noch einmal in sein meckerndes Lachen, was mir zum einen signalisieren sollte, da hast du jetzt aber eine schöne Antwort für deine Redaktion, zum anderen aber auch den Schlusspunkt setzte für ein am Ende doch doppelt so langes Interview als ursprünglich zugesagt. Mick ließ sich sogar noch zu einem gemeinsamen Foto überreden und entschwand dann in die laue Sommernacht.

Wir hatten eine gute Ausbeute und konnten nun unsere Geräte abbauen. Es war fast 22 Uhr. Seit sechs Stunden hockten wir in den Katakomben der Schleyer-Halle. Aber es hatte sich gelohnt. Ein solches Treffen erlebten auch die erfahrensten Kollegen hinter Kameras und Funktechnik nicht alle Tage.

Francis Rossi, Rick Parfitt – Status Quo auf der Suche nach dem vierten Akkord

Nürnberg 2001

Rock-Urgestein nennt man Bands oder Musiker, die seit Jahrzehnten und damit seit der Gründerzeit des Rock-Business dabei sind. Gemeint ist die Zeit, als Bands zu Flaggschiffen der Bewegung wurden wie die Rolling Stones oder Status Quo. Die Wurzeln beider britischer Kapellen liegen in der Zeit zu Beginn der sechziger Jahre, und sowohl die Stones als auch Status Quo haben es als aktive Gruppen bis ins sechste Jahrzehnt ihres Bestehens geschafft, bei vollen Sälen und Arenen aus eigener Kraft, gerne auch mit einem aktuellen Album im Gepäck. Es spricht für den Humor von Status Quo, wenn sie im Albumtitel das signalisieren, wofür sie immer verspottet wurden, nämlich mit drei Akkorden pro Song Hits in Serie zu fertigen: »In Search Of The Fourth Chord«. Dabei hatte alles viel komplizierter angefangen mit Songs wie »Pictures Of Matchstick Men«, »Ice In The Sun« oder »Technicolour Dreams« in der psychedelischen Phase der späten Sechziger. Da jaulten Wah-Wah-Pedale, klirrten Gitarrensoli und schwirrten Soundeffekte aus den Boxen, dass einem schwindlig wurde. Dass die Musiker von Status Quo selbst noch nicht genau wussten, wo die Reise einmal hingehen würde, zeigt die Tatsache, dass ihr erster Hit »Pictures Of Matchstick Men« zunächst als Single-B-Seite zu dem weniger spektakulären »Gentleman Joe's Sidewalk Cafe« erschien.

Dennoch konnte sich »Matchstick Men« 1968 in den Top 10 der britischen Charts platzieren. Der Anfang war gemacht. Inzwischen war auch Francis Rossis langjähriger Freund Rick Parfitt mit an Bord, der die nächsten Jahrzehnte neben dem Frontmann Rossi Mähne und Gitarre schwingen würde. Zunächst trat die Beat-Combo in kleinen Clubs vor Teenager-Publikum auf. Die Musiker selbst waren gerade mal 20 Jahre alt. Nach den ersten Charts-Erfolgen wollten sie sich vom Teenybopper-Image lösen, das ihnen die Medien verpasst hatten und experimentierten mit Balladen im Bee Gees-Stil. Das Album »Spare Parts« von 1969 dokumentiert diese Phase mit Songs wie »Are You Growing Tired Of My Love«, der gut in die Zeit passte, aber nicht das wirkliche Potential der Band reflektierte.

Mit den siebziger Jahren entwickelten Status Quo den für sie typischen Boogie-Rock und Hits wie »Down The Dustpipe«, »Paper Plane«, »Down Down« oder »Rockin' All Over the World«.

Der hypnotisch hämmernde Rhythmus verfehlte vor allem auf der Bühne seine Wirkung nicht. Status Quo-Konzerte wurden zu Verbrüderungsritualen mit den Fans. Die Musiker verzichteten auf Glamour und Schminke, kamen wie ihr Publikum in Jeans und Turnschuhen und gaben sich auch sonst recht unkompliziert. Francis Rossi hatte sich seine langen Haare straff zum Zopf gebunden, Rick Parfitt trug seine blonde Mähne offen. Die Besetzung der Band um diesen harten Kern bei Status Quo blieb lange stabil. Bei den Fans gelten sie als eine Gemeinschaft auf Kumpelbasis, die gerne mal ein Bier zusammen trinken und vor allem Spaß an ihrem gemeinsamen Hobby, der Musik, haben wie die Leute vor der Bühne auch.

Ein längeres Gespräch mit den Frontmännern der Band versprach genug Material in Form von Geschichten herzugeben, um damit eine zweistündige »Leute«-Sendung bei SWR 1 zu füllen. Nach einigen Telefonaten mit dem örtlichen Veranstalter und dem Tour-Management einigten wir uns auf einen Termin in Nürnberg, der einige Tage vor den Konzerten in Baden-Württemberg lag. Die Sendung würde dann ausgestrahlt werden, wenn Status Quo im Lande wären und so der Kartenverkauf angekurbelt. Das Treffen mit Francis Rossi und Rick Parfitt fand an einem Sommertag im Juni im Nürnberger Serenadenhof zwischen Soundcheck und Konzert statt. Rossi und Parfitt hatten draußen in der Sonne gelegen und wirkten noch etwas müde. Die Tour laufe gut, erzählten sie beim Anfangsgeplänkel in ihrem typisch südenglischen Akzent Londoner Prägung. Die Open Airs bei schönem Wetter machten allen einen großen Spaß. Für Status Quo war es wieder mal eine Jubiläumstour. Wir schrieben das Jahr 2001, und die Band feierte ihr 35-jähriges Bestehen auf der »Rockin' All Over Germany Tour«. Diesen Namen hatte es schon öfter für eine Tour von Status Quo gegeben.

»Das stimmt«, antwortete Francis Rossi. »Das machen wir aus Gründen der Kontinuität, hier konsequenter als in England. Wozu sollen wir uns auch immer wieder einen neuen Titel ausdenken. Nur das Jahr ändert sich.«

»Das Jahr ist ein gutes Stichwort, wegen des Bandjubiläums. War das mit dem 35. Jahrestag nicht eigentlich schon voriges Jahr?«, wollte ich wissen. Denn die Angaben über die tatsächliche Gründung von Status Quo, die sich vorher

Scorpions oder Spectres nannten, schwanken. Rick Parfitt grinste und rechnete mir vor: »Wenn wir vom Gründungsjahr 1962 ausgehen, dann haben wir im nächsten Jahr unseren Vierzigsten. 1965 haben Francis und ich uns kennengelernt, und 1968 hatten wir unseren ersten Hit. Es gibt also drei Daten, von denen man ausgehen kann. Mal sehen, was sich so ergibt. Mit Bezug auf 1968 könnten wir dann bald 40 Jahre Hits feiern.«

»Ab wann kann man denn von einer stabilen Band sprechen? Kam das mit der Namensfindung von Status Quo?«

Francis Rossi kratzte sich am Kopf und dachte nach: »Von 1962 bis 1967 nannten wir uns alle paar Monate anders. Mal waren wir die Spectres, mal die Scorpions, dann Traffic oder Traffic Jam und schließlich Status Quo.«

»Welche musikalische Richtung wolltet ihr denn 1962 einschlagen?«, fragte ich Rossi.

»Die Einflüsse kamen von Little Richard, Gene Vincent, Jerry Lee Lewis, den Everly Brothers, aber auch von den Shadows und den Tornados. Dann wollten wir aber auch mal neues Material spielen wie eine richtige Rockband. Letzte Nacht dachte ich, wir sind eine Rock'n'Roll-Pop-Blues-Country-Band. All diese Stile haben wir in unserem Spiel vereint. Das ist es, was Status Quo bedeutet.«

»Und dann hat sich mit Francis Rossi und Rick Parfitt ab 1967 ein festes Songschreiber-Team herausgebildet?«, richtete ich meine Frage an Rick Parfitt.

»Die hießen da noch Traffic«, antwortete er. (Die Band hatte aber nichts mit Traffic von Steve Winwood zu tun, die zur gleichen Zeit in England existierte.) »Die waren zu viert und brauchten mal eine neue Stimme. Für mich wurden daraus die nächsten 35 Jahre«, lachte Parfitt.

»Daraus hat sich nicht nur eine Arbeitsgemeinschaft entwickelt, sondern auch eine Freundschaft?«

»Vom ersten Tage an, das war schon 1965«, sagte Rick. »Francis wurde der erste richtige Freund für mich, seit meiner Schulzeit. Ein absoluter Glücksfall, weil sich unsere Zusammenarbeit über all die Jahre so gut erhalten hat. Fast wie eine Fügung, die von irgendwo vorherbestimmt schien, und für die wir beide sehr dankbar sind.«

»So richtig ging es ja mit Status Quo los, als ihr 1968 ›Pictures Of Matchstick Men‹ in die Charts brachtet. Wusstet ihr, dass das ein Hit werden könnte? Hat man so was im Gefühl?«

»Absolut nicht«, sagte Francis Rossi. »Seit 1966 hatten wir einen Plattenvertrag und auch diverse Singles eingespielt. Ein Jahr vor ›Matchstick Men‹ hatte ich versucht, so was wie ›Hey Joe‹ von Jimi Hendrix zu fabrizieren. Dann kam ein Toningenieur auf die Idee mit dem Phasing bei der Gitarre. Damals war gerade dieses Psychedelische in der Musik angesagt. Da standen wir dann als Rockband und hatten einen Hit mit psychedelischer Musik. Das war alles ein bisschen verwirrend, aber wir brauchten nun mal einen Hit, um richtig loszulegen mit der Bandkarriere.«

Und Rick ergänzte: »Zu allem Überfluss wollte die Plattenfirma ›Gentleman Joe's Sidewalk Cafe‹ als A-Seite herausbringen. Schon bei der Arbeit im Aufnahmestudio spürten wir, dass eigentlich ›Matchstick Men‹ die bessere Nummer war. Also wurden die Seiten getauscht, und unser selbstgeschriebener Song wurde weltweit ein Hit, sogar in Amerika.«

»Das war damals ein völlig neuer Sound, den man so noch nie gehört hatte. War das die Musik, die ihr schon immer machen wolltet?«

»Nein«, sagte Rick, «das war eine völlig neue Richtung. So etwas wie das Gitarrenphasing hatten wir zuvor nie probiert. Das markante Riff mit den vier Akkorden war von Anfang an da, aber auch zwei verstimmte Gitarrensaiten. Zusammen mit dem Text war das Lied dann das unverkennbare Stück, wie man es bis heute kennt. Dem konnte man einfach nicht entkommen.«

»Was macht man eigentlich nach einem so gelungenen Plattendebüt? Am besten gleich den nächsten Hit?«

»Das ist viel schwerer als man gemeinhin denkt«, sagte Francis. »Wir machten einen Song, der fast genau so klang, das klappte aber nicht.« (Gemeint ist »Black Veils Of Melancholy« im gleichen Stil wie »Matchstick Men«, die Single floppte.)

»Dann versuchten wir es mit ›Ice In the Sun‹, einem Song von Marty Wilde (Vater von Kim Wilde) und Ronnie Scott, zwei Leuten aus unserem Verlag, die uns ihr Lied glücklicherweise überließen. Das wurde dann unser nächster Hit, nicht ganz so groß wie ›Matchstick Men‹, aber immerhin ein Chart-Erfolg. So ging es eine Weile weiter: ein Hit, ein Flop, ein Hit, ein Flop. Irgendwann kam dann ›Dustpipe‹. Von da an ging es nur noch Hit, Hit, Hit, Hit. Es fing eben ganz langsam an bei uns.«

»Andererseits war es das Beste, was uns passieren konnte«, warf Francis ein. »Wenn ich so sehe, wie es anderen geht, die sofort den ganz großen Wurf landen. Es ist so schwer, das Niveau zu halten. Bei uns ging es rauf und runter. Daraus haben wir viel gelernt, auch dass zwei Hits noch keine Karriere sind. Wir wollten ja nicht nach fünf Jahren wieder verschwunden sein. Es sollte schon was auf Dauer werden. Mit dieser Erfahrung sind wir das geworden, was wir heute sind.«

»Nach den ersten Erfolgen und vor den großen Hits im Boogie Rock-Stil gab es ein paar stilistische Besonderheiten wie die Ballade ›Are You Growing Tired Of My Love‹. So etwas gab es vorher und auch später von Status Quo nicht mehr zu hören. Wie kam es dazu?«

Francis machte nur kurz »hmm«, leicht spöttisch wie mir schien.

»Ach, das war eine Nummer von unserem Produzenten John Schroeder, dem gerade sein Mädchen davon gelaufen war. Sehr, sehr emotional das Ganze.«

Rick war der Sänger dieser Ballade und das zum ersten Mal auf einer Status Quo-Single.

»Schroeder wollte, dass ich singe wie die Bee Gees«, sagte er. »Mit diesem Vibrato in der Stimme. Ich war ja damals erst 18. Das war ein schöner Song, aber viele Leute fragten sich, wohin bewegen die sich denn jetzt? War das eigentlich vor ›Dustpipe‹ oder danach?«, wandte sich Rick Parfitt an Francis Rossi. »Das war davor«, knurrte der. »Eine kleine Überraschung für viele Leute, ein schönes Liedchen.«

»Mit den siebziger Jahren ging es dann aber richtig los mit der Karriere bei Status Quo«, läutete ich das nächste Kapitel ein.

»Dafür haben wir aber auch hart gearbeitet«, entgegnete Francis Rossi und hob beschwörend die Hände. »Das hört sich immer so an, als wären wir die richtige Band zur rechten Zeit gewesen. Wir entwickelten das Konzept einer bluesigen Rockband, ohne dass wir uns bewusst gewesen wären, wohin die Reise geht. Ständig überlegten wir, was machen wir nur?«

»Wir waren ja noch sehr jung und probierten einfach alles mal aus, ohne uns groß Gedanken zu machen, was wir da eigentlich taten«, sagte Rick. »Wir machten uns selbst keinen

Druck, glaubten aber immer an unseren Erfolg. Wir waren eine gute Band und kümmerten uns nicht darum, was die Leute von uns hielten. Wir haben immer unser Ding durchgezogen, all die Jahre. Deshalb sind wir auch immer auf dem Boden geblieben, bis heute. Dafür liebt uns das Publikum. Wir sind ganz normale Typen, überhaupt nicht abgehoben.«

»Das konnte aber damals, Anfang der siebziger Jahre, noch niemand vorhersehen, dass Status Quo einmal eine so langlebige Band sein würden. Gerade in jener Zeit lösten sich viele Bands auf wie die Beatles oder drifteten auseinander und gründeten sich neu in sogenannten Supergroups wie Emerson, Lake & Palmer oder Humble Pie. Solo- und Superstars traten an wie Elton John, Alice Cooper oder Rod Stewart. Ihr habt aber immer für das Band- und Gruppenfeeling gestanden.«

»Wir haben uns eben nie als etwas anderes gesehen als eine Rockband. Rod Stewart, Elton John und die Leute, die du nanntest, würden als Kopf einer Band wenig Sinn machen. Die waren immer Solisten, auch als sie noch in einer Band spielten, wie Rod Stewart bei Steampacket, bei der Jeff Beck Group oder bei den Faces«, sagte Francis. »Wir wollten immer nur eine Band sein, weil wir das Teamfeeling brauchen. Und das gilt auch heute noch. Na ja. Vielleicht habe ich mal mit dem Gedanken gespielt, es auch mal allein zu versuchen. Aber ich hatte nie dieses Ich-Gefühl. Rick und ich fühlen uns wohler im Team.«

Rick nickte zustimmend und sagte: »Worauf es uns ankommt, ist das Kameradschaftsgefühl. Wir haben gerade auf Tour jede Menge Spaß und freuen uns jedes Mal, wenn es wieder losgeht, gemeinsam auf der Bühne zu stehen und zu sehen, wie alles so wunderbar funktioniert. Ich scheue mich nicht, Verantwortung zu übernehmen, aber es ist besser, alles verteilt sich auf fünf Schultern, wie neulich, als mitten im Konzert der Generator abschmierte. Da stehst du dann nicht allein in der plötzlichen Stille auf der Bühne.«

»Das Gefühl der Kameradschaft teilt sich von der Bühne aus mit, geht auf das Publikum über und kommt von dort wieder zurück«, ergänzte Francis. »Das hat sich über die Jahre entwickelt. Es genügt nicht, seine Songs nur runterzuspielen. Wenn die Band in sich gut funktioniert, wie sie das jetzt wieder tut, dann kommt mehr als nur Musik von der Bühne. Es sind Schwingungen, die die Fans auch wieder zurückgeben. Dieses Gefühl ist wie Magie für mich.«

Ich kam auf ein markantes Datum zu sprechen, das nicht nur für die Bandgeschichte von Status Quo bedeutsam war, den 13. Juli 1985. Das war der Tag des berühmten Live Aid-Konzerts, das zeitgleich in London und Philadelphia ausgetragen wurde.

»Ihr habt den Konzertmarathon im Londoner Wembley Stadion damals eröffnet«, erinnerte ich Rick und Francis an jenen historischen Moment. Francis Rossis Augen begannen zu leuchten. »Ich weiß noch, wie Bob Geldof bei mir anrief und fragte, ob wir bei Live Aid mitmachen würden. Das war ein irrer Tag, für alle, die dabei waren. Es gab auch 'ne Menge zu trinken und so. Vorher trafen wir Bob im Büro unserer Plattenfirma. Dort besprachen wir unseren Live-Auftritt und gaben zu bedenken, dass die Band zurzeit nicht in ihrer Bestform wäre. Unser Bassist war auch gerade in Australien.«

Und Rick fuhr fort: »Bob meinte aber, unsere Teilnahme wäre ihm wichtig, egal in welcher Form wir gerade wären. Also holten wir Alan zurück von Australien. Wir sollten ja nur ein paar Songs spielen und kein ganzes Konzert. Im Nachhinein bin ich echt froh, dass wir dabei waren. Francis sicher auch, besonders, weil wir das Spektakel eröffnen durften. Heute würde ich uns in der damaligen Verfassung nicht auf die Bühne lassen. Dieser Tag hatte schon was ganz Besonderes.«

»Ja«, bestätigte Francis. »Das war die bis dahin größte Fernsehveranstaltung mit schätzungsweise zweieinhalb Milliarden Zuschauern. Dafür ist Bob Geldof heute noch zu danken. Er war motiviert durch das Elend, das er in Afrika gesehen hatte. Er wollte die Menschen bewegen, etwas dagegen zu tun. Größer hätte man es wohl auch kaum machen können, wenn ich daran denke, wie viele prominente Künstler da aufgetreten sind, auch in Amerika. Die ganze Welt rockte an diesem Tag.«

»Es hatte bis dahin immer geheißen, etwas Größeres als Woodstock könnte es nicht mehr geben«, warf ich ein.

»Es war ja auch kein Rock-Konzert wie Woodstock. Da hat man bezahlt, um Bands zu sehen. Hier gab es außer dem Live-Publikum noch Fernsehzuschauer, und das weltweit. Sie alle waren sich bewusst, etwas gegen die Notlage in Afrika zu tun. Die zahlenden Zuschauer und die Künstler auf der Bühne standen alle im Dienst derselben Sache. Man hatte das Gefühl, ein gemeinschaftliches Ganzes zu sein. So wie damals habe ich das nie wieder empfunden«, sagte Francis und Rick fügte hinzu: »Alle hatten das Gefühl zu helfen. Es war ein Tag in unserem Leben, an dem wir einen Auftritt von 20 Minuten hatten. Die Leute kamen und bezahlten, um uns zu sehen. Also gebührt eigentlich den Leuten der Dank. Sie bezahlten für uns, spendeten aber für eine gute Sache. Wir haben das Geld eingetrieben, sie haben es gegeben.«

Status Quo hatten zur Eröffnung von Live Aid folgende Titel gespielt: »Rockin' All Over The World«, »Caroline«, »Don't Waste My Time«.

Zu den Meilensteinen in der Karriere von Status Quo gehörte auch ein Konzert in Knebworth vor 200 000 Leuten im Jahre 1986. Ich wollte von den beiden Musikern wissen, welche Bedeutung diese Rekordzahlen für sie haben.

»Das war ein Festival, dessen Erlös zur Finanzierung einer Einrichtung für Musiktherapie gedacht war. Eine für uns sehr befriedigende Aktion, weil eine halbe Stunde unserer Zeit genügte, um eine Institution zu schaffen, in der autistischen Kindern geholfen werden kann«, erklärte Francis Rossi. »Bei der Eröffnung waren wir dabei. Ich dachte mir, da hast du an einem beliebigen Tag ein paar Stunden geopfert für einen Auftritt, und nun steht da dieses massive Gebäude. So etwas ist äußerst befriedigend.«

Status Quo hatten 1994 eine Hitsingle mit dem Titel »Come On You Reds«. Die war 15 Wochen lang Nummer 1 in England. In Deutschland wurde sie kaum wahrgenommen, weil es ein Lied für den englischen Fußball Club Manchester United war, der hier auch als Chor mitsang. Es war das einzige Mal, dass es einer solchen »Club-Nummer«, von denen es viele gab, glückte, bis an die Spitze der britischen BBC-Charts zu gelangen.

»Dabei bin ich überhaupt kein Fußballfan«, lachte Francis Rossi, »und schon gar nicht von Manchester United. Aber ich war mir bewusst, dass Fußball-Lieder immer ganz gut gelaufen sind. Als man uns bat, einen Fußball-Song zu schreiben, taten wir alles rein, damit das auch ein Hit wird. Die meisten Fußball-Lieder finde ich grässlich. Deshalb wollten wir es besser machen, und es wurde dann ja auch eine Nummer 1.«

»Man soll ja eine Band oder einen Künstler nie danach fragen, wie lange er noch zu arbeiten gedenkt. Deshalb frage ich mal so: Macht ihr so lange weiter, wie es euch Spaß macht?«

Die beiden schauten sich kurz an. Rick Parfitt schob die Unterlippe etwas vor und sagte: »Also, ich könnte mir gut vorstellen, die 40 Jahre voll zu machen. Das hieße konkret bis 2008. Erstmal bis dahin, und dann wollen wir weitersehen.«

Wie wir alle wissen, haben Status Quo deutlich über das Jahr 2008 hinaus weitergemacht, wenn auch mit einigen Rückschlägen, die vor allem auf den Gesundheitszustand von Rick Parfitt zurückzuführen sind. Er überstand schon 1996 einen Herzinfarkt, nach dem ihm mehrere Bypässe eingesetzt wurden. Im Dezember wurde bei dem Kettenraucher eine Wucherung im Rachen diagnostiziert mit dem Verdacht auf Krebs, der sich aber nicht bestätigte.

Am 31. Dezember 2009 wurden Francis Rossi und Rick Parfitt für ihre Verdienste mit dem »Order Of The British Empire« geehrt, dem jüngsten der britischen Ritterorden.

2010 brachte Francis Rossi sein zweites Solo-Album »One Step At A Time« heraus, das er mit einer Tour begleitete, bei der auch Musiker von Status Quo dabei waren.

Für weitere Anlässe zu Bandjubiläen besteht bei Status Quo kein Mangel.

Carlos Santana – Woodstock-Veteran und innovativer Ausnahmegitarrist
London 2010

Musikfans lieben Listen, angefangen von Hitparaden über Rankings und Wertungen von Alben, Sängern, Konzerten und einzelnen Musikern. Das Musikmagazin *Rolling Stone* bedient dieses Urbedürfnis nach Kräften. Gremien, bestehend aus Musikredakteuren, Musikern und anderen Leuten der Branche, erstellen diese Listen meist nach subjektiven Maßstäben. In der Summe sollen die dann an Objektivität gewinnen. Unter den hundert besten Gitarristen aller Zeiten, an deren Spitze natürlich Jimi Hendrix steht, findet sich auf Platz 15 Carlos Santana. Der gebürtige Mexikaner schuf Ende der sechziger Jahre mit seinem eigenen Stil aus afrokubanischen Rhythmen, afrikanisch geprägter Perkussion und seinen unverwechselbaren singenden Gitarrenlinien das, was man gemeinhin Latinrock nennt. Die Welt nahm Santanas Band durch ihren furiosen Auftritt in Woodstock 1969 wahr. Carlos war damals gerade 22 Jahre alt, hatte seine Heimat in San Francisco gefunden und sich erst als Heranwachsender die englische Sprache angeeignet. Die ist längst seine wichtigste Kommunikationssprache geworden, aber ein leichter mexikanischer Akzent ist ihm geblieben.

Als die junge Santana-Truppe in Woodstock spielte, war sie bis dahin nur eine lokale Größe.

Dennoch hatten sie ihr Debüt-Album bei einer großen Firma, nämlich CBS, zeitgleich am Start. Die »Santana« betitelte erste LP listet der *Rolling Stone* auf Platz 149 der 500 besten Rockalben aller Zeiten. (Auf Platz 1 steht das »Sgt. Pepper«-Album der Beatles.)

In Europa gelang der Durchbruch mit dem zweiten Album von 1970, »Abraxas«. Songs wie »Black Magic Woman«, »Oye Como Va« oder das instrumentale »Samba Pa Ti« vermittelten eine Exotik, wie sie der Konsument der Beatmusik der sechziger Jahre bisher nicht vernommen hatte. Eine Musik, die ihre Wurzeln auf verschiedenen Kontinenten hatte: Nord- und Südamerika, Afrika und Europa. Santana-Alben wechselten trotz dichter Abfolge immer wieder die stilistische Farbe. Kam das Debüt noch recht rockig daher, waren »Abraxas« und »Santana III« mehr an der mittelamerikanischen Folklore orientiert. »Caravanserai« von 1972 brillierte mit orientalischen und jazzigen Elementen. Bis heute hat der Name Santana bei den Rockfans in aller Welt ein enormes Gewicht, und er weiß in Konzerten zu halten, was seine Alben versprechen.

Im Jahr 2010 überraschte Carlos Santana mit einem Album voller Coverversionen: »Guitar Heaven – The Greatest Guitar Classics Of All Time« mit Stücken von Jimi Hendrix, den Beatles, AC/DC, Led Zeppelin, den Doors oder Eric Clapton. Das warf bei vielen die Frage auf, ob dem Meister nichts Eigenes mehr einfalle, und was er denn solchen zeitlosen Klassikern wie »Whole Lotta Love« (Led Zeppelin) oder »Smoke On The Water« (Deep Purple) noch hinzufügen wolle. Das Resultat indessen versetzte die einen in Staunen ob der Interpretationen, zu denen Santana hier fähig war, und ließ andere ratlos zurück, die meinten, das sei gar kein echter Santana mehr. Auf seiner Tour wollte Carlos die neuen Stücke mit seinen großen Hits anbieten. Zum Start des europäischen Teils seiner Welt-Tournee bot er in London Gespräche mit den Medien des alten Kontinents an. Ich durfte dieses Angebot für SWR 1 wahrnehmen. Die Gesprächszeit war wie üblich limitiert und sollte 20 Minuten keinesfalls überschreiten. Meinem Charme, Witz und Geschick war es überlassen, mehr daraus zu machen. Mein Termin war gegen 12 Uhr mittags angesetzt. Das Treffen mit Carlos Santana sollte in einem Hotel am Londoner Hyde Park stattfinden. Ein Flug war schnell gebucht, allerdings ließ der mich schon um acht Uhr morgens an der Themse eintreffen. Da ist in der Millionenstadt noch nicht viel los. Die Straßen brummen zwar vom Verkehr, aber die meisten Läden sind noch geschlossen. Mein Rückflug war umso knapper kalkuliert. Ich hatte nach dem voraussichtlichen Ende des Gespräches nicht mehr viel Zeit, pünktlich in Heathrow, dem größten Londoner Flughafen, zu sein. Deshalb sondierte ich das Terrain, damit ich nach dem Verlassen des Hotels nicht lange den Weg zur richtigen Underground-Station würde suchen müssen. Auch das Hotel, in dem Carlos empfing, war rasch gefunden. Ich richtete mein Basislager in einem nahegelegenen Pub ein und bestellte ein englisches Frühstück: »Ham and Eggs«. Dazu gab es Kaffee und die frische Ausgabe des *Daily Mirror*. Ich ging noch einmal meine Notizen durch. Immer wenn eine Tasse Kaffee geleert war, stellte man mir eine neue hin. Nach der dritten Tasse läutete mein Handy und David war dran, mein Kontaktmann in London. Es war halb zwölf, und er wollte wissen, ob ich denn jetzt sofort zum Interview kommen könnte. Klar konnte ich und machte mir Hoffnungen, dass dies zu mehr Gesprächszeit führen könnte. In der Lobby wurde ich dann von einem Assistenten in Empfang genommen, der mich nach oben brachte. Gewöhnlich ist für Interviews mit Leuten des Kalibers Santana eine ganze Suite angemietet. Da gibt es einen ersten Wartebereich, einen für die heiße Phase und dann das Allerheiligste, das Zimmer, in dem der Star schließlich empfängt.

Dieser Mechanismus wird auch sehr schön in dem Film »Notting Hill« dargestellt, in dem der kleine Buchhändler, gespielt von Hugh Grant, der sich als Journalist des Tiermagazins *Horse And Hound* ausgibt, die Schauspielerin Anna Scott (Julia Roberts) trifft. Im Beisein des Managers darf er nun seine Fragen stellen, was im Film zur komischen Szene gerät, weil der Buchhändler William Thacker keine Ahnung vom Fach und nur Augen für die Angebetete hat.

Meine erste Wartestation war ein Hotelzimmer mit Doppelbett. Hier hatten sich die amerikanischen Begleiter und Betreuer von Santana eingerichtet. Ein Hausangestellter bemühte sich gerade, via Satelitenempfang einen bestimmten Sportkanal einzustellen, auf dem die Männer die aktuellen Baseballspiele in den Staaten verfolgen konnten. Sie fragten kurz, was ich für ein Landsmann wäre und priesen die Sorgfalt, die die Deutschen bei der Organisation ihrer Konzerttermine walten ließen. Man habe auch immer ein paar deutsche Mitarbeiter auf dem europäischen Teil der Tour dabei. Es müsse auch gleich losgehen, aber da sei noch ein finnisches Fernsehteam bei Carlos, das dauere noch ein paar Minuten mit dem Abbau. Diese Vertraulichkeiten nährten meine Hoffnungen auf ein paar Minuten mehr Zeit mit Santana. Schließlich war es so weit: Die Tür zu seinem Zimmer wurde geöffnet. Carlos Santana stand vor einem Mann mit Handkamera und sprach noch ein paar Worte zum finnischen Volk, dann rollte das Fernsehteam seine restlichen Kabel zusammen und ich wurde dem berühmten Musiker offiziell vorgestellt. Er trug einen grauen Anzug über einem mit »Santana« bedruckten T-Shirt, hatte eine dunkle Schirmmütze auf, unter der schwarze Locken hervorquollen und ein Gesicht einrahmten, aus dem freundlich blickende dunkle Augen auf mich gerichtet waren. Santana gab mir die Hand, die unzählige Male »Black Magic Woman« oder »Evil Ways« gespielt hatte und bedeutete mir, ihm gegenüber an einem kleinen Tisch Platz zu nehmen. Alle anderen Personen hatten inzwischen den Raum verlassen. Es stellte sich heraus, dass ich an jenem Tag der einzige deutsche Gesprächspartner war und ich fragte Carlos sogleich, ob er das deutsche Publikum anders wahrnehme als das in seiner amerikanischen Heimat. In diesen Kategorien denke er nicht, antwortete er mit dem Unterton eines Gurus oder eines Philosophen. Er freue sich über jeden neuen Tag, jeden Sonnenaufgang, jeden Sonnenuntergang und dass alles frisch sein sollte, so wie ein Zungenkuss ein immer neues Erlebnis ist. Mir war klar, dass er erst einmal sehen wollte, mit wem er es hier zu tun hatte und zu Beginn des Gespräches auf einer Wolke der Unverbindlichkeit verweilte. Deshalb schien es mir geboten, nach Konkretem zu fragen, wie dem neuen Album, das doch einen etwas sperrigen Titel hätte: »Guitar Heaven – The Greatest Guitar Classics Of All Time«.

»Ich wollte es eigentlich ›Guitar Heaven‹ nennen«, war seine kurze Antwort.

»Und das sollte ein richtiges Rockalbum werden?«

»Das war eine Idee von meinem Berater und Freund Clive Davis. Er wollte, dass wir all diese längst bekannten großartigen Songs neu aufnehmen. Er hat übrigens drei Anläufe gebraucht, um mich zu überzeugen. Jetzt bin ich froh darüber, denn durch die Arbeit an diesen Songs haben wir eine Menge Selbstvertrauen in unsere eigenen Fähigkeiten gewonnen. Es ging nicht darum, etwas besser zu machen, eher darum, diese tollen Stücke zu ehren. Sie sind neu und doch vertraut.«

»Warum mussten Sie erst überzeugt werden. Haben Sie der Sache am Anfang nicht getraut?«

»Ich fand, dass es nicht ohne Risiko ist, sich an Songs von Jimi Hendrix oder Eric Clapton, also Cream, zu wagen. Oder an die der Beatles, der Stones, Led Zeppelin oder Jeff Beck. Das ist schon eine große Herausforderung. Aber letztlich ist die Furcht dem Spaß an der Sache gewichen.«

»Haben Sie die Songs ausgewählt oder hat das auch Clive Davis getan?«

»Das war fifty-fifty. Er hat sieben Stücke ausgewählt und ich die anderen sieben. Aber ich wählte die Gaststimmen India.Arie und Yoyo Ma, Rob Thomas und Joe Cocker aus. Das war eine Zusammenarbeit zu gegenseitigem Vorteil.«

»Wie sind Sie zu den Künstlern gekommen. Gab es ein Casting?«

»Nein, das war alles ganz natürlich und kam wie von selbst. Ich bin natürlich sehr dankbar, dass so viele Leute mit mir arbeiten wollen. Gerne würde ich auch mal mit Andrea Boccelli, Sting, Prince oder Whitney Houston arbeiten. Oder mit solchen Künstlern, die ganz neu und noch unbekannt sind. Auch mit Leuten in Deutschland, die jetzt noch in einer Garage proben oder im dunklen Kämmerchen. Ich werde künftig wohl mit unbekannten Künstlern arbeiten.«

»Whitney Houston könnte Ihre Hilfe gut gebrauchen.«

»Ich glaube, sie hat eine große Begabung. In meiner Erinnerung hat sie die Stimme von hundert Engeln. Für mich wäre es eine Ehre, mit ihr arbeiten zu dürfen.«

»Woher nehmen Sie eigentlich die Energie für Ihren Job. Sie sind immer verlässlich.«

»Oh, vielen Dank. Ich bin mein ganzes Leben gesegnet mit einer inneren Stimme, die mir sagt, tu das nicht, geh da nicht hin, versuche das lieber nicht, das könnte zur Selbstzerstörung führen. Diese Stimme nennt mir den Unterschied zwischen Selbstentdeckung und Selbstbetrug.«

»Hatten Sie nicht Angst, mit den Neubearbeitungen so zeitlos bedeutender Songs Denkmäler zu schänden?«

»Ich sehe die Songs nicht als Denkmäler. Ich sehe sie wie Frauen, die sich auf ein Date mit mir verabredet haben.«

»Vielleicht haben Sie der Mona Lisa einen Schnurrbart angemalt?«

»Wenn man dieses Gefühl hat, dann sollte man es besser lassen. Ich war mir sicher, hier etwas völlig Neues schaffen zu können und das Vertraute zu bewahren. Egal ob es nun Lieder von George Gershwin, den Beatles oder Bob Dylan sind. Es bleiben doch nur Lieder. Zu glauben, dass nur Beethoven Beethoven spielen kann und nur die Beatles die Beatles ist doch sehr negativ. Für mich sind Lieder etwas, mit denen ich Liebe machen kann. Also habe ich keine Furcht, sondern Freude.«

Carlos Santana hat im Laufe seiner langen und überwiegend erfolgreichen Musikerkarriere mit vielen unterschiedlichen und großartigen Leuten wie Miles Davis, John McLaughlin oder John Lee Hooker zusammengearbeitet. So wie die Rockmusik eine immer neue Mischung aus längst vorhandenen Stilen ist, schöpfte Santana aus der Arbeit mit Musikern anderer Genres neue künstlerische Ansätze für sich selbst. 1999 gelang ihm mit seinem Album »Supernatural« ein glanzvolles Comeback. Neben Spitzenpositionen in den Album-Charts gab es nicht weniger als acht Grammys. Das Konzept, mit jungen Gastmusikern ein breiteres Publikum zu erreichen, war offenbar aufgegangen. Neben Carlos Santana selbst war Rob Thomas von der US-Band Matchbox 20 mit dabei (er sang den Hit »Smooth«), aus der Szene von Hiphop und Rap Wyclef Jean und Lauryn Hill oder der schwedische Popsänger Eagle Eye Cherry. Mit Eric Clapton war noch ein ebenbürtiges Gitarrenschwergewicht auf dem Album präsent. Nach diesem Muster wurde auch auf den folgenden Alben verfahren, die aber die Klasse von »Supernatural« nicht mehr erreichten. Nun hatte man es mit der aktuellen CD erneut versucht, dieses Mal mit einer Mischung bereits bekannter Songs und Gastmusikern wie Chris Cornell von der Seattle-Grunge-Band Soundgarden, wieder Rob Thomas, Scott Weiland von den Stone Temple Pilots, dem Rapper Nas oder Chester Bennington von Linkin Park. Es stellte sich bald heraus, dass eine Ansammlung prominenter Namen allein nicht ausreicht, um den Erfolg zu garantieren. Auch »Guitar Heaven« konnte nicht an »Supernatural« anknüpfen. Die Konzerte der bevorstehenden Tour sollten allerdings wieder vom Feinsten sein, was Santana seinen Fans bieten konnte. Den Unfall des Trucks mit dem größten Teil des technischen Equipments bei der Anreise aus Italien im San-Bernardino-Tunnel, der unter anderem den Ausfall des Santana-Konzertes in Friedrichshafen zur Folge hatte, konnte niemand voraussehen.

Ein Nachteil von vielen Gästen auf dem Album ist, dass man diese aus logistischen Gründen meist nicht mit auf Tour nehmen kann, weil sie ihre eigenen Verpflichtungen haben. So werden die Songs von anderen Gästen oder Bandmitgliedern gesungen oder gespielt und erreichen oft nicht die Intensität der Studioaufnahme. Auf »Guitar Heaven« mischt Santana Hard Rock von AC/DC mit Rap, in dem er den Rapper Nas »Back In Black« interpretieren lässt. Wollte er wissen, wie weit man gehen kann, indem er scheinbar unvereinbare Stile mixt und Genregrenzen bedenkenlos überschreitet, fragte ich ihn.

»Nein, das nicht. Aber ich habe eine Vorliebe für das Mischen von Stilen. Warum nicht eine deutsche Polka mit einem Ska-Rhythmus aus Jamaica unterlegen, so wie die Specials das in ihrem Song ›A Message To Rudy‹ machen? Das ist also gar nicht so abwegig. Ich habe Arrangements im Kopf, die mancher als Niemandsland bezeichnen würde. Für mich gibt es aber kein musikalisches Niemandsland. Es kommt aus meinem Herzen, also kann ich es auch spielen.«

»Es gibt also für Sie keine Grenzen in der Musik.«

»Da gibt es keine Konflikte, weil ich Musik immer als etwas Ganzes und Harmonisches sehe. Das gilt auch für Punkrock und Jazz oder etwas in der Art. Wenn ein Punkmusiker meint, auf eine Wand wie die Berliner Mauer zu stoßen, dann ist er krank im Kopf. Musik kommt nun mal von der Erde und nicht vom Mars. Wenn ich mich entschließe, Bob Marley, Bob Dylan oder Willie Nelson zu spielen, dann mache ich das ehrlich, real, unverfälscht und aufrichtig. Wenn du diese vier Dinge beachtest, dann funktioniert es auch.«

Carlos Santana ist bekannt für seine künstlerische Weltoffenheit. Er hat schon mit Musikern aller Hautfarben und Religionen auf der Bühne gestanden. Dennoch gibt es auch für ihn Prinzipien. Als einer der Ersten weigerte er sich, in Israel aufzutreten. Elvis Costello hatte 2010 ein fast ausverkauftes Konzert aus Solidarität mit den Palästinensern abgesagt. Madonna hatte da weniger Bedenken. Die Frage aber ist, warum der Weltbürger Santana, der zwischen den Religionen wandert, sich hier plötzlich so hart in der Sache zeigt und Israel von seiner Welt-Tour ausschließt.

»Es ist jetzt nicht die Zeit, dort aufzutreten, wegen all der Konflikte in diesem Land«, holte Santana etwas aus. »Ein anderes Beispiel: So wie Metallica habe auch ich in St. Quentin gespielt, einem berüchtigten Zuchthaus in den USA. Ich würde dort auch wieder auftreten, aber eben nicht, wenn dort am Tage zuvor jemand in der Gaskammer gestorben ist. So muss man auch wissen, wann man nach Jerusalem gehen kann und wann nicht. Ich habe schon in Jerusalem gespielt. Aber zurzeit ist dort zu viel Zorn im Spiel. Natürlich kann man das ignorieren. Aber meine innere Stimme sagt, es ist so viel Gewalt vor Ort zwischen den Parteien, dass ich vielleicht gar nicht willkommen bin. Beide Parteien betrachte ich als Brüder. Aber die sind gegenwärtig so mit ihrem Konflikt beschäftigt und von der Gewalt beherrscht, dass sie nicht zuhören können. Also gehe ich weg. Ich werde wiederkommen, wenn ich von Gott grünes Licht erhalte. Auf diese Zeichen höre ich. Ich habe auch in Ostberlin gespielt, bevor die Mauer fiel. Da hatte ich keine Furcht davor. Aber in Israel ist jetzt nicht die Zeit dafür. Beide Seiten dort sind zu sehr in diesem Konflikt verstrickt. Sie wollen keinen Frieden, sondern nur brutale, unnötige Gewalt.«

Über Santana weiß man, dass er sich nur sehr selten zu politisch motivierten Aussagen bewegen lässt. Da spielen auch Erfahrungen aus der Vergangenheit eine Rolle. Gerade durch das gedruckte Wort, das in Archiven abgelegt und bei mehr oder weniger passenden Gelegenheiten wieder hervorgeholt wird, geraten vor Jahren geäußerte Sätze in eine nicht beabsichtigte Verbindung zu später eingetretenen Ereignissen.

Oftmals hat aber auch der Künstler selbst eine Wandlung durchgemacht, die ihm zu neuen Erkenntnissen verhalf und nichts mehr mit früheren Aussagen gemein hat. Mancher gibt aus eben diesem Grunde überhaupt keine Interviews. Carlos Santana indessen passt in keine Schublade und ist sich selbst immer wieder die Ausnahme von der Regel. Kaum ein US-Präsident hat aus dem Lager der Künstler und hier namentlich der Rock- und Popmusiker so viel Ablehnung erfahren wie der Republikaner George W. Bush. Santana hatte einmal über ihn gesagt, der Gott von Bush heiße Godzilla. Glaubt er, dass sich die USA mit dem Demokraten Barack Obama auf einem besseren Weg befinden als zuvor unter Bush?

»Es wird tatsächlich besser. Noch besser könnte es werden, wenn Barack Obama sein Versprechen einlöst und mehr Geld für Bildung ausgibt und den Vietnamkrieg unserer Tage, den Krieg im Nahen Osten, beendet. Er hat all das Amerika versprochen. Und es würde nicht nur Amerika, sondern der ganzen Welt besser gehen, wenn es keine Kriege mehr gäbe.«

Schlagzeilen produzierte Carlos Santana durch einen Heiratsantrag, den er seiner Schlagzeugerin Cindy Blackman auf offener Bühne machte. Die afroamerikanische Drummerin war durch ihr Spiel in der Band von Lenny Kravitz bekannt geworden. Mit Carlos Santana verband die 1959 in Ohio geborene Schlagzeugerin nicht nur die Liebe zur Musik.

»Werden wir denn Cindy Blackman kennenlernen?«, war meine Frage an Santana.

»Sie ist heute auch hier, aber mein eigentlicher Schlagzeuger ist Mr. Dennis Chambers, ein großartiger Drummer. Meine Verlobte, meine künftige Frau Cindy Blackman, demnächst Santana, nimmt manchmal seinen Platz ein. Vielleicht auch in

Deutschland. Die Art, wie sie Schlagzeug spielt, ist die eines schwarzen Panthers, nicht die eines Kätzchens. Sehr solide, aber mit viel Spaß an der Sache. Wenn man Tony Williams und Bruce Lee mag, dann wird man auch ihr Spiel schätzen. Sie ist nicht das, was man niedlich nennt. Mit anderen Worten, sie ist ausgestattet mit einer höheren Form von Klasse.« Bei diesen Worten huschte ein Lächeln über Santanas Gesicht. »So ein öffentlicher Antrag bringt den Partner eigentlich in Zugzwang«, gab ich zu Bedenken. »Sie hätte wohl kaum Nein sagen können. War die Sache wirklich so spontan wie es aussah?«

»Das war eine ganz spontane Idee. Mein Herz hat mir gesagt, ich soll ihr vor allen Leuten einen Antrag machen. Sie hat ja gesagt, wofür ich ihr sehr dankbar bin. Bei allem, was ich tue, konsultiere ich mein Herz. Und wenn mein Herz sagt, tu es jetzt, dann gehorche ich. So bin ich nun mal. Ich höre auf mein Herz und bin damit ganz gut gefahren.«

Mit seiner früheren Frau Deborah, die auch die Mutter seiner Kinder ist, verband Santana die Sorge um die Milagro Foundation, die sozial benachteiligten Kindern hilft, vor allem solchen, die von der Bildung in ihrem Land ausgeschlossen sind. Hatte seine Scheidung von Deborah auch Auswirkungen auf seine Aktivitäten für Milagro, wollte ich von ihm wissen.

»Das läuft genau wie früher«, versicherte Santana. »Ich bin ja immer noch derselbe wie zu der Zeit, als ich 34 Jahre mit Deborah verheiratet war. Ich habe auch schon Benefizkonzerte gemacht, bevor ich sie kennenlernte. Schon 1967 habe ich Benefizaktionen für die ›Schwarzen Panther‹ gemacht oder die Campesinos. Ja, Milagro ist immer noch aktiv. Weltweit haben wir 5 Millionen Dollar für die notleidenden Kinder in aller Welt gesammelt. Das tun wir im Glauben, in die Zukunft zu investieren.«

Bei einem Konzert in Schwäbisch Gmünd vor einigen Jahren hatte ich die Ehre, Santana und seine Band anzusagen. Im Laufe des Konzertes holte er immer mehr Kinder auf die Bühne, die er mit Perkussionsinstrumenten ausrüstete und die dann spontan und improvisierend zum Teil der Show wurden. Allerdings war es gar nicht so leicht, die Kinder wieder von der Bühne wegzubekommen, so viel Spaß hatten die an der Sache.

»Das ist doch ganz natürlich, dass man die neue Generation, wie wir sie gerne nennen, einlädt mitzumachen. So habe ich nämlich auch angefangen. Jemand hatte mich eingeladen, mit auf die Bühne zu kommen und seitdem wollte ich sie nie mehr verlassen. Es ist mir eine Freude, Unschuld und Unverdorbenheit auf die Bühne zu holen.«

»Welches waren die schönsten Momente im Leben des Musikers Santana?«, war meine abschließende Frage, denn das Management war längst ins Zimmer gekommen und sorgte demonstrativ für Unruhe.

»Da gibt es viele. Zunächst natürlich die Geburt der Kinder Salvatore, Stella und Angelica. Musikalisch würde ich sagen die gemeinsamen Auftritte mit Miles Davis und Wayne Shorter.«

Ich schaute auf die Uhr und bemerkte, dass sie mir auch nicht eine Minute geschenkt hatten. »Ich gehe nicht eher, bevor ihr mich nicht mit Santana abgelichtet habt«, wagte ich mit Bestimmtheit zu sagen und hielt einem der Assistenten meine Kamera hin. Der grinste, nahm den Fotoapparat und betätigte den Auslöser. Der Kollege aus der Schweiz war schon eingetreten, da verabschiedete sich Carlos Santana von mir mit einem Schlag auf die Schulter.

Bonnie Tyler – die Rockröhre aus Wales ohne Verfallsdatum

Stuttgart 2003

Die Unverwechselbarkeit von Popstars definiert sich zunächst über die Stimme und dann über das Äußere. Das gilt für Männer ebenso wie für Frauen. Wenn der Name Bonnie Tyler fällt, hat man sofort die raue Rockröhre im Ohr und Songs wie »Total Eclipse Of The Heart«, »It's A Heartache« oder »Holding Out For A Hero«. Auch das Bild der blonden, langmähnigen Frau ist bei den Popfans in aller Welt abgespeichert. Seit den siebziger Jahren war sie in den Musiksendungen des deutschen Fernsehens immer wieder zu sehen und tritt bis heute viel live auf, gern auch bei den besonders in Deutschland sehr populären Oldie-Nights. Bonnie Tyler ist Jahrgang 1951, stammt aus Wales und hieß bürgerlich Gaynor Hopkins, bis sie 1973 den ehemaligen Judo-Meister und Geschäftsmann Robert Sullivan heiratete, der auch ihr Manager wurde.

Zum Interview im Frühjahr 2003 erschienen beide im SWR-Funkhaus. Es gab auch ein neues Album mit dem Titel »Heart Strings – 13 Classic Rock Songs«. Darauf interpretierte Bonnie Tyler Lieder von Bruce Springsteen, U2, Tom Petty, Roy Orbison, den Beatles u.a. Das Prague Philharmonic Orchestra sorgte für einen opulenten Sound. Viel wichtiger für die Menschen im Land war es jedoch, zu wissen, wie es der Sängerin geht und was sie aus ihrem Leben zu erzählen bereit wäre, sie, die mit ihren Liedern viele von ihnen ein halbes Leben lang begleitet hat. Diverse Konzerte im Land standen gleichfalls an. Grund genug, sich mit Bonnie Tyler in einer zweistündigen SWR 1-»Leute«-Sendung zu unterhalten. Von Anfang an wirkte sie sehr frisch, plauderte fröhlich drauflos, lachte mit ihrer kräftigen Stimme und nahm gleich im Aufnahmestudio Platz. Ihr Mann Robert verfolgte alles ohne viele Worte aber mit großer Aufmerksamkeit aus dem Regieraum des Studios. Zur Erinnerung für die Hörer zählte ich noch einmal die bekanntesten Lieder von Bonnie Tyler auf und wollte von ihr wissen, ob sie diese nach all den Jahren immer noch mit derselben Freude singe.

»Aber ja«, brach es aus ihr heraus und sie schüttelte dabei die blonde Mähne. »Erst vor ein paar Wochen bin ich hier in Friedrichshafen vor 8 000 Leuten aufgetreten, und alle haben meine Lieder mitgesungen. Wenn ich im April auf Tour gehe, werde ich neben meinen Hits auch einige neue Lieder anbieten. Aber ich weiß, dass die Leute vor allem auf die alten Hits warten. Ich werde sie nicht enttäuschen und werde auch nicht müde, diese Songs immer wieder zu bringen.«

»Auf Ihrem neuen Album haben Sie Lieder bekannter Stars wie Phil Collins oder R.E.M. neu interpretiert. Die Single ›Amazing‹ ist von einer Band namens Lonestar, die allerdings nur bei Rockmusik-Kennern bekannt ist. Wie kam es dazu?«

»Das hat mein Mann Robert ausgewählt, weil er das Lied so mag und meint, dass es zu mir passt. Als Single ist es auch deshalb gut geeignet, weil die Originalvorlage nicht sofort im Ohr ist, wie es bei ›Against All Odds‹ von Phil Collins der Fall gewesen wäre. So geht das Lied bei vielen Leuten unbelastet vom Original als meine neue Single durch.«

»Sie haben im Laufe der Zeit in ganz vielen Ländern Ihre Erfolge gehabt, darunter auch die Spitze der US-Charts erreicht (1983 mit ›Total Eclipse Of The Heart‹), sind vor allem in Europa und ganz besonders in Deutschland sehr beliebt. Beruht denn diese Liebe auf Gegenseitigkeit?«

»Wissen Sie, worauf ich mich immer am meisten freue, wenn ich mit meiner Band nach Deutschland komme? Es sind die Rufe der Leute nach Zugaben. Sie tun das so lange, bis ich wieder auf die Bühne zurückkomme.« Sie warf sich in Pose, hob einen Arm und rief immer wieder: »Zugabe, Zugabe« und lachte dabei. Es konnte gar kein Zweifel bestehen, dass Bonnie Tyler noch immer voll in ihrem Job als Sängerin aufging und ihren Spaß dabei hatte, auch wenn sie längst kein Thema mehr für Hitparaden und Boulevard-Presse war. Besonders reizvoll klang ihr walisischer Akzent, den sie bis heute nicht verloren hat, obwohl sie viel im Ausland lebt.

»Deutsches Publikum ist gut Publikum«, fügte sie noch in gebrochenem Deutsch an.

»Ist denn das deutsche Publikum anders als beispielsweise das in Ihrer Heimat Wales?«, wollte ich von ihr wissen. Von fast allen Künstlern bekomme ich bei einer ähnlich gelagerten Frage zu hören, die Reaktionen seien überall auf der Welt gleich. Wenige, und dazu gehört auch Bonnie Tyler, sagen, dass es von Land zu Land doch große Unterschiede gäbe, weil die Mentalität der Völker so verschieden sei. Aber bei den Deutschen gefalle es ihr am besten. Zu ihrer Heimat Wales hat sie vor allem durch familiäre Beziehungen eine besondere Bindung.

»Ich werde immer gefragt, warum ich denn nicht in London wohne, wo doch die meisten Popstars ansässig sind«, fuhr sie fort. »Aber ich möchte da sein, wo die Familie ist. Allerdings wohne ich sechs Monate im Jahr in Portugal an der Algarve. Dort ist das Klima einfach phantastisch. Meine Familie besuche ich sehr oft. Ich habe drei Schwestern, zwei Brüder, sechzehn Nichten und Neffen und acht Großnichten und Neffen. London ist schön zum Einkaufen. Das hat aber auch seinen Preis, schon deshalb, weil man immer stundenlang im Verkehr festsitzt. Wales ist da viel friedlicher. Neulich erst waren zwei deutsche Fernsehteams bei mir zuhause. Die haben sich regelrecht in Wales verliebt.«

Nachdem die walisische Heimat von Bonnie Tyler ins Spiel gekommen war, wollte ich von ihr hören, wie es denn bei ihr angefangen habe mit der Singerei. Die Waliser sind ja für ihre Leidenschaft zu singen bekannt. Auch bei einem Fußballspiel singen alle gemeinsam vor Beginn des Spiels. Sie singen praktisch bei allem, was sie tun. Bonnie Tyler musste lachen. »Ja, das sagt man uns überall auf der Welt nach. Auch dass wir sogar beim Sprechen singen würden. Meine Mutter war ein Opernfan. Als Kind habe ich sie schon singen gehört, wenn ich aus der Schule kam und noch gar nicht im Haus war. Da blieben sogar die Leute auf der Straße stehen. So gesehen musste ich einfach Sängerin werden, wie meine Geschwister auch.«

»Mit dem Unterschied, dass Ihr Traum von der Karriere einer gefeierten Popsängerin dann auch wahr geworden ist.«

»Diesen Traum habe ich schon als Kind gelebt, wenn ich mit einer Haarbürste als Mikrofon vor dem Spiegel stand und Tina Turner oder Janis Joplin kopierte.«

»Und was geschah zwischen Ihren Auftritten als Tina Turner und dem Beginn Ihrer wirklichen Karriere als Sängerin?«

»In der Schule war ich ein hoffnungsloser Fall. Ich habe dann zunächst Obst und Gemüse in einem Supermarkt verkauft.«

»Bis die Sache mit dem Gesangswettbewerb passierte, an dem Sie teilnahmen.«

»Da war ich siebzehn Jahre alt und machte beim Gesangswettbewerb eines Rugby-Clubs mit.

Ich sang ›Those Were The Days‹, mit dem meine walisische Nachbarin Mary Hopkin 1968 einen Nummer-1-Hit hatte (stimmt spontan das Lied an und singt) und ›I Can't Stop Loving You‹ von Ray Charles. Ich wurde Zweite und gewann den Preis von einem britischen Pfund. Das war noch kein Plattenvertrag, aber ein Pfund, das mir Selbstvertrauen gegeben hatte und das Gefühl, dass ich offensichtlich gar nicht so schlecht war. Kurz darauf habe ich dann meine erste Band gegründet.«

Ich erinnerte mich an den Erfolg von Mary Hopkin und dass kein Geringerer als Beatle Paul McCartney sie damals unter seine Fittiche nahm. »Those Were The Days« war einer der Hits des Jahres 1968. »Haben Sie Mary Hopkin persönlich kennengelernt?«

»Na klar, die wohnte doch nur ein paar Häuser weiter von uns im selben Ort. Sie hatte uns immer frische walisische Pfannkuchen vom Markt mitgebracht.«

»Und wie kamen Sie dann doch noch zu einem Plattenvertrag?«

»Sieben Jahre war ich mit meiner Band unterwegs, ohne dass wir Bänder an eine Plattenfirma geschickt hatten. Ein Talentsucher entdeckte uns in einem Club. Eigentlich wollte er die Band sehen, die eine Etage höher spielte, erwischte aber das falsche Stockwerk und hörte mich ›Nutbush City

Limits‹ singen. So bekam ich die Einladung nach London ins Plattenstudio und nicht die Band eine Etage höher. Meine erste Single floppte total, aber die nächste ›Lost In France‹ schaffte es in die Charts. In Deutschland blieb sie ein paar Monate in den Top 10.«

»Das hätte ja nun der Beginn einer wunderbaren Karriere sein können, aber Sie mussten sich ins Krankenhaus begeben und einer Halsoperation unterziehen. Was war passiert?«

»Ich bekam Probleme mit meiner Stimme. So wie ich spreche, könnte man meinen, ich müsste schon wieder operiert werden. (lacht) Damals hatten sich Knötchen auf meinen Stimmbändern gebildet. Einige sind von selbst wieder verschwunden und andere mussten operativ entfernt werden. Zu meinem Unglück oder Glück entfernte der Chirurg mehr als ursprünglich vorgesehen und meine Stimme klang nun noch rauer als bei ›Lost In France‹. Das kann man hören, wenn man die Aufnahme direkt mit ›It's A Heartache‹ vergleicht.«

»Das wurde einer Ihrer größten Erfolge bis heute und gehörte zum gleichfalls erfolgreichen Album ›Goodbye To The Island‹. Sollte dieser Titel den Abschied von den britischen Inseln und ihren bisherigen Songschreibern symbolisieren, weil Sie sich nun Amerika zuwandten?«

»Das war nicht ganz so. ›Goodbye To The Island‹ ist übrigens ein sehr schönes Lied. (singt das Lied an) Der Komponist Ronnie Scott ist inzwischen verstorben. Bis zum Schluss waren wir gute Freunde. Die Trennung kam, weil er mehr in Richtung Country-Musik arbeiten wollte. Ich wollte aber richtige Rock-Songs singen, wie ich sie dann auch bald mit Jim Steinman machte. Das Album hätte eigentlich ›Goodbye Country Rock – Hello Rock‹ heißen müssen.«

Jim Steinman ist ein New Yorker Musikproduzent und Komponist, der viele Lieder für Meat Loaf schrieb, aber auch die Musik für Musicals wie »Tanz der Vampire«. Mit Bonnie Tyler produzierte er 1983 ihr erfolgreichstes Album »Faster Than The Speed Of Night«. Darauf war auch das von Steinman geschriebene Lied »Total Eclipse Of The Heart«, ein Nummer-1-Hit in den USA, in Großbritannien und vielen weiteren Ländern.

»Ich glaube, dass Jim Steinman der wirkliche Meat Loaf war«, lachte Bonnie Tyler.

»Wie wichtig ist denn die Zusammenarbeit mit einem Produzenten vom Kaliber eines Jim Steinman?«, wollte ich von Bonnie Tyler wissen. Produzenten werden immer auf den Infoblättern und Covertexten der Plattenfirmen erwähnt. Aber kaum ein Plattenkäufer weiß über die Rolle eines Musikproduzenten Bescheid.

»Oh, der ist enorm wichtig«, versicherte Bonnie Tyler. »Ich bin ja in erster Linie Sängerin und möchte auch gar nicht den Eindruck erwecken, ich könne viel mehr als das. Wenn bei der Aufnahme etwas nicht läuft, mache ich zwar auch meine Vorschläge, überlasse die Entscheidungen aber lieber Profis wie Jim Steinman. Der Grund, warum ich mit ihm arbeiten wollte, war einfach der, dass ›Bat Out Of Hell‹ von Meat Loaf mein Lieblingsalbum war. Das ist Jim Steinmans Meisterwerk. Seine Texte haben mir übrigens auch sehr gefallen.«

»Können Sie bei der Wahl der Worte in den Texten, die Sie singen, mitreden?«

»Nein, weil ich keine Songs schreibe. Ich sage nur, welche Art Songs ich singen will. Liebeslieder zum Beispiel wie auf ›Faster Than The Speed Of Night‹. Damit war ich die erste Sängerin, die in den britischen Album-Charts direkt von 0 auf Platz 1 kam. Ich habe Pink Floyd von der Spitze verdrängt.«

»Ja, und in Amerika haben Sie Michael Jackson vom Thron gestoßen«, wusste ich zu ergänzen. Sie bekam große Augen und rief: »Mein Gott, das habe ich ja fast vergessen. Stimmt, ich habe den King of Pop von der Spitze der US-Charts gestoßen!«, lachte sie und schlug mit der flachen Hand auf den Tisch.

Es gibt im Popmusik-Business einen Spruch, der bis heute allgemeine Gültigkeit zu haben scheint: Du hast es erst dann geschafft, wenn du es in den USA geschafft hast. Das bezieht sich vor allem auf die Präsenz in den Charts. Schon die Beatles hatten für sich entschieden: Wir machen erst eine US-Tour, wenn wir dort einen Nummer-1-Hit haben. Die Beatlemania mit schreienden Teenagern war in Europa längst im Gange, da waren die Fab Four in den USA noch weitgehend unbekannt. Erst als »I Want To Hold Your Hand« im Februar 1964 die Nummer 1 in den US-Charts wurde, begannen die Vorbereitungen für ihre erste Amerika-Tour.

Bonnie Tyler hatte schon 1978 mit »It's A Heartache« Platz 3 in Amerika erreicht. Ihr britisches Management glaubte an eine transatlantische Karriere und vermittelte sie an den namhaften Produzenten Jim Steinman. Der kannte von Bonnie Tyler vor allem »It's A Heartache«, das er nicht sonderlich schätzte, mochte aber ihre Stimme und meinte, dass sich damit was anfangen ließe. Bonnie Tylers Schilderung von ihrer ersten Begegnung mit Steinman lässt diesen als merkwürdigen Kauz erscheinen.

»Wir trafen uns in seinem New Yorker Apartment«, begann sie zu erzählen. »Das war eine merkwürdige Sache. Mein Manager war dabei, und Steinmans Wohnung war voller Bodyguards. Man hatte eine gute Aussicht auf den Central Park. Vom Lift aus führte eine Spur aus bunten M&M-Schokolinsen direkt zur Tür von Jim Steinmans Apartment. Wahrscheinlich hatte der Film ›E.T.‹, der gerade weltweit in den Kinos lief, den Produzenten zu diesem Gag inspiriert. Auf unser Klingeln öffnete dieses Etwas mit wirren Haaren die Tür, das aussah wie eine Gestalt aus der Addams Family: Jim Steinman. Oh, oh, ganz schön schräg. Ich muss gestehen, dass mir ein wenig mulmig war bei seinem Anblick. Ich sollte ihm einige meiner Songs vorspielen, und er spielte mir seine vor. Manches gefiel ihm sofort, anderes wieder nicht. Meine Version des Creedence Clearwater Revival-Hits ›Have You Ever Seen The Rain‹, den er sofort mitsang, mochte er. Das war unser kleinster gemeinsamer Nenner, bei dem wir uns trafen. So läuft das, wenn ein Deal zustande kommt.«

In Amerika gibt es für fast jedes Genre eine eigene Hitparade. Mit »It's A Heartache« konnte Bonnie Tyler sogar eine Nummer 1 in den Country-Charts vorweisen. Und als Country-Sängerin war sie Jim Steinman und seinem Team auch empfohlen worden. Die Songs für das nun entstehende gemeinsame Album waren eindeutig rockiger, womit auch ein Imagewechsel für die Sängerin nötig wurde. Es entstand die Bonnie Tyler, die wir aus den achtziger Jahren kennen, mit Struwwelfrisur und Schulterpolstern. Ob sie denn bei diesem Outfit mitgewirkt habe, das aus heutiger Sicht, wie fast alle Modetrends vergangener Jahrzehnte, leicht befremdlich wirkt, wollte ich von ihr wissen.

»Oh, das war alles meine Schuld. Aber das waren auch die Achtziger. Nie gab es größere Schulterpolster oder Ohrringe als in jenen Jahren. Und für meine Zottelfrisur habe ich so viel Haarspray benötigt, dass darunter sogar die Ozonschicht gelitten hat. Heute kriege ich das Schaudern, wenn ich die alten Bilder sehe. Aber das ganze Lederzeug war damals eben angesagt. Leder trage ich heute noch gerne, aber mit einem anderen Schnitt.«

Von Zeit zu Zeit wanderte mein Blick während unseres gemeinsamen Gespräches durch die Studioscheibe in die Regie, wo neben dem Techniker Bonnie Tylers Mann Robert saß. Diese beiden Personen waren zurzeit unser einziges Publikum. Ich glaubte aber zu erkennen, dass sie dem Interview mit wachem Interesse folgten.

Nun sollte die Privatperson Bonnie Tyler etwas mehr Raum bekommen. Die Legende von Sex and Drugs and Rock'n'Roll treffe wohl kaum auf eine Sängerin zu, die seit Jahrzehnten mit demselben Mann verheiratet ist, sagte ich.

»Wir leben seit 30 Jahren ein Leben mit Sex und Rock'n'Roll, aber ohne Drogen«, lachte Bonnie Tyler. »Vielleicht Sex, Wein und Rock'n'Roll.«

»Redet Ihr Mann denn mit, wenn es um das Outfit seiner Frau geht, vor allem um das auf der Bühne?«

»Nein, er verlässt sich da ganz auf meinen Geschmack. Er ist ja eher der konservative Typ mit Schlips und Anzug, als ob er gerade aus dem Schaufenster eines Herrenausstatters käme. Er sieht ganz so aus wie ein Geschäftsmann, der er ja auch ist. Auf dem Gebiet sind wir sehr verschieden. Ansonsten ergänzen wir uns auf hervorragende Weise. Ich bin verantwortlich für die Präsentation und die Show, er kümmert sich um das Geschäftliche, vor allem um die Finanzen. In seiner Gegenwart geht mir nicht einmal die Brieftasche verloren. Er weiß immer, wo mein Geldbeutel ist. Stimmt's?«, rief sie in Richtung Studiofenster und klopfte laut auf den Tisch. Große Heiterkeit auf der anderen Seite der schalldichten Scheibe. Mit ihrem Lebenspartner und Ehemann scheint Bonnie Tyler wirklich im Reinen zu sein. Gerüchte gab es dagegen, dass es mit ihren Duettpartnern im Tonstudio nicht immer so harmonisch gelaufen sei. Besonders nicht mit Shakin'

Stevens, der wie Tyler aus Wales stammt und mit dem sie den Hit »A Rockin' Good Way« aufnahm. Das Lied wurde erstmals 1958 von einer amerikanischen Doo Wop-Gruppe namens Spaniels veröffentlicht und zwei Jahre später ein Hit für Brook Benton und Dinah Washington. Die Version mit Bonnie Tyler und Shakin' Stevens erreichte 1984 die Top 10 vieler europäischer Hitlisten, in Irland die Nummer 1.

Es gab damals Gerüchte, die besagten, Shakin' Stevens möge Bonnie Tyler nicht, und seine Freunde hätten sich gewundert, dass er mit ihr ins Studio ging.

»Ich weiß nicht, was er über mich so erzählt hat«, so Bonnie Tyler, »aber es ist die absolute Wahrheit, dass ich nie ein Problem mit Shakin' Stevens hatte. Man hat mich vor seinen Launen gewarnt, bevor wir ins Studio gingen. Zunächst war er auch sehr umgänglich, und es war angenehm, mit ihm zu arbeiten. Aber am Ende hätte ich ihn umbringen können, so hat der genervt. Am nächsten Tag hat er dann Blumen als Entschuldigung geschickt. Der Hintergrund war, dass ich meinen Teil der Aufnahmen schnell und professionell erledigt hatte. Das hat ihn wohl gewurmt.«

Wir folgten weiter der Karriere von Bonnie Tyler, deren Höhepunkt die Arbeit mit Jim Steinman war. Mit einem weiteren amerikanischen Rockproduzenten gelangen ihr aber auch danach beachtliche Erfolge. Desmond Child hatte für die Band Kiss »I Was Made For Lovin' You« geschrieben und Bon Jovi mit »You Give Love A Bad Name« auf den Weg gebracht. Auch Cher, Aerosmith, Alice Cooper oder Robbie Williams verdanken Desmond Child einen Teil ihres weltweiten Erfolges. Mit Bonnie Tyler arbeitete er in jenem berühmten Studio in der Nähe von Woodstock, in dem auch schon Janis Joplin einige ihrer großen Songs aufgenommen hatte. Mich interessierte, ob dieser geweihte Ort Bonnie Tyler mit Ehrfurcht erfüllte. »Das Studio gehörte dem ehemaligen Manager von Janis Joplin, der inzwischen auch verstorben ist«, erzählte Bonnie Tyler. »Überall hingen Fotos von Janis Joplin, und man konnte ihre Präsenz förmlich spüren. Das Album wurde auch entsprechend gut. ›Hide Your Heart‹ war der Titel. Es gehört bis heute zu meinen Lieblingsplatten, obwohl es kein großer Erfolg wurde.«

»Hide Your Heart« kam 1988 heraus und enthielt keinen spektakulären Single-Hit, was aber auch an der Marketingstrategie gelegen haben mag. Ist »Turtle Blues« noch ein gecoverter Janis Joplin-Song, legte Bonnie Tyler mit »The Best« ein Stück vor, das wenig später durch die Interpretation von Tina Turner zu einem globalen Hit werden sollte. Da wäre bei richtiger Führung und Promotion für Bonnie Tyler mehr drin gewesen. Auch Lieder wie der Titelsong »Hide Your Heart« oder »Save Up All Your Tears« brachten in späteren Versionen mehr für Robin Beck, Cher oder Kiss als für Tyler. Ein insgesamt unter Wert gehandeltes Album.

»Ich habe nie verstanden, warum dieses Album nicht den Erfolg brachte, den es verdiente«, resümierte Bonnie Tyler. »Aber ich gewann mein Selbstvertrauen zurück, als ich sah, welchen Erfolg Tina Turner, Cher oder Aswad (»Don't Turn Around«) mit diesen Liedern hatten. Wenn die Dinge so laufen, wie sie laufen, sage ich mir immer, dann muss es einen Grund dafür geben. Damals hatten wir ein Haus gekauft. Ein großes altes Haus von 1850. Wir nahmen uns mehr als zwei Jahre Zeit, um daraus ein richtiges Schmuckstück zu machen. Und wenn ich damals nicht diese etwas ruhigere Zeit gehabt hätte, wären wir nie zu diesem schönen Haus gekommen.«

Diese Art von Schicksalsgläubigkeit ist wohl sehr verbreitet, ganz besonders bei Künstlern. Sie hilft, Rückschläge im Leben besser zu meistern oder zu verstehen. Auf jeden Fall bestätigt sie die alte Weisheit, dass jedem scheinbaren Nachteil oder Unglück auch immer die Chance zu etwas Neuem oder Besserem innewohnt. Das gilt auch für die Gesetze des Pop-Business.

Im Laufe ihrer Karriere geriet Bonnie Tyler 1990 an den deutschen Pop-Produzenten Dieter Bohlen. Eine sehr umstrittene, aber ungewöhnlich erfolgreiche Figur. Da wollte ich doch gerne wissen, wie sie den erlebt hatte.

»Er ist ohne Zweifel ein großes Talent. Zwei Alben haben wir gemeinsam eingespielt. Die Musik, die er für sich schreibt, unterscheidet sich völlig von den Songs, die er für mich gemacht hat. Bei einigen Stücken hat er seinen Namen gar nicht erst angegeben, um mir nicht zu schaden, weil er wusste, dass seine Person sehr polarisiert. Vielleicht wäre ein Song wie ›Bitterblue‹ nie ein Hit geworden, wenn der Name Dieter Bohlen dahinter gestanden hätte, oder ›Against The Wind‹ aus dem Schimanski-Tatort, der ist nämlich auch von Dieter Bohlen. Das ist kein Lied, das er mit Blue System, oder wie seine Gruppe heißt, singen würde. Diese Musik mag ich auch nicht. Letztlich kann er sich jedenfalls eins ins Fäustchen lachen.«

Wir sprachen noch einmal über die Lieder ihres neuen Albums »Heart Strings«, das mehr oder weniger bekannte Coverversionen enthält. Das machen Künstler entweder, weil es keine guten Angebote an neuen Songs gibt oder weil sie sich selbst einen Wunsch erfüllen wollten. Auch Stars wie Rod Stewart oder Phil Collins, die weit besser im Geschäft sind als Bonnie Tyler zu Beginn des neuen Jahrtausends, greifen gern auf Coverversionen zurück.

Die letzten fünfzehn Jahre, betonte Bonnie Tyler, sei sie aber vor allem als Live-Künstlerin unterwegs gewesen, was auch finanzielle Gründe hatte. Richtig Geld wird im Pop-Business vor allem durch die Rechte an Songs verdient. Wer seine Stücke selbst schreibt, ist der König. Ausnahmen wie Elvis oder Frank Sinatra bestätigen die Regel. Aber das ist dann auch die Premium-Klasse. Bonnie Tyler muss touren, um sich ihren Lebensunterhalt zu verdienen, wie ganz viele andere Künstler auch. Letztlich gehört sogar Tina Turner dazu, die nicht nur aus Liebe zum Beruf mehrere Comebacks hinlegte. Da waren auch Forderungen vom Finanzamt mit im Spiel. Das kann einem passieren, wenn man zu lange den Hauptwohnsitz im teuren Steuerland Deutschland hat. Warum wohl lebt Phil Collins in der Schweiz?

Die Verabschiedung von Bonnie Tyler war herzlich, und auch ihr Mann Robert versicherte mir, er habe in diesem Gespräch Dinge erfahren, die selbst er von seiner Frau noch nicht wusste. Leider hat er mir nicht verraten, welche Dinge das waren.

Es sollte nicht die letzte Begegnung mit Bonnie Tyler und ihrem Mann Robert gewesen sein.

Nur wenige Tage nach meinem Interview mit Bonnie Tyler für SWR 1-»Leute« kam der Stadionsprecher des VfB Stuttgart, Christian Pitschmann, auf mich zu. Das UEFA-Cup Rückspiel des VfB gegen Celtic Glasgow in Stuttgart stand an, und für die SWR 1-Stadionshow vor dem Spiel wurde noch ein prominent besetzter Auftritt eines Popstars gesucht, mit dem beide Fanlager etwas anfangen konnten. Bonnie Tyler war noch im Land unterwegs und sollte als Waliserin auch den schottischen Gästen zusagen. Ihre Popularität bei den deutschen Fans stand außer Frage. »Die kennt dich, du hast ihr Vertrauen«, beschwor mich Pitschmann, der seit Jahrzehnten im Dienste des SWR stand und ein alter Kollege und Freund war. Es ging um einen viertelstündigen Auftritt, für den ich sie gewinnen sollte und bei dem sie im Halbplayback (Live-Gesang mit zugespielter Musik) einige ihrer bekannten Hits singen sollte, um die Stimmung im Stadion anzufachen. Man könne ihr ja das Angebot machen, auch eines der neuen Lieder zu singen, um den Verkauf ihres aktuellen Albums anzukurbeln, meinte Pitschmann. Nach einigen kurzen Telefonaten war der Auftritt von Bonnie Tyler besprochen und für den Abend des 27. Februar 2003 angesetzt, direkt vor Beginn des Fußballspiels. Das Stuttgarter Gottlieb-Daimler-Stadion war nahezu ausverkauft, das heißt, Bonnie Tyler konnte mit einer Kulisse von mehr als 50 000 Menschen rechnen. Der Plan sah vor, dass ich sie zur Bühne geleiten sollte, wo wir auf den Moderator der Stadionshow Christian Pitschmann treffen würden. Zuvor würde ich sie von ihrem Hotel mit einer vom VfB gestellten Luxuslimousine Stuttgarter Bauart abholen. Diese wurde von einem Chauffeur des Vereins mit reichlich Auslandserfahrung gelenkt. Allerdings merkten wir bald, dass dessen auf den Straßen von Los Angeles gesammelten Fertigkeiten im Berufsverkehr der Neckarmetropole nicht viel nützten.

Bonnie Tyler war im Hotel unter ihrem Mädchennamen Gaynor Hopkins gemeldet. Das war mir bekannt, so dass ich mich ohne umständliche Nachfragen von der Rezeption aus mit ihrem Zimmer verbinden lassen konnte. Die verabredete Zeit war bereits überschritten und sie ließ sich noch immer die Haare machen. Alles wie zuhause. Ich hatte meine Frau

Sabine mitgenommen, die mich gelegentlich bei den etwas spektakuläreren Auftritten begleitete und betreute. So kam es, dass ich vorn neben dem Fahrer saß und auf der hinteren Sitzbank Bonnie Tyler, ihr Mann Robert und Sabine Platz genommen hatten. Im einspurigen Feierabendverkehr ging es im Schritttempo die nur wenige Kilometer lange Strecke dem Daimler-Stadion entgegen. Noch war der Zeitplan nicht wirklich in Gefahr, es war aber absehbar, dass es Probleme geben würde, wenn sich die Kolonne nicht endlich etwas flotter bewegte. Das tat sie aber nicht, und ich war bestrebt, die Zeit mit lockerer Konversation zu überbrücken. Dann musste ich mich noch eines delikaten Auftrags entledigen: Christian Pitschmann und die Organisatoren der Stadionshow waren auf die Idee gekommen, Bonnie Tyler im Trikot des VfB singen zu lassen. Dagegen war grundsätzlich nichts einzuwenden. Nun hatte sich die Sängerin aber schon tipptopp für ihren Auftritt zurechtgemacht, mit Bühnenoutfit und Haarpracht. Die eigentliche Hürde aber war der Namenszug des Sponsors, der auf der Brust eines jeden VfB Spielers prangt und der zu dieser Zeit »Südmilch« hieß. Bonnie Tyler betrachtete misstrauisch das von mir dargebotene Trikot, schüttelte dann den Kopf und verwies darauf, dass sie sich jetzt nicht mehr umzuziehen gedenke, vor allem wegen der Frisur.

Wiederholt wurde von unseren Kontaktleuten aus dem Stadion telefonisch angefragt, wo wir jetzt wären und dass es langsam an der Zeit wäre vorzufahren. Den verbleibenden knappen Kilometer hätten wir tatsächlich auch laufen können, aber das erschien uns nicht angemessen. Ich dachte laut darüber nach, dass im Stau doch alle gleich wären, wir mit unserer S-Klasse wie auch der Mini Cooper vor uns. Bei der Gelegenheit passierten wir eine Straße, in der damals unsere Tochter wohnte. Sie war zu dem Zeitpunkt 22 Jahre alt und begann wirtschaftlich auf eigenen Füßen zu stehen. Das erzählte ich auch Bonnie und Robert. »Wir haben leider keine Kinder«, sagte Bonnie Tyler mit einem Bedauern in der Stimme. »Aber ich liebe Kinder. Im Sommer besucht uns manchmal Roberts Cousine Catherine mit ihren Kindern Dylan, Carys und ihrem Mann Michael. Da spüre ich dann, wie schön es ist, eine Familie zu haben.« Von ihren vielen Nichten und Neffen hatte sie ja schon im Interview vor ein paar Tagen erzählt. Hinter Catherine und Michael verbargen sich keine Geringeren als die Hollywood-Schauspieler Catherine Zeta-Jones und Michael Douglas. Zeta-Jones ist wie Bonnie Tyler Waliserin und Bonnies Mann Robert Sullivan der Cousin ihres Vaters, sie sind also wirklich in direkter Linie verwandt. Mit solcherlei Geplänkel über Familie, Verwandte und Kinder kamen wir endlich in Sichtweite des Stadions. Unsere Limousine bahnte sich den Weg durch die strömenden Fußballfans und kam schließlich zur ersten Kontrollstelle. Der Fahrer zückte ein Bündel bunter Marken, die ihm der Kontrolleur allesamt abnahm und uns durchwinkte. Schon bald gerieten wir an weitere Kontrolleure, die das letzte Hindernis auf dem Weg zum Stadion-Innenrund bildeten. Ausweise oder Tickets hatten wir aber keine mehr, denn der Chauffeur hatte sie soeben alle abgegeben. »Die haben das System geändert«, erklärte er mir. »Früher hat ein Ausweis genügt, jetzt braucht man für jede Zone einen weiteren. Das habe ich nicht bedacht.« Ich wandte mich an die grimmig blickenden Männer in Uniform. »Hören Sie, wir haben hier die Sängerin Bonnie Tyler im Wagen, die muss in zehn Minuten auf der Bühne sein, sonst platzt die Show.« Die Männer verschränkten die Arme und schüttelten trotzig die bemützten Häupter. Ohne Legitimation gibt es hier kein Durchkommen, sollte das bedeuten.

In diesem Moment streckte Bonnie Tyler ihren Kopf zwischen mir und dem Fahrer nach vorn und begann mit voller Stimme zu singen »It's a heartache, nothing but a heartache, hits you when it's too late, hit's you, when you're down ...«. Die Uniformierten erstarrten zunächst, schauten sich an, und der Ranghöchste steckte seinen Kopf ins Wageninnere. »Das ist ja wirklich Bonnie Tyler!«, rief er und schaute mich vorwurfsvoll an. »Das habe ich doch gerade gesagt«, gab ich entschuldigend zurück. Sofort wurden wir durchgewinkt, stiegen schließlich aus dem Wagen und nahmen Kurs auf die kleine Bühne, die in der Mitte des Stadions auf dem Rasen aufgebaut war. Sabine und Robert blieben bald zurück, und ich ging mit Bonnie Tyler die letzten 50 Meter allein unter dem Jubel der Massen, die durch die Ansage von Pitschmann erkannt hatten, wer da gleich auf der Bühne stehen würde. Ich erinnerte Bonnie Tyler noch einmal daran, dass sie nicht nur für die Fans von der Insel, sondern für alle singen würde. Sie grinste breit zurück und nickte nur kurz. Christian Pitschmann stellte uns beide vor, und ich durfte Bonnie Tyler ansagen. Mir gegenüber erschien auf dem riesigen Bildschirm, der während der Spiele die Ergebnisse anzeigte, mein eigenes Gesicht mit einem Mund so groß wie ein Scheunentor. Ich bin kein regelmäßiger Stadiongänger, aber diese Perspektive war wirklich etwas ganz Besonderes. Unwillkürlich musste ich an Szenen aus Monumentalfilmen Hollywoods denken, in denen Gladiatorenkämpfe dargestellt wurden. Der Jubel von mehr als 50 000 Menschen ist wie eine Naturgewalt. Ich begann, eine Ahnung davon zu bekommen, wie wichtig ein Heimspiel für die jeweilige Mannschaft ist. Hier aber waren auch tausende Besucher aus dem fernen Schottland zugegen. Bonnie Tyler genoss diesen Auftritt sichtlich. Schon bald gehörten ihr die Bühne und das Publikum allein. »Holding Out For A Hero« passte genau in diese Atmosphäre und schien wie für einen Auftritt in einem Stadion gemacht. Das Spiel selbst verfolgten wir aus einer speziell hergerichteten Loge. Sogar der Präsident des VfB Stuttgart, Manfred Haas, ließ es sich nicht nehmen, Bonnie Tyler persönlich einen Blumenstrauß zu überreichen.

»How beautiful it is and in the colours of the club«, strahlte die Sängerin. Ich hatte da nur einen prächtigen Strauß Blumen gesehen, aber Frauen sehen eben mehr, und selbst die Waliserin wusste, dass die Farben des VfB rot und weiß waren. Ihr Strauß stand noch lange in unserer Wohnung, weil Bonnie Tyler noch am selben Abend abflog und es nach ihren Worten schade um die schönen Blumen gewesen wäre. So gab sie den Strauß beim Abschied an mich und meine Frau weiter. Der VfB Stuttgart gewann übrigens sein Spiel gegen Celtic Glasgow mit 3:2. Da aber aus dem Hinspiel ein 3:1 für Glasgow zu Buche stand, reichte das respektable Ergebnis nicht für das Weiterkommen in die nächste Runde, dem Viertelfinale des UEFA-Cups. Das war für mich aber nur Beiwerk für ein wahrhaftig sehr intensives Erlebnis mit einer durch und durch natürlich gebliebenen Popsängerin.

Nachwort

In der Art der hier geschilderten Begegnungen gab es noch einige mehr, auch mit großen Namen wie Neil Diamond oder Lou Reed, Bill Wyman oder Paul Potts, dem Opernsänger aus der britischen Talent-Show. Mike Batt wusste interessante Geschichten aus seinem Leben als Musiker, Produzent und Talentförderer zu erzählen. Nicht zu vergessen die Vertreter der deutschsprachigen Popmusik-Szene wie Wolfgang Niedecken, Nena, PUR, Peter Maffay, Karat, Silly oder City.

Vielleicht gibt es eines Tages einen zweiten Teil des »Großen Schneidewind«, wenn sich zeigen sollte, dass ich die Geduld meiner Leser nicht überstrapaziert habe. An dieser Stelle möchte ich versichern, dass ich all meine Schilderungen stets wahrheitsgemäß und aus eigenem Erleben geschöpft habe, mit Ausnahme der Passagen, die ich ausdrücklich benenne und bei denen ich auf entsprechende Quellen verweise.

Ich möchte mich bei allen meinen Interviewpartnern für ihre Geduld und Auskunftsfreudigkeit bedanken, die mir fast immer und überall begegnete. Sollte ich unwissentlich jemandem zu nahe getreten sein oder ihn in seinem persönlichen Empfinden verletzt haben, geschah dies ohne meine Absicht, und ich bitte dafür um Entschuldigung.

Mein Dank gilt dem Verleger Hubert Klöpfer, der mich immer wieder ermutigte, mit dem Schreiben fortzufahren, wenn mich zuweilen Zweifel plagten, ob das von mir

Aufgeschriebene auch lesenswert wäre. Dank gebührt auch der Lektorin Petra Wägenbaur, die mich mit Geduld und charmanter Beharrlichkeit beim Schreiben und Korrigieren unterstützte. Horst Schmid, dem Meister der Buchstaben und Termine, dem betreuenden Planer und Hersteller dieses Buches, danke ich sehr für sein großes Engagement. Ein herzliches Dankeschön auch an den Setzer Alexander Frank für seinen schnellen und flexiblen Einsatz.

Mein besonderer Dank gilt meinen Lesern Frau Gudrun Müller und Herrn Dr. Martin Ehinger, die in selbstloser Weise und privatem Engagement ein Namenregister erstellt haben. Damit folgten sie unbewusst einer Anregung vieler Leser, die ein solches Register bisher vermissten und deren Wunsch nun entsprochen werden kann.

Band- und Musikerregister

ABBA 166, 259
Abdul, Paula 74
Abrahams, Mick 32
AC/DC 42, 91, 210, 360, 367
Adams, Bryan 85, 115, 161
Aday, Marvin Lee 230, 232
Aerosmith 283, 382
Agnetha 166
Airey, Don 146
Al-Deen, Laith 304
Anderson, Ian 31 ff, 147
Anderson, Rusty 214, 224
Andrews, Chris 287
Armstrong, Louis 84
Arnold, Malcolm 45
Aswad 383
Atkins, Chet 98
Auger, Brian 91, 167

Bad Company 192
Baez, Joan 15, 53 ff, 90, 96, 186
Baker, Ginger 76
Bananarama 118
Band Of Joy 264, 284
BAP 49, 126, 225
Barber, Chris 197
Barre, Martin 41
Batt, Mike 391
Beach Boys 115, 236
Beck, Jeff 247, 364
Beck, Robin 383
Bee Gees 18, 128 ff, 348, 353
Beecher, Franny 88

Beethoven, Ludwig van 21, 83, 365
Belafonte, Harry 59, 118
Bellamy Brothers 294
Bennington, Chester 366
Benton, Brook 382
Berry, Chuck 79, 87, 217
Black Crowes 279 f
Black Sabbath 22, 146 f, 151, 154, 166, 262
Blackfoot 150, 160 f
Blackman, Cindy 369
Blackmore, Ritchie 145 f, 165 ff
Blackmore's Night 166 f
Bland, Bobby 83
Blodwyn Pig 32
Blood, Sweat & Tears 76 ff
Blue System 384
Blues Incorporated 199
Bluesbreakers 194, 196, 201
Blunt, Robbie 278
Blur 295
Boccelli, Andrea 364
Bohlen, Dieter 384
Bon Jovi 41, 382
Boney M. 287
Bonham, Jason 283
Bonham, John »Bonzo« 264, 272, 283
Boomtown Rats 115 ff
Bostock, Gerald 33
Bowie, David 16, 37, 70 ff, 118 ff, 142

Box, Mick 149ff
Boy George 303, 307f
Boyd, Eddie 202
Brooker, Gary 126
Brooks, Garth 242
Brown, Sam 165
Browne, Jackson 202
Bruce, Jack 49f, 194
Bruford, Bill 76
Bryson, Peabo 317
Buddin, Jacko 88
Burdon, Eric 49, 202, 264, 294
Burton, James 293
Byron, David 149, 152, 157, 162

Canned Heat 202
Carey, Mariah 74, 285
Carlos, Antonio und Juan 162
Cash, Johnny 91
Chambers, Dennis 369
Chapman, Mike 300
Chapman, Roger 251, 257, 260
Charles, Ray 79, 83, 118, 376
Cher 237f, 382f
Chicago 76
Chicago Transit Authority 77
Child, Desmond 382
Christian, Charlie 198
Christie, Tony 123
City 21, 391
Clapton, Eric 35, 42,110, 115, 121, 128, 194, 197, 201, 360, 364, 366
Clayton-Thomas, David 76ff
Cocker, Joe 49, 263, 304, 364
Cohen, Leonard 68
Collins, Judy 68
Collins, Phil 115, 118, 373, 384f
Colosseum 77, 146, 194
Coltrane, John 83
Comets 87ff
Cooper, Alice 296, 354, 382

Cornell, Chris 366
Costello, Elvis 367
Count Basie 78, 82
Coverdale, David 161, 279f, 282
Cream 49, 194, 364
Crow, Sheryl 343

D'Abo, Mike 171
D'Ambrosio, Joey 88
Darin, Bobby 276
Dave Dee, Dozy, Beaky, Mick & Tich 130, 287
Davies, Cyril 199
Davies, Dave 126
Davis, Miles 335, 365, 371
Deacon, John 192
Dee, Dave 130, 287
Deep Purple 22, 26, 39, 45, 79, 91, 142 ff, 151, 154, 161, 165ff, 210, 262, 280, 360
Derek & The Dominos 42
DeVito, Karla 237
DeYoung, Dennis 131
Diamond, Neil 147, 391
Diddley, Bo 52, 85
Dion, Celine 285
Dirty Hue 98
Dixon, Willie 147, 265
Dodd, Rory 241
Doherty, Pete 158
Donovan 15, 90ff, 263
Douglas, Carl 89
Duke Ellington 78, 82, 106
Duo Tab Two 79
Dylan, Bob 54ff, 90, 95f, 115,118ff, 170f, 185ff, 210, 256, 295, 365, 367

Eagle Eye Cherry 366
Earth Band 169ff
El Último de la Fila 162
Emerson, Lake & Palmer 31, 49, 79, 281, 354

Eminem 296
Engel, Bertram 76
Everly Brothers 350

Fairport Convention 41
Faithfull, Marianne 15, 72, 102 ff, 263
Fine Fleur 141
Fisher, Matthew 126 f
Fleetwood Mac 194, 200, 204, 271
Fleetwood, Mick 200
Focus 35
Foley, Ellen 237 f
Foreigner 304
Four Tops 85, 276, 296
Frampton, Peter 272
Franklin, Aretha 79, 83, 317
Freed, Alan 89
Frida 166

Gabriel, Peter 162
Garfunkel, Art 304
Garrett, David 304
Geldof, Bob 61, 114 ff, 181, 355 f
Genesis 31, 126, 147, 262, 321
Gershwin, George 365
Gibb, Barry 128 ff
Gibb, Maurice 128 ff
Gibb, Robin 128 ff, 304
Gillan, Ian 142 ff, 165
Gipsy Kings 75
Goalby, Pete 159
Goodman, Benny 88
Grand Funk Railroad 296
Grande, Johnny 88
Green, Peter 194, 197, 200
Guest, David 316
Guns N' Roses 181, 281
Guthrie, Woody 90, 96
Guy, Buddy 202

Hackett, Steve 126
Haley, Bill 87 ff, 302
Happy Mondays 94
Hardin, Tim 276
Harley, Steve 272
Harpo 287, 290
Harrison, George 16, 97, 100, 121 f, 208, 221
Hattler, Hellmut 79
Heckstall-Smith, Dick 194, 206
Helm, Levon 76
Henderson, Joe 78
Hendrix, Jimi 18, 110, 157, 177, 256, 333, 351, 359 f, 364
Hensley, Ken 147 ff
Hermans Hermit's 263
Hill, Faith 242
Hiseman, John 76, 194
Hooker, John Lee 52, 365
Hopkin, Mary 376
Hopkins, Gaynor 372, 386
Hornsby, Bruce 126
Hot Chocolate 290
Houston, Whitney 285, 364
Howlin' Wolf 52
Hughes, Glenn 151, 162
Humble Pie 354
Humphreys, Paul 249 f
Hutchence, Michael 116

Iggy Pop 296
Il Novecento 141, 304
India.Arie 364
INXS 116
Iron Maiden 167, 299

Jackson, Michael 74, 118, 379
Jagger, Mick 15 f, 71 f, 102, 108 f, 121, 138, 203, 225, 297, 318, 322 ff, 327 ff
Jaywalkers 264
Jeff Beck Group 354

Jethro Toe 35
Jethro Tull 20, 22, 31 ff, 78 f, 110, 147
Jimi Hendrix Experience 110
Joey Dee & The Starlighters 294
John, Elton 115, 181, 305, 321, 354
Johnson, Robert 147
Jones, Brian 157, 203, 318 f, 333
Jones, Darryl 323, 332, 335
Jones, John Paul 91, 263, 271 f, 283
Jones, Paul 171
Joplin, Janis 157, 333, 375, 382 f
Judd, Wynonna 242
Julie Driscoll & The Trinity 91

Karat 22, 391
Kay, John 85
KC & The Sunshine Band 236
Kennedy, Nigel 275
Kerslake, Lee 152
Kid Creole & The Coconuts 303, 307 f
Kid Rock 296
King, B.B. 85, 198
King, Carole 202
King, Freddie 198
Kings Of Leon 303
Kiss 382 f
Korner, Alexis 194, 199
Kraan 79
Kraus, Alison 284
Kraus, Joo 79
Kraus, Peter 49
Kravitz, Lenny 278 f, 369

Laboriel, Abe Junior 214, 224
Lake, Greg 49, 281
Lancaster, Alan 355

Lande, Jorn 161 f
Lang, Eddie 198
Lauper, Cindi 118
Lawton, John 149, 151, 159, 161 f
Led Zeppelin 15, 39, 44, 46 f, 91, 101, 115, 121, 143, 147, 154, 166, 262 ff, 271, 273, 275 f, 279 ff, 360, 364
Lennon, John 97 f, 100, 107, 110, 208 f, 217, 219 ff, 226, 247, 257 f, 302, 339
Lennon, Sean Ono 107
Leppard, Def 279
Lewis, Jerry Lee 350
Lichtmond 307
Lindenberg, Udo 195
Linkin Park 366
Little Richard 350
Lonestar 373
Lord, Jon 45, 143, 146, 165 ff
Lynyrd Skynyrd 150
Lytle, Marshall 88 f

Ma, Yoyo 364
Madonna 19, 74, 115, 367
Maffay, Peter 343, 391
Mann, Manfred 130, 168 ff
Mark, Marky 74
Marley, Bob 367
Matchbox 20 366
May, Brian 15, 143, 175 ff
Mayall, John 193 ff
Mayall, Lee 205
MC 5 296
McCartney, Linda 209, 211, 227
McCartney, Paul 15 f, 115, 130, 207 ff, 376
McCluskey, Andrew 249 f
McGhee, Brownie 202
McKinnie, Dee 203

McLaughlin, John 365
McVie, John 197, 200f
Meat Loaf 15, 229ff, 378
Mellencamp, John 68
Melua, Katie 199f
Mercury, Freddie 175ff
Metallica 368
Michael, George 118, 181
Miles, John 249, 251, 304
Miller, Steve 235
Minnelli, Liza 181, 316
Mitchell, Joni 85
Mitchell, Mitch 110
Moik, Karl 50
Montoya, Coco 198
Moody Blues 35
Moon, Keith 202, 264
Moore, Gary 164
Morrison, Jim 157, 202, 333
Morse, Steve 146
Mother's Finest 126
Mrs. Loud 238
Mud 287
Muddy Waters 52
Munden, Dave 288

Nas 366f
Nelson, Willie 367
Nena 391
Nesmith, Mike 235
Neue Philharmonie Frankfurt 43
Niedecken, Wolfgang 225, 391
Night, Candice 166
No Angels 91ff, 99
Norman, Chris 23, 287, 300
Notes, Hughes 290
Nugent, Ted 296

OBS-Tweedle 264
Ofarim, Esther und Abi 136
Oldfield, Mike 247ff
Oldfield, Sally 255f

O'Martin, Michael 307
OMD 249
Ono, Yoko 107, 110, 237
Orbison, Roy 372

Page, Jimmy 91, 263f, 266f, 270ff, 280, 282f
Paice, Ian 145
Parfitt, Rick 347ff
Parker, Charlie 83
Parsons, Alan 304
Parsons, Gram 106f
Parton, Dolly 106, 272
Pastorius, Jaco 78
Peter, Paul & Mary 53, 96
Petty, Tom 372
Phillips, Simon 76
Pink Floyd 20, 31, 262, 378
Plant, Robert 143, 181, 262ff
Porter, Cole 306
Potts, Paul 391
Powell, Cozy 179
Prague Philharmonic Orchestra 372
Presley, Elvis 87, 247, 291ff, 302, 385
Preston, Billy 121
Prince 74, 138, 364
Procol Harum 126f
Public Enemy 91
PUR 304, 391
Pussycat 287, 290

Quatro, Laura 297
Quatro, Suzi 285ff
Queen 44, 115, 121, 143, 175ff, 272

R.E.M. 373
Rainbow 146, 167
Ray, Bryan 224
Red Hot Chili Peppers 212
Redding, Otis 136

Reed, Lou 391
Reid, Terry 264
Reilly, Maggie 257
Reinhardt, Django 198
Richard, Cliff 302ff
Richards, Dick 88
Richards, Keith 72, 102, 106ff, 318, 322f, 325, 328ff, 333ff
Richie, Lionel 118
Richter, Ilja 285f
Robinson, Chris 280
Robinson, Smokey 317
Rodgers, Paul 161f, 176, 182, 192
Rollins, Sonny 81
Ross, Diana 85, 118, 140, 317
Rossi, Francis 347ff
Roxette 304
Rundgren, Todd 234
Russo, Patti 238

Sade 115
Sainte-Marie, Buffy 90, 96
Santana 20, 22, 210, 359ff
Santana, Carlos 359ff
Satriani, Joe 146
Scialfa, Patti 237
Scorpions 49, 350
Scott, Ronnie 352, 377
Scruggs, Earl 53
Seeger, Pete 53, 96, 186
Shadows 294, 303, 305, 310, 350
Shakin' Stevens 290, 381f
Shaw, Bernie 149
Shorter, Wayne 371
Showaddywaddy 287
Siem, Charlie 307
Silly 22, 391
Simon, Paul 118
Simple Minds 115, 304
Sinatra, Frank 158, 306, 385

Slade 287
Sledge, Percy 317
Sloman, John 159
Smokie 287
Soloff, Lew 78
Soundgarden 366
Spencer Davis Group 264
Springsteen, Bruce 24, 118, 186f, 237, 372
Stansfield, Lisa 181
Starr, Ringo 121, 207f, 220
Status Quo 49, 78, 347ff
Steampacket 354
Steinman, Jim 230, 234, 238, 240ff, 377ff, 382
Steppenwolf 49, 85
Stern, Michael 78
Stewart, Rod 162, 247, 306f, 321, 354, 384
Stick McGee & His Buddies 89
Sting 115, 118, 304, 364
Stone Temple Pilots 366
Stoney 237
Streisand, Barbra 133
Stürmer, Christina 304
Styx 131

Taj Mahal 110
Take That 303
Taylor, Larry 202
Taylor, Mick 194, 197, 203, 330
Tears For Fears 131
Ten CC 131
Terry, Sonny 202
Thain, Gary 152, 157
The Beatles 18, 31, 79, 82, 91, 93, 96ff, 108, 120ff, 129, 136, 147, 185, 207ff, 214, 216ff, 224, 226f, 237, 247, 264, 272, 303, 318, 321, 354, 360, 364f, 372, 379

The Byrds 106
The Clash 295
The Corrs 343
The Cult 279
The Dirty Mac 110
The Doors 19, 157, 202, 333, 360
The Equals 130, 287
The Faces 330, 354
The Farm 94
The Four Fingers 35
The Hollies 130, 290
The Ides of March 77
The Jordanaires 293
The Kinks 126, 263f
The Lords 129
The Marbles 136
The Monkees 235
The Rattles 89, 129
The Rolling Stones 15, 18, 22, 32, 49, 71f, 76, 78f, 93, 108ff, 115, 122, 157, 194, 203, 208, 210, 216, 225, 243, 263f, 318ff, 347, 364
The Rubettes 287
The Searchers 287
The Small Faces 130
The Spaniels 382
The Spectres 350
The Stone Roses 94
The Stylistics 317
The Supremes 296
The Sweet 287
The Temptations 85, 296
The Tornados 350
The Tremeloes 130, 287f, 290
The Troggs 130
The White Stripes 296
The Who 97, 110, 115, 121, 130, 263f
The Yardbirds 201, 263f
Thomas, Rob 364, 366

Thompkins, Russell 317
Thompson, Chris 171
Tic Tac Toe 74
Tin Machine 71ff
Tiny Tim 104
Townshend, Pete 97
Traffic 35, 350
Traffic Jam 350
Trout, Walter 198
Tuckey, Len 298
Turner, Ike 249
Turner, Joe Lynn 142
Turner, Tina 249, 285, 297, 305, 375, 383, 385
Tyler, Bonnie 49, 257, 372ff
Tyler, Steven 283

U2 115, 372
U.F.O. 262
Union Gap 236
Ure, Midge 118
Uriah Heep 20, 22, 147ff, 262
Uttley, Terry 287

van Sickle, Hank 196
Venuti, Joe 198
Vincent, Gene 350
Vito, Rick 204
Vollenweider, Andreas 126

Walker Brothers 130
Warren, Diane 238
Warwick, Dionne 140
Washington, Dinah 382
Watts, Charlie 76, 102, 110, 318, 320, 323ff, 334
Weiland, Scott 366
Weinberg, Max 234
Welch, Bruce 294
Werner, Pe 225
Whitesnake 146, 280
Whittington, Buddy 196
Wickens, Paul »Wix« 214, 224

Wilde, Kim 131, 352
Wilde, Marty 352
Williams, Robbie 306, 382
Williams, Tony 370
Williamson, Sonny Boy 202
Winehouse, Amy 158
Wings 220, 227
Winwood, Steve 350
Wonder, Stevie 115, 119, 296
Wood, Chris 35
Wood, Ronnie 319, 322 ff, 325, 328, 330 ff

Wyclef, Jean 366
Wyman, Bill 32, 49, 193, 318 f, 323, 391

Yes 31, 79, 147, 262
Young, Neil 85, 281
Young, Paul 118
Yuele, Joe 196

Zappa, Frank 202

Personen sind unter Nachname, Vorname verzeichnet
Gruppen, die den Artikel im Bandnamen tragen, sind unter ›The‹ eingetragen (z.B. ›Beatles‹ unter ›The Beatles‹)